Operatoren	Definition	
entscheiden (begründet)	zu einem Sachverhalt oder einer Aussage unter Verwendung von Fachwissen und Fachmethoden zu einer begründeten Einschätzung gelangen	III
entwerfen/gestalten	Aufgabenstellungen kreativ und produktorientiert bearbeiten, z. B. auf der Grundlage eines Textes und seiner inhaltlichen oder stilistischen Gegebenheiten eine kreative Idee in ein selbstständiges Produkt umsetzen	III
entwickeln	einen eigenen (bewertenden) Gedankengang zu einem Thema unter Berücksichtigung eines bestimmten methodischen Vorgehens entfalten und Schlussfolgerungen ziehen	III
erörtern	die Vielschichtigkeit einer These oder Problemstellung erkennen, eigene Gedanken dazu entfalten und unter Abwägen verschiedener Standpunkte zu einem eigenen wertenden Urteil gelangen	II–III
formulieren/verfassen	auf der Grundlage einer Auswertung von Materialien wesentliche Aspekte eines Sachverhalts in argumentierender Form darlegen	I–III
forschen	auf der Suche nach neuen Erkenntnissen spezifische Methoden anwenden	III
hinterfragen	weitere Informationen ermitteln und auf deren Basis einen Sachverhalt kritisch ergründen	III
interpretieren	auf der Grundlage einer Analyse Sinnzusammenhänge aus Materialien methodisch reflektiert erschließen, um zu einer schlüssigen Gesamtauslegung zu gelangen	III
kommentieren	Materialien und Sachverhalte mit erläuternden und kritischen Anmerkungen versehen	III
Schlussfolgerungen ziehen	auf der Grundlage vorhandener/bekannter Ergebnisse eigene Folgerungen ziehen	III
sich auseinandersetzen (mit)	zu einer Problemstellung oder These eine Argumentation entwickeln, die zu einer begründeten Bewertung führt	III
sich beteiligen	sich in politische Prozesse und Entscheidungen einbringen	III
überprüfen	Aussagen, Behauptungen oder Urteile kritisch befragen und auf der Grundlage erworbener Fachkenntnisse begründet beurteilen	III
umsetzen	auf der Grundlage gewonnener Fachkenntnisse demokratische Beteiligungsmöglichkeiten nutzen	III
vergleichen (von Beurteilungen)	nach vorgegebenen oder selbst gewählten Gesichtspunkten problembezogen Gemeinsamkeiten, Ähnlichkeiten und Unterschiede ermitteln und darstellen	III
vertreten (von Positionen)	zu einer Problemstellung oder einem Thema eine Argumentation vertreten	III

westermann

Politik und Wirtschaft

Mensch & Politik

Sekundarstufe II
Einführungsphase

Erarbeitet von

Dr. Andreas Füchter
Dr. Dietrich Heither
Dr. Reinhold Hünlich
Dr. Jutta Pätzold

Mensch & Politik
Sekundarstufe II
Einführungsphase

Erarbeitet von	Dr. Andreas Füchter
	Dr. Dietrich Heither
	Dr. Reinhold Hünlich
	Dr. Jutta Pätzold

Mit Beiträgen von	Martin Erdmann, Marén Glorius, Ulrich Glorius,
	Dr. Justus Goldmann, Katrin Krämer, Egbert Klöckner,
	Stefan Menzel, Dr. Hartmann Wunderer

westermann GRUPPE

© 2022 Westermann Bildungsmedien Verlag GmbH, Georg-Westermann-Allee 66, 38104 Braunschweig
www.westermann.de

Druck A[1]/Jahr 2022
Alle Drucke der Serie A sind im Unterricht parallel verwendbar.

Redaktion: René Betker, Berlin
Umschlaggestaltung: LIO Design, Braunschweig
Layout: Typo Concept GmbH, Hannover
Druck und Bindung: Westermann Druck GmbH, Georg-Westermann-Allee 66, 38104 Braunschweig

ISBN 978-3-14-**118390**-0

Inhaltsverzeichnis

2. Entwicklung von wirtschaftlichem Wachstum und Lebensqualität und deren Beschreibungsmöglichkeiten — 158

3. Herausforderungen nachhaltiger Umwelt- und Klimapolitik im Mehrebenensystem der EU — 198

Anhang

Liebe Schülerinnen und Schüler,

der für die Einführungsphase der gymnasialen Oberstufe in Hessen verfasste Band von „Mensch & Politik" bietet Ihnen zuverlässige Informationen, grundlegendes Fachwissen sowie methodisches „Handwerkszeug" der Gesellschaftswissenschaften und hilft, Zusammenhänge zu verstehen. Er möchte Sie dazu motivieren, sich mit den relevanten politischen, ökonomischen und gesellschaftlichen Herausforderungen für die Gestaltung unserer Zukunft auseinanderzusetzen.
„Mensch & Politik" ist kompetenzorientiert aufgebaut. Dies beinhaltet:

- das Zusammendenken von Politik, Wirtschaft und Gesellschaft,
- das Wissen von der wechselseitigen Durchdringung nationalstaatlicher und transnationaler Prozesse,
- die Unterscheidung von gesellschaftlich relevanten Problemen und Konflikten und deren Deutungen im politischen Prozess (Meinungen, Sinnvorstellungen und Theorien) sowie
- die Verbindung von fachlichem Wissen, Fachkategorien und fachlichen Kompetenzen (Analysekompetenz, Urteilskompetenz, Handlungskompetenz und Methodenkompetenz).

Zu den Zielen dieses Bandes, der die Unterrichtsinhalte aller Themenfelder der Einführungsphase umfasst, gehört es, Voraussetzungen für das aktive und verantwortungsvolle Teilnehmen an den relevanten gesellschaftlichen politischen Diskussionen zu schaffen. Mündige Bürgerinnen und Bürger kennen ihre Rechte, vertreten diese und sind ggf. auch bereit, sie zu verteidigen. Wenn Menschen „ihre Geschichte machen", so gestalten sie auch ihre Gegenwart und Zukunft. Mut und Kreativität sind hierbei wichtig.

Zeichnung:
Michael Hüter

Zu einigen Besonderheiten dieses Bandes:
- Die **Auftaktdoppelseiten** führen durch anschauliches Bild- und Textmaterial, das bereits zu ersten Vermutungen und Diskussionen anregen soll, ins jeweilige Thema ein. Zentrale Fragestellungen strukturieren die einzelnen Teilkapitel vor, wobei die beiden großen **Hauptkapitel** in sieben **Teilkapitel** unterteilt sind.

- **Einführende Texte** sowie die sich anschließenden kontroversen Materialien gewährleisten einen anregenden und interessanten Unterricht. Manchmal müssen diese einzeln, oft aber auch in Gruppen bearbeitet werden. Individuelles (Vor-)Wissen gemeinsam weiterzuentwickeln, steht dabei im Vordergrund.

- Die **Methoden** führen nach und nach in fachspezifische Arbeitsweisen, besondere Techniken und sozialwissenschaftliche Modellbildungen ein, die für das Arbeiten in der Oberstufe wichtig sind. Dies geschieht anhand von Beispielen, die sich für die jeweilige Methode in besonderer Art und Weise eignen. Auf diese Weise wird das selbstständige Arbeiten gefördert, das in der heutigen Wissenswelt unabdingbar ist.

- Selbstständigkeit sollen auch die **kompetenzorientierten Lernaufgaben** fördern. Ausgehend von unterschiedlichen Anforderungssituationen und zentralen Fragestellungen, werden (meist in Form arbeitsteiliger Gruppenarbeit) Fallanalysen und -studien, Szenarien, Konfliktanalysen, Simulationen und vieles mehr erprobt.

- Auch die an die Operatoren und Anforderungsbereiche angelehnten **Aufgabenstellungen** führen zielgerichtet zum Unterricht der Oberstufe.

- Explizit werden in jedem Hauptkapitel politisch relevante Auseinandersetzungen verdeutlicht. In **Kontrovers – im politischen Streit** werden unterschiedliche Interessenlagen artikuliert, diskutiert und (in politischen Konflikten) ausgetragen. Dass auch das Wirtschaften Gegenstand der politischen Auseinandersetzung und damit der Interessenanalyse wie der politischen Urteilsbildung ist, versteht sich von selbst.

- **Interdisziplinär** werden aus Sicht anderer wissenschaftlicher Disziplinen wichtige Impulse für die Gesellschaftswissenschaften gegeben. Wissen wird so komplexer, vielschichtiger und differenzierter.

- Mit den jedes Teilkapitel abschließenden Seiten **Wissen und Können** werden die Anforderungen der Themenfelder reflektiert. Hier können die erworbenen Kompetenzen mit den gelernten Wissensbeständen zudem in einer „Kontroll-Aufgabe" nachgewiesen werden. Diese Form der Selbstprüfung stellt eine optimale Vorbereitung auf Leistungsnachweise wie z. B. Klausuren dar.

- Am Seitenrand finden sich viele wichtige **Informationen** zu Begriffen und Personen, **Querverweise** innerhalb des Bandes sowie weitere **Tipps** zur vertiefenden Lektüre und Internetrecherche (Web- und QR-Codes). Die **Webcodes** können über **www.westermann.de/webcode** aufgerufen werden.

- Am Ende des Bandes gibt es auf S. 238/239 ein detailliertes **Stichwortverzeichnis** mit Seitenverweisen sowie ein ausführliches **Glossar** mit Begriffserklärungen (S. 232–237).

- Auf S. 230/231 finden Sie eine Übersicht über die im Verlauf der Oberstufe zu erwerbenden **Kompetenzen** (Kompetenzerwartungen und Bildungsstandards). Im Vorsatz (den ersten beiden Seiten des Bandes) sind die zugehörigen **Operatoren** (Arbeitsanweisungen), die in diesem Buch verwendet werden, sowie die korrespondierenden **Anforderungsbereiche** I (Reproduktion), II (Reorganisation und Transfer) sowie III (Reflexion und Problemlösung) abgedruckt. Im Nachsatz (den letzten beiden Seiten des Bandes) finden Sie eine Übersicht zur **Politischen Mündigkeit in der digitalen Welt** (Förderung des Kompetenzerwerbs im Fach Politik und Wirtschaft).

Bei der Formulierung der Autorentexte und Aufgabenstellungen haben sich die Autorinnen und Autoren um sprachliche Gleichbehandlung der Geschlechter bemüht.

Der vorliegende Band ist in einem langen gemeinsamen Arbeitsprozess entstanden, der – bei allen Anstrengungen – auch Freude bereitet hat. In „Mensch & Politik" sind zahlreiche Diskussionen, Überlegungen, Vorschläge, kritische Hinweise und Ideen eingegangen, die Hunderte Lehrerinnen und Lehrer aus ganz Hessen im Rahmen zahlreicher Fortbildungen zum Oberstufencurriculum gegenüber den Autorinnen und Autoren geäußert haben. Wir hoffen, dass das vorliegende Werk diesen Anregungen gerecht wird.

Zum Schluss: Wir hoffen, Sie, liebe Schülerinnen und Schüler, mit diesem Band für das Fach und damit die Gestaltung Ihrer Lebensbedingungen zu interessieren, vielleicht sogar begeistern zu können. Wir sind dankbar für Rückmeldungen und Kritik. Richten Sie diese bitte an die Westermanngruppe in Braunschweig. Der Verlag leitet beides an uns weiter.

Jugend heute

„Fridays for Future"-Demonstration

Freundschaft

Jugendliche haben Angst vor ...

2015

2019

Quelle: Shell Jugendstudie 2019

Jugend heute – Hinein-wachsen in eine sich wandelnde Gesellschaft

Auch Politiker waren einmal jung ... **... das Amt verändert.**

Volker Bouffier (CDU), 1999

Volker Bouffier (CDU), 2021

Christian Lindner (FDP), 2000

Christian Lindner (FDP), 2020

Tarek Al-Wazir (Grüne), 1995

Tarek Al-Wazir (Grüne), 2020

?

„Jugend" – was ist das eigentlich (und gibt es sie überhaupt)?
Der Mensch – ein soziales Wesen?
Ist unser Handeln frei oder sozial vorbestimmt?
Wofür engagieren sich Jugendliche heute? Aus welchen Gründen?

1.1 Einführung

Veränderungen von Gesellschaft schlagen sich auch in **Veränderungen von „Jugend"** nieder. Die „Jugendforschung", eine vergleichsweise junge Teildisziplin der Soziologie, befasst sich mit den (sich verändernden) Bedingungen, unter denen junge Menschen diese Entwicklungsphase durchlaufen. „Jugend" als eine eigene Lebensphase existiert erst seit gut einem Jahrhundert. Im 19. Jahrhundert bestand der Lebenslauf aus lediglich zwei Phasen: dem Kindesalter und dem Erwachsenenalter. Erst seit Mitte der 20. Jahrhunderts beginnt sich die Jugendphase als eigener Lebensabschnitt auszubilden (übrigens ähnlich dem Seniorenalter). Jugend dehnt sich im Laufe der Jahrzehnte immer mehr aus, das Ende der **Jugendphase** ist offener und damit auch individueller geworden. Die **soziale Herkunft** hat aber nicht an Bedeutung verloren. Das bedeutet: Die Phase der Jugendlichkeit bildet keine einheitliche soziale Gruppierung aus; sie ist sozial differenziert nach Geschlecht, sozialer Herkunft, Bildungs- und Beschäftigungsstatus.

Gesellschaftliche Veränderungen bedingen Veränderungen von Erfahrungen, Werten, Haltungen und Anschauungen. In großen Jugendstudien – in diesem Teilkapitel kommen Ergebnisse der Shell-Studie und der Sinus-Studie zur Sprache – werden diese Veränderungsprozesse erfasst, beschrieben und analysiert. Individuelle und subjektive Erfahrungen können so relativiert bzw. verallgemeinert werden. Jugendliche können sich selbst als Teil des komplexen Gebildes „Gesellschaft" erkennen – mit einigen altersspezifischen Besonderheiten.

Auf den folgenden Seiten werden **jugendliche**

Lebenswelten beschrieben und systematisiert. Mit diesen Welten korrespondieren **Werte und Haltungen**. Welche Werte dominieren? Welche Rolle spielen Familie, Freunde und Beruf? Und welche **politischen Orientierungen** herrschen vor? Muss gar von einem „Wertewandel" gesprochen werden? Und (wie) lässt sich dieser erklären? Für das Fach Politik und Wirtschaft ist dabei die **politische Sozialisation** von besonderer Bedeutung.

Gesellschaftswissenschaftler betonen die Abhängigkeiten der Menschen voneinander und fassen das Hineinwachsen in die Gesellschaft unter dem Begriff der **Sozialisation** zusammen. Wichtige Sozialisationsinstanzen sind dabei Elternhaus bzw. Familie, Kindergarten, Schule und Freunde. Dabei lassen sich unterschiedliche „Entwicklungsaufgaben" diesen altersbedingten Schritten zuordnen, die alle zur **Ich-Findung** bzw. **Ich-Identität** beitragen. Jugendlich sein heißt unter diesem Gesichtspunkt, sich zugleich als handelndes Subjekt und als Objekt im Prozess des Handelns wahrnehmen zu können.

Demonstrierende Schüler (2014)

12-Jährige (um 1850)

Studenten im Hörsaal (heute)

Junge mit Bierflasche

Fotoanalyse

In der Politik spielen Fotografien eine große Rolle. Und dies aus gutem Grund: Gerade Fotografien ist man leicht bereit zu glauben. Während Texte scheinbar beliebig die Unwahrheit sagen können – was sich in der Redewendung „Papier ist geduldig" niedergeschlagen hat –, scheinen Fotos die soziale Wirklichkeit unwiderlegbar abzubilden. Dabei wird aber wenig beachtet, dass Fotografien in der Regel inszeniert werden und nur einen spezifischen Blickwinkel wiedergeben, einen bestimmten Ausschnitt der Realität. In der Regel wurde dieser Ausschnitt, wurde diese Perspektive bewusst gewählt, um eine bestimmte Wirkung zu erzielen. Unzweifelhaft ist, dass man mit Fotografien auf vielfältigste Weise „Politik gemacht" hat und damit auch große politische Effekte erzielen kann.

Dafür muss das Foto weder nachgestellt noch heimlich bearbeitet (retuschiert) worden sein. Bei den folgenden methodischen Überlegungen wird diese Möglichkeit, die z. B. bei Werbefotografien ein selbstverständlicher Standard ist, nicht weiter thematisiert.

Bei der **Analyse von Fotografien** kann man drei verschiedene Stufen unterscheiden: beschreiben, untersuchen, deuten.

Bei der **Beschreibung** geht es um erste spontane Eindrücke: Welche Situation oder welches Ereignis wird dokumentiert? Was scheint dem Fotografen wichtig, was vielleicht den Fotografierten? Was steht im Vordergrund, was im Hintergrund, was wird besonders hervorgehoben? Bei der systematischen **Untersuchung** wird bewusst die Bildkomposition ins Auge genommen: Zunächst zum Motiv: Hier sind folgende Fragen zu klären: Was ist abgebildet, welcher Ausschnitt wurde gewählt, handelt es sich um

ein Foto im Querformat oder im Hochformat? Was ist im Vordergrund bzw. Hintergrund zu sehen? Aus welcher Perspektive wird fotografiert? Wie ist das Foto „aufgebaut"? Gibt es besondere Lichtquellen? Welche Kameraeinstellung wurde gewählt – und warum? Interessant ist hier vor allem, welche direkte Bildwirkung erzielt wird. Spätestens hier wird deutlich, dass es sich bei einem Foto nicht einfach um eine „Wiederholung" der Realität handelt. Weiterhin geht es um Fragestellungen, die nicht aus der Fotografie selbst zu beantworten sind, sondern Hintergrundwissen oder Zusatzinformationen erfordern: Ort, Zeitpunkt und Anlass der Aufnahme, historisch-politischer Kontext, Auftraggeber der Fotografie. Wer ist der Fotograf, gibt es ggf. einen Adressaten für die Fotografie, wo soll das Bild publiziert werden oder handelt es sich eher um einen zufälligen Schnappschuss? Bei vielen Fotografien werden nur einzelne dieser Fragen beantwortbar sein.

Die **Deutung** schließlich fasst die einzelnen Untersuchungsergebnisse systematisch zusammen und fragt nach **Intention** der Aufnahme (Sozialkritik, Bloßstellung, Herrschaftslegitimation, Selbstinszenierung, Dokumentation u. Ä.) und möglicher (politisch-ideologischer oder gar manipulativer) **Wirkung**.

Manche Fotografien sind gar im Laufe der Zeit zu sogenannten Bildikonen geronnen, die gleichsam eine ganze Epoche oder einen wichtigen Prozess oder ein großes Ereignis repräsentieren – man denke etwa an den Kniefall Willy Brandts in Warschau (1970) oder die Anschläge auf das World Trade Center in New York (2001).

Bundeskanzler Willy Brandt kniet am 7. Dezember 1970 vor dem Ehrenmal der Opfer des Warschauer Ghettos

Terroranschlag auf das World Trade Center in New York am 11. September 2001

1 Analysieren Sie eines der Fotos auf S. 10.
2 Suchen Sie ein Bild, das aus Ihrer Sicht die heutige Jugend repräsentiert. Erläutern Sie in Ihrer Lerngruppe die Gründe für die Wahl Ihres Bildes.
3 Gestalten Sie gemeinsam in Ihrer Lerngruppe eine kleine Ausstellung zum Thema „Jugendliche heute".

Einen Leserbrief verfassen

Ein Leserbrief ist ein Kommentar zu einem in einer Zeitung oder Zeitschrift verfassten Text. Der Schreiber des Leserbriefes stellt darin seine Meinung zu der angesprochenen Thematik dar, antwortet bzw. reagiert folglich auf diese. Die **Reaktion** kann sich sowohl auf den **Inhalt** als auch auf **Sprache und Stil** des Zeitungstextes beziehen. Manchmal stellt ein Leserbrief auch eine **Antwort** auf einen anderen Leserbrief zum Thema dar. Der Leserbrief wird so Teil der (politischen) Öffentlichkeit und nimmt Einfluss auf die politische Willensbildung.

Zeitungen sind rechtlich zwar nicht verpflichtet, Leserbriefe abzudrucken. In der Regel veröffentlichen sie aber diese in einer besonderen Rubrik (wie z. B. „Briefe an die Zeitung" oder „Leserbriefe"), nicht selten aber gekürzt. Ein Leserbrief muss mit der Anschrift und der Unterschrift des Absenders gekennzeichnet werden.

Beim Abfassen eines Leserbriefs sollten Sie Folgendes beachten:
Nennen Sie den Artikel bzw. Beitrag, auf den sich der Leserbrief bezieht, wann (Erscheinungsdatum) und wo (Seite) dieser erschienen ist.
Bei der Abfassung des Leserbriefs sollte man sich auf wenige gut begründete und klar strukturierte Argumente konzentrieren. Aspekte des kommentierten Textes können bestätigt, mit weiteren Argumenten bekräftigt aber auch mit Argumenten und Gegenbeispielen entkräftet oder widerlegt werden. Dabei sollten Sie, um eine Position möglichst überzeugend darzustellen, sachlich bleiben und Argumente logisch miteinander verbinden.

Der Leserbrief folgt einem bestimmten Aufbau: Er beginnt mit der Anrede und/oder dem Bezug auf den Artikel, auf den Sie sich beziehen. Verdeutlichen Sie, ob Sie sich auf den gesamten Text oder nur auf einen Teil des Artikels beziehen.

Verdeutlichen Sie Ihren Standpunkt und aus welcher Perspektive Sie schreiben (z. B. Schüler, Betroffener oder Experte). Nennen Sie Ihre Argumente und untermauern Sie diese mit Beispielen. Natürlich können auch mögliche Gegenargumente (vorab) entkräftet werden.

Im Schlussteil fassen Sie noch einmal kurz das Ergebnis der Argumentation zusammen, nennen mögliche Schlussfolgerungen oder Handlungsmöglichkeiten (teilweise mit Aufforderungscharakter) und verdeutlichen damit Ihren Standpunkt.

Gestalten Sie Ihren Leserbrief sprachlich anschaulich und abwechslungsreich. Verwenden Sie rhetorische Mittel, Appelle usw.

1 Recherchieren Sie in einer Tageszeitung nach Leserbriefen und untersuchen Sie diese nach den hier genannten Kriterien.

2 Formulieren Sie zu M 1 einen Leserbrief, der sich mit der Auffassung der Autorin zu Jugendlichen auseinandersetzt. Berücksichtigen Sie dabei auch Form, Stil und Aufbau Ihres Leserbriefes.

M1   Ihr coolen deutschen Jugendlichen!

Brav, klug und leistungsbeflissen: UNICEF hat eine Studie zur Situation von Kindern und Jugendlichen in den Industrienationen herausgegeben – und was soll ich sagen, Ihr seid die
5 Wucht! Jetzt müsst Ihr nur noch aufbegehren. Hatten eure Vorgänger unser schönes Land noch im Pisa-Regen stehen lassen, unfehig, richtick zu schreiben, voll lahm im Lesen und zu blöd, 1 und 4723 zusammenzuzählen, stellt
10 Ihr Euch in der Schule längst nicht so dämlich an. Und: 96 Prozent von Euch Jugendlichen gehen immerhin in eine Schule oder machen eine Ausbildung. [...] Man kann also sagen, die Leistung stimmt! Deutschland kann auf seine
15 Jugend bauen! Zumal Ihr auch sonst genauso seid, wie Erwachsene sich den Nachwuchs wünschen. Also langweilig. Weil vernünftig. Kaum einer von Euch fängt das Rauchen an, Ihr sauft viel weniger als die Jugend ein paar
20 Jahre zuvor und nur noch neun Prozent der 11- bis 15-Jährigen kiffen. Nicht einmal oft prügeln wollt Ihr Euch. Total nett und anständig. So, wie man sich Euch nur wünschen kann. Selbst bei den sogenannten Teenager-
25 Schwangerschaften seid Ihr zurückhaltend, was vielleicht auch daran liegt, dass man Euch im Zuge der vielen Bemühungen, das Pisa-Debakel zu überwinden, das Lesen doch so nahegebracht hat, dass Ihr nunmehr entziffern
30 könnt, was auf dem Beipackzettel steht und die Pille jetzt in die richtige Öffnung tut. Allein, dass Ihr immer fetter werdet, liest sich gar nicht gut. Nur etwa 17 von 100 Jugendlichen bewegen sich mindestens eine Stunde
35 am Tag. Da müssen wir noch mal was tun, sonst aber, liebe Heranwachsende, seid Ihr der Hammer! Da kann [...] eine [...] Regierung nicht nur stolz sein, da kann sie drauf bauen! Auf so einer Generation kann sie die Zukunft
40 dieses Landes gründen, auf so viel Anstand,

Fleiß und Anpassung. Da wird die Jugend zum Beweis, dass sich Leistung lohnt! Und: Dass die Welt auch morgen noch mit Deutschland rechnen muss. [...]
45 Wir bauen die Städte zu und ziehen Euch in engen Wohnungen groß und verbieten das Fahrradfahren und das Klettern auf den Bäumen im Park und das Springen vom Garagendach [...] und wenn Ihr dann zappelig werdet,
50 dann denken wir, Ihr hättet ADHS. Und stellen Euch mit Medikamenten ruhig. Wir schaffen Strukturen, die es Euren Eltern nicht erlauben, Zeit für Euch zu haben. Wir schließen Jugendzentren und machen Schwimmbäder
55 dicht. Und nehmen von Euch Eintritt für Museen. Und wenn Ihr aus ärmeren Familien kommt, dann ist es schwer mit der kulturellen Teilhabe. Dann könnt Ihr oft genug nicht dabei sein. Aber Suppenküchen richten wir ein,
60 damit Ihr körperlich nicht hungern müsst, wenn es denn schon keine Seelennahrung gibt. Und jetzt kommt Ihr und sagt, das ist alles Scheiße, aber Ihr sagt es nicht laut. [...] Wäret Ihr doch nur schlecht in der Schule!
65 Stünde Deutschland im Bildungsvergleich doch bloß erneut deppert da! Was wäre die Aufregung groß! Was würde getan, um den Leistungsverfall im Meisterland zu stoppen! Zu dumm, dass es darum nicht geht. Aber ich
70 gebe nicht auf. Ich glaube an Euch! Denn ich weiß, Ihr habt etwas, das nirgendwo so prächtig blühen kann wie in der Jugend: Das Zeug zur Revolte. Es ist schon lange verdammt ruhig in diesem Land. Es ist das Privileg der Er-
75 wachsenwerdenden, sich nicht mit dem, was sie vorfinden, zufriedengeben zu müssen. Und aufzubegehren. Eure Wut und Euren Frust zu bündeln und den Erwachsenen zu zeigen, wo der Hammer hängt. Tut mir den Gefallen, lasst
80 mich Zeuge einer Jugendbewegung sein!

Silke Burmester, Ihr coolen deutschen Jugendlichen!, in: DER SPIEGEL (online), https://www.spiegel.de/kultur/gesellschaft/silke-burmester-ueber-die-heutige-jugend-a-894135.html, 14.04.2013

INFO

UNICEF
Kinderhilfswerk der
Vereinten Nationen

PISA-Studien
Untersuchungen zur
Schulleistung
15-Jähriger, die seit
2000 von der OECD
(= Organisation for
Economic Co-
operation and Deve-
lopment) alle drei
Jahre in den meisten
Mitgliedstaaten
sowie in weiteren
Ländern durchge-
führt werden

ADHS
Aufmerksamkeitsde-
fizit, Hyperaktivitäts-
störung

1.2 Die Sinus-Studie zu jugendlichen Lebenswelten

Das Sinus-Institut erforscht u. a. seit vielen Jahren die Lebenswelten von Jugendlichen. Unterschieden werden dabei sieben Lebenswelten, die sich aus unterschiedlichen Haltungen, Werten und Einstellungen von Jugendlichen ergeben. Die wichtigsten Ergebnisse dieser qualitativ-empirischen Untersuchung werden in den folgenden Kurzbeschreibungen zusammengefasst. Originalzitate der befragten Jugendlichen sind dabei kursiv gedruckt.

M1 Die sieben jugendlichen Lebenswelten der Sinus-Studie

Traditionell-Bürgerliche: Die bescheidenen, natur- und heimatorientierten Familienmenschen mit starker Bodenhaftung

„Ich glaube, ich werde ein typischer Mittelklasse-
5 *deutscher. Also mein Ziel ist es so, ich bin ein Mensch so, wie quasi meine Eltern jetzt leben. So ein Einfamilienhaus irgendwo auf dem Dorf, am besten auch in Schleswig-Holstein immer noch und dann so, ich gehe halt arbeiten, aber nicht Fulltime-*
10 *Job, sondern Dreiviertelstelle oder so, dass ich auch viel in meiner Freizeit mache, mit meinen Kindern machen kann. Ich möchte ganz gerne Kinder haben, und dass ich dann einfach ein gelassener Mensch bin. Ein Mensch, der nichts Besonderes ist,*
15 *sondern einfach ein Durchschnittsdeutscher."*

Adaptiv-Pragmatische: Der leistungs- und familienorientierte moderne Mainstream mit hoher Anpassungsbereitschaft

„Also ich glaube ja ... relativ erfolgreich. Also nicht
20 *zu viel Geld, aber auch nicht zu wenig. Man kann sich etwas leisten. Viele Freunde natürlich, Spaß ... ja ... Familie ..."*

Prekäre: Die um Orientierung und Teilhabe bemühten Jugendlichen mit schwierigen
25 Startvoraussetzungen und Durchbeißermentalität

„Also wichtig im Leben ist es mir, einen guten Job zu haben. Wo ich mir das leisten kann, was ich brauche. Nicht Gucci oder so, aber wenn ich Schuhe haben
30 *will, dass ich nicht rechnen muss. Dass ich das Mindeste haben kann und dass ich meinem Kind auch was geben kann. Und dass ich nie das Problem haben muss, ich habe kein Geld für Essen oder der Kühlschrank ist leer oder so. Also ein normales Le-*

ben führen zu können und einen guten Abschluss 35 *zu schaffen. Eine schöne Familie zu haben."*

Konsum-Materialisten: Die freizeit- und familienorientierte untere Mitte mit ausgeprägten markenbewussten Konsumwünschen

„Dass es einfach meiner ganzen Familie gut geht, 40 *ist das Erste. Und der zweite Wunsch: Viel Geld an Seite legen, viel Geld an Seite für mich später."*

Experimentalisten: Die spaß- und szeneorientierten Nonkonformisten mit Fokus auf Leben im Hier und Jetzt
45
„Ich möchte keinen festen Wohnort haben. Ich möchte eigentlich in einem Auto wohnen und so permanent unterwegs sein. Weil das ist so der Lebensstil, den ich gerade so anstrebe. Und mir geht es nicht gut, wenn ich zu lange an einem Ort bin. 50 *Das merke ich auch hier zu Hause. Das ist nicht so toll. Ja. Ich glaube, ich werde tatsächlich sehr viel die Welt erkunden."*

Postmaterielle: Weltgewandte, bildungsnahe Teenage-Bohemiens mit ausgeprägtem Ge- 55 rechtigkeitsempfinden

„Ich freu mich auf die ganzen Dinge, die ich vielleicht erleben werde. Und ich freu mich auf vielleicht die neuen Menschen, die ich noch kennenlernen werde, oder, ja, keine Ahnung." 60

Expeditive: Die erfolgs- und lifestyle-orientierten Networker auf der Suche nach neuen Grenzen

„Ganz wichtig, das wissen auch meine Freunde, dass ich so schnell wie möglich ausziehen möchte. Raus 65 *aus der Komfortzone. Zum Studieren, wunderbar."*

Marc Calmbach u. a., SINUS-Jugendstudie 2020 – Wie ticken Jugendliche? Lebenswelten von Jugendlichen im Alter von 14 bis 17 Jahren in Deutschland, BpB: Bonn 2020, S. 47

INFO

Bohemien
Mensch mit unkonventioneller oder unbekümmerter Lebenseinstellung

M2   Der Anspruch der Sinus-Milieus

Mit den Sinus-Milieus wird versucht, ein wirklichkeitsgetreues Bild der soziokulturellen Vielfalt in Gesellschaften zu liefern, indem sie die subjektiven Befindlichkeiten und Orientie-
5 rungen der Menschen, ihre Werte, Lebensziele, Lebensstile und Einstellungen sowie ihren sozialen Hintergrund beschreiben. Mit den Sinus-Milieus lassen sich die Lebenswelten der Menschen somit „von innen heraus" ver-
10 stehen. Sinus-Milieus gruppieren Menschen in „Gruppen Gleichgesinnter" entlang zweier Dimensionen (soziale Lage und normative Grundorientierung).
Die Überschneidungen der „kartoffelförmi-
15 gen" Milieus in M4 zeigen dabei an, dass die Übergänge zwischen den Milieus fließend sind.
Die Vorstellungen, was Jugendlichen wichtig

ist, sind unterschiedlich (M3). Sie hängen eng miteinander zusammen und werden in der 20 Sinus-Studie zu drei zentralen Grundorientierungen zusammengefasst:
A – **Absicherung**: Orientierung an Autoritäten, Bejahung des Bestehenden und Wunsch nach sozialem Anschluss → kleinbürgerlich 25 und traditionell.
B – **Bestätigung und Benefits**: Balance zwischen Wohlstand und Verfolgung individueller Wünsche sowie der Pflege sozialer Beziehungen → Werte der modernen gesellschaft- 30 lichen Mitte.
C – **Charisma**: Ziel ist das Außergewöhnliche und Nicht-Alltägliche. Angestrebt werden Abenteuer, Exotik und Grenzüberschreitungen → Aufbruch zu Neuem, Abgrenzungen 35 vom Mainstream.

Autorentext

INFO

soziokulturelle Vielfalt
unterschiedliche sozialkulturelle Praktiken

normative Grundorientierung
grundsätzliche Wertorientierung

Charisma
besondere, positive Ausstrahlung auf andere Menschen

Patriarchat
von Männern dominierte Gesellschaft bzw. Herrschaft

M3   Wertedimension des Sinus-Lebenswelten-Modells für Jugendliche unter 18 Jahren

Universelle Werte		
soziale Geborgenheit (Familie, Freunde, Treue) und soziale Werte (Altruismus, Toleranz), Leistung, Selbstbestimmung		
Autorität ■ Autoritätsakzeptanz ■ Patriarchat ■ religiöse Moral	**Besitz** ■ materialistische Werte (z. B. Geld, Konsum, Luxus, Vermögenswerte) ■ Prestige und Dominanz	**Creativity** ■ künstlerische Praxis ■ stilistische Bricolage ■ intellektuelle Neugier
Affirmation ■ traditionelle Tugenden (z. B. Bescheidenheit, Sparsamkeit, Anstand, Pflichtbewusstsein, Zuverlässigkeit) ■ Konformität, Status-quo-Orientierung ■ Zurückhaltung, Unauffälligkeit	**Bildung** ■ formale Bildung ■ Persönlichkeitswachstum (z. B. Persönlichkeitsentfaltung, Professionalität) ■ Selbstoptimierung	**Crossover** ■ intensives Leben (z. B. Abenteuer, Spaß am Risiko, Ekstase, Stimulation, Experimentierfreude, Spontanität) ■ Abgrenzung, Einzigartigkeit ■ Grenzen überschreiten
Anschluss ■ Heimat, Tradition ■ gelebte Gemeinsamkeit	**Balance** ■ Work-Life-Balance ■ postmaterialistische Werte (z. B. Nachhaltigkeit, Kosmopolitismus, Diversity, soziale Gerechtigkeit) ■ Emanzipation	**Challenges** ■ Performing ■ Connectivity ■ Flexibilität
A: Absicherung Autorität Affirmation Anschluss	**B: Bestätigung und Benefits** Besitz Bildung Balance	**C: Charisma** Creativity Crossover Challenges

Marc Calmbach u. a., SINUS-Jugendstudie 2020 – Wie ticken Jugendliche? Lebenswelten von Jugendlichen im Alter von 14 bis 17 Jahren in Deutschland, BpB: Bonn 2020, S. 42

M4   Sinus-Modell jugendlicher Lebenswelten (2020)

UNIVERSELLE WERTE
Soziale Geborgenheit (Familie, Freunde, Treue) und soziale Werte (Altruismus, Toleranz), Leistung, Selbstbestimmung

Hohe Bildung

Mittlere Bildung

Niedrige Bildung

Postmaterielle

Expeditive

Adaptiv-Pragmatische

Traditionell-Bürgerliche

Konsum-Materialisten

Experimentalisten

Prekäre

A: ABSICHERUNG
Autorität Affirmation Anschluss

B: BESTÄTIGUNG & BENEFITS
Besitz   Bildung   Balance

C: CHARISMA
Creativity Crossover Challenges

Quelle: SINUS-Jugendstudie 2020

M5   Aussagen Jugendlicher

1 Ja, meine Religion an erster Stelle. Dann meine Familie und die Freude im Leben, dass ich halt leben kann.

2 Ich finde das Feeling gut. Den Adrenalinkick mag ich. Auch beim Skaten, wenn ich irgendwo runterspringe, ist mir egal, wie tief das ist.

3 Ich will mich nicht von der Menge abheben. Vom Kleidungsstil her so normal wie jeder andere sein. Ich kaufe fast nie selbst meine Kleidung. Meist kauft die meine Mutter.

4 Immer auf dem Boden bleiben – nicht abheben. Ich mag halt keinen unnötigen Stress.

5 Also mein größter Wunsch ist schon, dass ich gut durchstarten kann mit einem guten Beruf, dass ich gut Geld verdiene, ein gutes Haus.

6 Wie ich sein möchte? Ein normaler Mensch. Nichts Besonderes, der nicht so viel Aufmerksamkeit auf sich zieht.

7 Ich glaub, ich möchte da auch immer in der Schule ganz gut sein und deswegen mach ich mir selber immer so ein bisschen Druck.

8 Meinen Stil? Ja, auf jeden Fall anders als vielleicht andere Jugendliche heute. Also ich gehe auch gerne secondhand shoppen. Oder ich ziehe halt, also schon vielleicht ein bisschen experimenteller als vielleicht andere. Ich würde schon sagen, dass ich mich vielleicht ein bisschen mehr traue. Aber ja.

9 Ich bin jemand, der schaut sich Trends an. Wenn mir der Trend gefällt, dann schau ich mal, ob mir das steht. Wenn es mir steht, dann hole ich es halt. Und wenn mir der Trend nicht gefällt, dann bin ich nicht jemand, der es tragen muss. Ich habe da so einen eigenen Kopf.

Autorentext

M6   Die Sinus-Milieus in der Kritik

Der Ansatz, Unterschiede des Handelns über soziale Milieus beschreiben und erklären zu können, beruht auf der Annahme, dass sich über eine gemeinsame Milieuzugehörigkeit
5 unterschiedliche reale Lebenswelten abbilden. Mit Milieus können die Binnenvariationen innerhalb der traditionellen, über Strukturvariablen definierten Gruppen „erhellt" werden (also Unterschiede innerhalb junger
10 Familien, älterer Menschen oder Menschen mittlerer Bildung). Soziale Milieus sind insbesondere dann handlungsleitend, wenn die Handlungsspielräume groß sind. Problematisch ist jedoch, dass es innerhalb der Sozial-
15 wissenschaften kein breit akzeptiertes Milieumodell gibt [...]. Milieukonzepten aus der Marktforschung wird wiederholt vorgeworfen, sie seien nicht wissenschaftlich. Das wird vor allem mit mangelnder Transparenz der
20 relevanten Lebensbereiche, der Indikatoren sowie deren Gewichtung begründet. [...] Die wiederholte Aktualisierung der Sinus-Modelle wird kritisiert, weil dabei vieles unklar bleibt: Warum ein neues Modell? Wie werden Personen neu zugeordnet? Welche Gemeinsamkei- 25 ten der Lagerungen bleiben? Welche werden revidiert? Im Gegensatz zur amtlichen Statistik [...] besteht der Anspruch der dynamischen Milieu-Modelle darin, die Ausdifferenzierung der Gegenwartsgesellschaft gut abbilden zu 30 können und die zunehmende Binnenvariation klassischer Kategorien wie Alters- und Bildungsgruppen „aufhellen" zu können. Vom Sinus-Modell wird allerdings die allgemeine Kritik aufgenommen, dass aufgrund des in- 35 tensiven sozialen Wandels neue Kategorien zur Analyse sozialer Ungleichheit notwendig seien, indem die Neu-Konzeptionen des Grundmodells zumindest eine Interpretation des Wertewandels berücksichtigt. 40

Jens S. Dangschat, Zu einer sozialdifferenzierten Handlungstheorie des Energiekonsums, in: Katrin Großmann u. a. (Hg.), Energie und soziale Ungleichheit. Zur gesellschaftlichen Dimension der Energiewende in Deutschland und Europa, Springer: Wiesbaden 2017, S. 120 f.

INFO

Strukturvariable
aus verschiedenen Bestandteilen zusammengesetzte Variable

1   Ordnen Sie die Aussagen in M5 in einer Tabelle den sieben jugendlichen Lebenswelten (M1) sowie den drei Grundorientierungen Absicherung (A), Bestätigung und Benefits (B) und Charisma (C) (M3, M4) zu.
Sie können die Tabelle dafür wie folgt aufbauen:
Grundorientierung mit drei senkrechten Spalten zu Absicherung, Bestätigung und Benefits sowie Charisma;
Lebenswelten mit sieben waagerechten Spalten zu Traditionell-Bürgerliche, Adaptiv-Pragmatische, Prekäre, Konsum-Materialisten, Experimentalisten, Postmaterielle und Expeditive.

2   Versuchen Sie, sich selbst einem der aufgeführten Milieus zuzuordnen (M4). Begründen Sie Ihre Zuordnung.

3   Begründen Sie mithilfe von M6, warum Milieustudien für die Marktforschung einen hohen Stellenwert haben.

4   Prüfen Sie Anspruch, Ertrag, Erklärungswert und Reichweite des Sinus-Modells zu jugendlichen Lebenswelten. Beachten Sie dabei auch Zielsetzung und Adressaten der Studie.

1.3 Jugendliche Werte – die 18. Shell-Studie

Die seit den 1950er-Jahren vom Mineralölkonzern Shell veröffentlichten Jugendstudien untersuchen, wie die Generation der 12- bis 25-Jährigen in Deutschland aufwächst, was sie beschäftigt, welche Dinge ihr wichtig sind und wie sie die Welt sieht. Seit dem Jahr 2002 wird die Studie von Wissenschaftlern der Universität Bielefeld durchgeführt. Gefragt wird u. a.: Welche Rolle spielen Familie und Freunde, Schule und Beruf, Digitalisierung und Freizeit? Und ebenfalls: Wie stehen junge Menschen zu Politik, Gesellschaft und Religion?

M 1   Jugend und Politik

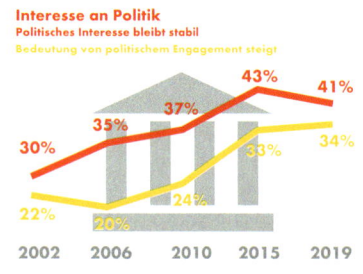
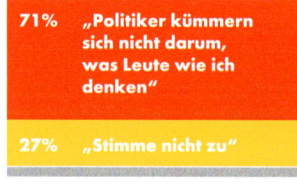
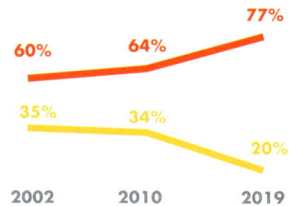

Quelle: Shell Jugendstudie 2019

M 2   Jugendliche Werte – Gestaltungsansprüche

Die gegenwärtige junge Generation formuliert wieder nachdrücklicher eigene Ansprüche hinsichtlich der Gestaltung der Zukunft unserer Gesellschaft und fordert, dass bereits heute die dafür erforderlichen Weichenstellungen vorgenommen werden. Als zukunftsrelevante Themen haben vor allem Umweltschutz und Klimawandel erheblich an Bedeutung gewonnen. Sie stehen im Mittelpunkt der Forderung nach mehr Mitsprache und der Handlungsaufforderung an Politik und Gesellschaft. Dabei ist für die Jugendlichen in Deutschland nach wie vor ihre pragmatische Grundorientierung kennzeichnend. Die Jugendlichen sind […] weiterhin bereit, sich in hohem Maße an Leistungsnormen zu orientieren, und hegen gleichzeitig den Wunsch nach stabilen sozialen Beziehungen im persönlichen Nahbereich. Sie passen sich auf der individuellen Suche nach einem gesicherten und eigenständigen Platz in der Gesellschaft den Gegebenheiten so an, dass sie Chancen, die sich auftun, möglichst gut ergreifen können. […]

Die Ergebnisse der aktuellen Shell-Jugendstudie zeigen, dass trotz der klar erkennbaren sozialen Unterschiede, die sich aus der Herkunft der Jugendlichen ergeben und die durch den auch weiterhin ungleichen Bildungserfolg bestehen bleiben, keine unüberbrückbaren Polarisierungen oder Spaltungen in den Einstellungen zu beobachten sind. Auch die Unterschiede zwischen Ost und West, zwischen männlichen und weiblichen Jugendlichen sowie zwischen Jugendlichen mit und ohne Migrationshintergrund werden eher kleiner als größer. Quer durch alle Gruppierungen findet sich eine Reihe von Gemeinsamkeiten, darunter eine zunehmende Sorge um die ökologische Zukunft, ein Trend zu gegenseitigem Respekt und einer Achtsamkeit in der eigenen Lebensführung, ein starker Sinn für Gerechtigkeit sowie ein wachsender Drang, sich für diese Belange aktiv einzubringen. Nicht zu übersehen ist allerdings die Affinität einiger Jugendlicher zu populistischen Positionen. Die Kritik, die viele dieser Heranwachsenden dabei zugleich am sogenannten Establishment

GLOSSAR

Klimawandel

INFO

Populismus
Gegen die politischen Eliten gerichtete, oft von Opportunismus geprägte, teils demagogische Politik.

Establishment
politische, wirtschaftliche oder kulturelle Herrschaftsschicht

in Politik und Gesellschaft üben, ist auch da-
50 von beeinflusst, dass sich junge Menschen ge-
nerell nicht hinreichend gefragt und einbezo-
gen fühlen.

Wir unterscheiden in der aktuellen Shell-Jugendstudie zwischen Jugendlichen als „Kos-
55 mopoliten", „Weltoffenen", „Nicht-eindeutig-

Positionierten", „Populismus-Geneigten" und
„Nationalpopulisten". Zwischen den Kosmo-
politen und den Nationalpopulisten lässt sich
eine klar erkennbare Polarisierung feststellen,
beide Gruppen machen zusammengenommen 60
aber lediglich etwa ein Fünftel der Jugendlichen aus.

Jugend 2019 – 18. Shell Jugendstudie. Eine Generation meldet sich zu Wort, Beltz: Weinheim 2019, S. 13

M 3   ## Stellungnahmen zur 18. Shell-Studie

A „Mehr als die Hälfte der Jugendlichen sieht die gesellschaftliche Zukunft zuversichtlich", stellte Studienleiter Prof. Dr. Mathias Albert in seiner Vorstellung der Studienergebnisse fest. Doch
man müsse auch anerkennen, dass einige Ängste stark zugenommen hätten: So machten sich
71 Prozent der jungen Menschen Sorgen wegen der Umweltverschmutzung und 65 Prozent
5 hätten Angst vor dem Klimawandel – deutlich mehr jeweils als noch vor vier Jahren.

B Die damalige Bundesministerin für Familie, Senioren, Frauen und Jugend, Franziska Giffey
(SPD): „Die aktuelle Shell-Jugendstudie zeigt, dass junge Menschen sich einbringen wollen und
dass viele auf die Demokratie, eine offene Gesellschaft und ein geeintes Europa setzen. Dieses
Vertrauen dürfen wir nicht verspielen."

10 **C** Ria Schröder [FDP] sagte, sie bemerke in ihrer Arbeit bei den Jungen Liberalen, dass die Jugendlichen politischer würden.

D Tobias von der Heide (CDU-Landtagsabgeordneter in Schleswig-Holstein): „Die Shell-Studie
2019, die 12- bis 25-Jährige befragt hat, zeigt Ergebnisse, die uns besorgt machen sollten. Im
Schatten von einigen Engagierten, das ist eine Haupterkenntnis der Studie, wächst eine Grup-
15 pe von Jugendlichen heran, die sich von Politik missverstanden, ignoriert und sogar manipu-
liert fühlt – und die in Teilen Denk- und Verhaltensmuster von Populisten übernommen haben, so die Autoren der Studie."

E Mitteilung der AfD: „Viele Jugendliche haben inzwischen ein gesundes Misstrauen gegenüber
der Bundesregierung und auch feine Antennen dafür, was in Deutschland aus dem Gleichge-
20 wicht geraten ist. Dort, wo die jungen Menschen erkennen, dass die Meinungsfreiheit schwin-
det, Denk- und Sprechverbote herrschen, ist unser aller Zukunft noch nicht verloren."

A und C: Shell-Jugendstudiendialog 15. Oktober 2019, in: https://www.shell.de/ueber-uns/shell-jugendstudie/
we-have-to-do-politics-for-with-and-from-youth.html, 15.10.2019; B (Zitat): Philipp Frohn, Shell-Studie 2019. Klima,
Demokratie, Rassismus: Diese Themen bewegen die Jugend am meisten, in: https://www.handelsblatt.com/politik/
deutschland/shell-studie-2019-klima-demokratie-rassismus-diese-themen-bewegen-die-jugend-am-meisten/
25117752.html, 15.10.2019; D (Zitat): Tobias von der Heide, TOP 20: Jahr der politischen Bildung ist ein Erfolg, in: http://
www.landtag.ltsh.de/presseticker/2019-12-12-08-57-42-4473/?group=cdu&tVon=&tBis=&qu=autobahn+20&paramSei
te=37, 12.12.2019; E (Zitat): AfD, Kreisverband Bielefeld, Shell-Studie 2019: Mehrheit der Jugendlichen erkennt
Rassismuskeule, in: https://afd-bielefeld.de/aktuelles/2019/10/shell-studie-2019-mehrheit-der-jugendlichen-erkennt-
rassismuskeule/, 17.10.2019

1   Setzen Sie die Aussagen in M 1 zueinander in Beziehung. Diskutieren Sie Ihre Ergebnisse.

2   „Für jeden ist etwas dabei." Die heutige Jugend: politisch oder unpolitisch, demokra-
tisch oder undemokratisch, politikverdrossen oder engagiert? Stellen Sie die zentralen Ergebnisse der 18. Shell-Studie vor und nehmen Sie zu dieser Stellung (M 2, M 3).

3   Vergleichen Sie die Ergebnisse der Shell-Studie (M 1–M 3) mit denen der Sinus-Studie
(S. 14-17) hinsichtlich der Aspekte Lebensentwürfe, Wertpräferenzen und politische
Einstellungen.

4   Diskutieren Sie mit Bezug auf die Studien: Handeln wir aus freien Stücken? Oder (wie
stark) ist unser Handeln sozial vorbestimmt?

1.4 Hineinwachsen in die Gesellschaft – (politische) Sozialisation

Sind es die Erbanlagen, die bestimmen, was ein Mensch ist und was er wird, oder ist es das sogenannte Milieu, das ihm Verwirklichungs- und Lebenschancen eröffnet oder verwehrt? Dieser Streit erinnert an die Frage, was zuerst da war – die Henne oder das Ei. Mit der Entschlüsselung des menschlichen Genoms bestimmt heute zunehmend ein „Sozialbiologismus" die Sicht auf den Menschen. Auch das psychische und soziale Verhalten, insbesondere wenn es den gegebenen gesellschaftlichen Verhaltensmustern und Normen nicht entspricht, wird aus einer genetischen Disposition (Gendefekten) heraus erklärt, sei es Alkoholismus, sei es Kriminalität.

Demgegenüber betonen Soziologen, die sich mit dem Zusammenleben der Menschen in der Gesellschaft befassen, die Abhängigkeit des Menschen von seinem sozialen Umfeld. Nur im Zusammenleben mit anderen Menschen ist der Mensch lebens- und überlebensfähig. Er bedarf – nach seiner „physiologischen Geburt" – einer viele Jahre währenden zweiten „soziokulturellen Geburt", um zu einem Mitglied der Gesellschaft zu werden. Dass der Mensch als Disposition Erbanlagen hat, ist für die Soziologen nicht die Frage, entscheidend ist, ob und wie er diese Anlagen in dem gesellschaftlichen Umfeld, in das er hineingeboren wird, verwirklichen kann.

Zeichnung: Quino

M 1 Sozialisation – die soziokulturelle „Geburt" des Menschen

Hans Peter Henecka lehrte Soziologie an der Pädagogischen Hochschule Heidelberg.

Sozialisationsprozesse lassen sich zunächst danach unterscheiden, ob es darum geht, die
5 grundlegende Mitgliedschaft in der Gesellschaft und damit die Fähigkeit zur Teilnahme am sozialen Geschehen überhaupt zu erwerben, oder darum, sich neue und weitere Möglichkeiten der Verwirklichung dieser Beteili-
10 gung anzueignen. […]
Man bezeichnet die erste und elementare Sozialisation in der frühen Kindheit als primäre Sozialisation. Sie erfolgt in der Regel in der Familie und vermittelt inhaltlich und formal
15 die Grunderfahrung des sozialen Lebens in einer kleinen und vertrauten Gruppe: Das Kind lernt, welche Bedeutung die Menschen seiner

unmittelbaren Umgebung mit ihren Worten, Gesten, Mienen und mit ihrem Tun und Lassen verbinden; […] schließlich muss das Kind ler-20 nen, seine Bedürfnisse mit den Erwartungen seiner Umwelt in Einklang zu bringen. […]
Die hierbei vermittelten gesellschaftlichen Verhaltensmuster und Erfahrungen legen zwar ein relativ solides Fundament, das im 25 Verlauf späterer Lebensphasen jedoch nach zahlreichen Richtungen hin weiter ausgebaut und ergänzt, sowie differenziert und modifiziert werden muss. Dies geschieht in der sogenannten sekundären Sozialisation, die auf der 30 Basis primärer Sozialisiertheit aufbaut, hingegen im Wesentlichen im außerfamiliären Raum verläuft. […]
Sozialisation müssen wir darum auch als einen […] lebenslangen Prozess verstehen, der 35

nicht [...] mit dem Ende der Jugendphase als abgeschlossen gelten kann. In jeder neuen Lebensphase ergeben sich nicht zuletzt unter veränderten materiellen Bedingungen und
40 durch den Wechsel von sozialen Beziehungen (z.B. bei Eheschließung, Berufseintritt, Arbeitslosigkeit) immer wieder neue Konstellationen, die beim Individuum Veränderungen von bestehenden bzw. die Übernahme neuer
45 Handlungsfähigkeiten erforderlich machen.
[...] Zwar ist das zu sozialisierende Kind in seinen ersten Lebensjahren in seinem physischen Überleben völlig abhängig von seiner sozialen Umwelt, was es damit „bezahlt", dass
50 es von dieser Umwelt vereinnahmt wird und sich ihr anpasst. Aber diese „Anpassung"

erfolgt nicht so, dass das Kind einfach alles aufnimmt, sondern es trifft unbewusst – und manchmal auch durchaus bewusst – eine Auswahl aus der angebotenen Fülle. Was ihm 55 nicht passt, das sieht und hört es nicht; es lernt also durchaus nicht alles, und was es lernt, lernt es verschieden gut. So setzt sich das Individuum [...] mit seiner materiellen und gesellschaftlichen Umwelt auseinander, 60 wirkt auf dieselbe zurück und macht sie sich auf eigene Art und Weise zu eigen. Sozialisationsvorgänge sind deshalb keineswegs einseitig und unreflektiert als „Einbahnstraßen" zu betrachten, sondern müssen notwendigerwei- 65 se als soziale Interaktionsprozesse begriffen werden.

Hans Peter Henecka, Grundkurs Soziologie, UVK Verlagsgesellschaft: Konstanz ¹⁰2015, S. 94 ff.

M2 Jugendliche Lebensphasen

Der typische Lebenslauf im Jahre 1900 hatte im Vergleich zu heute eine recht einfache Struktur. Er bestand nur aus zwei Phasen: dem Kindheitsalter und dem Erwachsenenalter.
5 Um 1950 lässt sich die beginnende Ausdifferenzierung der Jugendphase und der Phase Seniorenalter feststellen. Beide Phasen gab es in dieser Form als eigenständige Lebensabschnitte für die überwiegenden Teile der Be-
10 völkerung nicht. Man bezeichnet sie deswegen auch als historisch neue Lebensphasen. Im Jahre 2000 hat sich das Jugendalter auf Kosten des Kindesalters, vor allem aber des Erwachsenenalters, weiter ausgedehnt. Am En-
15 de des Lebenslaufs kommt es zudem aufgrund der höheren Lebenserwartung zu einer deutlichen Ausdehnung der Lebensphase Seniorenalter. Im Unterschied zu den 1950er-Jahren ist das Erwachsenenalter damit nicht mehr
20 automatisch das lebensperspektivische Zentrum der Biografie, sondern nur ein Abschnitt der Lebensgestaltung unter vielen. Schreiben wir in einer Prognose für 2050 die heute erkennbaren Prozesse fort, so dürften die Über-
25 gänge zwischen den einzelnen Lebensphasen noch flexibler und weiter gestreut sein als heute. Denkbar ist eine noch etwas stärkere Ausdehnung der Lebensphase Jugend, relativ

sicher ist die weitere Verlängerung der Lebensphase Senior. Am Ende der Lebensspanne 30 könnte es auch zu einer Ausdifferenzierung einer neuen Lebensphase „Hohes Alter" im Anschluss an das Seniorenalter kommen.

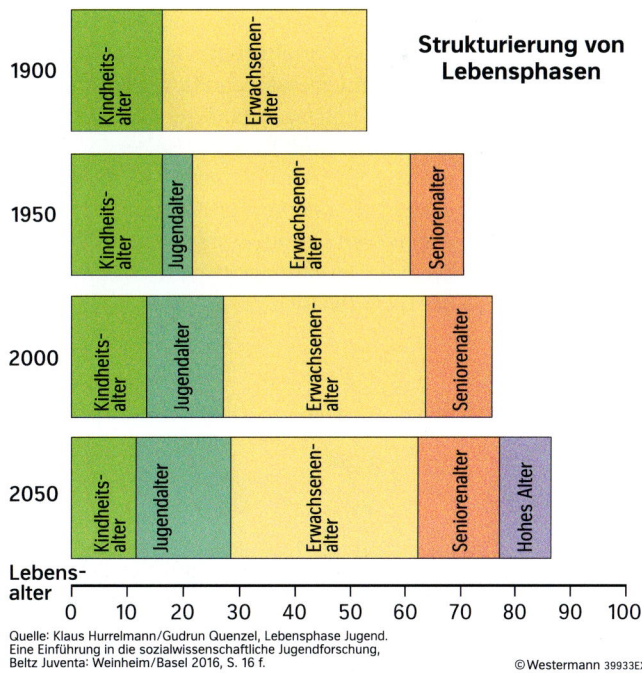

Klaus Hurrelmann/Gudrun Quenzel, Lebensphase Jugend. Eine Einführung in die sozialwissenschaftliche Jugendforschung, Beltz Juventa: Weinheim/Basel ¹³2016, S. 16 f.

M3 Der Mensch entwickelt sich das gesamte Leben

Entwicklungsaufgaben		
des Kindesalters	**des Jugendalters**	**des Erwachsenenalters**
emotionales Grundvertrauen aufbauen	intellektuelle und soziale Kompetenz entwickeln	ökonomische Selbstversorgung
Intelligenz entwickeln	eigene Geschlechtsrolle und Partnerfähigkeit entwickeln	Familiengründung und Kinderbetreuung
motorische und sprachliche Fähigkeiten entwickeln	Fähigkeit zur Nutzung des Warenmarktes entwickeln	Teilnahme am Kultur- und Konsumleben
grundlegende soziale Kompetenzen entwickeln	Norm- und Wertesystem entwickeln	politische Partizipation

M4 Jugend zwischen Individuation und Integration

Unzweifelhaft ist das Jugendalter dadurch charakterisiert, dass die Fähigkeiten und Fertigkeiten erworben werden müssen, die für den anschließenden Erwachsenenstatus ty-
5 pisch und selbstverständlich sind. Zugleich aber kommt es wegen der im Jugendalter charakteristischen unvoreingenommenen Aneignungs- und Auseinandersetzungsprozesse keinesfalls zu einer einfachen Übernahme von
10 gesellschaftlichen Vorgaben oder zu einer Reproduktion von Sozialcharakteren von einer Generation zur nächsten. Vielmehr ist gerade in diesem Lebensabschnitt das Ausmaß von kreativer und eigenständiger Gestaltung, von
15 produktiver und aktiver Auseinandersetzung mit den inneren und äußeren Lebensbedingungen von sehr großer Bedeutung. [...] Hieraus ergeben sich außerordentlich hohe Anforderungen an die biografische Selbstgestaltung
20 der Lebensphase Jugend. [...]

Jugendliche müssen eine schnelle Veränderung ihrer psychophysischen Disposition, also der Struktur ihrer Motive, Gefühle, Denkweisen und Reaktionsmuster, bewältigen und mit dem Aufbau von Selbstbild und Identität in 25 Verbindung bringen. Im gleichen Zeitraum, in dem sich diese wichtigen biopsychischen Gestaltveränderungen und individuellen Persönlichkeitsformungen abspielen, werden von ihnen mit massivem Nachdruck soziale Integ- 30 rationsleistungen verlangt, insbesondere soziokulturelle Anpassungsleistungen und ökonomisch relevante Qualifizierungs- und Leistungsanforderungen. Aus diesem Zusammenprall von psychobiologischen und sozialökolo- 35 gischen Anforderungen in einem knappen Zeitraum der Lebensspanne können sich Belastungen ergeben, wenn die Bewältigungsstrukturen nicht ausreichen.

Zugleich ist diese Lebensphase Jugend durch 40 die lebensgeschichtlich erstmalige Chance gekennzeichnet, eine Ich-Identität zu entwickeln. Jugendliche werden zur Teilnahme an sozialer Interaktion fähig, indem sie sich zum ersten Mal nicht nur als handelndes Subjekt 45 empfinden, sondern sich selbst im Prozess des Handelns auch als Objekt wahrzunehmen vermögen. Sie bauen auf diese Weise ein erstes Bild von sich selbst auf, indem sie alle Ergebnisse der bisherigen Interaktionen auswerten 50 und zu einem in sich stimmigen und schlüssigen Entwurf als „Selbstbild" („Selbstkonzept") zusammenfügen.

INFO

Reproduktion
Prozess der ständigen Wiederherstellung/ Erneuerung

Sozialcharakter
durch äußere Einflüsse geformter Charakter

Disposition
hier: Veranlagung

Interaktion
Handeln, das aufeinander bezogen ist

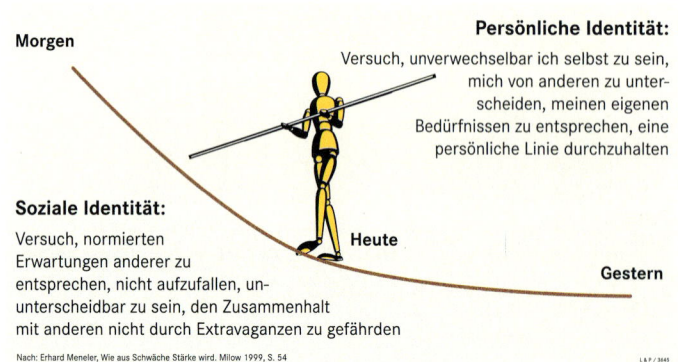

Morgen

Persönliche Identität:
Versuch, unverwechselbar ich selbst zu sein, mich von anderen zu unterscheiden, meinen eigenen Bedürfnissen zu entsprechen, eine persönliche Linie durchzuhalten

Heute

Soziale Identität:
Versuch, normierten Erwartungen anderer zu entsprechen, nicht aufzufallen, ununterscheidbar zu sein, den Zusammenhalt mit anderen nicht durch Extravaganzen zu gefährden

Gestern

Nach: Erhard Meneler, Wie aus Schwäche Stärke wird. Milow 1999, S. 54

Klaus Hurrelmann, Soziales Lernen in der Schule, in: Pädagogikunterricht, Heft 1/2000, S. 2-8 (Auszüge)

M5 „Radikalisierung und Jugendkultur gehören immer zusammen"

Interview der Bundesvereinigung Kulturelle Kinder- und Jugendbildung (BKJ) mit dem Erziehungswissenschaftler Benno Hafeneger, der an der Philipps-Universität Marburg Erziehungswissen-
5 schaften und außerschulische Jugendbildung lehrte.

BKJ: Wie sehr prägt Radikalisierung aktuell das Aufwachsen von Kindern und Jugendlichen aus Ihrer Sicht?
10 **Hafeneger:** Kinder und Jugendliche wachsen in unserer Kultur auf. Dabei sind sie mit allen Phänomenen der Gesellschaft konfrontiert. Wir haben Radikalisierungsentwicklungen in der Gesellschaft im Bereich von Neo-
15 Salafismus, Dschihadismus auf der einen Seite und Rechtsextremismus im weitesten Sinne auf der anderen Seite. Es gibt die Gefahr, dass Kinder und Jugendliche in diese Radikalisierungsprozesse hineingeraten. Die Zahlen zei-
20 gen, dass Radikalisierungsphänomene in der jungen Generation in den letzten Jahren eher zugenommen haben.
BKJ: Inwieweit ist Radikalisierung aus Ihrer Sicht auch eine Form von Jugendkultur?
25 **Hafeneger:** Radikalisierung und Jugendkultur gehören immer zusammen. Wir kennen in der Geschichte der Jugendkulturen auch radikalisierte Jugendkulturen. Das können politische Kulturen sein, aber auch sonstige ausdrucks-
30 starke Jugendkulturen, die ihren Protest anmelden gegenüber der Gesellschaft. Das gehört zusammen. Die Frage ist: Radikalisiert sich das weiter bis hin zu einem Ausstieg aus der Gesellschaft, zu gewaltförmigem Verhal-
35 ten oder ist es ein vorübergehendes Phänomen? Eine gewisse Radikalisierung brauchen viele Jugendliche, um sich selbst und ihre eigene Identität in Abgrenzung zur Erwachsenengesellschaft zu entwickeln. Wenn dem so ist, dann ist das nicht zu dramatisieren. Also, 40 Radikalisierung ist zunächst ein relativ neutraler Begriff. Aber es stecken Gefahren drin, wenn Radikalisierung politisch und kulturell in die falsche Richtung gehen, wenn sie Humanwerte und Sozialwerte bekämpfen. 45
BKJ: Was bedeuten diese zunehmenden Radikalisierungstendenzen für die kulturelle Kinder- und Jugendarbeit? Wie kann die Jugendkulturarbeit den Radikalisierungstendenzen begegnen? 50
Hafeneger: Eine Radikalisierung in der jungen Generation ist immer auch ein jugendkulturelles Phänomen. Und jetzt ist die Frage, wie differenziert können die Angebote der kulturellen Bildung möglichst viele Jugendliche er- 55 reichen, um sie in Kulturentwicklungen oder Ausdrucksformen von Kultur einzubinden, sodass radikalisierte Formen verhindert werden können? Möglichst viele junge Leute müssen positive kulturelle Erfahrungen machen. 60 Da ist das eine und auch eine spannende Herausforderung für die Jugendpolitik, kulturelle Bildung zu fördern, damit viele Kinder und Jugendliche diese Erfahrungen machen können. Das andere ist, dass sich kulturelle Bil- 65 dung mit diesen radikalisierten Jugendkulturphänomenen auseinandersetzen muss und aufklärt, welche Gefahren damit für die Gesellschaft verbunden sind, aber auch für die Biografie-Entwicklung von Jugendlichen, 70 wenn sie in solchen radikalisierten Jugendkulturen längerfristig verbleiben und sich weiter radikalisieren.

Interview „Radikalisierung und Jugendkultur gehören immer zusammen" mit Prof. Dr. Benno Hafeneger, in: https:// www.bkj.de/artikel/radikalisierung-und-jugendkultur-gehoeren-immer-zusammen/?tx_wissensbasis_wissensbasis% 5BsearchResult%5D=1&cHash=b1c39019f39ef4c4cb49704980544eca, 19.03.2018

INFO

Salafismus/ Dschihadismus
Formen eines politisch dogmatischen und radikalisierten sowie häufig militanten Islams (arab. Dschihad = Heiliger Krieg), der oft auch als ideologische Rechtfertigung für islamistischen Terror dient

kulturelle Bildung
hier: Angebote, die Radikalisierungsprozesse verhindern sollen

Gesellschaftliche Verhältnisse

M 6   Spätmoderne gesellschaftliche Verhältnisse sowie Veränderungen unserer Lebens- und Innenwelten aus der Perspektive eines Sozialpsychologen

Der Sozialpsychologe Heiner Keupp lehrte an der Ludwig-Maximilians-Universität München.

Im globalisierten Kapitalismus vollziehen sich dramatische Veränderungen auf allen denk-
5 baren Ebenen und in besonderem Maße auch in unseren Lebens- und Innenwelten. Es sind vor allem folgende Erfahrungskomplexe, die mit diesem gesellschaftlichen Strukturwandel verbunden sind und die eine Mischung von
10 Belastungen, Risiken und auch Chancen bein-halten, aber genau in dieser Mischung eine hohe Ambivalenz implizieren:

■ Wir erleben, erleiden und erdulden eine Beschleunigung und Verdichtung in den
15 Alltagswelten, die zu dem Grundgefühlen beitragen, getrieben zu sein, nichts auslas-sen zu dürfen, Immer auf dem Sprung sein zu müssen, keine Zeit zu vergeuden und Umwege als Ressourcenvergeudung zu be-
20 trachten. Verkürzte Schulzeiten, Verschu-lung des Studiums, um den jung dynami-schen „Arbeitskraftunternehmer" mög-lichst schnell in die Berufswelt zu transpor-tieren oder die Reduktion der Lebensphasen-
25 sen, in denen man als produktives Mitglied der Gesellschaft gelten kann, erhöhen per-manent den Beschleunigungsdruck.

■ Wir spüren die Erwartungen, ein „unter-nehmerisches Selbst" […] zu werden, das
30 sein Leben als eine Abfolge von Projekten sieht und angeht, die mit klugem Ressour-ceneinsatz optimal organisiert werden müssen. Auch staatliches Handeln, nicht zuletzt im Bereich der Sozialpolitik, setzt
35 immer stärker auf das individuelle Risiko-management anstelle von kollektiver Da-seinsvorsorge. Ich bin für meine Gesund-heit, für meine Fitness, für meine Passung in die Anforderungen der Wissensgesell-
40 schaft selbst zuständig – auch für mein Scheitern. […]

■ Eine Deregulierung von Rollenschemata, die einerseits als Gewinn an selbstbe-
stimmter Lebensgestaltung verstanden
45 wird, die aber andererseits in die Alltags-welten eine Unsicherheit hineinträgt, die nicht immer leicht akzeptiert und ertragen werden kann. Die Erfahrung der allenthal-ben erlebten Enttraditionalisierung ist nicht selten ein Antrieb für die Suche nach
50 Verortung in fundamentalistischen Welt-bildern.

■ Die Arbeit an der eigenen Identität wird zu einem unabschließbaren Projekt und er-fordert.
55
■ Fertige soziale Schnittmuster für die alltäg-liche Lebensführung verlieren ihren Ge-brauchswert. Sowohl die individuelle Iden-titätsarbeit als auch die Herstellung von gemeinschaftlich tragfähigen Lebensmo-
60 dellen unter Menschen, die in ihrer Le-benswelt aufeinander angewiesen sind, er-fordert ein eigenständiges Verknüpfen von Fragmenten. Bewährte kulturelle Modelle gibt es dafür immer weniger. […]
65
■ All die Anstrengungen allzeit fit, flexibel und mobil zu sein, sind nicht nur als Kür zu betrachten, sondern sie werden von der Angst motivational befeuert, nicht dazu zu gehören. Wir führen gegenwärtig eine
70 höchst relevante Fachdiskussion um das Thema Exklusion und Inklusion. […] Die Sorge, nicht mehr gesellschaftlich einbezo-gene, gefragt und gebraucht zu werden, bestimmt viele Menschen und sie sind des-
75 halb oft bereit, sich an Bedingungen anzu-passen, die ihnen nicht gut tun.

■ Die Suche nach sicheren Bezugspunkten für einen gesichertes Fundament für ihre Alltagsbewältigung wird noch verstärkt,
80 durch die Entwicklung hin zu einer „Si-cherheitsgesellschaft", die die defensive Variante des Ordnungstraumes der Moder-ne darstellt: Diese hatte und hat den An-spruch, alles Unberechenbare, Uneindeuti-
85 ge, Ambivalente, Fremde und Störende zu beseitigen und eine berechenbare und ein-

deutige Welt geschaffen. Auch wenn dieser Traum dieser Moderne nur noch selten in
90 naiver Emphase vorgetragen wird, es gibt ihn noch und die Sicherheitsgesellschaft lebt davon. Sie will möglichst Risiken eliminieren und verstärkt dafür ihre Sicherheitssysteme. [...]
95 ■ Die Landnahme des Kapitalismus hat längst in unseren beruflichen Welten stattgefunden. Erich Wulff (1971) hat einst in den 1970er-Jahren einen spannenden Aufsatz „Der Arzt und das Geld" veröffentlicht und
100 hat aufgezeigt, wie die Geldlogik unbemerkt, die ärztliche Fachlichkeit und Ethik unterhöhlt. Wir haben uns angewidert abgewendet und wollten für den Bereich der psychosozialen Versorgung einen anderen
105 Weg gehen. Inzwischen hat uns die Monetarisierung, die Ökonomisierung oder die „Vertriebswirtschaftlichung" voll erreicht und Qualität scheint nur noch in Geldwert ausgedrückt zu werden.

*Heiner Keupp, Vom Ringen um Identität in der spätmodernen Gesellschaft, S. 6 ff., in: https://www.lptw.de/archiv/
vortrag/2010/keupp-vom-ringen-um-identitaet-in-der-spaetmodernen-gesellschaft-lindauer-
psychotherapiewochen2010.pdf, 18.04.2010*

INFO

Landnahme des Kapitalismus
nicht kapitalisierte (private wie öffentliche) Bereiche werden immer mehr der Kapitalverwertung unterworfen (Beispiele: Hausarbeit, Gesundheit, öffentliche Infrastruktur)

Geldlogik
hier: Dominanz der Gewinnmaximierung

LITERATURTIPP

Aus Politik und Zeitgeschichte
Heft 38-39/2021, Jugend und Protest

M7 Politische Sozialisation: Eine Definition

Der Begriff der politischen Sozialisation definiert sich nicht unabhängig von gesellschaftlichen, ökonomischen und kulturellen Ereignissen und Prozessen. Wir favorisieren einen
5 handlungstheoretischen Ansatz, der davon ausgeht, dass sich Menschen in Zeiten soziokulturellen Wandels im Sinne von Selbstsozialisation politisch bilden und politisch handeln – und zwar in dem Maße, das ihnen für ihre
10 Entwicklung und in ihrem Lebenskontext hinreichend erscheint. Demzufolge kann man nicht ohne Weiteres eine Nicht-Entscheidung z.B. in Bezug auf Wahlen als apolitisch deklarieren. Denn dieser Entscheidung, sich z.B.
15 nicht an der Bundestagswahl zu beteiligen, können Prozesse vorausgehen, die politische Kompetenzen oder politische Werthaltungen voraussetzen, die nur über eine aktive Auseinandersetzung mit dem politisch-administrativen System zustande kommen konnten. Die
20 Diskussionen und auch die Untersuchungen zur Politikverdrossenheit bleiben mitunter dürftig, weil sie eine Nicht-Beteiligung als Desinteresse und Unkenntnis interpretieren, was nicht zwangsläufig der Fall sein muss. Über die
25 vergangenen fünf Jahrzehnte betrachtet ist das Phänomen der sogenannten Politikverdrossenheit ein temporär kurzlebiges und inhaltsleeres. Was politische Kompetenzen im Sinne von Wissen um politische Institutionen
30 und deren Funktionen anbetrifft, wissen die jungen Generationen heute weitaus besser Bescheid als ihre Großeltern [...]. Auch wissen sie Ressourcen zu nutzen, um ihre Interessen durchzusetzen und politische Entscheidungen
35 aktiv und kollektiv zu beeinflussen. Sie agieren dabei – so unser Eindruck – vor allem sehr problem- und nutzenorientiert.

*Klaus Boehnke/Dagmar Hoffmann, Politische Sozialisation, in: Albert Fuchs/Gert Sommer (Hg.), Krieg und Frieden.
Handbuch der Konflikt- und Friedenspsychologie, Beltz: Weinheim u. a. 2004, S. 178*

Schülerdemonstration in Kassel (2010)

M 8 Politische Sozialisation in Deutschland nach 1945

Antriebsfeder der politischen Sozialisations-
forschung war gerade in Deutschland zunächst vor allem das Problem der „misslunge-
nen" politischen Sozialisation der Generationen, die den Nationalsozialismus ermöglicht hatten. [...] In der Bundesrepublik der
1950er-Jahre dominierten Einstellungen, aus
denen man Politik allgemein skeptisch be-
trachtete, Privatheit und Familie betonte und
materielle Werte als höher erachtete als politische. [...]

Mit der Thematisierung der „unruhigen Jugend" im Gefolge der 68er-Bewegung und den
Protestbewegungen der 1970er-Jahre kam ein
für die politische Sozialisation in demokratischen Gesellschaften grundsätzliches Dilemma in das Blickfeld: das Spannungsverhältnis
zwischen positiver Bindung an das demokratische System und der Forderung nach politischem Wandel. Unter Stichworten wie „Generationenkonflikt" oder „Emanzipation" richtete
sich der Fokus besonders auf die politische
Sozialisation von Jugendlichen. Gleichzeitig
erfuhr auch der Aspekt der Auswirkungen sozialer Ungleichheit – z. T. im Zusammenhang
mit Themen der Bildungsreform – Beachtung.
In der DDR stand politische Sozialisation im
Spannungsfeld zwischen staatlichem Erzie-
hungsanspruch und davon abweichenden Zielen und Wünschen im privaten Bereich. Para-
doxerweise führten gerade die offizielle
Negierung des „Privaten" und die Monopoli-
sierung der Erziehung durch den Staat in der
DDR zu einem nachweisbar größeren Einfluss
der Familie auf die politische Sozialisation [...].
In diesem empirischen Befund liegt eine ein-
drucksvolle Bestätigung der These von der Ni-

schengesellschaft [...], in der sich die Menschen den als hohl empfundenen ideologischen
Ansprüchen des Staates weitgehend zu entziehen wussten. [...]

In Deutschland nach der Jahrtausendwende
sind es immer noch drei Phänomene, die eine
Mehrzahl der politischen Sozialisationsunter-
suchungen beschäftigen: nachlassende politische Beteiligungsbereitschaft, Rechtsextremismus und Fremdenfeindlichkeit sowie der
Vergleich zwischen den alten und den neuen
Bundesländern. Einige Befunde lassen sich –
sozusagen als Schnittmenge der vorliegenden
Forschungsergebnisse – in der Tendenz festhalten:

- Ein Nachlassen dezidierten politischen In-
teresses in allen Altersgruppen der Gesellschaft – besonders aber bei den Jugendlichen.
- Eine breite aber z. T. eher diffuse und funktionale Unterstützung demokratischer Werte und Institutionen.
- Die stärkere Betonung individueller Ziele
und Orientierungen gegenüber „kollektiven" und politischen.
- In diesem Zusammenhang eine weitere Abnahme der Präge- und Bindungskraft gesellschaftlicher Großorganisationen.
- Die eindeutige Annäherung der Einstellungen in den alten und den neuen Bundesländern.
- Eine Differenzierung bezüglich des „post-
materiellen Wertesatzes", der in einzelnen
Punkten zwar – z. T. sogar verstärkt – beibehalten, aber durch eine Rückkehr zu traditionellen Einstellungen ergänzt oder
konterkariert wird.

*Ulrich Meyer, Politische Sozialisation, in: Uwe Andersen/Wichard Woyke (Hg.), Handwörterbuch des politischen
Systems der Bundesrepublik Deutschland, Leske+Budrich: Opladen [5]2003, S. 522 f.*

Studentenbewegung 1968

Aktion gegen Rassismus (2006)

M9   Ronald Inglehart: Die stille Revolution – ein Erklärungsversuch des Wertewandels

In den 1970er-Jahren formulierte der amerikanische Soziologe Ronald Inglehart die These eines „revolutionären" Wertewandels: den Übergang von materialistischen hin zu post-
5 materialistischen Werten. Zu den materialistischen Werten zählen das „Streben nach Wohlstand", das Verlangen nach physischer und wirtschaftlicher Sicherheit und die Orientierung an Recht und Ordnung. Zu den postmate-
10 rialistischen Werten zählen Selbstverwirklichung, die stärkere Orientierung an Freiheit, Emanzipation und Lebensqualität und das Verlangen nach „Zugehörigkeit, Ansehen und intellektueller und ästhetischer Zufrieden-
15 heit". Postmaterialistische Werte, auch als Selbstentfaltungswerte bezeichnet, fördern zudem die Geschlechtergleichheit, den Umweltschutz und das Verlangen nach Partizipation. Seine Überlegungen basieren auf den
20 folgenden zwei Schlüsselhypothesen:
Der **Mangelhypothese**, wonach Individuen den höchsten subjektiven Wert solchen Dingen beimessen, die relativ knapp sind. Angelehnt an die hierarchische Rangordnung von
25 Bedürfnissen nach Abraham Maslow besagt die Hypothese, dass die Orientierung an höheren Bedürfnissen wie Individualbedürfnissen und Selbstentfaltung erst möglich ist, wenn die grundlegenden physiologischen Bedürf-
30 nisse befriedigt sind.
Der **Sozialisationshypothese**, die davon ausgeht, dass eine Beziehung zwischen sozioöko-

nomischer Umwelt und Wertprioritäten mit erheblicher Zeitverzögerung geschieht, denn die nicht hinterfragten Werte eines Menschen spie- 35 geln im hohen Maße die Bedingungen wider, die in seinen Entwicklungsjahren herrschten.
Der Begriff „stille Revolution" verdeutlicht, dass es sich nicht um einen plötzlichen Zusammenbruch des alten Wertesystems han- 40 delt, sondern um einen schrittweisen Prozess, der sich über mehrere Generationen hinweg erstreckt. Inglehart hat deshalb mit der wachsenden Bedeutung der Nachkriegsgenerationen auch eine Zunahme postmaterialistischer 45 Werte prognostiziert, da diese Generation in einer ökonomisch und politisch stabilen Gesellschaft aufgewachsen ist und sich somit nicht nach der Einlösung materialistischer Wertvorstellungen habe sehnen müssen. 50

INFO

physiologische Bedürfnisse
biologische (Überlebens-)Bedürfnisse

Maslowsche Bedürfnispyramide
Der amerikanische Sozialwissenschaftler Abraham Maslow (1908–1970) beschäftigte sich mit der Frage, welche Bedürfnisse für die Menschen von Bedeutung sind und ordnete diese in aufsteigender Reihenfolge an. Dabei müssen zuerst Grundbedürfnisse befriedigt werden, bevor andere Bedürfnisse ausgeprägt werden.

Autorentext

Maslowsche Bedürfnispyramide

1 Erläutern Sie, warum Sozialisation ein lebenslanger Prozess ist (M1–M3).
2 Stellen Sie anhand von M2 und M3 wesentliche Merkmale der „Lebensphase Jugend" in Abgrenzung zur Kindheits- und Erwachsenenphase dar.
3 Erörtern Sie die Rolle der sozialen Umwelt bei der Identitätsbildung (M4).
4 „Jugendliche – immer besonders radikal?" Diskutieren Sie die These Hafenegers (M5).
5 Erläutern Sie die politischen Sozialisationsprozesse der Gegenwart und die damit verbundenen Auswirkungen und Anforderungen auf die Individuen (M6–M8).
6 Vergleichen Sie die Unterschiede der Berufsbilder „Sozialpsychologe", „Individualpsychologe" und „Soziologe".
7 Erläutern Sie die Ausführungen zur Erklärung des Wertewandels (M8).
8 Erörtern Sie, ob die zentrale These Ingleharts mit dem Ende der 68er-Bewegung und den sozialen Bewegungen der 1970er-Jahre nicht obsolet geworden ist (M9).
9 Kommentieren Sie abschließend die Erklärungsrelevanz der Überlegungen Ingleharts unter Einbezug der Ergebnisse aktueller Jugendstudien.

1.5 Ausbildung und Berufswahl von Jugendlichen

M1   Jugendliche Berufswünsche und Werte

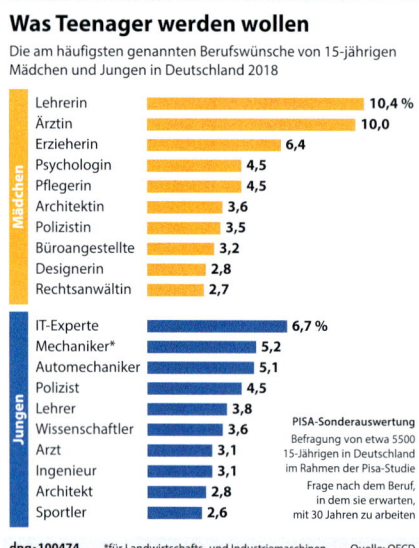

Was Teenager werden wollen

Die am häufigsten genannten Berufswünsche von 15-jährigen
Mädchen und Jungen in Deutschland 2018

Mädchen

Lehrerin	10,4 %
Ärztin	10,0
Erzieherin	6,4
Psychologin	4,5
Pflegerin	4,5
Architektin	3,6
Polizistin	3,5
Büroangestellte	3,2
Designerin	2,8
Rechtsanwältin	2,7

Jungen

IT-Experte	6,7 %
Mechaniker*	5,2
Automechaniker	5,1
Polizist	4,5
Lehrer	3,8
Wissenschaftler	3,6
Arzt	3,1
Ingenieur	3,1
Architekt	2,8
Sportler	2,6

PISA-Sonderauswertung
Befragung von etwa 5500
15-jährigen in Deutschland
im Rahmen der Pisa-Studie
Frage nach dem Beruf,
in dem sie erwarten,
mit 30 Jahren zu arbeiten

dpa•100474   *für Landwirtschafts- und Industriemaschinen   Quelle: OECD

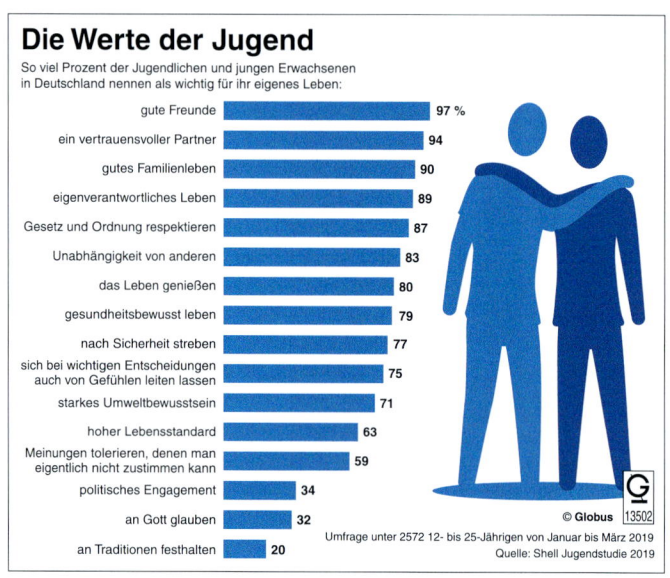

Die Werte der Jugend

So viel Prozent der Jugendlichen und jungen Erwachsenen
in Deutschland nennen als wichtig für ihr eigenes Leben:

gute Freunde	97 %
ein vertrauensvoller Partner	94
gutes Familienleben	90
eigenverantwortliches Leben	89
Gesetz und Ordnung respektieren	87
Unabhängigkeit von anderen	83
das Leben genießen	80
gesundheitsbewusst leben	79
nach Sicherheit streben	77
sich bei wichtigen Entscheidungen auch von Gefühlen leiten lassen	75
starkes Umweltbewusstsein	71
hoher Lebensstandard	63
Meinungen tolerieren, denen man eigentlich nicht zustimmen kann	59
politisches Engagement	34
an Gott glauben	32
an Traditionen festhalten	20

© Globus   13502

Umfrage unter 2572 12- bis 25-Jährigen von Januar bis März 2019
Quelle: Shell Jugendstudie 2019

M2   Sozialisation durch Berufswahl und im Beruf

Der Beruf gilt als wichtige Sozialisationsins-
tanz und zwar nicht nur mit Eintritt in eine
berufliche Tätigkeit sondern bereits prospek-
tiv. Die (vor-)beruflichen Sozialisationsprozesse sehen dabei auch in modernen Industrienationen geschlechtstypische Rollenverteilungen
vor. Auch wenn diese nicht statisch sind und
an Rigidität eingebüßt haben, so determinie-
ren Berufsstrukturen und mit ihnen einhergehende geschlechtstypische Stereotype und
Verhaltenserwartungen sowohl die gesellschaftliche Wahrnehmung von einzelnen Berufen als auch die individuellen Handlungsop-
tionen des Einzelnen. [...]
Die geschlechtsspezifischen Berufsstrukturen
und die damit verbundenen gesellschaftlichen Normalitätskonzepte werden durch Sozialisationsprozesse vom Kindesalter an reproduziert und führen zu geschlechtsspezifischen Berufswahlmustern. [...] Junge Frau-
en beispielsweise wählen noch immer eher die
Berufe, die sie schon in den 1980er-Jahren
wählten und diese Auswahl ist eher schmal.

Und ebenso wählen junge Männer nach wie
vor die Berufe, die den gesellschaftlichen ge- 25
schlechtsspezifischen Rollenerwartungen entsprechen. [...] Berufliche Identitätsentwick-
lungsprozesse beginnen [...] schon vor der eigentlichen Berufsentscheidung im Rahmen
der vorberuflichen Sozialisation, im Zusam- 30
menhang mit der Entwicklung anderer Teili-
dentitäten (z.B. Geschlechtsidentität) und im
Kontext von Berufswahlprozessen. [...]
[Die Wissenschaftlerin Linda Gottfredson]
geht [...] der Annahme nach, dass es sich bei 35
der Berufswahl um einen lebenslangen Ent-
wicklungsprozess handelt. Sie stellt das
Selbstkonzept, welches die Sicht einer Person
auf sich selbst beinhaltet, dem Berufsimage
gegenüber. Das Berufsimage ist eine subjektiv 40
vorgenommene verallgemeinernde Darstellung eines Berufes. Schnittstelle zwischen
Selbstkonzept und Berufsimage bildet der Be-
rufswunsch, als Versuch, das eigene Selbstkonzept mit den individuellen Interessen und 45
Zielen zu verwirklichen.

*Robert W. Jahn/Katja Richter, Was willst Du denn da? – Entwicklung beruflicher Identität in geschlechtsunkonventio-
nellen Berufen – eine Einzelfallstudie, in: bwp@, Heft 29/2015, S. 3 ff., http://www.bwpat.de/ausgabe29/richter_jahn_
bwpat29.pdf, Dezember 2015*

M3 Funktionen von Arbeit für Mensch und Gesellschaft – ein Überblick

Entwicklung von Fähigkeiten und Kenntnissen: Die Aktivität, die mit Arbeit verbunden ist, ist eine wichtige Vorbedingung von Qualifikationen aller Art. In der Bewältigung von Arbeitsaufgaben erwerben wir Fähigkeiten und Kenntnisse, zugleich aber auch das Wissen um diese Fähigkeiten und Kenntnisse, also ein Gefühl von Handlungskompetenz.

Erweiterung des sozialen Horizonts, Integration in Gemeinschaften: Durch Arbeit lernen wir Menschen jenseits der eigenen Familie und Handlungsbereiche jenseits des eigenen Haushalts kennen. Arbeiten erweitert den sozialen Horizont, zumal die meisten beruflichen Aufgaben nur in Zusammenarbeit mit anderen Menschen ausgeführt werden können.

Zeitliche Strukturierung des Alltags: Arbeitsprozesse strukturieren unseren Tages-, Wochen- und Jahresablauf und die gesamte Lebensplanung. Geregeltes Arbeiten gibt uns eine Ordnung, an der wir uns orientieren können. Viele zeitbezogene Begriffe wie Freizeit, Urlaub oder Rente sind nur in ihrem Bezug zur Arbeit definierbar.

Persönlichkeitsentwicklung: Die Berufsrolle und die Arbeitsaufgabe sowie die zur Beherrschung der Arbeit notwendigen Kenntnisse und Fähigkeiten bilden eine wesentliche Grundlage für die Entwicklung von Identität und Selbstwertgefühl. Wir sind „jemand" auch durch die Arbeiten, die wir leisten.

Soziale Anerkennung: Durch eigene Leistung sowie durch Kooperation mit anderen erfahren wir soziale Anerkennung, die uns das Gefühl gibt, einen nützlichen Beitrag für die Gesellschaft zu leisten. Bei Erwerbslosen besteht die Gefahr, dass ihnen diese Anerkennung versagt wird.

Herstellung von Gütern: Ohne Arbeit keine Konsum- und Investitionsgüter. Fast alle materiellen Gegenstände in unserem Alltag sind von Menschen entworfen, entwickelt, hergestellt, in Betrieb genommen worden usw. Dies gilt auch für weite Teile der scheinbar „natürlichen" Umwelt (Landschaft, Wälder, Flussläufe usw.)

Bereitstellung von Dienstleistungen: Moderne Gesellschaften konsumieren nicht nur Waren, sondern auch Dienste aller Art. Ohne entsprechende Fachkräfte würde die Lebensqualität trotz vieler verfügbarer Güter erheblich sinken.

Reproduktion und Pflege der Bevölkerung: Ohne das Gebären, die Pflege, die Betreuung und die Erziehung von Kindern ist die Bevölkerung eines Staates langfristig in ihrem Bestand gefährdet. Gesellschaften können überaltern oder der Gesundheitszustand kann sich ohne adäquate Pflege verschlechtern.

Wertschöpfung und Kapitalbildung: Wachstumsorientierte Gesellschaft benötigen Kapital, das zur Erweiterung und Modernisierung von Produktionen investiert werden muss. Das alleinige Vorhandensein von Erfindungen ergibt noch keinen gesellschaftlich wirksamen Fortschritt. Doch die Quelle aller Kapitalbildung bleibt menschliche Arbeit.

Teilhabe an Gesellschaft: Arbeit in verschiedenen Bereichen führt dazu, dass Menschen ihre vielfältigen Ziele und Interessen verfolgen können, aber dadurch entstehende Konflikte auch ertragen und austragen müssen.

Bestimmung des Platzes in der Gesellschaft: Erfolgreiches Arbeiten („etwas leisten") kann in verschiedenen Lebensbereichen nicht nur zu einem monetären Einkommen führen, sondern auch zu einer bestimmten sozialen Position (Einfluss, Macht, Anerkennung).

Autorentext

INFO

Erwerbsarbeit
Tätigkeit gegen Entgelt (Lohn), Differenzierung nach Hand- und Kopfarbeit

Fürsorgearbeit
(auch: Care-Arbeit) bezahlte und unbezahlte Arbeit im Bereich der Betreuung, Pflege und Erziehung (Reproduktionsarbeit)

Gesellschaftsarbeit
Hierzu zählen neben entlohnter Gesundheits- und Fürsorgearbeit zahlreiche Arbeiten im öffentlichen Sektor (Polizei, Feuerwehr usw.) sowie ehrenamtliche Tätigkeiten (Bürgerinitiative, Vereine, Kirche usw.).

Lernarbeit
Vorbereitung auf das Berufsleben durch Schule, Ausbildung oder Studium

---

1 Stellen Sie Zusammenhänge von Berufswünschen, Werten und gesellschaftlichen Funktionen von Arbeit her (M1–M3).

Begriffswissen und Fachsprache

Sie kennen … / Sie können …
- den Begriff „Sozialisation" differenziert erläutern;
- Lebensphasen und die prägenden Sozialisationsinstanzen;
- Veränderungen bezüglich der Lebensphasen im historischen Prozess beschreiben;
- die Besonderheiten der Lebensphase „Jugend" (Bewältigung gravierender physischer und psychischer Dispositionen in und durch die Pubertät);
- die Entwicklung und Ausbildung einer Ich-Identität und des Selbstkonzeptes;
- Veränderungen politischer Sozialisationsbedingungen in der Geschichte Deutschlands;
- relevante Lebenswelten der heutigen Jugend;
- das Sinus-Milieu-Modell und dessen Anwendungsmöglichkeiten;
- relevante Ergebnisse der Shell-Jugendstudie;
- Einflussfaktoren bei der Berufswahl Jugendlicher.

Erworbene Kompetenzen

Analysekompetenz: Sie können …
- Zusammenhänge von Veränderungen gesellschaftlicher Verhältnisse mit Veränderungen von Lebenswelten und sozialpsychologischen Innenwelten verbinden;
- den Zusammenhang von Verhaltensweisen und Lebenswelten systematisiert erläutern;
- den Begriff der politischen Sozialisation erläutern;
- Ergebnisse der Sinus-Studie mit der Shell-Jugendstudie vergleichen;
- Auswirkungen gesellschaftlicher Verhältnisse auf die Innenwelten von Jugendlichen darstellen;
- den theoretischen Erklärungsversuch eines „revolutionären Wertewandels" (Übergang Materialismus – Postmaterialismus) differenziert darstellen.

Urteilskompetenz: Sie können …
- Anspruch, Ertrag, Erklärungswert und Reichweite des Sinus-Milieu-Modells hinterfragen;
- Ergebnisse der Sinus-Studie mit der Shell-Jugendstudie vor dem Hintergrund ihrer Zielsetzungen und impliziten Aufgaben hinsichtlich des jeweiligen Erklärungswertes beurteilen;
- Phänomene wie „Politikverdrossenheit" oder die (politische) Radikalisierung bei Jugendlichen erklären;
- die Erklärungsrelevanz des Postmaterialismus-Theorems vor dem Hintergrund aktueller Jugendstudium einschätzen;
- die Berufswahl Jugendlicher unter psychologischen und soziologischen Erklärungsansätzen beurteilen.

Handlungs- und Methodenkompetenz: Sie können …
- Fotografien analysieren und ihre Analyse verschriftlichen;
- durch das Verfassen von Leserbriefen gezielt auf die (politische) Öffentlichkeit Einfluss nehmen;
- sich mit sozialwissenschaftlichen Theorieansätzen auseinandersetzen.

Kontrollieren Sie Ihr Wissen und Können

M 1   Die Werte der „Generation Ego"

Die Klage über den Werteverfall der Jugend ist so alt wie die Menschheit, jedenfalls schon aus antiken Schilderungen überliefert. Bei Licht betrachtet ist die Klage Unsinn, ein sich von
5 Generation zu Generation schleppendes Lamento der Älteren über die Jüngeren. Die Jugend- und Freizeitforscher Bernhard Heinzlmaier und Philipp Ikrath schreiben in ihrer Untersuchung „Generation Ego" über die Wer-
10 te der Jugend im 21. Jahrhundert: „Die jungen Leute leben heute nicht, wie es so oft suggeriert wird, in einem Wertevakuum, sondern sie haben andere, neue Werte angenommen." Entscheidend ist also nicht Werteverlust, vielmehr
15 Wertewandel. [...] Radikal denkt die junge Generation nicht über Werte und deren Befristung. Aber sie macht und versteht notwendigerweise vieles anders als die Erwachsenen. Das wiederum kränkt die Älteren als Angehöri-
20 ge der abtretenden Generation. Sie, deren Herz an der alten Welt hängt, sehen mit Schaudern, wie diese von den Nachwachsenden umgekrempelt wird. Und es ist ja so: Das langsame Verschwinden der alten Welt geht dem eige-
25 nen existenziellen Verschwinden bloß ein kleines Stück voraus. Das deprimiert die Älteren verständlicherweise [...]. Die Forschung belegt, dass politische Fragestellungen in jugendlichen Szenen kaum eine Rolle spielen. Mode,
30 Musik, Sport, Medien zählen mehr. Als große Vorbilder der Jugend gelten Spitzensportler, Pop-Musiker, Schauspieler, Models und – eher ausgeprägt bei bildungsfernen Schichten – die Stars und Sternchen von Castingshows. Aus
35 mehreren Jugendstudien der vergangenen Jahre ist zudem belegt, dass Eltern und Großeltern unter den Jugendvorbildern nach wie vor stark vertreten sind, dass Familienzusammenhalt hoch im Kurs steht, Letzteres nicht zuletzt deshalb, weil heute immer mehr Ju-
40 gendliche erleben, wie Ehen zerbrechen und Familienbande sich lockern, wenn nicht sogar auflösen. [...] Auffallend ist die Diskrepanz zwischen dem Wunsch junger Menschen nach familiärer Stabilität und verlässlicher Freund-
45 schaft einerseits und der Lebenslage in einer weitgehend ökonomistischen und individualistischen Wirklichkeit andererseits. In „Generation Ego" heißt es: „Der Erwerbsarbeit haben sich alle Lebensbereiche unterzuordnen. Ge-
50 meinschafts- und Familienverpflichtungen dürfen das Arbeitsleben der Menschen nicht stören." Um Störungen zu minimieren, werden ursprünglich private Tätigkeiten in kommerzielle Dienstleistungen verwandelt, die am
55 Dienstleistungsmarkt erworben werden können. Das Ergebnis: Kinderkrippen, Ganztagsschulen, Lebensmittel-Lieferservice, Hundeund Katzensitter, Altenpfleger. Die junge Generation läuft Gefahr, sich zu Einzelwesen
60 zu entwickeln, beschäftigt mit Karriere, Konsum und der Arbeit am Ich. Laut Institut für Jugendkulturforschung meinen fast 70 Prozent der unter 30-Jährigen, heute sei jeder so mit sich selbst beschäftigt, dass er nicht mehr
65 an andere denke. Umso mehr setzen sie ihre Hoffnung in die eigene Familie, in der sie Verständnis, Solidarität und Aufgehobensein erfahren. [...] Paradox klingt die Konsequenz: dass heute mehr denn je persönliche Freund-
70 schaften an Kriterien wie Effizienz, Nützlichkeit, Verwertbarkeit ausgerichtet werden.

*Reinhold Michels, Das sind die Werte der „Generation Ego", in: https://rp-online.de/panorama/deutschland/
das-sind-die-werte-der-generation-ego_aid-19946509, 04.02.2014*

1 Skizzieren Sie den zentralen Gedankengang in M 1 über die „Generation Ego".
2 Vergleichen Sie die Aussagen mit den Ergebnissen der in diesem Band wiedergegebenen Jugendstudien.
3 Beurteilen Sie unter Einbezug Ihrer Ergebnisse von Aufgabe 2 sowie der Überlegungen Ronald Ingleharts, ob mit Blick auf die gegenwärtige Jugend von einem „Werteverfall" gesprochen werden kann.
4 Verfassen Sie abschließend einen kurzen Leserbrief an den Autor von M 1.

Fließbandarbeit im Jahr 1975

Homeoffice während der Corona-Krise

Autoproduktion im ungarischen Győr

Kundenberatung

Elektriker

Paketdienst

Armut lässt sich wissenschaftlich leichter erforschen als
Reichtum, weil sich sozial Benachteiligte ihrer bürokratischen
Erfassung durch den Wohlfahrtsstaat nicht entziehen können.

**Christoph Butterwegge,
deutscher Armutsforscher**

Leben und arbeiten in einer sich wandelnden Gesellschaft

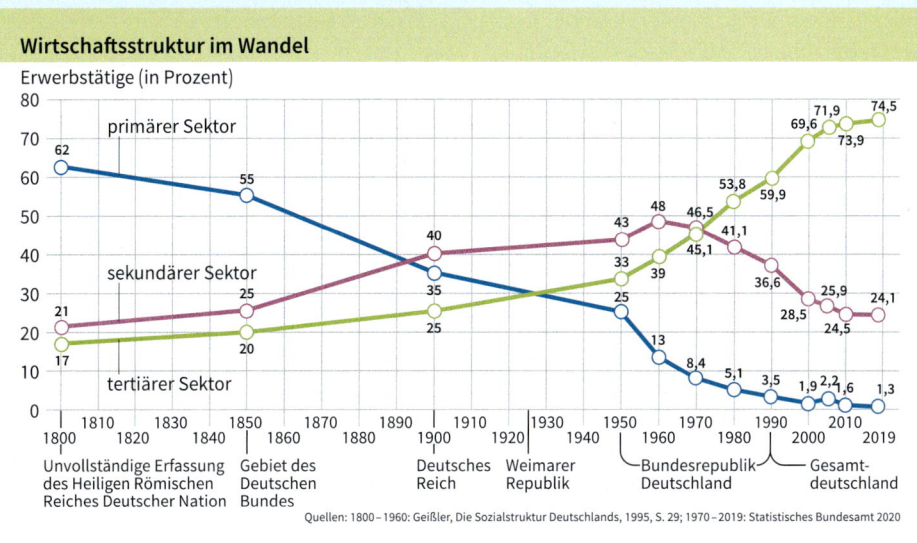

Wirtschaftsstruktur im Wandel

Erwerbstätige (in Prozent)

primärer Sektor

sekundärer Sektor

tertiärer Sektor

Unvollständige Erfassung des Heiligen Römischen Reiches Deutscher Nation — Gebiet des Deutschen Bundes — Deutsches Reich — Weimarer Republik — Bundesrepublik Deutschland — Gesamtdeutschland

Quellen: 1800–1960: Geißler, Die Sozialstruktur Deutschlands, 1995, S. 29; 1970–2019: Statistisches Bundesamt 2020

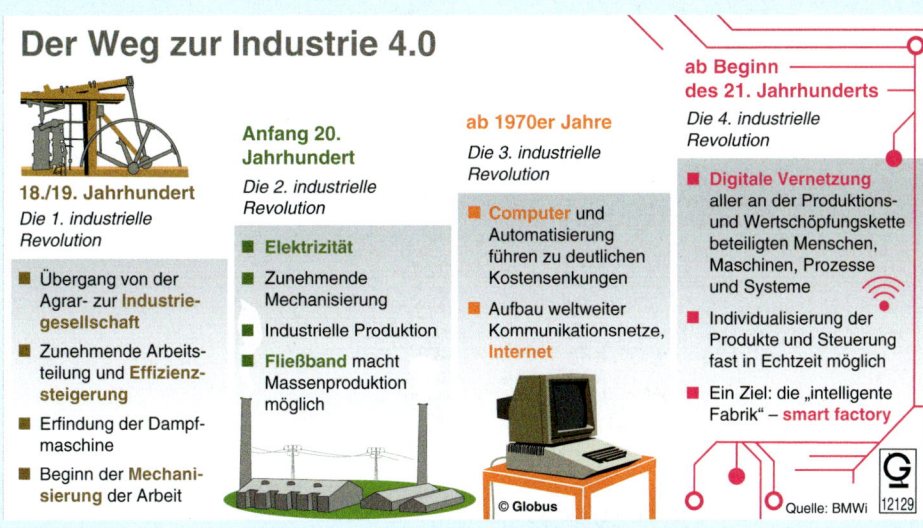

Der Weg zur Industrie 4.0

18./19. Jahrhundert

Die 1. industrielle Revolution

- Übergang von der Agrar- zur **Industriegesellschaft**
- Zunehmende Arbeitsteilung und **Effizienzsteigerung**
- Erfindung der Dampfmaschine
- Beginn der **Mechanisierung** der Arbeit

Anfang 20. Jahrhundert

Die 2. industrielle Revolution

- **Elektrizität**
- Zunehmende Mechanisierung
- Industrielle Produktion
- **Fließband** macht Massenproduktion möglich

ab 1970er Jahre

Die 3. industrielle Revolution

- **Computer** und Automatisierung führen zu deutlichen Kostensenkungen
- Aufbau weltweiter Kommunikationsnetze, **Internet**

ab Beginn des 21. Jahrhunderts

Die 4. industrielle Revolution

- **Digitale Vernetzung** aller an der Produktions- und Wertschöpfungskette beteiligten Menschen, Maschinen, Prozesse und Systeme
- Individualisierung der Produkte und Steuerung fast in Echtzeit möglich
- Ein Ziel: die „intelligente Fabrik" – **smart factory**

© Globus

Quelle: BMWi

12129

Wie verändert sich Gesellschaft – und warum?
In welcher Gesellschaft leben wir bzw. möchten wir leben?
Verändert die Digitalisierung unser Zusammenleben?
Gesellschaft – Wirtschaft – Politik: Welche Zusammenhänge bestehen?

2.1 Einführung

Gesellschaften verändern sich. Neben den großen strukturellen Veränderungen, die sich in Begriffen wie Agrargesellschaft, Industriegesellschaft, Dienstleistungsgesellschaft und (noch umstritten) Informationsgesellschaft niederschlagen, sind auch vielfältige Wandlungen innerhalb dieser Strukturen zu verzeichnen. So ist das soziale Gefüge der Bundesrepublik Deutschland seit dem Ende des 20. Jahrhunderts durch tiefgreifende Veränderungsprozesse der Arbeits- und Wirtschaftswelt, aber auch der Familien- und Bildungsstrukturen, der Kultur sowie durch Migrationsprozesse gekennzeichnet. All diese Veränderungen werden unter dem Begriff des gesellschaftlichen bzw. sozialen Wandels zusammengefasst. Die Analyse der Phänomene dieses Wandels zählt zu den zentralen Aufgabenfelder der Gesellschaftswissenschaften, genauer: der Soziologie.

Der digitale Wandel (S. 38–41) ist gegenwärtig das Schlagwort der Stunde. Manche sprechen gar von einer „digitalen Revolution". Er umfasst dabei neue digitale Produkte (z. B. Navigations-, Assistenz- oder Sicherheitssysteme in Automobilen bis hin zu Möglichkeiten „autonomen Fahrens") sowie die Digitalisierung von Geschäftsmodellen (Produkte, Software und Dienstleistungen werden zu kundenspezifischen Lösungen kombiniert) – Airbnb und Uber sind Unternehmen, die ohne digitale Technologien (Internet) keine Geschäftsgrundlage hätten. Airbnb wäre lediglich eine Zimmervermittlungsagentur in mehreren Städten und Uber eine Taxizentrale oder eine Agentur für Mitfahrgelegenheiten. Schließlich werden aber auch die Prozesse digitalisiert (Ressourcenplanung in Unternehmen zur Einsparung von Kosten bei der Lagerhaltung, bei Arbeitsflächen und Büros usw.). Arbeit 4.0 meint im Kern diese Vernetzung von Produktion und Logistik mit dem Ziel, Arbeitsabläufe effizienter zu gestalten. Wie sich damit auch Arbeit selbst verändert, zeigt sich mittlerweile auch im Bereich der Dienstleistungen. Ein Beispiel hierfür ist der Kranken- und Pflegebereich (S. 44/45).

Nachdem der Staat in der Corona-Krise ein gigantisches Hilfs- und Garantiepaket auf den Weg gebracht hat, um den Erhalt von Unternehmen und Arbeitsplätzen zu unterstützen, und damit einen fundamentalen Paradigmenwechsel in der öffentlichen Haushaltspolitik eingeleitet hat (Abkehr von der sogenannten „schwarzen Null") wird in den nächsten Jahren darum gestritten werden, wer in welchem Umfang für die Tilgung der Neuverschuldung aufkommt. Statistiken der Einkommens- und Vermögensverteilung verdienen daher in den nächsten Jahren besondere Aufmerksamkeit. Auch der schon mehrere Jahre andauernde Streit um eine Besteuerung des Erbes (S. 58/59) könnten hierbei wieder an Fahrt aufnehmen. Kurzum: Digitalisierung und Corona-Krise werden die Arbeitsbeziehungen verändern. Welche Auswirkungen ein Arbeiten „Jenseits der Präsenzkultur" haben wird, ist ungewiss. Und auch die Frage, welche Beschäftigungsverhältnisse in Zukunft vorherrschen, ist offen. Wie lässt sich unsere Gesellschaft beschreiben? Schichten, Klassen, Milieus sind zentrale Begriffe unterschiedlicher Analysemodelle, bei denen die gegenwärtig zu beobachtende Auflösung des Normalarbeitszeitverhältnisses bzw. die Zunahme anderer Beschäftigungsformen unterschiedlich berücksichtigt werden. (S. 60–63) In zahlreichen Spannungsfelder zwischen Unternehmen und den abhängig Beschäftigten (und ihren Interessenvertretern) sind hier soziale Auseinandersetzungen in einer sich stets verändernden Arbeitswelt zu erwarten.

M1 Individuum und Gesellschaft: Aufgaben der Soziologie

Die Soziologie untersucht die Arten und Weisen, wie das menschliche Leben sozial organisiert wird. Sie bedient sich dabei empirischer Forschungsmethoden und Theorien, um das
5 soziale Leben in einem breiten Spektrum von Situationen zu untersuchen. Sie möchte intime Beziehungen wie Elternschaft oder Freundschaft, umfassende globale Netzwerke und alles, was „dazwischen liegt", verstehen. Sie interessiert sich für die vielfältigen Bezieh- 10

hungen zwischen Menschen. Die anderen Sozialwissenschaften hingegen stellen jeweils nur eine Dimension des sozialen Lebens in den Mittelpunkt: Die Volkswirtschaftslehre unter-
15 sucht die Dynamik von Märkten und den Gütertausch, die Politikwissenschaft Regierungsformen und Machtbeziehungen, die Ethnologie Fragen der kulturellen Unterschiede, die Psychologie die Wechselbeziehungen zwi-
20 schen Biologie, Entwicklung und individuellen Merkmalen. Die Soziologie bezieht alle diese Dimensionen ein. Ihr besonderes Interesse gilt der Frage, wie die verschiedenen Aspekte des sozialen Lebens sich gegenseitig be-
25 einflussen [...]. Die Soziologie liefert uns aber nicht nur Informationen, sie lehrt uns auch, die Welt und unsere Stellung in ihr in einer spezifischen Perspektive wahrzunehmen. Oft versuchen wir unsere sozialen Erfahrungen zu erklären, indem wir die Motive der direkt
30 beteiligten Personen analysieren. Die Soziologie geht über diesen individualpsychologischen Erklärungsansatz hinaus: Sie untersucht auch die zahlreichen wiederkehrenden Muster, d. h. die sozialen Gesetzmäßigkeiten
35 in den Einstellungen und Handlungen der Individuen, und fragt, wie diese Muster im Lauf der Zeit, von Kultur zu Kultur und zwischen sozialen Gruppen variieren. [...] Die Soziologie ignoriert die Individuen nicht. Sie zeigt viel-
40 mehr, dass wir die Handlungen der Individuen – und unsere eigenen Erfahrungen – nur aus ihrem sozialen Kontext heraus verstehen können.

Hans Joas, Die soziologische Perspektive, in: Hans Joas/Steffen Mau (Hg.), Lehrbuch der Soziologie, Campus: Frankfurt a.M. ⁴2020, S. 28

M2 Soziologie als Gesellschaftskritik

Unter Gesellschaftskritik wird eine sozialwissenschaftliche Aktivität verstanden, bestehende gesellschaftliche Verhältnisse, Institutionen und symbolische Ordnungen grund-
5 sätzlich zu problematisieren oder explizit in Frage zu stellen, den Herrschaftscharakter gesellschaftlicher Prozesse und Strukturen erkennbar zu machen und Möglichkeiten ihrer praktischen Veränderung mittelbar oder un-
10 mittelbar zu thematisieren. Das heißt: Soziologie als Gesellschaftskritik ist nicht wertfrei, sondern parteilich. Im Blick auf eine praktische Veränderung der gesellschaftlichen Verhältnisse analysiert sie auf der Ebene wissen-
15 schaftlicher Standards jene Bedingungen, die soziale, ökonomische, geschlechtsspezifische oder ethnische Ungleichheiten hervorrufen. Ihr Ziel ist es, zur Problembewältigung in diesen Feldern beizutragen. Es ist jedoch zu
20 beachten, dass eine gesellschaftskritische Soziologie nicht mit politischer Praxis identisch ist. Vielmehr ist sie eine Praxis, die dem politischen Handeln die notwendige wissenschaftliche Reflexion liefert und hierbei unver-
25 zichtbar den Regeln wissenschaftlicher Arbeit – beispielsweise dem Insistieren auf wissenschaftlicher Überprüfbarkeit und methodischem Zweifel – verpflichtet bleibt. Gesellschaftskritische Soziologie zeichnet sich
30 darüber hinaus durch eine historische Perspektive aus. Soziale Probleme und Entwicklungen sind in ihren Augen historisch konstituiert und vermittelt. Mit dieser Ausrichtung steht sie in einem diametralen Gegensatz zu denje-
35 nigen soziologischen Theorien der Gegenwart, die [...] die Geschichtlichkeit der Gesellschaft in Abrede stellen. Die gegenwärtige Soziologie muss erstens die im Verlaufe gesellschaftlicher Modernisierung sich verändernden konkreten
40 Formen von Herrschaft untersuchen und ihre Bedeutung für die Handlungsmöglichkeiten der Betroffenen erkennbar machen. Und sie muss zweitens Theorien, Konzepte und Begriffe kritisch dekonstruieren, die gesellschaftli-
45 che Herrschaft ausblenden, verharmlosen, verschleiern oder rechtfertigen.

Stephan Moebius/Gerhard Schäfer, Vorwort, in: Stephan Moebius/Gerhard Schäfer (Hg.), Soziologie als Gesellschaftskritik, VSA-Verlag: Hamburg 2006, S. 8

1 Beschreiben Sie die Aufgaben der Soziologie in Abgrenzung zu anderen sozialwissenschaftlichen Fächern (M1).
2 Erörtern Sie anhand von M2, ob die Soziologie eine beschreibende oder eine kritische Wissenschaft sein sollte.

2.2 Gesellschaft in Veränderung

M 1 | Deutsche Fußballweltmeister

1954: Die Mannschaft im Finale
Fritz Walter, Toni Turek, Horst Eckel, Helmut Rahn, Ottmar Walter, Werner Liebrich, Jupp Posipal, Hans Schäfer, Werner Kohlmeyer, Karl Mai

Trainer: Sepp Herberger

1974: Die Mannschaft im Finale
Franz Beckenbauer, Sepp Maier, Georg Schwarzenbeck, Rainer Bonhof, Bernd Hölzenbein, Jürgen Grabowski, Gerd Müller, Wolfgang Overath, Berti Vogts, Paul Breitner, Uli Hoeneß

Trainer: Helmut Schön

1990: Die Mannschaft im Finale
Lothar Matthäus, Bodo Illgner, Guido Buchwald, Klaus Augenthaler, Rudi Völler, Jürgen Kohler, Andreas Brehme, Pierre Littbarski, Thomas Häßler, Thomas Berthold, Jürgen Klinsmann

Trainer: Franz Beckenbauer

2014: Die Mannschaft im Finale
Manuel Neuer, Christoph Kramer, Mats Hummels, Philipp Lahm, Toni Kroos, Benedikt Höwedes, Miroslav Klose, Thomas Müller, Jerome Boateng, Bastian Schweinsteiger, Mesut Özil

Trainer: Joachim Löw

Grundlegende Veränderungen gesellschaftlicher Strukturen können schneller oder langsamer vor sich gehen. Häufig bleiben sie dabei den Gesellschaftsmitgliedern über eine längere Zeit mehr oder weniger verborgen. Viele dieser Veränderungen berühren lediglich begrenzte Teilbereiche der Gesellschaft, etwa das Familienleben, die Kunst oder auch den Sport; andere betreffen tendenziell die gesamte Gesellschaft, so z. B. die Transformation der staatssozialistischen Gesellschaften Mittel- und Osteuropas nach 1990, die Auswirkungen der weltweiten Wirtschafts- und Finanzkrise ab 2008 sowie die Folgen globaler Pandemien wie der Corona-Krise seit 2020. Sozialwissenschaftler beschreiben daher nicht nur die Veränderungsprozesse, sondern versuchen auch, diese zu erklären.

GLOSSAR

Transformation

M 2 | Die Vielfalt sozialen Wandels

Wer nach dem Ende des Zweiten Weltkriegs in Westdeutschland aufwuchs, erlebte eine Phase vielfältigen sozialen Wandels:

- den rasanten Wiederaufbau der westdeutschen Gesellschaft und das „Wirtschaftswunder" der 1950er-Jahre
- die in den 1960er-Jahren einsetzende Bildungsexpansion
- die Studentenbewegung und das Aufkommen der Bürgerinitiativen und der „Grünen"
- die „Ölkrise" und das Ende der Vollbeschäftigung seit Mitte der 1970er-Jahre
- den Zusammenbruch der DDR 1989 und die deutsche Wiedervereinigung
- die rapide Verdichtung der weltweiten kommunikativen Vernetzung in allen Lebensbereichen durch das Internet
- die Einführung des Euro als gemeinsame Währung [...] im Jahr 2002 nach einem jahrzehntelangen Prozess des europäischen Zusammenwachsens [...]
- die von Menschen gemachte drohende „Klimakatastrophe"
- „9/11" und den islamistischen Terrorismus
- die demografische Entwicklung hin zu einer stetig alternden Gesellschaft
- die im Herbst 2008 explosiv ausbrechende Weltfinanzkrise, die die Weltwirtschaft und die Staatsfinanzen [...] auf Jahre tiefgreifend [...] [prägte]
- [die Folgen der weltweiten Corona-Pandemie zu Beginn der 2020er-Jahre.]
[...]

Diese sehr unvollständige Auflistung von Problemen und Chancen macht deutlich, in welchem Maße zahlreiche sich gleichzeitig vollziehende und in oftmals komplexen Wechselwirkungen miteinander verknüpfte Veränderungsdynamiken den sozialen Wandel kennzeichnen. Manche Zeitdiagnostiker gehen davon aus, dass eine immer größere Beschleunigung des Wandels aller Lebensverhältnisse zum Signum der Gegenwartsgesellschaft geworden sei [...]. Dem widerspricht auf den ersten Blick eine ebenfalls immer wieder geäußerte Sichtweise, die auf Stillstand, Reformstaus, Blockaden hinweist: Vieles müsse sich grundlegend ändern, aber nichts passiere – so z. B. die verbreitete Stimmung in der Endphase der DDR. Der scheinbare Gegensatz löst sich auf, wenn man sich klar macht, dass sozialer Wandel einerseits „naturwüchsig" geschieht, zwar als Ergebnis des handelnden Zusammenwirkens vieler Menschen, aber von keinem geplant – dass wir andererseits aber in der „Moderne" der Idee anhängen, diesen Wandel mit Blick auf bestimmte Zielvorstellungen, die wir unter der Generalformel „Fortschritt" bündeln, gestalten zu können. Dass „nichts" passiert, kann dann eben bei genauerem Hinsehen auch heißen: Es passiert nicht das „Richtige", das als notwendig Erachtete. Was uns also offensichtlich zunehmend Probleme bereitet, ist ein sozialer Wandel, der aus dem Ruder läuft – wobei wir nicht wissen, ob der Wandel tatsächlich immer ungesteuerter passiert oder ob wir immer unrealistischere Steuerungsambitionen hegen.

INFO

Bildungsexpansion
Der Anteil der Menschen einer jüngeren Generation, der eine höhere Bildung erhält, ist höher als derjenige in der Elterngeneration. In der Bundesrepublik fand seit den 1970er-Jahren eine enorme Ausweitung des Bildungswesens statt, die sich z. B. an einer seither stark gestiegenen Abiturquote beim Schulabschluss erkennen lässt.

Signum
Zeichen

Steuerungsambition
Bestreben, einen Prozess im Hinblick auf ein Ziel zu steuern

Uwe Schimank, Die Vielfalt sozialen Wandels, in: https://www.bpb.de/politik/grundfragen/deutsche-verhaeltnisse-eine-sozialkunde/137991/die-vielfaltsozialen-wandels, 31.05.2012

1 Die Deutsche Fußball-Nationalmannschaft – ein Spiegelbild gesellschaftlicher Veränderungen? Diskutieren Sie diese Fragestellung (M 1, M 2).

2.3 Digitaler Wandel – digitale Revolution? Arbeiten 4.0

Mit dem „sektoralen Strukturwandel" ist der sich seit dem 19. Jahrhundert in allen entwickelten Volkswirtschaften vollziehende Übergang von einer **Agrargesellschaft (primärer Sektor)** in eine **Industriegesellschaft (sekundärer Sektor)** und seit der Mitte des 20. Jahrhunderts in eine **Dienstleistungsgesellschaft (tertiärer Sektor)** gemeint. Mittlerweile arbeiten etwa drei Viertel aller Erwerbstätigen in diesem Sektor. Besonders expansiv zeigen sich gesundheits-, pflege- sowie unternehmensnahe Dienste (z. B. Werbung, Finanzierung, Kundenservice). Letztere zeigen, dass Industrie und Dienstleistungen häufig eng miteinander verzahnt sind. Aufgrund der wachsenden Bedeutung der Informations- und Kommunikationstechnologien spricht man immer öfter von einem Übergang zur **Informationsgesellschaft (quartärer Sektor)**. Die von einigen Wirtschaftswissenschaftlern favorisierte „Vier-Sektoren-Hypothese" ergänzt die „Drei-Sektoren-Hypothese" damit um einen weiteren Sektor, der sich in bzw. aus dem Dienstleistungssektor heraus entwickelt. Dieser Sektor umfasst alle Tätigkeiten, die sich primär mit Informationen im weiteren Sinne sowie deren Sammlung und Verarbeitung befassen (Kommunikation und Information). Dazu zählen technische Berufe der Datenverarbeitung genauso wie Rechts- und Wirtschaftsdienste, die letztlich immer Informationen sammeln, verarbeiten und monetär bewerten. Der quartäre Sektor umfasst damit qualifizierte, entpersonalisierte und insgesamt „moderne" Dienstleistungen, die in der Regel ein hohes Bildungsniveau benötigen.

Auch innerhalb der großen Wirtschaftssektoren finden strukturelle Veränderungen statt (**intrasektoraler Strukturwandel**). So übernahmen und übernehmen z. B. in der Industrie Maschinen gefährliche, schwere oder belastende Arbeiten. Auch der Arbeitseinsatz verändert sich, indem vor allem gut qualifizierte Arbeitskräfte immer mehr Beschäftigungsanteile hinzugewinnen. Auch in einzelnen Regionen verändern sich wirtschaftliche Strukturen, zum Teil mit weitreichenden Folgen für den Arbeitsmarkt. Ein Beispiel hierfür ist das südliche Ruhrgebiet, das sich mit dem Niedergang des Bergbaus und der Montanindustrie (rohstoffverarbeitende Schwerindustrie, insbesondere die Eisen- und Stahlindustrie) zunehmend in ein Zentrum für hochtechnologische Industrien und moderne Dienstleistungen gewandelt hat.

M1 Digitale Technologien in Betrieben

Quelle: IAB-ZEW-Betriebsbefragung „Arbeitswelt 4.0": Nutzung moderner digitaler Technologien bei Produzenten und Dienstleistern nach Betriebsgröße. (Angaben der Betriebe im April/Mai 2016 in Prozent)

44347EX

Digitalisierung, technologischer Wandel, „Arbeit 4.0" und „Industrie 4.0" sind wenig ausgeschärfte Schlagworte einer Debatte über die Zukunft von Industrie und Dienstleistungen und damit über die Zukunft unserer Arbeitswelt insgesamt. Die Positionen über Ausmaß und gesellschaftliche Folgen sind vielfältig. Auf den folgenden Seiten werden wichtige Eckpunkte der Entwicklung und ihrer Bewertung vorgestellt.

M2   Die Wucht des digitalen Wandels

Von einer Reise ins Silicon Valley kamen Wissenschaftler des Münchener Instituts für Sozialwissenschaftliche Forschung (ISF) um Vorstandsmitglied Andreas Boes mit einer
5 interessanten Erfahrung zurück: Bei ihren Besuchen im Mai [2017] bei großen und kleinen, bei deutschen und US-Firmen der Internetwirtschaft erlebten sie eine „neue Nachdenklichkeit". War die Gruppe bei früheren
10 Trips nach Kalifornien noch auf ungetrübten, ungestümen Technizismus gestoßen nach dem Motto „Mithilfe der Digitalisierung machen wir das Leben und die Arbeit der Menschen einfacher und angenehmer, die Welt
15 besser", stießen die Wissenschaftler diesmal auch auf zweifelnde Fragen: Was wird aus all den Lkw-, Shuttle- und Taxifahrern, wenn sich Fahrzeuge in Zukunft selbst steuern? Oder: Wovon sollen die Beschäftigten in der Land-
20 wirtschaft leben, wenn „Fleisch" einmal aus den Laboren von Biotechfirmen kommen sollte? „Die Töne sind heute reflektierter und differenzierter", sagt ISF-Wissenschaftlerin Kira Marrs, die zum Forschungsteam gehörte.
25 „Den Verantwortlichen wird immer mehr bewusst, dass das, was sie im ‚Biotop Silicon Valley' entwickeln, fundamentale Auswirkungen auf Millionen von Menschen hat." Der Wandel ist in seiner Wucht kaum zu überschätzen.
30 ISF-Vorstand Andreas Boes spricht von einem „epochalen Umbruch" und vergleicht die Tragweite der digitalen Transformation in Wirtschaft und Arbeitswelt mit der industriellen Revolution: „Über Jahrzehnte gewachsene
35 Marktstrukturen und Branchengrenzen werden aufgebrochen und neu geordnet. Wertschöpfungsketten gestalten sich völlig neu – vom industriellen Herstellungsprozess über die begleitenden Dienstleistungen bis hin zum
40 Endverbraucher" – und zwar in einem ungleich höheren Tempo als vor 150 Jahren. Für Unternehmen werde das neue „Paradigma der Cloud", in der alles mit allem vernetzt ist, zum Ausgangspunkt für tief greifende Veränderungen, die Firmen müssten disruptive Inno- 45 vationen hervorbringen, sie müssten sich „neu erfinden". ISF-Wissenschaftler Tobias Kämpf bekräftigt: „Wir sprechen hier nicht über eine neue Managementmode aus dem Silicon Valley, die bald wieder vorbei ist, son- 50 dern darüber, dass die Arbeitswelt ein neues Fundament bekommt und sich Geschäftsmodelle radikal verändern. [...]

Wie also auf den „historischen Umbruch" reagieren? Wie neue, datenbasierte Geschäfts- 55 modelle und Arbeitsformen entwickeln als Antworten auf die Digitalisierung? Dafür gibt es keine Blaupause – die Unternehmen betreten hier Neuland, sagen die ISF-Forscher. Sie beobachten, dass in Deutschland nicht selten 60 dem Silicon Valley nachgeeifert werde; entsprechend würden grundlegende Innovationen in Start-up-ähnlichen Strukturen vorangetrieben – an den Rändern der etablierten Unternehmensbereiche. In diesen „Sonder- 65 wirtschaftszonen" mit ihren Freelancern, Werkverträglern und befristet Beschäftigten haben Arbeitszeitgesetze und andere Schutzregeln kaum Bedeutung, fast nie gibt es eine Tarifbindung und Betriebsräte. „Fernab von 70 Mitbestimmung und großen Teilen der Stammbelegschaften werden dort die Weichen für die Arbeitswelt der Zukunft gestellt", kritisiert Soziologe Kämpf. [...] Gerade in Deutschland mit seiner „old economy", for- 75 dert Kämpf, müsse der unausweichliche massive Strukturwandel innerhalb der bestehenden Firmenstrukturen und im Rahmen der gewachsenen Sozialbeziehungen gestaltet werden. „Es ist besser und auch möglich, den 80 Umbruch zu gestalten und innovativ zu sein, ohne dafür Errungenschaften wie die Mitbestimmung oder das Arbeitszeitgesetz auszuhöhlen oder ganz über Bord zu werfen."

> **INFO**
>
> **disruptiv**
> zerstörerisch, im Sinne einer (oft plötzlichen) zerstörischen Veränderung
>
> **Start-up-ähnliche Strukturen**
> junges Unternehmen im Aufbau, dessen Geschäftsmodell sich am Markt erst noch durchsetzen muss oder ggf. scheitert. In der Regel bieten Start-ups schnelle Aufstiegsmöglichkeiten, jedoch ohne die soziale Absicherung traditioneller Firmen. Häufig besteht z. B. (in Deutschland) kein Betriebsrat, Gewerkschaften gelten den Unternehmensleitungen als unerwünschte „Störenfriede".
>
> **Freelancer**
> freier Mitarbeiter, Selbstständiger, der sich selbst um seine soziale Absicherung (Krankheit, Rente usw.) kümmern muss

Stefan Scheytt, Die Wucht des digitalen Wandels, in: Mitbestimmung, Heft 8/2017, https://www.boeckler.de/de/ magazin-mitbestimmung-2744-die-wucht-des-digitalen-wandels-6162.htm

M 3 Ebenen der Digitalisierung: Produkte, Geschäftsmodelle, Prozesse

Die **Digitalisierung der Prozesse** ist das, was Unternehmens-IT seit Jahrzehnten vorrangig tut: Geschäftsprozesse durch Software automatisieren, vor allem, um so Prozesskosten zu senken. Beispielsweise ermöglichte der Einsatz von ERP-Systemen den Abbau von Stellen in Buchhaltung oder Lagerverwaltung. Das war und ist ein kontinuierlicher Prozess der Veränderung, der mit dem Einsatz von Computern in Unternehmen ab den 1950er-Jahren begann, sich kontinuierlich fortgesetzt hat und mit der Digitalisierung weiter voranschreiten wird. Das meiste, was sich hinter dem Begriff „Industrie 4.0" verbirgt, ist in diesem „Spielfeld" anzusiedeln. Denn bei Industrie 4.0 geht es um eine zunehmende Vernetzung in Produktion und Logistik mit dem Ziel, die Prozesse zu verschlanken, zu beschleunigen und effizienter zu gestalten. […]

Mit **Digitalisierung der Produkte** ist der wachsende Anteil des Kundennutzens gemeint, der aus Softwarefunktionen oder digitalen Inhalten entsteht. Bei einem modernen PKW wird der Kundennutzen aus dem Fahrzeug zu einem wesentlichen Anteil digital erzeugt, z. B. in Form von Assistenz- oder Sicherheitsfunktionen, […] Navigations- oder Unterhaltungssystemen. Auch eine moderne Stereoanlage erzeugt den Kundennutzen zunehmend digital, z. B. durch […] „multi-room"-Vernetzung. Natürlich kann ein Produkt auch rein digital sein. E-Books, PC-Software, Smartphone-Apps, Businesssoftware, Informationsportale, Stellenbörsen, downloadbare Songs usw. wären Beispiele für solche rein digitalen Produkte. Ein Gerät, das aus physischer Hardware, elektronischen Bauteilen (u. a. Sensoren) und einer Softwaresteuerung besteht und das sich mit anderen vernetzen lässt, z. B. über das Internet, nennt man ein cyber-physisches System. Anschauliche Beispiele wären das Smartphone, das „connected car", ein Geldautomat oder eine moderne Produktionsanlage. […]

Die **Digitalisierung der Geschäftsmodelle** bezieht sich in erster Linie darauf, dass der Nutzen, für den ein Kunde bezahlt, auf Wegen bereitgestellt wird, die durch die Digitalisierung möglich geworden sind. Besonders augenscheinlich ist das, wenn Unternehmen vom Verkauf von Produkten zum Verkauf von Services wechseln. Wenn also ein Anlagenbauer seine Produktionsanlage nicht als „Stück" verkauft, sondern die Laufzeit oder sogar die Produktionsleistung der Anlage in Rechnung stellt. Oder […]: Ein Kunde hat nicht wirklich Interesse daran, einen Staubsauger persönlich zu besitzen. Was er braucht, ist die Reinigungswirkung. Ein neues Geschäftsmodell bestünde also darin, ihm nicht ein Gerät zu verkaufen, sondern z. B. die Betriebsstunden in Rechnung zu stellen oder, noch besser, die Menge aufgenommenen Staubs (kein Problem für moderne Sensorik) oder – am besten – die Abrechnung an die Menge des Reststaubs zu knöpfen, also die tatsächliche erzielte Sauberkeit – das, was den Kunden eigentlich interessiert. Beispiele für rein digitale Geschäftsmodelle sind natürlich auch die von Google – Verkauf von Onlinewerbung – oder Apples Appstore. Das sind Plattformmodelle, in denen unterschiedliche Marktteilnehmer zusammengebracht werden: bei Google die Nutzer, die Informationen oder Angebote suchen und die dazu passenden Anbieter, beim Appstore die Nutzer und die Anbieter von Software.

Marcus Sassenrath, Orientierung im Dschungel der Digitalisierung: Definition und Ebenen, in: https://www.haufe.de/personal/hr-management/digitale-transformation/digitalisierung-definition-und-ebenen_80_415484.html, 11.01.2018

M 4 Die digitale Arbeitswelt – heute und morgen

Wir können nicht mit Sicherheit sagen, wie unsere Arbeitswelt von morgen aussehen wird, aber der Wandel ist da. Heute produziert das größte Medienunternehmen der Welt keine eigenen Inhalte (Facebook), der weltweit größte Anbieter von Unterkünften besitzt keine eigenen Immobilien (Airbnb) und das größte Taxiunternehmen der Welt hat keine eige-

nen Fahrzeuge (Uber). Diese Entwicklungen
10 verdeutlichen, wie sehr sich unsere Welt bereits gewandelt hat. Sie könnten die Vorboten von noch radikaleren Veränderungen sein. Die digitale Revolution ist in vollem Gange. [...] Die digitale Wirtschaft [ist] heute ein bedeutender
15 ökonomischer Faktor. In Deutschland werden ihr über 92 000 Unternehmen und mehr als eine Million Beschäftigte direkt zugerechnet; ihr Anteil an der gewerblichen Wertschöpfung beträgt 4,6 Prozent. Im Branchenvergleich liegt
20 sie damit fast gleichauf mit dem Fahrzeugbau und vor dem Maschinenbau. Auch die private Nutzung von Informations- und Kommunikationstechnologien erreicht in Deutschland inzwischen eine Größenordnung, bei der von ei-
25 ner erheblichen Durchdringung des Alltags gesprochen werden muss. Zwischen 2005 und 2015 ist der Anteil der Computernutzer von 70 auf 83 Prozent gestiegen, während sich der Anteil der privaten Internetnutzer im gleichen
30 Zeitraum von 61 auf 82 Prozent erhöht hat. [...] Die kommerzielle Nutzung von Informations-

und Kommunikationstechnologien wird zuletzt häufig mit Phänomenen wie dem „Internet der Dinge", der „Industrie 4.0", der „Sharing Economy" oder auch „Crowdwor-
35 king" in Verbindung gebracht. Damit wird vor allem der Trend beschrieben, dass intelligente und vernetzte Gegenstände sowie Onlineplattformen und virtuelle Marktplätze zunehmend in den (gewerblichen) Alltag und in Wert-
40 schöpfungsketten vordringen. Im Ergebnis verschwindet so zum Beispiel das Internet zunehmend aus der direkten Wahrnehmung, obwohl seine Bedeutung weiterhin steigt und seine Präsenz zunimmt. [...] Trotz wachsender
45 Geschwindigkeit kann der Wandel weiterhin als ein Prozess der „kreativen Zerstörung" bezeichnet werden. Dazu gehört, dass namhafte Unternehmen vom Markt verschwinden, ebenso einstmals mächtige Wirtschaftszweige
50 und altbekannte Berufe. Gleichzeitig entstehen jedoch neue Tätigkeitsfelder, Firmen und Branchen, die es in der Vergangenheit nicht oder nicht in dieser Bedeutung gegeben hat.

Ulf Rinne/Klaus F. Zimmermann, Die digitale Arbeitswelt von heute und morgen, in: Aus Politik und Zeitgeschichte, Heft 18-19/2016, S. 3 f.

INFO

Onlineplattform
eine Internetseite, auf der Informationen, Produkte, Dienstleistungen angeboten werden können

virtueller Marktplatz
elektronischer Marktplatz, auf dem virtuelle Geschäftstransaktionen (Kauf/Verkauf) durchgeführt werden

kreative Zerstörung
Verdrängung alter Strukturen durch neue Kombinationen von Produktionsfaktoren

Wissenskluftforschung
Untersuchung der Entwicklung von Wissensunterschieden in modernen Mediengesellschaften

M 5   Die digitale Spaltung

In Analogie zu den theoretischen Positionen der Wissenskluftforschung geht die Forschung zur digitalen Spaltung von der generellen Annahme aus, dass die Verbreitung und gewinn-
5 bringende Verwendung der digitalen Technologien vom sozioökonomischen Status einer Person (Mikroebene) und von der volkswirtschaftlichen Potenz eines Landes (Makroebene) begünstigt wird und sich damit bestehende
10 soziale und transnationale Klüfte durch die Verbreitung dieser Technologien eher verstärken als verringern. Der Ertrag dieser [...] Forschung besteht neben [...] [der] Dokumentation der weltweiten Internet-Verbreitung im

empirischen Nachweis zahlreicher Zugangs-
15 und Nutzungsklüfte, die ungeachtet aller politischen Bemühungen über die Zeit hinweg stabil bleiben und deren Konfiguration im Sinne der Ausgangsthese darauf hindeutet, dass jene, die in ökonomischer, kultureller oder sozi-
20 aler Hinsicht eine bessere Startposition einnehmen, im Zuge der Internet-Verbreitung ihre Ausgangsstellung festigen oder gar verbessern können. Die Frage, inwiefern diese Klüfte tatsächlich folgenreich für die Ungleich-
25 verteilung gesellschaftlich relevanter Ressourcen sind, wurde dagegen bisher nur punktuell einer empirischen Überprüfung unterzogen.

Mirko Marr/Nicole Zillen, Digitale Spaltung, in: Wolfgang Schweiger/Klaus Beck (Hg.): Handbuch Online-Kommunikation, VS Verlag für Sozialwissenschaften: Wiesbaden 2010, S. 257

1 Fassen Sie Merkmale des digitalen Wandels aus M 1 zusammen.

2 Beschreiben Sie eigene Erfahrungen über Nutzung digitaler Medien und den Einfluss des digitalen Wandels.

3 M 2 erschien im Magazin der gewerkschaftseigenen Hans-Böckler-Stiftung. Stellen Sie aus gewerkschaftlicher Sicht mögliche Auswirkungen des digitalen Wandels dar.

4 Beziehen Sie anhand von M 1–M 5 Stellung zur Frage: „Digitalisierung 4.0 – übertriebener Hype oder Revolution?"

Karikaturenanalyse

Was sind Karikaturen?

Karikaturen (von ital. caricare = übertreiben, verzerren) sind gezeichnete Kommentare. Sie nehmen pointiert Stellung zu aktuellen, kontrovers diskutierten Ereignissen, Prozessen oder Debatten. Bisweilen stellen sie auch das politische Handeln bekannter Persönlichkeiten bloß. Sie bedienen sich der Ironie, des Sarkasmus oder der Parodie, des Sprachwitzes und der Komik. Eine Karikatur betont Einzelaspekte. Sie will nicht eine differenzierte Stellungnahme zu dem aufgegriffenen Thema abgeben, sondern durch Überzeichnung und Übertreibung zum Nachdenken anregen, zum Widerspruch auffordern oder beißende Kritik üben. Karikaturen wollen provozieren und schockieren. Sie verstehen sich als Medium, das die Unvollkommenheit der Welt aufdeckt, ohne jedoch Lösungen anzubieten.

Manche Karikaturisten mussten in Geschichte und Gegenwart für ihre Zeichnungen Haftstrafen in Kauf nehmen oder gar mit ihrem Leben bezahlen, andere Karikaturisten stehen unter Polizeischutz. Karikaturen können also eine erhebliche politische Wirkung entfalten.

WEBCODE

WES-118390-201
Websites der Karikaturisten Thomas Plaßmann und Klaus Stuttmann

Karikaturenanalyse

Karikaturen sind subjektive politische Kommentare. Sie sind folglich parteilich und fordern deshalb zu einer Stellungnahme des Betrachters heraus. Eine solche Stellungnahme verlangt indes, dass der Betrachter die Karikatur zuvor genau analysiert hat, um ihre Aussage zu verstehen. Die Analyse ist nicht immer einfach, weil Karikaturen kontextgebunden sind. Der Betrachter muss ein Vorwissen über den dargestellten Sachverhalt besitzen, wenn er die Botschaft der Karikatur verstehen will.

Die Analyse einer Karikatur folgt einem Dreischritt, mit den Analysekriterien beschreiben, interpretieren und bewerten.

1. Beschreiben
- Name des Karikaturisten, Entstehungskontext
- Publikationsorgan (z. B. unabhängige Presse, Organ eines Interessenverbandes), ggf. Veröffentlichungsdatum
- Akteure (Politiker, Prominente, typisierte Personen, ggf. Tiere)
- Körpersprache (Haltung, Aussehen, Gestik, Mimik der Personen/Tiere)
- räumliche Umgebung
- zeichnerische Stilmittel (Übertreibung, Verzerrung, Symbolisierung konkreter und abstrakter Gegebenheiten)
- Text (Sprechblasen, Unterschrift)

2. Interpretieren
- Deutung der Stilmittel
- Einschätzung des Übertreibungs- und Verzerrungsgrades der Wirklichkeit
- Formulieren der zentralen Botschaft der Karikatur
- vermutete Wirkungsabsicht beim Betrachter

3. Bewerten
- Qualität der Karikatur (Verständlichkeit, angemessenes Verhältnis zwischen der Wirklichkeit und der von der Karikatur gezeichneten Wirklichkeit)
- Zustimmung zur/Ablehnung der von der Karikatur vermittelten Botschaft
- Formulieren einer eigenen Meinung zur dargestellten Problematik

1 Analysieren Sie eine der in M 1 abgebildeten Karikaturen.

2 Suchen Sie eine weitere Karikatur zum Thema Digitalisierung. Stellen Sie diese mithilfe der Analysekriterien Ihrer Lerngruppe vor.

3 Ordnen Sie die vorgestellten Inhalte der Karikaturen nach thematischen Gruppen.

M 1 Digitalisierung als Thema in Karikaturen

Zeichnung: Martin Erl

Zeichnung: Andreas Prüstel

Zeichnung: Reinhard Alff

Zeichnung: Michael Hüter

Zeichnung: Christian Möller

Zeichnung: Kostas Koufogiorgos

2.4 Die Digitalisierung von Dienstleistungen

M1   Mensch oder Maschine?

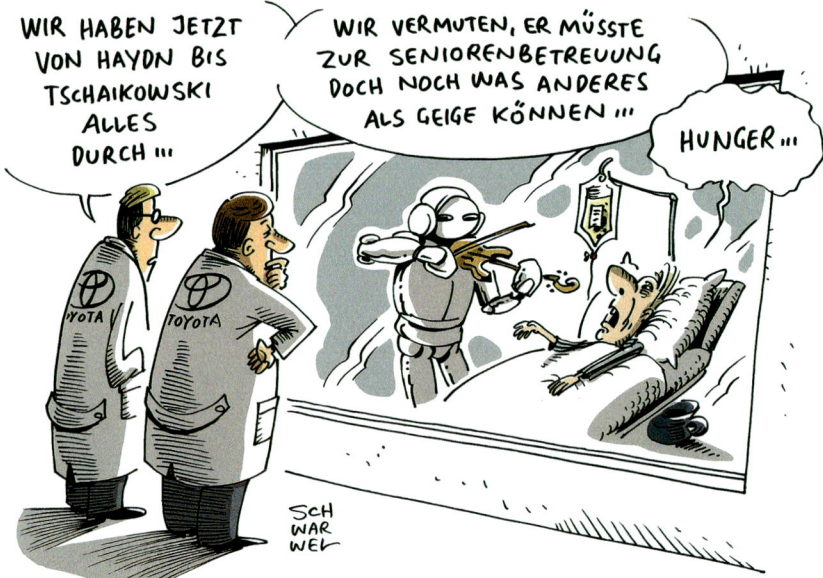

Zeichnung: Schwarwel

M2   Roboter Mario soll Demenzkranke pflegen

Mario ist vor allem geduldig. Er wird nicht müde, dieselbe Frage wieder und wieder zu stellen: „Hast du deine Medikamente genommen?" Wenn es sein muss, kommt das zehn
5 Mal hintereinander. Mario hat aber auch ein besonderes Gespür für Stimmungen. Gerne zeigt er Fotos, wenn sein Patient sich beruhigen muss, oder er spielt Musik. Sobald es ein unerwartetes Problem gibt, ruft er einen Arzt.
10 Das Ungewöhnliche dabei: Mario ist ein Roboter. Sein Name muss eigentlich in Großbuchstaben geschrieben werden, MARIO: eine Abkürzung des englischen Namens für ein EU-Forschungsprojekt, zu dem die Uni Passau
15 einen großen Teil beigetragen hat. Das Ergebnis ist in Zukunft vielleicht eine wichtige Ergänzung in der Pflege von Menschen, die an Demenz erkrankt sind. Denn deren Zahl nimmt [...] weiter zu. [...] Die meisten leiden hierbei an
20 Alzheimer-Demenz, bei der Gedächtnisstörungen auftreten oder die Sprache und Orientierung der Patienten beeinträchtigt wird. Sie brauchen viel Aufmerksamkeit, Sicherheit und Unterstützung bei möglichen Problemen im Alltag. Und genau hier soll Mario aushelfen. 25 Viele Menschen wollen, so lange es geht, alleine wohnen", sagt Siegfried Handschuh, Professor für Informatik mit Schwerpunkt Digital Libraries and Web Information Systems an der Universität Passau. „Das haben unsere Partnerunis festgestellt. Auch ich höre das in Anfragen zum Projekt öfter." Weil nicht immer rund um die Uhr eine Pflegekraft verfügbar sei, habe man begonnen, mit der neuen Technologie zu arbeiten und die Ergebnisse in Irland, England und Italien zu testen. In Kliniken, Alters- 35 und Pflegeheimen, um Mario mit unterschiedlichen Phasen der Krankheit zu konfrontieren. Erstaunlich schnell bauen die Patienten eine Beziehung zum Roboter auf. 40

Das Aussehen von Mario ist wohl ein wichtiger Faktor dafür gewesen: Er ist etwa 1,30 Meter groß, mit einem Tablet-Computer an der Vorderseite für nötige Einstellungen. Gesteuert wird er aber vor allem über Sprachbefehle. Über kleine Räder kann der Roboter durch die Wohnung der Patients rollen. Er orientiert sich über einen gespeicherten Grundriss und verschiedene Sensoren sowie Kameras. Weil er keine Arme hat, kann er Patienten jedoch nicht aus dem Bett heben. Mario solle eher beobachten, Unregelmäßigkeiten entdecken und mit den Patienten kommunizieren, sagt Handschuh. Alles Weitere sei im Moment noch zu teuer. [...]

Die Schwierigkeit für das Team von Handschuh war [...], dass der Pflegeroboter vor allem mit älteren Menschen kommunizieren muss, die durch ihre Krankheit vielleicht Probleme haben, sich klar auszudrücken oder undeutlich sprechen. Bei den Tests in Irland habe zudem Dialekt eine große Rolle gespielt. „Zum Glück sind solche Systeme aber sehr lernfähig", sagt Handschuh. [...]

Schon heute gibt es Armbänder für die Patienten, die Daten wichtiger Körperfunktionen an den Roboter schicken, wie den Puls. Setzt der aus, kann Mario direkt einen Krankenwagen rufen. Denkbar ist aber genauso ein System, das komplett für Drittanbieter offen ist, die dann neue Applikationen und Funktionen programmieren, so wie es bei Smartphones üblich ist. Jeder Patient könnte Mario dann noch ein bisschen persönlicher gestalten.

Vinzent-Vitus Leitgeb, Roboter Mario soll Demenzkranke pflegen, in: https://www.sueddeutsche.de/bayern/ gesundheit-roboter-mario-soll-demenzkranke-pflegen-1.3762375, 24.11.2017

M3 Pflege durch Roboter?

Antwort auf folgende Frage: „Würden Sie sich im Alter von einem Roboter statt von einer Pflegekraft betreuen lassen?"

Ja, mich dürfte auch ein Roboter pflegen.	Nein, ich möchte von einem Menschen gepflegt werden.
44 %	56 %

Quelle: Forsa / Porsche Consulting 2017, Studie „Digitalisierung im Gesundheitswesen"

Ergebnis zu: „Wann Pflegebedürftige einen Roboter als Helfer akzeptieren."

Wenn es keine Alternative gibt.	Wenn ich durch den Roboter-Einsatz weiter zu Hause wohnen kann.	Wenn ich durch den Roboter rund um die Uhr betreut werden kann.	Wenn die Kosten beim Roboter niedriger sind als beim Pflegedienst.	Wenn es andere Vorteile gibt.
37 %	36 %	29 %	21 %	25 %

Quelle: Forsa / Porsche Consulting 2017, Studie „Digitalisierung im Gesundheitswesen"

1 Analysieren Sie die Karikatur (M1).

2 Nennen Sie Vor- und Nachteile eines Einsatzes von Robotern bei der Pflege (M2, M3): für Patienten, für Mitarbeiter und für Angehörige.

3 Diskutieren Sie: Sollten Roboter auch in Kindergärten Dienstleistungen anbieten können?

4 Analysieren Sie M3 bezüglich Fragestellungen und Ergebnissen. Ermitteln Sie abschließend mögliche Gründe, warum die Vorstellung, von Robotern gepflegt zu werden, in Deutschland mehrheitlich abgelehnt wird.

Zukunftsszenario

Mithilfe der Szenario-Methode werden ausgehend von der Gegenwart mögliche Zukunftsbilder entworfen. Unter Einbeziehung aktueller Entwicklungstendenzen werden auf der Grundlage seriöser Fakten und Prognosen mögliche Szenarien skizziert.

Hierzu müssen Zusammenhänge und Wechselwirkungen analysiert sowie Lücken mit Kreativität und Fantasie geschlossen werden. Die dabei geschaffenen Szenarien sind systematisch erarbeitet und berücksichtigen konkrete politische Maßnahmen, aber auch etwaige Störfaktoren.

Ziel dieser Methode ist es alternative Entwicklungsmöglichkeiten zu verdeutlichen und die zukünftige Entwicklung als gestalt- und veränderbar wahrzunehmen. In der Regel wird zwischen drei Grundtypen von Szenarien unterschieden:

- best case: positives Extremszenario (günstigste Zukunftsentwicklung)
- worst case: negatives Extremszenario (ungünstigste Zukunftsentwicklung)
- Trendszenario (Fortschreibung der heutigen Situation in die Zukunft)

Folgende drei Entwicklungsphasen bieten sich bei der Formulierung eines Szenarios an:

1. Fundierungsphase

In dieser Phase sammeln Sie Informationen, um die „Ist-Situation" genau kennenzulernen. Diese „Ist-Situation" dient als Ausgangsbasis für ein Zukunftsszenario. Nur Szenarien, die sich auf sorgfältige Untersuchungen und Analysen stützen, sind wohl fundiert. Sie sind mit hoher Wahrscheinlichkeit plausibel, weshalb sie – wenn sie bestimmte Fragen aufwerfen – ernst genommen werden. Am Beginn einer Szenarioentwicklung steht eine sorgfältige Literatur- und Datenanalyse bereits veröffentlichten Materials zum „Ist-Zustand" und eventuell bereits konzipierter Szenarien zum gleichen oder einem verwandten Thema. Hinzu kommt die Befragung von Experten mit Blick auf deren Vorstellungen zu künftigen bzw. alternativen vergangenen Entwicklungen. Fragen Sie „Ihre" Experten auch nach den Entwicklungen, die diese als wahrscheinlich/unwahrscheinlich bzw. als wichtig/unwichtig ansehen, sowie nach den Faktoren und Akteuren, die sie als Triebfedern oder Hemmnisse für eine bestimmte Entwicklungsrichtung erachten. Neben Einzelbefragungen können auch Umfragen mit größeren Personengruppen durchgeführt werden.

2. Analytische bzw. Kritikphase

Eine sorgfältige Analyse und Systematisierung der gesammelten Informationen, z. B. mithilfe einer Mindmap, ist für die Szenarioentwicklung von entscheidender Bedeutung. Folgende Fragen helfen Ihnen bei der Sichtung und Sortierung des Materials:

- Welche der gesammelten Informationen benötige ich zur Szenarioentwicklung?
- Welche Auswirkungen hat ein Szenario für die mittel- oder unmittelbar betroffenen Menschen, Regionen, Staaten oder die Welt insgesamt?
- Welche aktuellen oder vergangenen Diskussionen, Sachverhalte und Ereignisse machen die Auseinandersetzung mit meinem Thema sinnvoll?

3. Konstruktionsphase

Die Entwicklung eines Szenarios unterscheidet sich deutlich von einer sonstigen wissenschaftlichen Arbeit. Sie arbeiten zwar auf Grundlage gesicherter Fakten und Daten, müssen diese aber mithilfe Ihrer Fantasie weiterentwickeln. Dabei ist es wichtig, nicht allein „wünschenswerte", sondern „plausible" Szenarien zu entwickeln. Weitere Kriterien, die Ihr Szenario erfüllen sollte, sind innere Schlüssigkeit, Infragestellung gängiger Annahmen und Attraktivität für die Zielgruppe. Nach der Entwicklung des Szenarios erfolgt die erneute Überprüfung auf Plausibilität und Schlüssigkeit. Erst nach der Überarbeitung und Optimierung Ihres Konzepts ist Ihr Szenario bereit für eine Präsentation im Kursrahmen.

M 1 Ein Blick in die Arbeitswelt von morgen

Ein Zukunftsszenario des Journalisten Tobias Lenartz zur Zukunft der Arbeit.

Übers Wochenende sind meine Eltern zu Besuch. Mitten in den Vorbereitungen zum ge-
5 meinsamen Sonntagsessen meldet sich mein Smartphone: Gerade ist ein neuer Auftrag reingekommen. Ab heute Abend wird wieder gearbeitet. Auf der Firmen-Facebook-Gruppe läuft bereits die Abstimmung, wer heute die
10 Nachtschicht übernimmt. Weil ich die letzten zwei Male abgesagt habe, bin ich wohl diesmal dran, sonst gibt es wieder Negativpunkte für meinen Flexibilitätsquotienten im Arbeitsprofil. Die Kinder sind geknickt, meine Eltern
15 auch. Aber Wochenende und 9 to 5 Regelarbeitszeit passen eben nicht zur Industrie 4.0.
Am Arbeitsplatz wartet schon eine Benachrichtigung meiner Maschine: Sie hat gerade ihre Produktionskapazitäten überschlagen
20 und braucht für Morgen 400 Rohlinge. Die Bestellung hat sie bereits allein ans Lager rausgeschickt und gleich noch das Update für die neue Produktserie aus dem Maschinen-Netzwerk angefordert. Aber auch meine kluge
25 Maschine und die ganze Smart-Factory ist ohne Menschen wie mich aufgeschmissen. Heutzutage ist die „Kundenindividuelle Massenproduktion" Standard und ich bin für die Spezialaufträge zuständig. Ein Vorteil der to-
30 talen Konfigurierbarkeit: Wir wissen immer, was die Kunden wollen. Schließlich können wir die Verschiebung ihrer Vorlieben in Echtzeit nachvollziehen.

Einen Vorarbeiter habe ich schon lange nicht
35 mehr. Ich arbeite ohnehin so akribisch wie möglich. Denn wenn ich heute schlampe, kann mir das in zwei Jahren auf die Füße fallen. Schließlich bekommt jedes Produkt ein Smart-Tag implantiert. Also einen Chip, auf dem ge-
40 speichert wird, wann, wo und von wem es hergestellt wurde. Immerhin: Teure Schleppnetz-Rückrufaktionen sind damit passé. Über die Smart-Tags können wir schließlich immer zurückverfolgen, welche Produkte eine Macke
45 hatten und die Kunden gezielt anmailen.
Die letzten Mittelständler haben sich vor knapp 10 Jahren den multinationalen Großkonzernen angeschlossen. Die meisten von ihnen weil sie sich die Aufrüstung auf die in-
50 telligenten Maschinen nicht leisten konnten. Jetzt teilen sich die großen Unternehmen den Markt unter sich auf. Auch in der Fabrik ist es mittlerweile leerer geworden. Mittlerweile braucht es nur noch eine Handvoll gut ausge-
55 bildete Facharbeiter wie mich, um die Smart Factory am Laufen zu halten. Einige der ehemaligen Lageristen haben nach der Umstellung auf Kundenberater umgeschult. Wer sich nicht umstellen konnte, ist durch das Raster
60 gefallen. Hilfsarbeiter werden eben nicht mehr gebraucht in der Industrie 4.0. Aber auch mein Schwager, der Radiologe, ist jetzt arbeitslos, seinen Job macht jetzt eine neu entwickelte intelligente Bilderkennungssoft-
65 ware. Wer nicht flexibel ist, muss eben schauen wo er bleibt.

Tobias Lenartz, Lass das mal die Maschine machen: Ein Blick in die Arbeitswelt von morgen, in: https://www.bpb.de/dialog/netzdebatte/196978/lass-das-mal-die-maschine-machen-ein-blick-in-die-arbeitswelt-von-morgen, 19.12.2014

1 Diskutieren Sie, inwiefern das in M 1 beschriebene Szenario Ihrer Ansicht nach realistisch ist und erarbeiten Sie aus diesem mögliche Auswirkungen der Digitalisierung auf die Arbeitswelt.

2 Gestalten Sie ein Video-Podcast „Digital School 2040" (Technik-Ausstattung, Unterricht, Betreuungsangebote, Lehrer-Schüler-Verhältnis usw.).

2.5 Soziale Ungleichheit: Dimensionen, Ursachen, Folgen

Hamburger Tafel

Gedeckte Tafel

Fragen der sozialen Gerechtigkeit sind zentrale Fragen in allen politischen Systemen, geht es dabei doch darum, wie der erschaffene gesellschaftliche Reichtum verteilt wird. Die jeweilige politische Antwort auf diese Fragen hat entscheidenden Einfluss auf die Stabilität des jeweiligen gesellschaftlichen und politischen Systems. Die Soziologie spricht nicht von „sozialer Gerechtigkeit", da dieser Begriff wertbehaftet und ein politischer Kampfbegriff in der gesellschaftlichen Auseinandersetzung ist. Der Begriff der sozialen Ungleichheit bzw. sozialen Differenzierung, die an unterschiedlichen Indi-

katoren empirisch aufgewiesen werden kann, vermeidet diese Bewertung und beschreibt einen gegebenen Sachverhalt neutral. Die auch heutzutage noch bestehende ungleiche Verteilung beispielsweise von Einkommen, Vermögen und Bildung verweist darauf, dass ein nicht geringer Teil dessen, was Menschen im Lebensverlauf an materiellen Gütern zur Verfügung steht, nicht auf individueller Begabung und Leistung beruht, sondern über die Geburt, die soziale Herkunft, den Status und das Vermögen der Eltern von Generation zu Generation weitergereicht wird.

M1   Soziale Ungleichheit

Bei sozialer Ungleichheit geht es im zeitgenössischen Verständnis um die Verteilung begehrter Positionen und Güter: „Soziale Ungleichheit liegt dann vor, wenn Menschen
5 aufgrund ihrer Stellung in sozialen Beziehungsgefügen von den ‚wertvollen Gütern' einer Gesellschaft regelmäßig mehr erhalten als andere." (Stefan Hradil) Der Begriff der „wertvollen Güter" impliziert, dass es gesell-
10 schaftliche Vorstellungen vom Wünschbaren und Zielvorstellungen des „guten Lebens" gibt, nach denen Menschen streben und die soziale Geltung erfahren. Ein weiterer Aspekt sozialer Ungleichheit besteht darin, dass es
15 sich bei der Verteilung wichtiger Ressourcen oder Positionen um eine regelmäßige und dauerhafte Struktur handeln sollte. [...] Die Ungleichheitsforschung nimmt mehrere Fragenkomplexe in den Blick, die in vielen Studi-
20 en miteinander verknüpft werden:

1. Welches sind die Erscheinungsformen sozialer Ungleichheit? In modernen Gesellschaften wird soziale Ungleichheit beispielsweise in der ungleichen Verteilung von Bildung, materiellem Wohlstand (Ein- 25 kommen, Vermögen, Besitz an Grund und Boden), Macht und Prestige beobachtet. Im Hinblick auf diese Dimensionen interessieren die Ungleichverteilung und deren Veränderung über die Zeit. 30

2. Welche Faktoren beeinflussen die Position von Individuen oder sozialen Gruppen in einem Ungleichheitsgefüge und welche Zuweisungsmechanismen werden dabei wirksam? Dies können Aspekte wie Region, Ge- 35 schlecht, Religionszugehörigkeit, Migrationshintergrund oder Familienstand sein. Verursacht oder bedingt werden diese Ungleichheiten beispielsweise durch Marktallokationen, Formen sozialer Schließung, 40

durch Diskriminierung oder auch durch Ausbeutungsverhältnisse.

3. Welches sind die Folgen sozialer Ungleichheit? Typische Fragen wären: Führt beispielsweise Armut zu einer erhöhten Krankheitsbelastung oder früherer Sterblichkeit? Kommt es aufgrund von Ungleichheit zu einer geringeren Wahlbeteiligung der unteren Schichten? Kommt es aufgrund höherer Mietbelastung in Großstädten zu neuen Formen der sozialen Segregation?

Oft wird der Begriff der sozialen Ungleichheit mit demjenigen der sozialen Ungerechtigkeit vermischt: Das reine Vorliegen von Ungleichheit wird als problematisch und bedauerlich angesehen, je größer die Ungleichheit, desto größer auch die moralische Empörung.

Dabei handelt es sich genauer betrachtet um zwei unterschiedliche Konzepte, die nicht ineinander aufgehen. Ob soziale Ungleichheiten als gerecht und legitim oder umgekehrt als ungerecht oder illegitim angesehen werden, lässt sich nur durch Zuhilfenahme normativer Konzepte oder durch den Verweis auf gesellschaftliche Bewertungen klären. Chancengleichheit, Leistungsgerechtigkeit oder Bedarfsgerechtigkeit stellen Basiskonzepte der Bewertung von gesellschaftlichen Verteilungen dar, anhand derer Personen (und auch Forscherinnen und Forscher) soziale Ungleichheit beurteilen. Schon allein die Vielfalt der normativen Bewertungskriterien sozialer Ungleichheit zeigt an, dass Ungleichheit nicht immer problematisch ist. Es finden sich in der Gesellschaft viele Ungleichheiten, die als „gerecht" angesehen werden. So wird es oft als gerecht empfunden, dass ein leistungsstarkes Kind gute Noten bekommt und aufgrund dieser auch bessere Zugangsmöglichkeiten zum Studium. Auch ist es gesellschaftlicher Konsens, dass die Chancen auf einen höheren Bildungsabschluss bei größeren Talenten für Kinder aus einem Arbeiterhaushalt höher sein sollten als für Kinder aus einem Haushalt der Mittelschicht. Normativ problematisch erscheint nicht die Ungleichheit der Bildung per se, sondern das Bestehen von Barrieren beim Zugang zu Bildungsinstitutionen.

Stefan Mau/Roland Verwiebe, Soziale Ungleichheit und Sozialstruktur, in: Hans Joas/Steffen Mau (Hg.), Lehrbuch der Soziologie, Campus: Frankfurt a.M. ⁴2020, S. 349 ff. (gekürzt um Literaturverweise)

INFO

Bildungs-institutionen
Bildungsgänge der Schulen, Studiengänge der Hochschulen, Berufs-, Verwaltungs- und Fachakademien (indirekt: Bibliotheken, Theater, Museen)

M 2 Dimensionen sozialer Ungleichheit

In Anlehnung an den Soziologen Stefan Hradil können folgende Dimensionen sozialer Ungleichheit unterschieden werden:

Soziale Ungleichheit
durch

ungleiche Verteilung von Ressourcen und Lebensbedingungen

↓	↓	↓	↓

Dimensionen:	wirtschaftliche Lage Lebensstandard	Macht	Bildung	Sozialprestige
Indikatoren:	Einkommens- und Vermögens- verteilung, Armut	Einfluss und soziale Herkunft von Machteliten	soziale Herkunft, Schulbesuch und Studium	berufliche Stellung und soziales Ansehen

GLOSSAR

Armut
Grundgesetz

1 Analysieren Sie die beiden Fotos und nehmen Sie Stellung zu dem Dargestellten.

2 Lesen Sie den einführenden Text und suchen Sie vier Beispiele für soziale Ungleichheit, von denen Sie zwei als sozial gerecht und zwei als sozial ungerecht erachten.

3 Informieren Sie sich über den Gleichheitsgrundsatz im Grundgesetz und setzten sie ihn in Bezug zu den beiden Fotos.

4 Erläutern Sie die Differenz der beiden Begriffe „soziale Ungleichheit" und „soziale Ungerechtigkeit" (M 1, M 2).

M3   Die Entwicklung des Ungleichheitsgefüges

Die drei Nachkriegsjahrzehnte

In Deutschland waren die drei Nachkriegsjahrzehnte [...] von einer Ausweitung sozialer Rechte und einer auf Ausgleich und Ungleichheitsbegrenzung ausgerichteten Entwicklung bestimmt, wofür eine Reihe von institutionellen, wirtschaftlichen und politischen Entwicklungen ausschlaggebend waren. Seit den 1980er-Jahren beobachten wir eine andere Entwicklung: Die soziale Ungleichheit nimmt in Deutschland, wie auch den meisten entwickelten westlichen Ländern, wieder zu.

Die Konsequenzen aus diesen gesellschaftlichen Veränderungen in den ersten Jahrzehnten nach dem Zweiten Weltkrieg lassen sich mit Blick auf die Entwicklung sozialer Ungleichheiten in folgender Weise zusammenfassen:

- Durch die starke Mitbestimmung der Gewerkschaften und eine umfassende Tarifbindung kam es zu erheblichen Reallohnzuwächsen der Beschäftigten. Dies hat die Einkommensungleichheit verringert und zugleich den Anteil der Einkommen aus Lohnarbeit am volkswirtschaftlichen Gesamteinkommen gegenüber den Einkommen aus Unternehmens- und Kapitalgewinnen erhöht. Die Breite der Bevölkerung konnte also an den wirtschaftlichen Gewinnen teilhaben.
- Der Ausbau des Wohlfahrtstaates [...] führte zu einem im internationalen Vergleich moderaten und stabilen Niveau der Ungleichheit der Haushaltseinkommen.
- Parallel kam es zu einem Rückgang der Konzentration von privatem Vermögen und Kapital [...].
- Zugleich kam es – auch mitbedingt durch die Verringerung der Ungleichheit und durch die Bildungsexpansion – zu vermehrten kollektiven Aufstiegen im Generationenwechsel (der sogenannte Fahrstuhleffekt) bei gleichzeitiger Ausweitung der mittleren sozialen Schichten [...].

1980 bis 2020

Seit den 1980er-Jahren müssen die gesellschaftliche Entwicklung und damit verknüpfte Veränderungen im Ungleichheitsgefüge unter anderen Vorzeichen betrachtet werden. Technologischer Wandel, Globalisierung und Europäisierung führten zu wachsender Konkurrenz und neuen ökonomischen Verflechtungen, was in vielen Branchen der deutschen Wirtschaft zu verstärkten Rationalisierungen und zum Auslagern von Arbeitsplätzen in Niedriglohngebiete im Ausland (z.B. nach Polen oder Rumänien), in Ostdeutschland eher zum Zusammenbruch von ganzen Branchen nach 1989/90 geführt hat.

Das bislang institutionalisierte Sozialmodell geriet zunehmend unter Druck, die Arbeitslosigkeit stieg bis Mitte des ersten Jahrzehnts des neuen Jahrtausends auf ein relativ hohes Niveau (1980: 0,9 Mio., 1991: 2,6 Mio., 1997: 4,4 Mio., 2005: 4,9 Mio.). Diese Entwicklung ging mit einer Deregulierung und Flexibilisierung des Arbeitsmarktes (u.a. Lockerungen bei Kündigungsschutz, Wochenend- und Nachtarbeit, Ausweitung der wöchentlichen Höchstarbeitszeit auf 60 Stunden, Entstehung neuer Formen der atypischen Beschäftigung, Ausweitung des Niedriglohnsektors), einem Ausdünnen des sozialpolitischen Leistungskranzes sowie dem Zurückdrängen des Einflusses der Gewerkschaften und einem starken Rückgang bei der Tarifbindung für die Beschäftigten einher. So wurden im Zusammenhang mit diesen Entwicklungen die Leistungen der Arbeitslosenversicherung in der zweiten Hälfte der 1990er-Jahre deutlich verringert.

Eine Zäsur stellte die Einführung der sogenannten Hartz-IV-Gesetze im Jahr 2004 durch die sozialdemokratisch geführte Regierung von Bundeskanzler Gerhard Schröder dar. Im Zuge dieser Reform wurden Arbeitslosenhilfe und Sozialhilfe zusammengelegt und die Höhe und Bezugsdauer der Unterstützung im Falle von Arbeitslosigkeit weiter verringert. Es ist in diesem Kontext wichtig zu wissen, dass die Arbeitslosigkeit in Deutschland seit 2005 kontinuierlich geschrumpft (auf 2,3 Mio. Arbeitslose in 2018) und das Ausmaß der Gesamtbeschäftigung am Arbeitsmarkt deutlich gestiegen ist (auf etwa 45 Mio. Personen in 2018). Der Anstieg der Gesamtbeschäftigung in Deutschland hat vor allem mit der massiven Ausweitung der weiblichen Beschäftigung

INFO

Tarifbindung
zwischen Arbeitgeberverband und Gewerkschaften geschlossene, verpflichtende Tarifverträge

Deregulierung
Maßnahmen zur Verringerung staatlicher Eingriffe (Regulierung) in das ökonomische Marktgeschehen

QUERVERWEIS

Jenseits von Klasse und Schicht – der Fahrstuhleffekt ...
S. 72, M4

(1995: 59 Prozent; 2018: 74 Prozent Erwerbs-
quote) zu tun. Allerdings arbeiten nahezu 50
Prozent der Frauen in Deutschland in Teilzeit
[...]. Neben der Teilzeitarbeit steigt auch der
Anteil anderer Formen atypischer Beschäftigung, der teilweise deutlich über die Ausweitung solcher Formen der Beschäftigung in anderen europäischen Ländern hinausgeht.
Inzwischen gehören rund neun Millionen Arbeitnehmer zum Niedriglohnsektor in
Deutschland, 3,2 Millionen Menschen gehen
einer befristeten Beschäftigung nach und
über eine Million Personen sind als Leiharbeiter tätig. Es ist wichtig, darauf hinzuweisen,
dass von diesen Formen atypischer Beschäftigung nicht alle Gruppen am Arbeitsmarkt
gleichermaßen, sondern vielfach Berufsein-
steiger und Migranten und Migrantinnen besonders stark betroffen sind.

Ein weiterer Faktor, der für das Ungleichheitsgefüge in Deutschland relevant ist, sind die
Rentenkürzungen, die in mehreren Schritten
ab 1996/97 einsetzten, unter anderem durch
die Erhöhung des Renteneintrittsalters, eine
Verringerung der Rentenbezüge, eine Abkop-
pelung der Renten von der allgemeinen Lohn-
entwicklung und die Verringerung von An-
rechnungszeiten von Ausbildungsphasen. Mit
diesen Maßnahmen sollte eine Antwort auf
die ungünstige demografische Struktur (Überalterung) der deutschen Gesellschaft gefunden werden. [...]

Der Umbau des deutschen Gesellschaftsmo-
dells wurde in den 1990er- und 2000er-Jahren
durch Veränderungen im Steuersystem weiter vorangetrieben, welche einen direkten Effekt auf die Ungleichheit von Löhnen und
Haushaltseinkommen hatten. Der Spitzen-
steuersatz wurde zwischen 1998 und 2005 in
mehreren Schritten von 53 Prozent auf 42 Prozent gesenkt, 1997 wurde die Vermögenssteu-
er abgeschafft und einige Jahre später wurden
die Freibeträge bei der Erbschaftssteuer stark
erhöht. Zwischen Ende der 1990er-Jahre und
2011 wurde auch die Besteuerung von Unter-

nehmen in mehreren Schritten deutlich reduziert (u. a. durch eine Halbierung der Körper-
schaftssteuer), sodass der Steuersatz von 52,3
auf 29,4 Prozent zurückging. [...]

Besonders bei der Vermögensungleichheit
nimmt Deutschland innerhalb Europas inzwischen eine besondere Stellung ein. [...] Die
Konzentration von Vermögen, Kapital und Besitz [ist] in Deutschland höher ist als in jedem
anderen europäischen Land (Ausnahme Lett-
land). Die Haushalte in Deutschland besitzen
im Durchschnitt ein Nettovermögen von
214 000 Euro, wobei die untersten 20 Prozent
der Haushalte der Vermögensverteilung über
ein negatives Vermögen (d. h. Schulden) und
die obersten zehn Prozent über ein Nettovermögen von durchschnittlich 1,3 Millionen Euro verfügen.

Aus diesen strukturellen Veränderungen von
Arbeitsmarkt, Wohlfahrtsstaatspolitik und
Steuersystem resultiert eine Reihe von Konse-
quenzen für die soziale Ungleichheit in
Deutschland:

1. Am Arbeitsmarkt hat die Lohnungleichheit
   vor allem in den 1990er-Jahre und bis Mitte
   der ersten Dekade des 21. Jahrhunderts
   deutlich zugenommen, seitdem verbleibt
   sie weitgehend auf diesem Niveau. Dies ist
   maßgeblich auf sinkende Reallöhne bei
   mittleren und niedrigen Einkommensgruppen zurückzuführen, die erst in den
   jüngsten Jahren wieder steigen. Auch die
   Einführung des Mindestlohns im Jahr 2015
   konnte dies nicht ändern [...].

2. Mit dieser Entwicklung am Arbeitsmarkt
   und dem geschilderten Umbau der Sozialpolitik korrespondieren ein Anstieg der
   Ungleichheit der Haushaltseinkommen,
   ein Schrumpfen der Einkommensmittel-
   schicht und eine Zunahme der Armutsgefährdung in Deutschland. Die Armutsgefährdungsquote liegt, je nach Datenquelle,
   2019 zwischen 16 und 20 Prozent. 2005 waren demgegenüber nur zwölf Prozent der
   Deutschen armutsgefährdet.

INFO

Konzentration von Vermögen
Ballung des Vermö-
gens in den Händen
einer kleinen Ober-
schicht oder gar nur
weniger Familien

Stefan Mau/Roland Verwiebe, Soziale Ungleichheit und Sozialstruktur, in: Hans Joas/Steffen Mau (Hg.), Lehrbuch der Soziologie, Campus: Frankfurt a.M. ⁴2020, S. 354 ff. (gekürzt um Literaturverweise)

Arbeit mit Statistiken

Heute ist Wirtschafts- und Sozialpolitik ohne statistische Erhebungen nicht mehr denkbar. Sie sind darüber hinaus zum festen Bestandteil der Kommunikation zwischen allen Teilnehmern des politischen Lebens geworden. Mitteilungen in messbaren Größen, sogenannte quantifizierende Aussagen, dienen in Politik und Wissenschaft dazu, die Verallgemeinerbarkeit von Aussagen einsichtig zu machen und damit Forderungen oder Entscheidungen zu legitimieren.

Statistische Aussagen in jeder Form haben zunehmend Eingang in die Werbung gefunden. Dabei soll ihr Anspruch, Zählbares, Messbares, Wiegbares und damit Überprüfbares mitzuteilen, Überzeugungskraft entwickeln. Die Auswertung grafischer Darstellungen zeigt, dass sie aber durchaus emotionale Botschaften enthalten: Die Dramatik im Geschehen an der Aktienbörse spiegelt sich im Verlauf der „Fieberkurve" eines Aktienkurses oder des Aktienindexes wider. Die emotionale Wirkung der statistischen Aussage lässt sich durch geschickte Wahl der Darstellungsform – z. B. kurze Abstände auf der x-Achse, lange Abstände auf der y-Achse – oder durch die Einbettung in Text- und Bildelemente steigern.

Statistische Aussagen sind damit zu wirksamen Elementen der politischen und gesellschaftlichen Rhetorik geworden und konkurrieren darin mit Texten und Bildern. Die Beherrschung des aktiven und passiven Umgangs mit statistischen Materialien wird so zur Voraussetzung für die Teilnahme am politischen Leben sowie für die Interessenwahrnehmung in politischen und ökonomischen Auseinandersetzungen.

Folgende Schritte sollten bei der Arbeit mit statistischen Materialien eingehalten werden:

1. Beschreibung der Statistik

- Was ist das Thema der Tabelle oder Grafik? Es steht oft erst in der zweiten Zeile nach einem eher journalistischen „Aufmacher".
- Welche Darstellungsform ist gewählt, Tabelle oder Diagramm (Punktdiagramm, Kurvendiagramm, Säulendiagramm, Kreisdiagramm, Flächendiagramm, Figurendiagramm, Piktogramm, Balkendiagramm)?
- Welche Bezugsgrößen sind genannt, z. B. mittleres Einkommen der Gesamtbevölkerung?
- Wie sind die Begriffe, zu denen Aussagen gemacht werden, definiert?
- Welche Zahlenarten (absolute Zahlen, Prozent-, Indexzahlen) werden verwendet?

2. Inhaltliche Auswertung der Statistik

- Was ist die Hauptaussage (Trend)? Welche Teilaussagen (Einzelaspekte) lassen sich ableiten?
- Auf welche Fragen antwortet das Material, auf welche nicht?
- Welche Entwicklungen sind erkennbar?
- Stimmen Aussagen und Bildgestaltung überein?
- Müssen Begriffe geklärt werden, um Statistik und Text zu verstehen?
- Was soll bzw. kann man aus der Statistik schlussfolgern?
- Klärt die Statistik ggf. Strittiges – oder nicht?

3. Kritische Bewertung der Statistik

- Wie aktuell ist das Datenmaterial?
- Welche Bezugsgrößen sind ausgewählt und über welchen Zeitraum erstrecken sich die Daten?
- Ist diese Auswahl angemessen?
- Welcher Maßstab/welche Proportionen sind verwendet (Einteilungen, Verhältnis der Maßstäbe der beiden Achsen)?
- Wie wurden die Daten gewonnen bzw. von wem wurden sie bezogen? Welche mögliche Intention hatte der Verfasser?

M4 Daten zur Einkommensverteilung in Deutschland

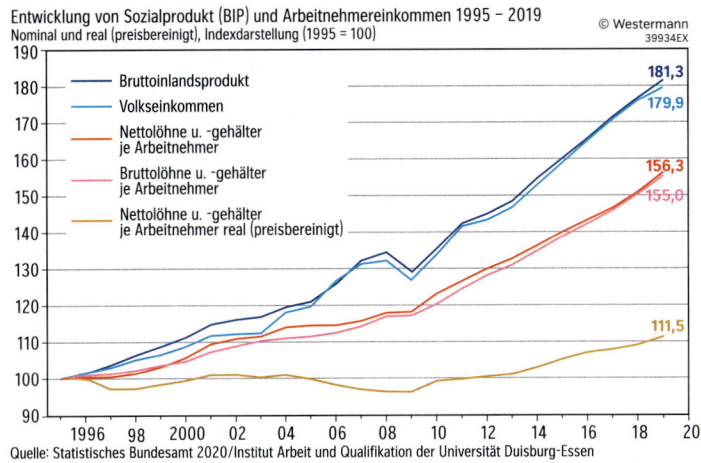

Entwicklung von Sozialprodukt (BIP) und Arbeitnehmereinkommen 1995 – 2019
Nominal und real (preisbereinigt), Indexdarstellung (1995 = 100)

© Westermann
39934EX

- Bruttoinlandsprodukt — 181,3
- Volkseinkommen — 179,9
- Nettolöhne u. -gehälter je Arbeitnehmer — 156,3
- Bruttolöhne u. -gehälter je Arbeitnehmer — 155,0
- Nettolöhne u. -gehälter je Arbeitnehmer real (preisbereinigt) — 111,5

Quelle: Statistisches Bundesamt 2020/Institut Arbeit und Qualifikation der Universität Duisburg-Essen

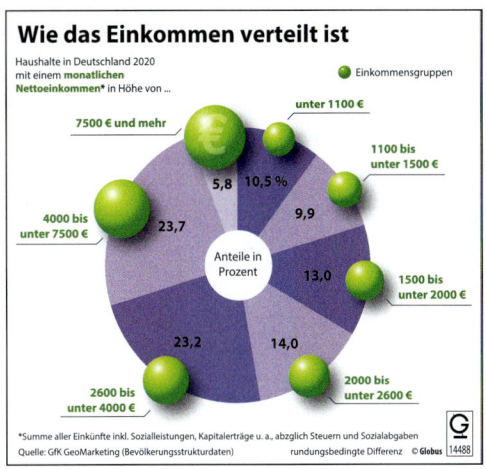

Wie das Einkommen verteilt ist

Haushalte in Deutschland 2020 mit einem **monatlichen Nettoeinkommen*** in Höhe von ...

Einkommensgruppen

- 7500 € und mehr: 5,8
- unter 1100 €: 10,5 %
- 1100 bis unter 1500 €: 9,9
- 4000 bis unter 7500 €: 23,7
- 1500 bis unter 2000 €: 13,0
- 2600 bis unter 4000 €: 23,2
- 2000 bis unter 2600 €: 14,0

Anteile in Prozent

*Summe aller Einkünfte inkl. Sozialleistungen, Kapitalerträge u. a., abzüglich Steuern und Sozialabgaben
Quelle: GfK GeoMarketing (Bevölkerungsstrukturdaten)   rundungsbedingte Differenz   © Globus 14488

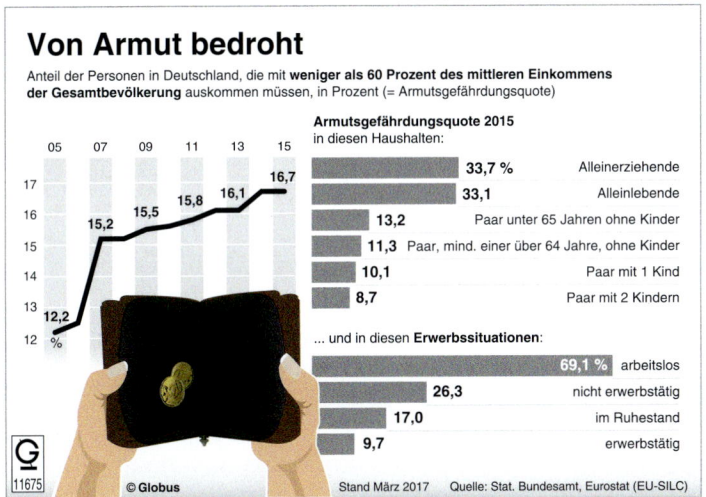

Von Armut bedroht

Anteil der Personen in Deutschland, die mit **weniger als 60 Prozent des mittleren Einkommens der Gesamtbevölkerung** auskommen müssen, in Prozent (= Armutsgefährdungsquote)

05 07 09 11 13 15

12,2 % 15,2 15,5 15,8 16,1 16,7

Armutsgefährdungsquote 2015
in diesen Haushalten:

- 33,7 % — Alleinerziehende
- 33,1 — Alleinlebende
- 13,2 — Paar unter 65 Jahren ohne Kind
- 11,3 — Paar, mind. einer über 64 Jahre, ohne Kind
- 10,1 — Paar mit 1 Kind
- 8,7 — Paar mit 2 Kindern

... und in diesen **Erwerbssituationen**:

- 69,1 % — arbeitslos
- 26,3 — nicht erwerbstätig
- 17,0 — im Ruhestand
- 9,7 — erwerbstätig

© Globus 11675   Stand März 2017   Quelle: Stat. Bundesamt, Eurostat (EU-SILC)

M5 Der Gini-Koeffizient

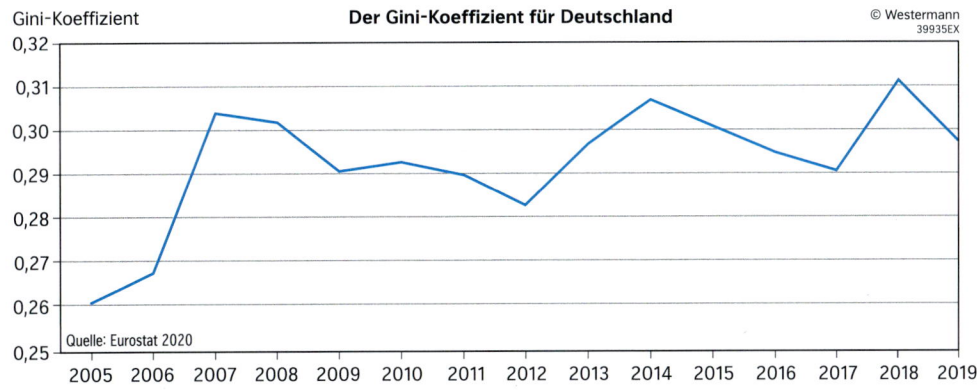

Gini-Koeffizient

Der Gini-Koeffizient für Deutschland

© Westermann
39935EX

Quelle: Eurostat 2020

2005 2006 2007 2008 2009 2010 2011 2012 2013 2014 2015 2016 2017 2018 2019

Gini-Koeffizient
Der Gini-Koeffizient wird als Maß für die Einkommensungleichheit verwendet. Dabei wird die Einkommensverteilung gemessen, indem die Einkommensposition der einzelnen Haushalte mit der aller anderen Haushalte verglichen wird. Der Gini-Koeffizient wird als Wert zwischen 0 und 1 ausgedrückt Ein Gini-Koeffizient von 0 würde eine vollkommene Einkommensgleichheit zum Ausdruck bringen, ein Gini-Koeffizient von 1 würde bedeuten, dass das gesamte Einkommen in einer Volkswirtschaft nur einem einzigen Haushalt zugutekommt. Zur Veranschaulichung: Erhalten von einer Pizza, die aus zehn Stücken besteht, 10 Personen jeweils ein Stück, beträgt der Gini-Koeffizient 0. Erhält eine Person alle zehn Stücke, so ist der Gini-Koeffizient = 1.

M6   Vermögensarten und Vermögensverteilung in Deutschland

Vermögensportfolio nach Dezilen des Nettovermögens
in 1000 Euro

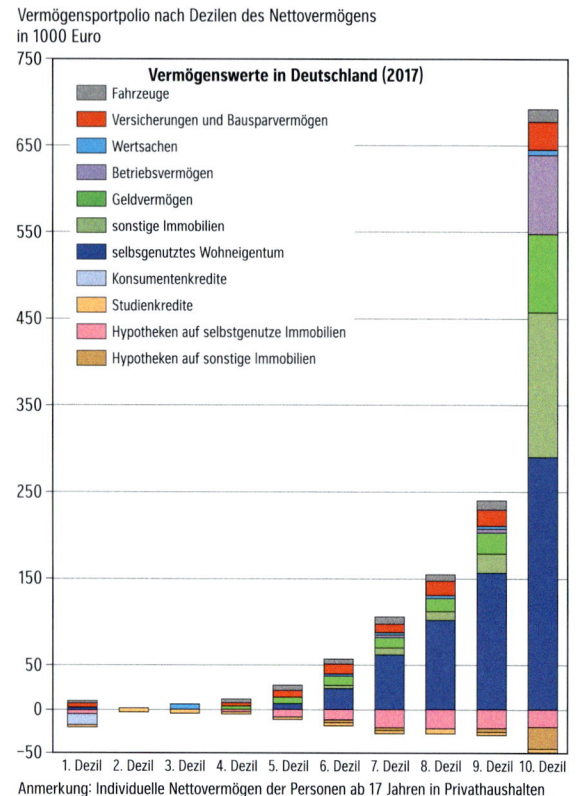

Anmerkung: Individuelle Nettovermögen der Personen ab 17 Jahren in Privathaushalten
Quelle: DIW Berlin 2019   © Westermann 39936EX

Vermögensverteilung in Deutschland
Verteilung des Nettovermögens nach Dezilen (Anteile am Nettogesamtvermögen) 2017

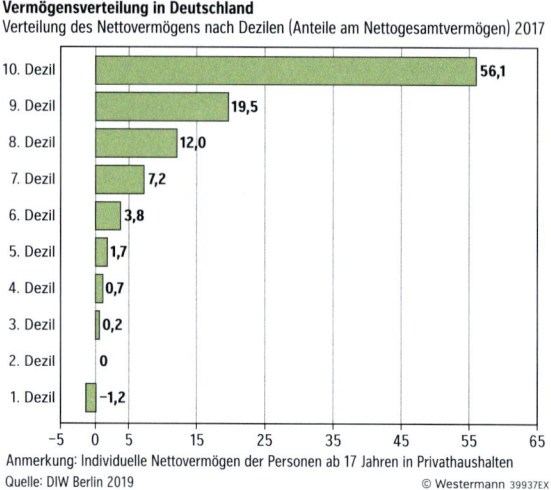

Anmerkung: Individuelle Nettovermögen der Personen ab 17 Jahren in Privathaushalten
Quelle: DIW Berlin 2019   © Westermann 39937EX

M7   Der Gini-Koeffizient der Einkommen und Vermögen

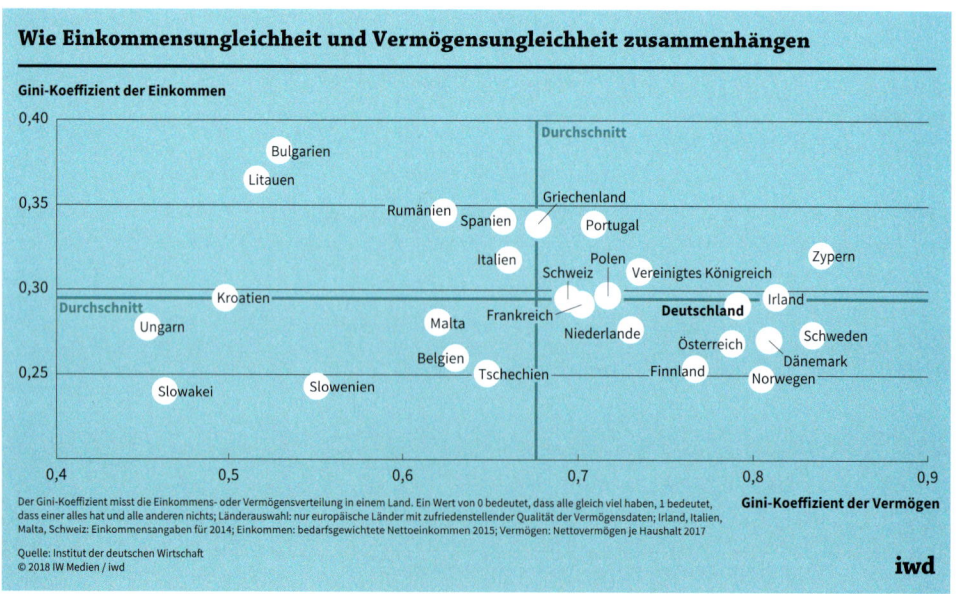

M 8 Soziale Ungleichheit: Einkommens- und Vermögensverhältnisse

Wenn die Ungleichheit in der politischen, Medien- und Fachöffentlichkeit überhaupt thematisiert wird, ist diese zumeist auf die Einkommensverhältnisse fixiert, obwohl sie
5 erheblich weniger relevant und aussagekräftig sind als die Vermögensverhältnisse. Das war der historischen Tendenz nach zwar schon immer so, diese hat sich aufgrund des Finanzialisierungsprozesses aber weiter verstärkt. Das Gewicht der Eigentümer und der in
10 der Vergangenheit entstandenen Vermögen wächst und Einkommen verliert in Relation zu bereits vorhandenem Kapital an Bedeutung. Berücksichtigt werden muss jedoch nicht bloß die Quantität des Vermögens, sondern auch
15 seine Qualität. Letztlich entscheidet die Struktur des Vermögens darüber, welche Handlungs- und Entscheidungsspielräume es seinem Eigentümer bietet. Denn selbst viel Bargeld, das unter dem Kopfkissen, im Klei-
20 derschrank oder auf dem Dachboden gehortet wird, verleiht seinem Besitzer keine Macht über andere Menschen, wohingegen der Besitz von Unternehmen oder Unternehmensanteilen (Aktien) dem Kapitaleigentümer ganz
25 andere Möglichkeiten eröffnet. Ähnliches gilt für das Privateigentum an Immobilien sowie an Grund und Boden. Nur wenn zwischen Geld- und Sachvermögen, vor allem jedoch zwischen Betriebs-, Immobilien- und Finanz-
30 vermögen differenziert wird, kann man die Vermögensverteilung innerhalb einer Gesellschaft fundiert beurteilen. Über die genaue Verteilung des Produktivvermögens ist hierzulande so gut wie nichts be-
35 kannt, obwohl diese Vermögensart die Sozialstruktur der Gesellschaft entscheidend prägt. Die kapitalistischen Eigentums-, Macht- und Herrschaftsverhältnisse erschlössen sich nur, wenn mehr über die entsprechenden Vermö-
40 gensbestände bekannt wäre. Um eine hinreichend gute Datenbasis zu erhalten, müssten das Bank- und das Steuergeheimnis aufgehoben werden sowie alle Informationen zu Pri-

vatstiftungen im In- und Ausland sowie zu in
45 „Steueroasen" wie den Bahamas, den Bermudas oder den Kaiman Inseln transferierten Vermögen vorhanden sein. Der Bonner Ökonom Moritz Schularick hat zusammen mit Thilo N.H. Albers (Humboldt-
50 Universität zu Berlin) und Charlotte Bartels (DIW) die Vermögensverteilung in Deutschland von 1895 bis 2018 untersucht. Am stärksten ausgeprägt war die Vermögensungleichheit demnach im Kaiserreich, wo das reichste
55 Prozent der Bevölkerung auf knapp 50 Prozent des Gesamtvermögens kam, wohingegen dieser Anteil heute weniger als 25 Prozent betrage, wie die Autorin und ihre beiden Koautoren feststellen. Steuerstatistiken, auf die sich
60 ihre historische Analyse stützt, dürften die Vermögensverhältnisse im 19. Jahrhundert genauer abbilden als heutige Steuerstatistiken die aktuellen. Reiche konnten der preußischen Finanzverwaltung im Jahr 1895 „heikle"
65 Informationen über größere Teile ihres (Kapital-)Vermögens nicht so leicht vorenthalten, wie dies im Zeitalter des elektronischen Zahlungsverkehrs mit Vermögensbestandteilen gelingt, die – durch einheimische Gesetze und
70 das Bankgeheimnis begünstigt – etwa in überseeische Steuerparadiese bzw. auf Offshore-Finanzplätze transferiert wurden. [...] Schularick, Albers und Bartels gelangen [...] zu dem Ergebnis, dass die Vermögensungleichheit im
75 vergangenen Vierteljahrhundert wieder deutlich zugenommen hat. Während die obere Hälfte der Verteilung ihr Nettovermögen im Zeitraum zwischen 1993 und 2018 mehr als verdoppelte, besaß die ärmere Hälfte der Be-
80 völkerung weniger als ein Vierteljahrhundert zuvor; ein Haushalt der reichsten zehn Prozent war im Jahr 1993 durchschnittlich 50-mal, im Jahr 2018 aber schon 100-mal reicher als ein Haushalt der unteren Hälfte. Was die Struktur des Privatvermögens betrifft, so bestand gut
85 die Hälfte aus Immobilienbesitz und rund ein weiteres Viertel aus Produktivkapital.

Christoph Butterwegge, Ungleichheit in der Klassengesellschaft, PapyRossa: Köln 2020, S. 125 ff.

INFO

Christoph Butterwegge
(* 1951)
Im Jahr 2017 nominierte die Partei Die Linke den deutschen Politikwissenschaftler als Kandidaten für das Amt des Bundespräsidenten. Er erhielt 128 von 1253 abgegebenen Stimmen.

Finanzialisierungsprozesse
Prozesse, die sich aufgrund der zunehmenden Bedeutung der Kredit- und Kapitalmärkte auch auf Sphären jenseits des Finanzsystems erstrecken

Produktivvermögen
Vermögen von Unternehmen; Teile des Volksvermögens, die Leistungen im Rahmen der Produktion erbringen

Steueroase
besonders niedrigen Steuern auf Einkommen und Vermögen, die steuerlich attraktiv als Wohnsitz für reiche Personen bzw. als Standort für global agierende Unternehmen sind

M 9   Vermögensungleichheit in Deutschland

Die Vermögensungleichheit [hat] in den letzten 25 Jahren stark zugenommen [...], da das Vermögenswachstum in der unteren und oberen Hälfte der Verteilung deutlich auseinandergegangen ist.

Die obere Hälfte der Einkommensverteilung hat ihr Vermögen im letzten Vierteljahrhundert effektiv verdoppelt. Im Gegenzug hierzu stagnierte das Vermögen in der unteren Hälfte der Vermögensverteilung. War im Jahr 1993 das Durchschnittsvermögen der reichsten zehn Prozent noch 50 Mal so hoch wie das in der unteren Hälfte der Vermögensverteilung, so war es 2018 das 100-fache. Der Anteil der ärmeren 50 Prozent der Bevölkerung am deutschen Gesamtvermögen hat sich seit 1993 von über fünf auf unter drei Prozent nahezu halbiert. Die Polarisierung der Vermögen war besonders stark in Ostdeutschland. Im Westen ist das Durchschnittsvermögen von Haushalten in den unteren 50 Prozent inflationsbereinigt sogar leicht gesunken.

Thilo N.H. Albers/Charlotte Bartels/Moritz Schularick, Die Verteilung der Vermögen in Deutschland 1895 bis 2018, Econ: Bonn 2018, S. 3

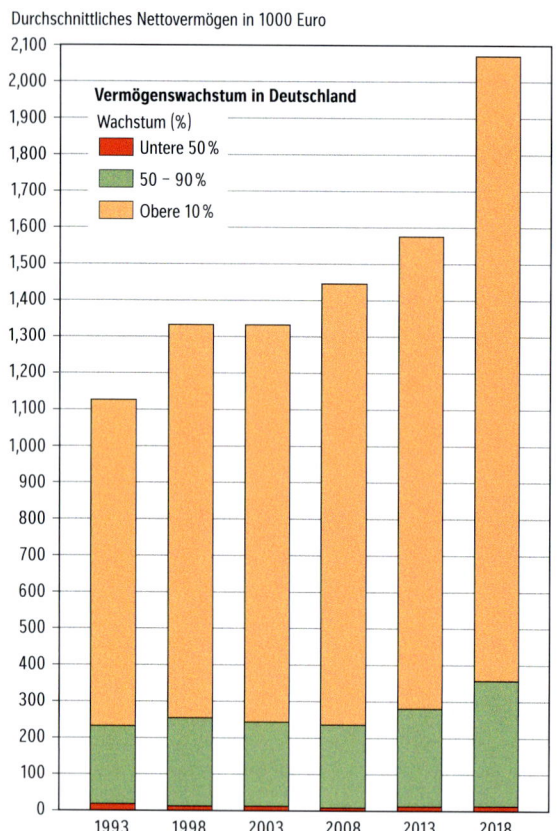

Quelle: Thilo Albert/Charlotte Bartels/Moritz Schularick,
Die Verteilung der Vermögen in Deutschland 1895 bis 2018,
Econ: Bonn 2018, S. 3

© Westermann 39938EX

Die zehn reichsten Deutschen	Vermögen 2020 (in Mrd. Euro)
Familie Reimann (Reckitt Benckiser)	32,0
Dieter Schwarz (Lidl, Kaufland)	30,0
Beate Heister und Karl Albrecht Jr. (Aldi Süd)	23,0
Familie Theo Albrecht (Aldi Nord)	17,4
Susanne Klatten (BMW)	16,4*
Stefan Quandt (BMW)	13,9*
Familie Otto (Otto)	12,5
Maria Elisabeth und Georg Schaeffler (Schaeffler)	10,5
Familie Würth (Würth-Gruppe)	9,3
Familie Oetker (Dr. Oetker)	7,4

Quelle: Manager Magazin   *Vermögen in 2019

1   Zeichnen Sie zur Entwicklung des Ungleichheitsgefüges (M 3) eine Zeitleiste, in die Sie wesentliche Entwicklungen und Veränderungen übersichtlich eintragen.

2   Analysieren Sie die zur Verteilung des Einkommens und Vermögens in Deutschland vorliegenden Daten (M 4 – M 9).

3   Beschreiben Sie die Entwicklung der Vermögensverteilung in Deutschland im internationalen Vergleich (M 7, M 8).

4   Stellen Sie Zusammenhänge zwischen einer Ungleichverteilung von Einkommen und der Ungleichheit der Vermögensverteilung dar (M 3 – M 9).

5   Beschreiben Sie die Entwicklung der Armutsquote (M 10) und benennen Sie mögliche Ursachen der Armutsgefährdung (M 11).

M 10 Steigende Armut in Deutschland?

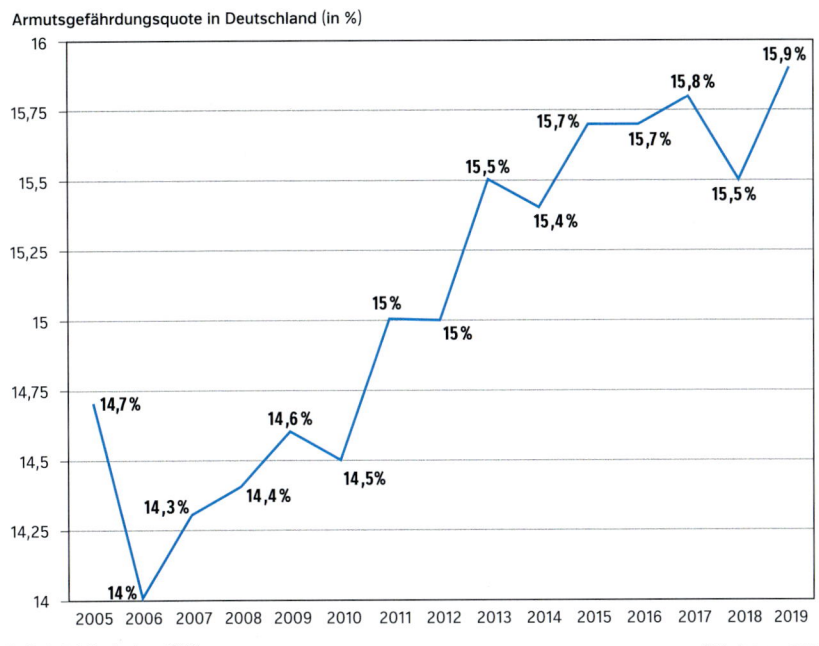

Armutsgefährdungsquote in Deutschland (in %)

Quelle: Statistisches Bundesamt 2020   © Westermann 39939EX

M 11 Wer in Deutschland besonders von Armut bedroht ist

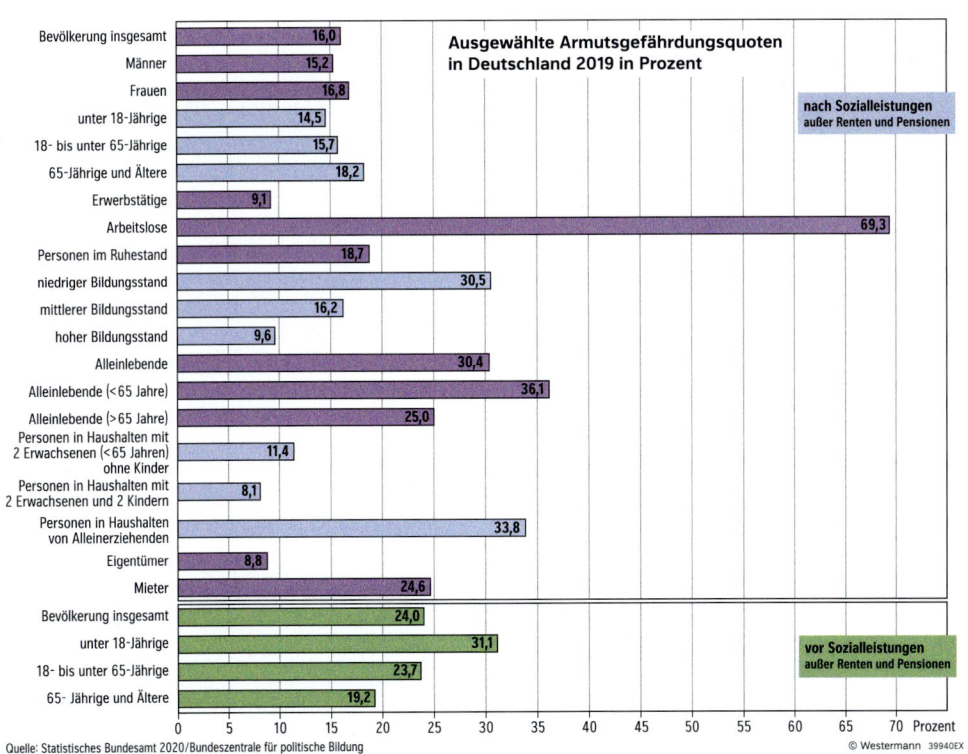

Ausgewählte Armutsgefährdungsquoten in Deutschland 2019 in Prozent

Quelle: Statistisches Bundesamt 2020/Bundeszentrale für politische Bildung   © Westermann 39940EX

Besteuerung des Erbes

M1 Parteien zur Erbschaftsteuer

INFO

Erbschaftsteuer
Im November 2016 trat in Deutschland eine Neuregelung der Erbschaftsteuer in Kraft. Eine Besonderheit der Neuregelung ist die vom Bundesverfassungsgericht vorgegebene optionale „Bedürfnisprüfung", bei der der Erbe oder Beschenkte, der Betriebsvermögen im Wert von mehr als 26 Millionen Euro erhält, sein Privatvermögen offenlegen und nachweisen muss, dass er durch die Erbschaftsteuer, die auf betriebliches Vermögen entfällt, überfordert würde. Kann er diesen Nachweis nicht erbringen, ist der Erwerb des Betriebsvermögens voll zu versteuern. Das bedeutet: Wird die Firma unverändert mehrere Jahre lang fortgeführt, wird der Großteil des Betriebsvermögens von der Erbschaftsteuer verschont.

CDU: Firmenerben werden auch künftig steuerlich begünstigt, wenn sie das Unternehmen längere Zeit fortführen und Arbeitsplätze erhalten. „Unternehmen werden so auch künftig nicht in ihrem Bestand gefährdet", sagt der stellvertretende Vorsitzende der CDU/CSU-Bundestagsfraktion Ralph Brinkhaus. „Die flächendeckenden Steuererhöhungen, für die Linke und Grüne sorgen wollten, konnten wir abwenden. Es wäre sehr kurzsichtig gewesen, für mehr Steueraufkommen an die Substanz der Betriebe zu gehen."

SPD: Spitzenverdiener und Erben von Unternehmen sollten aus Sicht des [...] SPD-Chefs Norbert Walter-Borjans mehr Steuern zahlen. [...] Walter-Borjans sprach sich [...] dafür aus, Ausnahmen für Firmenerben zu streichen. „Es gibt keinen Grund, warum ein hohes Erbe nicht versteuert werden soll. Das gilt auch für vererbte Unternehmen. Mit jeder Ausnahme und jedem Sondersachverhalt ist in der Vergangenheit Schindluder getrieben worden – zu Lasten der Allgemeinheit", sagte er. „Deshalb sage ich: Der Staat sollte auch bei Unternehmenserbschaften die Steuer nicht erlassen, sondern betriebsfreundlich strecken."

AfD: Intakte Familien denken und leben in Generationenzusammenhängen. Die Übergabe von bereits versteuertem Vermögen – auch und gerade in Unternehmen gebundenes – ist Privatangelegenheit und darf nicht erneut dem Staatszugriff ausgesetzt werden. Die AfD ist deshalb für eine Abschaffung der Erbschaftsteuer als Substanzsteuer und gegen die Reaktivierung der Vermögensteuer.

FDP: Wir Freie Demokraten lehnen eine einmalige Vermögensabgabe ebenso ab wie die Wiederbelebung der Vermögensteuer. Beides ist für unsere mittelständisch geprägte Wirtschaft ein Hemmschuh bei der Bekämpfung der wirtschaftlichen Folgen der Corona-Pandemie, weil den Unternehmen Liquidität unabhängig von deren Ertragslage entzogen wird. Die Erbschaftsteuer sollte im Hinblick auf ihre Administrierbarkeit und das sich in diesem Zusammenhang zu ihrer Erhebung ergebende Verhältnis von Kosten und Nutzen überprüft werden.

Die Linke: Die ungleiche Verteilung des Nettovermögens, also des um die Schulden bereinigten Vermögens, nimmt in Deutschland seit Jahren zu. Dem reichsten Zehntel der Bevölkerung gehören über zwei Drittel des gesamten Nettovermögens, während die ärmsten 50 Prozent nicht einmal über zwei Prozent verfügen. Schätzungen gehen davon aus, dass bis zum Jahr 2020 Vermögen im Wert von 2,6 Billionen Euro vererbt oder verschenkt wird. Ein erheblicher Teil dieser gigantischen Summe wird einem sehr kleinen Teil von Erbberechtigten zufließen. Die ungleiche Vermögensverteilung wird damit über Generationen hinweg verstetigt. Eine angemessene Erbschaft- und Schenkungsteuer kann die Ungleichheit vermindern.

Die Grünen: Die Grünen [wollen] ein eigenes radikales Reformkonzept auf den Tisch legen: Einen einheitlichen Steuersatz für alle Erben [...]. „Statt immer mehr Ausnahmen zu schaffen, die vor allem großen Firmenerben zugutekommen, sollten wir alle Umgehungstatbestände streichen und im Gegenzug den nominalen Steuersatz auf einheitlich 15 Prozent senken", sagte Grünen-Politiker Dieter Janecek. „Eine solche Erbschaftsteuer mit einer einheitlichen und breiten Bemessungsgrundlage für alle Vermögensarten wäre einfach, ergiebig und gerecht."

CDU: Kompromiss bei der Erbschaftsteuer, in: https://www.cducsu.de/themen/wirtschaft-und-energie-haushalt-und-finanzen/kompromiss-bei-der-erbschaftsteuer, 22.09.2016; SPD: Neuer SPD-Chef: Firmenerben und Top-Verdiener stärker besteuern, dpa-Meldung vom 14.12.2019 © dpa; AfD: Steuern, Wirtschaft, Arbeit, in: https://www.afd.de/steuern-finanzen-wirtschaft-arbeit/, 06.09.2021; FDP: Keine neue Substanzbesteuerung von Unternehmen, in: https://www.fdp.de/forderung/keine-neue-substanzbesteuerung-von-unternehmen, 06.09.2021; Die Linke: Erbschaftsteuer, in: https://www.linksfraktion.de/themen/a-z/detailansicht/erbschaftsteuer/, 06.09.2021; Die Grünen: Birgit Marschall, Annäherung im Koalitionsstreit um Erbschaftsteuer, in: https://rp-online.de/politik/deutschland/gruene-wirtschaftspolitiker-wollen-flat-tax-fuer-alle-erben_aid-18418991, 17.06.2016

M2   Die Bedeutung des Erbes für die Struktur der Ungleichheit

Sobald die Kapitalrendite deutlich und dauerhaft höher ist als die Wachstumsrate, überwiegt fast unvermeidlich die Erbschaft, also das aus der Vergangenheit stammende Vermögen, die Ersparnis, also das aus der Gegenwart stammende Vermögen. [...] Die aus der Vergangenheit stammenden Reichtümer vermehren sich ohne Arbeit schneller als die Reichtümer, die durch Arbeit geschaffen und angespart werden können. Fast zwangsläufig verleiht das den in der Vergangenheit entstandenen Ungleichheiten und damit der Erbschaft ein dauerhaftes Übergewicht.

Je stärker das 21. Jahrhundert durch sinkendes (demografisches und ökonomisches) Wachstum und hohe Kapitalrenditen geprägt sein wird (in einem Kontext, in dem zwischen den Ländern ein erbitterter Wettbewerb um das Kapital entbrannt ist), umso mehr wird zumindest in den Ländern, in denen es tatsächlich zu dieser Entwicklung kommt, die Erbschaft das Gewicht wiedergewinnen, das sie im 19. Jahrhundert hatte. Diese Entwicklung lässt sich in Frankreich und einer Reihe anderer Länder, in denen das Wachstum in den letzten Jahrzehnten stark zurückgegangen ist, heute schon deutlich erkennen. [...] Sollte aber das Wachstum im kommenden Jahrhundert mehr oder weniger überall zurückgehen [...], dann ist es wahrscheinlich, dass die Wiederkehr der Erbschaft die gesamte Welt betreffen wird.

Das heißt indes nicht, die Struktur der Ungleichheit im 21. Jahrhundert werde die gleiche wie im 19. Jahrhundert sein. Zum einen, weil die Vermögenskonzentration weniger extrem ist (es wird zweifellos, zumindest in näherer Zukunft, mehr kleine und mittlere Rentiers, aber nicht so viele sehr reiche Rentiers geben). Zum anderen, weil das Gefälle zwischen den Arbeitseinkommen wächst (Aufstieg der Supermanager), und schließlich, weil beide Dimensionen stärker korrelieren als früher. Im 21. Jahrhundert wird man zugleich Supermanager und „mittlerer Rentier" sein können: Die neue meritokratische Ordnung legt diese Verquickung im Übrigen nahe, zweifellos zum Nachteil des kleinen und mittleren Arbeiters, vor allem dann, wenn er selber kein oder fast kein Vermögen hat.

Fangen wir noch einmal ganz am Anfang an. In allen Gesellschaften gibt es im Wesentlichen zwei Weisen, es zu Wohlstand zu bringen: Arbeit oder Erbschaft. Die entscheidende Frage ist, welche der beiden verbreiteter ist – und die größten Chancen auf Zugang zu den oberen Dezilen und Perzentilen in der Hierarchie der Einkommen und Lebensstandards eröffnet. [...] Die [...] nach 1970 Geborenen, leben schon wieder in dem Bewusstsein, dass die Erbschaft in ihrem Leben und dem ihrer Freunde oder Verwandten eine entscheidende Rolle spielt. Wer beispielsweise Hausbesitzer wird, in welchem Alter, mit welchem Lebenspartner, in welcher Wohngegend – all das hängt nun ganz wesentlich, zumindest ungleich stärker als in der Generation ihrer Eltern davon ab, was und wieviel sie erben – oder eben nicht. Ihr Leben, ihre Karriere, ihre persönlichen und familiären Entscheidungen sind sehr viel stärker, als es bei den Baby-Boomern der Fall war, von der Erbschaft – oder ihrem Ausbleiben – beeinflusst. Diese Rückkehr der Erbschaft ist freilich noch im Gange.

Thomas Piketty, Das Kapital im 21. Jahrhundert, übersetzt von Ilse Utz und Stefan Lorenzer, C.H. Beck: München 2014, S. 502 ff.

INFO

Thomas Piketty
(* 1971)
Das im Jahr 2013 erschienene Buch „Das Kapital im 21. Jahrhundert" des französischen Ökonomen wurde zu einem weltweiten Bestseller. Allerdings sind Pikettys Thesen nicht unumstritten. Der amerikanische, marktliberal ausgerichtete Think Tank Cato Institute veröffentlichte 2017 einen „Anti-Piketty".

Meritokratie
Herrschaftsordnung, bei der die soziale Stellung einer Person auf deren Leistung beruht und nicht auf ihrer Abstammung oder ihrem Vermögen

---

1 Vergleichen Sie die Auffassungen der Parteien zur Besteuerung von Erbschaften (M 1).

2 Beschreiben Sie unterschiedliche Möglichkeiten der Geldanlage (M 6 auf S. 54) und erläutern Sie in diesem Zusammenhang die Bedeutung des Erbes für die Vermögensverhältnisse (M 2).

3 Verfassen Sie eine Stellungnahme, in der Sie sich für oder gegen eine Erhöhung der Erbschaftsteuer aussprechen (mit Begründung, mindestens 250 Worte).

2.6 Arbeitsverhältnisse: „normal" und/oder „atypisch"?

Seit den 1980er-Jahren ist in der Arbeitsmarktforschung immer mehr von einer Erosion des Normalarbeitsverhältnisses und der Zunahme sozialrechtlich schlechter abgesicherter atypischer Beschäftigungsverhältnisse die Rede. „Reformen" der ausschließlich geringfügigen Beschäftigung, der Leiharbeit und des Befristungsrechts haben die beständige Zunahme dieser Beschäftigungsverhältnisse begünstigt. Nach einer Definition des Statistischen Bundesamtes versteht man unter einem Normalarbeitsverhältnis ein unbefristetes, abhängiges Beschäftigungsverhältnis außerhalb der Leiharbeit, welches in Vollzeit (d. h. über 20 Stunden in der Woche) ausgeübt wird. Zu den atypisch Beschäftigten gehören alle abhängig Beschäftigten, deren Haupttätigkeit mindestens eine der folgenden Eigenschaften aufweist:

- Teilzeitbeschäftigung bzw. geringfügige Beschäftigung mit 20 oder weniger Stunden,
- Befristung,
- Leiharbeitsverhältnis.

Die Angaben beziehen sich dabei auf die Gruppe der Kernerwerbstätigen von 15 bis 64 Jahren. Das Kriterium der Kernerwerbstätigkeit schließt Personen im Ausbildungssystem und verschiedenen Diensten aus (Wehrdienst, Freiwilligendienst usw.).

M 1   Atypische Beschäftigungsformen

Erwerbstätige* in Deutschland 2016	
Beschäftigungsart	**Zahl (in Mio.)**
Normalarbeitsverhältnis	22,0
atypisch beschäftigt**	7,7
selbstständig	3,7
Teilzeit (über 20 Stunden in der Woche)	3,6

Quelle: Statistisches Bundesamt
* Erwerbstätige im Alter von 15 bis 64 Jahren
** Innerhalb der Gruppe der atypisch Beschäftigten sind 4,8 Mio. in Teilzeit (bis 20 Stunden in der Woche), 2,7 Mio. befristet, 2,2 Mio. befristet und 0,7 Mio. in Zeitarbeit tätig. Durch Überschneidungen der Beschäftigungstypen sind Mehrfachnennungen möglich. So kann z. B. ein in Teilzeit tätiger Arbeitnehmer zugleich nur einen befristeten Arbeitsvertrag haben.

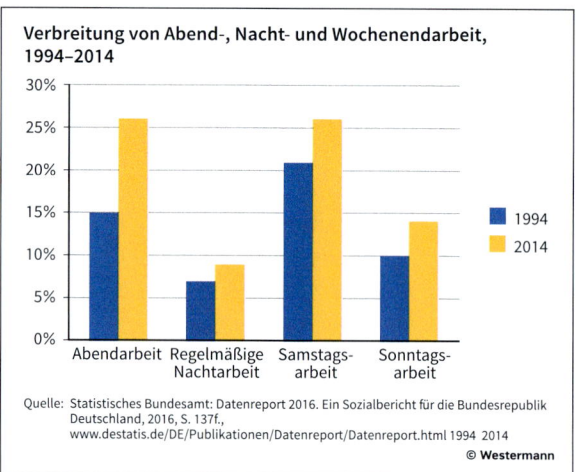

Verbreitung von Abend-, Nacht- und Wochenendarbeit, 1994–2014

Quelle: Statistisches Bundesamt: Datenreport 2016. Ein Sozialbericht für die Bundesrepublik Deutschland, 2016, S. 137f., www.destatis.de/DE/Publikationen/Datenreport/Datenreport.html 1994 2014
© Westermann

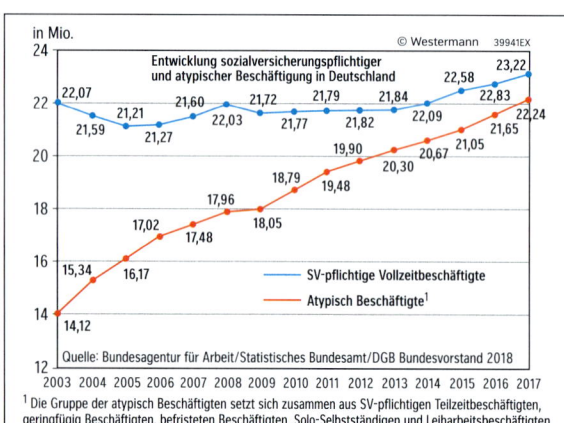

Entwicklung sozialversicherungspflichtiger und atypischer Beschäftigung in Deutschland
Quelle: Bundesagentur für Arbeit/Statistisches Bundesamt/DGB Bundesvorstand 2018
1 Die Gruppe der atypisch Beschäftigten setzt sich zusammen aus SV-pflichtigen Teilzeitbeschäftigten, geringfügig Beschäftigten, befristeten Beschäftigten, Solo-Selbstständigen und Leiharbeitsbeschäftigten. Mehrfacherfassungen möglich

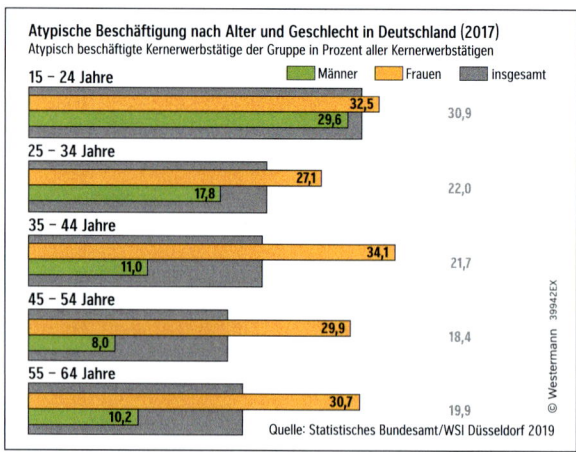

Atypische Beschäftigung nach Alter und Geschlecht in Deutschland (2017)
Atypisch beschäftigte Kernerwerbstätige der Gruppe in Prozent aller Kernerwerbstätigen
Quelle: Statistisches Bundesamt/WSI Düsseldorf 2019

M2 Besondere Beschäftigungsformen – ein Überblick

Minijob

Bei einer geringfügigen Beschäftigung – auch Minijob genannt – wird zwischen geringfügig entlohnter und kurzfristiger Beschäftigung unterschieden. Eine geringfügig entlohnte Beschäftigung liegt vor, wenn das Arbeitsentgelt regelmäßig 450 Euro im Monat nicht übersteigt. [...]

Freie Mitarbeit

Freie Mitarbeit ist die selbständige unternehmerische Tätigkeit einer Person für ein fremdes Unternehmen auf dienst- oder werkvertraglicher Grundlage. Als Selbständige sind sie keine Arbeitnehmer. Die arbeitsrechtlichen Vorschriften finden daher keine Anwendung. [...]

Scheinselbstständigkeit

In der Praxis können sich hinter Freien Mitarbeitern aber auch sogenannten Scheinselbstständige verstecken. Diese treten zwar formal wie selbständige Freie Mitarbeiter auf, sind aber tatsächlich abhängig beschäftigte Personen und damit Arbeitnehmer mit allen arbeits-, sozialversicherungs- und steuerrechtlichen Konsequenzen. [...]

Teilzeitarbeit

Teilzeitbeschäftigt ist ein Arbeitnehmer, wenn seine auf Dauer vereinbarte Arbeitszeit regelmäßig kürzer ist als die betriebliche Regelarbeitszeit [...].

Befristetes Arbeitsverhältnis

Befristete Arbeitsverträge können entweder als zeitbezogene Verträge auf einen bestimmten Zeitraum [...] beziehungsweise bis zu einem bestimmten Zeitpunkt [...] oder als zweckbezogene Verträge für einen bestimmten Zweck (zum Beispiel Urlaubs- oder Krankheitsvertretung, Mitarbeit an einem bestimmten Projekt) abgeschlossen werden. Zeitbezogene Arbeitsverträge enden dann, ohne dass es einer Kündigung bedarf, zu dem vertraglich vereinbarten Zeitpunkt.

Altersteilzeit

Die Altersteilzeit ist eine Möglichkeit, in den vorzeitigen Ruhestand zu gehen [...].

Heimarbeit

Charakteristisch für die Heimarbeit ist, dass der in Heimarbeit Beschäftigte nicht im Betrieb des Auftraggebers tätig wird, sondern an einem von ihm selbst gewählten Ort. Er ist zu keiner kontinuierlichen und keiner dem Weisungsrecht eines Arbeitgebers unterworfenen Arbeitsleistung verpflichtet und damit persönlich unabhängig und selbständig. [...]

Telearbeit

Telearbeit leistet, wer in auch zumeist selbst gewählter Arbeitsstätte einfache oder qualifizierte Angestelltentätigkeiten an EDV-Anlagen verrichtet, die durch elektronische Kommunikationsmittel mit dem Betrieb des Arbeit-/Auftraggebers verbunden sind. In der Regel liegt der Beschäftigung ein Arbeitsverhältnis zugrunde. Möglich ist aber auch Freie Mitarbeit oder Heimarbeit. [...]

Leiharbeitsverhältnis/Arbeitnehmerüberlassung

Von Arbeitnehmerüberlassung oder von einem Leiharbeitsverhältnis wird bei einem Rechtsverhältnis gesprochen, bei dem ein selbstständiger Unternehmer einen Arbeitnehmer, mit dem er einen Arbeitsvertrag geschlossen hat, vorübergehend an einen anderen Unternehmer „ausleiht", wobei der Arbeitnehmer unter Fortbestand des Rechtsverhältnisses zum Verleiher verpflichtet ist, für den Betrieb des Entleihers nach dessen Weisungen zu arbeiten. [...]

[Werkvertrag

Ein Werkvertrag über eine konkrete zu erbringende Arbeitsleistung (Arbeitsergebnis) wird zwischen einem Unternehmen und einem (Werkvertragsnehmer) geschlossen. Letzterer kann ein Betrieb sein, aber auch ein Selbstständiger. Wird die zu erbringende Leistung auf dem Betriebsgelände des Auftraggebers erbracht, so handelt es sich um einen sogenannten On-Site-Werkvertrag.]

Besondere Beschäftigungsformen im Überblick, in: https://www.darmstadt.ihk.de/produktmarken/beraten-und-informieren/recht-und-fair-play/arbeitsrecht/beschaeftigungsformen/besondere-beschaeftigungsformen-im-arbeitsrecht-2537984, August 2021; Ergänzung „Werkvertrag": Autorentext

M 3   Die Entwicklung der Leiharbeit

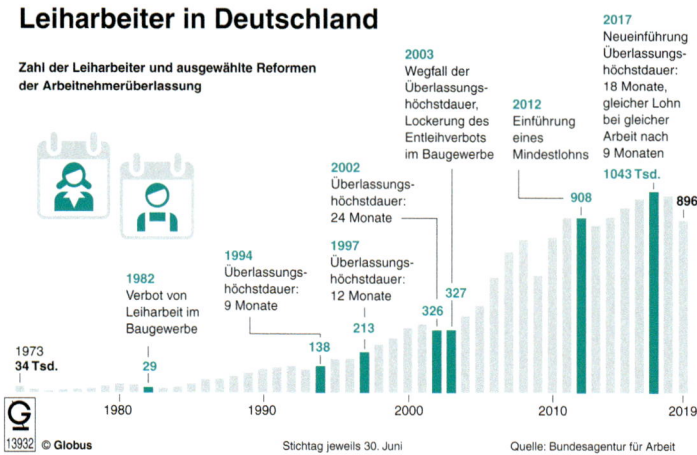

Leiharbeiter in Deutschland

Zahl der Leiharbeiter und ausgewählte Reformen der Arbeitnehmerüberlassung

2017 Neueinführung Überlassungshöchstdauer: 18 Monate, gleicher Lohn bei gleicher Arbeit nach 9 Monaten

2003 Wegfall der Überlassungshöchstdauer, Lockerung des Entleihverbots im Baugewerbe

2012 Einführung eines Mindestlohns

1043 Tsd.

908

896

2002 Überlassungshöchstdauer: 24 Monate

1994 Überlassungshöchstdauer: 9 Monate

1997 Überlassungshöchstdauer: 12 Monate

327

1982 Verbot von Leiharbeit im Baugewerbe

326

213

1973 **34 Tsd.**

29

138

1980   1990   2000   2010   2019

13932 © Globus   Stichtag jeweils 30. Juni   Quelle: Bundesagentur für Arbeit

---

M 4   Zeitarbeit: „Ein attraktives Erwerbsmodell für Arbeitnehmer"

Die Perspektive des Bundesarbeitgeberverbandes der Personaldienstleister (BAP).

INFO

rbb
Rundfunk Berlin-Brandenburg

Auf die Frage von rbb, ob sie Konflikte zwischen Festangestellten und Zeitarbeitern er-
5 lebt habe, weil Zeitarbeitnehmer „Kollegen zweiter Klasse" seien, antwortet [...] [eine] Zeitarbeitnehmerin wie folgt: „Nee. Das habe ich nie erlebt. Damals nicht und auch nicht jetzt. Es gab und gibt keinen Unterschied zwi-
10 schen den Kollegen. Es gibt keine Benachteiligung. Aber ich glaube, das liegt auch an den Menschen, die man trifft. Wie sie zusammenarbeiten, wie sie sind." Warum in der Zeitarbeit bleiben, wenn es weniger Geld gibt? Zu
15 der Frage äußert sie sich wie folgt: „Ich kam zur Zeitarbeit, weil ich einfach arbeiten wollte, und hier hatte ich sofort die Möglichkeit dazu. Beim Arbeitsamt hat man nicht wirklich die Chance, eine Arbeit zu bekommen. Wenn
20 man sich nicht selbst bemüht, findet man nichts." Ein weiterer Vorteil ist für sie, dass die Zeitarbeit es ermöglicht, verschiedene Firmen kennenzulernen. Und wenn es einmal keine Einsatzmöglichkeit gibt, „sitzt man nicht rum,
25 sondern sie versuchen, einen wieder unterzubringen. Die Branche lebt ja davon, jemanden zu vermitteln, sie bekommen Provision. Das hat den Vorteil, dass man immer wieder neu mit Arbeitsstellen bedient wird. So haben beide Seiten etwas voneinander – die Zeitarbeit
30 von dem Arbeitnehmer und der Arbeitnehmer von der Zeitarbeit". Ihr Ziel sei eine Festanstellung, denn „Zeitarbeit kann ja ein Sprungbrett sein." Ein weiterer Vorteil: „Das Gute ist auch, dass man nicht zum Arbeitsamt muss,
35 wenn man mal nicht vermittelt wird. Wenn man zwei, drei Wochen nicht vermittelt wird, bekommt man trotzdem den Lohn weiter. Es gibt ein Arbeitszeitkonto, auf dem man die Plus-Stunden aus Mehrarbeit parkt. Die nutzt
40 man, falls man wirklich mal nicht vermittelt wird."[...] Insgesamt stünde für sie im Vordergrund, dass sie „einfach arbeiten gehen kann". Klar sei es schöner, „mehr Geld zu verdienen, aber das nehme ich in Kauf. Auf Leerlauf bin
45 ich überhaupt nicht scharf." Sie fasst zusammen: „Ich habe gute Erfahrungen mit Zeitarbeit gemacht. Sie hat mir einfach weitergeholfen."

„Diese Aussagen zeigen einmal mehr, welche
50 Vorteile das Modell Zeitarbeit hat. Es ist ein unverzichtbares Instrument für die deutsche Wirtschaft und ein attraktives Erwerbsmodell für Arbeitnehmer", erklärt Thomas Hetz, Hauptgeschäftsführer des [...] [BAP].
55

rbb-Interview: „Ich kam zur Zeitarbeit, weil ich einfach arbeiten wollte", in: https://www.personaldienstleister.de/ rbb-interview-ich-kam-zur-zeitarbeit-weil-ich-einfach-arbeiten-wollte, 21.11.2017

M5 „Gesellschaftlich ist der Einsatz von Zeitarbeitern eine Katastrophe"

Interview mit dem an der Universität Jena lehrenden Arbeitssoziologen Klaus Dörre.

Frage: Herr Dörre, Sie haben in verschiedenen Studien untersucht, wie Unternehmen Leih-
5 arbeit einsetzen. Was sind Ihre zentralen Ergebnisse?

Dörre: Unternehmen nutzen Leiharbeit nicht mehr nur kurzfristig, um Produktionsspitzen aufzufangen. Stattdessen setzen Firmen sie
10 mehr und mehr strategisch ein: Leiharbeiter arbeiten nicht mehr nur in der Produktion, sondern in allen Bereichen eines Unternehmens – auch als Sekretärinnen oder Ingenieure. Zudem wird Zeitarbeit immer mehr zu ei-
15 nem Dauerzustand. Leiharbeiter sind so zu einem festen Bestandteil der Belegschaft geworden.

Frage: Das klingt erst einmal recht positiv: Die Leiharbeiter müssen sich nicht mehr alle vier
20 Wochen neu orientieren, sondern können mit einer gewissen Konstanz rechnen.

Dörre: Vordergründig ja, aber solch eine Nutzung der Leiharbeit radikalisiert das Problem nur. Die Stammbelegschaften werden auf das
25 absolute Minimum ausgedünnt, zugleich hebeln Unternehmen so systematisch die Arbeitnehmerrechte aus, etwa den Kündigungsschutz. Leiharbeitern kann man jederzeit den Laufpass geben. Zum anderen disziplinieren
30 sich die Festangestellten und die Leiharbeiter gegenseitig.

Frage: „Gegenseitige Disziplinierung"? Was meinen Sie damit?

Dörre: Die Festangestellten haben das Gefühl,
35 ihr relativ sicherer Job sei ein Privileg, das sie permanent gegen die Leiharbeiter verteidigen müssen. Die Leiharbeiter wiederum wollen natürlich so gut arbeiten, dass sie irgendwann in die Stammbelegschaft übernommen wer-
40 den. Ein reales Beispiel aus einer unserer Studien: In einem westdeutschen Betrieb wird Akkord und im Zweischichtbetrieb gearbeitet;
eine Schicht besteht nur aus Leiharbeitern, die andere nur aus Stammbeschäftigten. Zu-
45 erst haben die Leiharbeiter zehn Prozent über Soll gearbeitet, anschließend zog die Stammbelegschaft nach. Dann legten wieder die Leiharbeiter vor und so weiter und so fort.

Frage: Das dürfte ganz im Sinne des Unter-
50 nehmers sein.

Dörre: Natürlich – so lange, bis seine Leute völlig ausgebrannt sind. Solch ein System zielt darauf ab, die Leute systematisch auszupowern. Verschleißeffekte und psychische Er-
55 krankungen nehmen zu. Das ist dann natürlich nicht mehr im Interesse der Firma.

Frage: Unternehmen und die Politik argumentieren häufig, durch Leih- und Zeitarbeit werde Arbeitssuchenden der Einstieg in einen
60 festen Job erleichtert.

Dörre: Dieser Effekt ist ein Mythos. Bei „normalen" Arbeitslosen ist die Quote derer, die eine Arbeit finden, genauso hoch wie bei Leiharbeitern. Arbeitsmarktpolitisch macht es al-
65 so keinen Unterschied, ob die Menschen vorher an eine Firma ausgeliehen wurden oder nicht. Und gesellschaftlich ist der Einsatz von Zeitarbeitern eine Katastrophe: Werden sie als Reservearmee in Betrieben vorgehalten, ver-
70 liert eine komplette Gruppe den Anschluss an weite Teile der Gesellschaft. Das gilt nicht nur für die Leiharbeit, sondern für den gesamten Sektor mit prekärer, niedrig entlohnter Beschäftigung. Die Löhne in der Leiharbeit lie-
75 gen im Durchschnitt um mehr als 40 Prozent unter dem Medianlohn. Insgesamt öffnet sich die Schere zwischen Arm und Reich immer weiter. Ganze Regionen fallen zurück, weil dort die Kaufkraft sinkt.

Frage: Was wäre für Sie die wünschenswerte 80 Konsequenz – ein Verbot der Leiharbeit?

Dörre: Nein, aber Leiharbeit sollte gewissen Standards unterliegen: Der Grundsatz „Gleiches Geld für gleiche Arbeit" muss eingehalten werden. 85

Interview der Autoren mit Klaus Dörre, 07.12.2020 (Originalbeitrag)

INFO

prekäre Beschäftigung
Beschäftigungsverhältnis mit besonders geringem Lohn, keiner sozialen Absicherung und einer ungewissen beruflichen Perspektive für den Beschäftigten

Medianlohn
gewichteter Durchschnittslohn: Das Einkommen der einen Hälfte der (Vollzeit-)Arbeitnehmer liegt über dem Median (der Mitte der Lohnverteilung), das Einkommen der anderen Hälfte unterhalb des Medians.

M 6 Spannungsfelder in Unternehmen durch Flexibilisierung von Arbeit

Folgende Spannungsfelder haben die Betriebsparteien, Sozialpartner und der Gesetzgeber [...] zu berücksichtigen:

Erstens sind die **Flexibilitätsbedürfnisse von**
5 **Unternehmen und Beschäftigten** nicht deckungsgleich und müssen daher entsprechend austariert werden. Für Unternehmen spielen neben der Mitarbeiterzufriedenheit und der Positionierung als attraktive Arbeitgeber auch
10 die Arbeits- und Kosteneffizienz, der Koordinierungsaufwand, die Servicequalität und die Verfügbarkeit von Mitarbeitern eine große Rolle. Auf Seiten der Beschäftigten sind mehr Zeitsouveränität und die Vereinbarkeit von
15 Beruf und Familie bzw. die flexiblere und partnerschaftlichere Aufteilung familiärer Aufgaben wichtige Vorteile. Eine bessere Balance von Beruf und Privatleben kann sich dabei auch positiv auf die Gesundheit auswirken.
20 Neben dem Schutz der Arbeitnehmer spielt auch das Ermöglichen von Flexibilität beim Austarieren der unterschiedlichen Bedürfnisse eine hervorgehobene Rolle. [...] Die Entgrenzung der Arbeit kann dazu beitragen,
25 dass sich arbeitsbedingte Belastungen [...] bei den Nutzern flexibler Arbeitsmodelle leichter in die Freizeit verlängern und die Erholung beeinträchtigen.

Zweitens sind die Erwartungen und **Bedürf-**
30 **nisse innerhalb einer Belegschaft** bei der Gestaltung von Arbeitszeit und -ort höchst unterschiedlich. Auf der einen Seite gibt es Gruppen von Beschäftigten, die Orts- und Zeitflexibilität als Chance für ein selbstbe-
35 stimmteres Arbeiten sehen und sich daher eine individuellere Gestaltung wünschen. Auf der anderen Seite gibt es auch eine hohe Anzahl von Beschäftigten, die klar abgegrenzte und verlässliche Arbeitszeiten anstreben und
40 Arbeit nicht mit nach Hause nehmen möchten. Daneben gibt es Gruppen von Beschäftigten, für die Flexibilitätsoptionen nicht oder nur sehr eingeschränkt realisierbar sind.

Drittens kann es so auch über den einzelnen Betrieb hinaus zu einer **Polarisierung zwi-** 45
schen Beschäftigtengruppen kommen. Denn die Voraussetzungen für zeit- und ortsflexibles Arbeiten sind in jeweils verschiedenen Branchen, Tätigkeitsfeldern und Arbeitnehmergruppen unterschiedlich gegeben. 50 Gefragten Fachkräften, die ihren Anspruch auf zeit- und ortssouveränes Arbeiten durchsetzen können, stehen Arbeit- oder Auftragnehmer gegenüber, die auf Zuruf arbeiten, und Beschäftigte, die in befristeter Anstellung 55 die temporären Lücken füllen oder in Branchen arbeiten, in denen ihre Gestaltungsspielräume im Zuge einer „Rund-um-die-Uhr-Ökonomie" noch abnehmen.

Viertens können Spannungen zwischen **indi-** 60
viduellen Ansprüchen und kollektiven Regelungen auftreten. Hohe Identifikation mit der Arbeit, eine stark entwickelte Leistungskultur im Betrieb oder auch das Interesse an der eigenen Karriere können z. B. dazu beitra- 65 gen, dass Beschäftigte gesetzliche Ruhepausen und Ruhezeiten, die zu ihrem Schutz eingerichtet wurden, als Bevormundung empfinden und ignorieren.

Fünftens kann Flexibilisierung für viele auch 70 zur **Ausgrenzung** führen, etwa wenn technische Hilfsmittel für Menschen mit Behinderungen nur eingeschränkt nutzbar sind. Deshalb ist Barrierefreiheit ein wichtiger Aspekt. [...] Sechstens, können sich **betriebliche** Not- 75 wendigkeiten und **gesellschaftliche** Ansprüche hinsichtlich festen gemeinsamen Zeitfenstern, die ein lebendiges Miteinander und gesellschaftliches Engagement unterstützen, entgegenstehen. Je mobiler und flexibler die 80 Arbeitswelt wird, desto wichtiger sind tarifliche und betriebliche Vereinbarungen und ein ergänzender gesetzlicher Rahmen, der gemeinsame Zeitfenster (insbesondere Sonn- und Feiertage) weiterhin schützt, sowie eine 85 Betriebskultur, die das „Ausschalten" und Offline-Sein auch erlaubt.

Bundesministerium für Arbeit und Soziales (Hg.), Weißbuch Arbeiten 4.0, Bundesministerium für Arbeit und Soziales: Berlin 2017, S. 78 ff.

M 7   Positionen von Arbeitgebern und Gewerkschaften

Der Verband Deutscher Maschinen- und Anlagenbau (VDMA).

Mehr Flexibilität bietet neben Vorteilen für die Unternehmen auch Chancen für die Beschäftigten. Die persönlichen Lebensumstände des Arbeitnehmers können in einer Produktion, die auf einer intelligenten digitalen Vernetzung beruht, stärker als bisher berücksichtigt werden. Homeoffice, Gleitzeit, Vertrauensarbeitszeit, Arbeitszeitkonten oder Jobsharing sind Möglichkeiten Beruf und Privatleben besser in Einklang zu bringen. Grundlage hierfür müssen aber Vereinbarungen zwischen Betrieb und Beschäftigten sein, nicht vom Staat übergestülpte Rechtsansprüche zu Lasten der Unternehmen. Gerade der industrielle Mittelstand weiß, dass sein Erfolg von der Motivation und der Qualifikation seiner Mitarbeiter abhängt. Daran wird sich künftig nichts ändern. Die „menschenleere Fabrik" wird es so nicht geben. Vielmehr entlasten Assistenzsysteme bei monotonen und körperlich anstrengenden Arbeiten, während die digitale Steuerung die Gestaltungsmöglichkeiten der Mitarbeiter erhöht. [...] Industrie 4.0 geht mit einer engen Vernetzung von Unternehmen einher und leistet der weltweiten Arbeitsteilung über Zeitzonen hinweg weiteren Vorschub. Dieser Entwicklung müssen die geltenden Arbeitszeitregelungen angepasst werden. Die starren Grenzen des Arbeitszeitgesetzes wie zur täglichen Höchstarbeitszeit oder zur Sonn- und Feiertagsbeschäftigung passen nicht ins digitale Zeitalter. An die Stelle unflexibler gesetzlicher Regelungen müssen tarifvertragliche oder betriebliche Vereinbarungen treten. Nur sie können zu passgenauen Lösungen führe.

Interview mit Christiane Benner, Zweite Vorsitzende der IG Metall.

Frage: Wie verändert die Digitalisierung die Arbeit der IG Metall und der Betriebsräte?
Benner: Schon jetzt haben wir es in den Betrieben mit Projektmanagement-Tools und Skill-Datenbanken zur Kontrolle der Beschäftigten zu tun. Die digitale Vernetzung verkürzt Entwicklungszyklen und verändert die Anforderungen an die Leistung. [...] Was wir brauchen sind klare Regeln für diese neue digitale Arbeitswelt, damit es zu einem fairen Ausgleich von Interessen kommt.
Frage: Wie lässt sich das erreichen?
Benner: Wir müssen schon heute faire Standards für die digitale Arbeit definieren, sichern und etablieren – und zwar mit den Beschäftigten zusammen. Gleichzeitig muss es uns gelingen, unsere erfolgreichen Gestaltungsansätze in die neue Arbeitswelt zu übertragen: Mitbestimmung, Tarifverträge, Erfahrungsaustausch und kollektives Handeln – in den Betrieben und bei Tarifbewegungen. [...] Darüber hinaus ist und bleibt es Aufgabe von Betriebsräten und Gewerkschaften, sicherzustellen, dass geltende Gesetze und Schutzvorschriften zugunsten aller Beschäftigten [...] durchgesetzt werden.
Frage: Was bedeutet das konkret?
Benner: Wir brauchen faire Bezahlung [...] sowie mehr Mitbestimmung. Auch für die Online-Arbeitswelt müssen Leistungskontrolle, Entgeltgestaltung, Arbeitszeit und Gesundheitsschutz gelten. Und wir müssen neue Formen finden, die Beschäftigten zu erreichen, wenn die Werkshallen und Büros leerer werden und die Beschäftigten an unterschiedlichen Orten arbeiten.

Stefanie Seele, Zukunft der Arbeit flexibel gestalten (Kurzposition für Politik und Wirtschaft des VDMA), in: https:// arbeitsmarkt.vdma.org/documents/105628/2941310/Zukunft%20der%20Arbeit%20flexibel%20gestalten/221c31c7-7656-4fb7-bc41-72ac064640b8?t=927507.34, Juli 2015; Böckler-Schule, Industrie 4.0, S. 6, in: https://www.boeckler.de/pdf/schule_ue_industrie_4.0.pdf, Februar 2016

1   Erläutern Sie, was man unter „normalen" und „atypischen" Arbeitsverhältnissen versteht und welche Beschäftigungsformen empirisch bedeutsam sind (M 1, M 2).
2   Erörtern Sie Vor- und Nachteile von Zeitarbeit (M 3–M 5) und beurteilen Sie diese unter Einbezug unterschiedlicher Interessensperspektiven.
3   Welche Aufgaben hat aus Ihrer Sicht die „Arbeitssoziologie" (M 5)?
4   Diskutieren Sie die Vor- und Nachteile einer zunehmenden Flexibilisierung (M 6, M 7).

M8   Rechtspopulismus – eine Folge des sozialstrukturellen Wandels?

Die rechtsafinen jungen westdeutschen Arbeiterinnen und Arbeiter, die ich von Mitte der 1980er- bis Anfang der 1990er-Jahre befragen konnte, verorteten sich in einer Schlange, die
5 auf bessere Zeiten wartete. Ihr Gesellschaftsbild unterschied sich kaum von dem sozialdemokratisch orientierter Altersgenossen. Gerechtigkeitsvorstellungen adressierten sie an einen nationalen Wohlfahrtsstaat, der diese
10 Ansprüche immer weniger gewährleisten konnte. Hauptgrund war, so jedenfalls die Wahrnehmung, ein Internationalismus, der die Seiten gewechselt hatte. Unternehmen agierten zunehmend inter- und transnational,
15 die sozialen Folgen [...] mussten jedoch weiterhin in der nationalen Arena bewältigt werden. Lohnabhängige hatten, das jedenfalls behauptete der dominante Globalisierungsdiskurs, Opfer zu bringen, um die nationale
20 Wirtschaft wettbewerbsfähig zu halten. Abstriche bei Beschäftigungssicherheit, Löhnen, Renten und Gesundheit galten als zwingend nötig, um den (west-)deutschen Sozialkapitalismus an die Globalisierung anzupassen und
25 die Vereinigung mit der ehemaligen DDR zu bewältigen.

Was in den Unternehmen begann, wurde mit der Agenda-Politik der Regierung Schröder zu Beginn der 2000er-Jahre offizielle Leitlinie
30 staatlicher Politik. Das Versprechen einer Wiedergeburt des Sozialkapitalismus mittels marktzentrierter Strukturreformen beantwortete ein Teil derer, die in der Schlange darauf warteten, dass sich ihre Opferbereitschaft
35 auszahlte, mit reaktivem Nationalismus. Wohl reflektierten diese Lohnabhängigen wachsende soziale Unsicherheit und Ungleichheit, doch im internationalen Vergleich galt ihnen die Bundesrepublik noch immer als Wohl-
40 standsinsel. Die Inselbewohner glaubten, das eigene Stück vom Kuchen nur bewahren zu können, sofern die Schleusen zu dieser Insel möglichst eng gehalten würden. In ein bipolares Innen-Außen-Schema eingepasst, verwan-
45 delte sich alltägliche Sozialkritik in eine Legitimation für die Ausgrenzung Fremder, Leistungsunwilliger, kulturell nicht integrierbarer Gruppen. Niemand hatte etwas gegen die Ausländer. Wer sich anpasste, hart arbei-
50 te und Leistung brachte, war willkommen. All jene, die „wir nicht gerufen" hatten, die nur kamen, weil bei ihnen „zufällig Hunger oder Krieg herrschten", sollten der Wohlstandsinsel fernbleiben oder sich [...] am hinteren En-
55 de der Warteschlange anstellen. Obwohl selbst kaum mit Migration konfrontiert, war die Bevorzugung Deutscher vielen Lohnabhängigen in den neuen Ländern besonders wichtig. Diese Arbeiterinnen und Arbeiter hatten die ge-
60 wünschte Vereinigung oftmals als Entwertung eigener Fähigkeiten und Fertigkeiten erlebt. Deutsch zu sein hieß für sie, einen Anspruch auf Gleichstellung mit Lohnabhängigen im Westen anzumelden. Von der Erwartung be-
65 flügelt, bald zum „normalen" Westniveau aufzuschließen, bildete sich eine neue Warteschlange. Arbeitslosigkeit, aber auch unsichere, wenig anerkannte und schlecht entlohnte Jobs wurden, nicht zuletzt für Frauen,
70 zu einem Massenphänomen. Wie im Westen bildete sich ein prekärer Sektor heraus, der in den neuen Ländern überdimensional war und etwa 40 Prozent der Beschäftigungsverhältnisse umfasste. Wer sich hocharbeiten oder
75 vor Abstieg schützen wollte, lernte, dass sich die Konkurrenz um Status und Beschäftigung auch mit dem Mittel des Ressentiments führen ließ. Selbst im hinteren Teil der Schlange sollten aus Sicht eines Teils der ostdeutschen
80 Arbeiterinnen und Arbeiter nicht auch noch Fremde bevorzugt werden. Beim Anspruch auf Gleichstellung ging es nicht allein um Löhne, Einkommen und Besitz. Leistungsgerechtigkeit, Statussicherung, Wertschätzung und
85 Anerkennung durch die Gesellschaft waren subjektiv nicht minder relevant. Vom Warten müde, begann ein Teil der Lohnabhängigen, eine rechtspopulistische Axiomatik, eine fortan spontan wirkende Weltsicht zu verinnerli-
90 chen. Man fürchtete, unregulierte Zuwanderung werde die deutsche Kultur zerstören. [...] Was Lohnabhängige in Ost und West unterschwellig einte, war allerdings der Wunsch nach einem fairen Kapitalismus. In den alten
95 Ländern handelte es sich um eine Sehnsucht nach der alten westdeutschen Bundesrepublik. Im Osten war der Wunsch nach einer intakten Gemeinschaft, jenseits von Egoismus,

INFO

reaktiver Nationalismus
Ausschlussideologie, mit der die „Wohlstandsinsel Deutschland" vor fremden Ansprüchen (Beispiel: Migration) geschützt werden soll

Ellenbogenmentalität und Geldwirtschaft besonders ausgeprägt. Auch diejenigen, die sich rechtspopulistischen Anrufungen öffneten, wollten überwiegend einen rationalen, sozialen Kapitalismus, der ihnen jenes Stück vom Wohlstandskuchen garantierte, das ihren Leistungen entsprach. Solange es Aussicht auf Besserung, auf Wiederherstellung des Sozialkapitalismus gab, schien der endgültige Bruch mit dem etablierten Parteienspektrum riskant. Es blieb bei Wahlenthaltungen, fluktuierenden Parteienbindungen und gelegentlichen Protestvoten für eine der regional verankerten Rechtsparteien.

Zwei Ereignisse, die europäische Finanz- und die sogenannte Flüchtlingskrise, haben der rechtspopulistischen deep story eine neue Wendung verliehen. Über Jahrzehnte daran gewöhnt, dass es nicht mehr für alles reicht, war im Zuge des Krisenmanagements plötzlich Geld im Überfluss vorhanden – zunächst zur Rettung maroder Banken und kriselnder Staatsfinanzen an der südeuropäischen Peripherie, dann für mehr als eine Million Geflüchteter, die 2015 deutsches Staatsgebiet erreichten. Seither ist das Schlange stehen aus der Sicht nicht nur rechtsafiner Arbeiterinnen und Arbeiter sinnlos geworden. Das auch, weil sich die wirtschaftliche Lage im öffentlichen Diskurs dramatisch verbessert hat. Die Unternehmen haben in der Dekade nach der globalen Finanzkrise gut verdient. Das hat vor allem bei den jüngeren Lohnabhängigen ein Ende der Bescheidenheit ausgelöst und doch kommt vom Boom bei denen, die so lange gewartet haben, wenig an. Nach eigenem Empfinden weder arm noch prekär, möchten rechtspopulistisch orientierte Arbeiter und Angestellte als „ganz normal" gelten. Trotz aller Anstrengungen gelingt ihnen das aber nur teilweise. Als Chiffre für ein gutes, weil normales Leben klagen sie das Deutschsein dafür umso heftiger ein. Die Radikalisierung der darin angelegten Innen-Außen-Abgrenzung bezeichnet in der rechtspopulistischen deep story einen Umschlagspunkt. Im binären Deutungsmuster wird Solidarität zu einer exklusiven Ressource. Solidarisch verhält man sich bevorzugt unter seinesgleichen, seien es nun die Stammbeschäftigten im Betrieb, zu denen man selbst gehört oder die Angehörigen der eigenen Nation. Je geringer ihre Hoffnung ist, trotz individueller Anstrengungen, Anschluss an die prosperierende Gesellschaft zu finden, desto stärker tendieren Teile der Lohnabhängigen dazu, wahrgenommene Verteilungsungerechtigkeit als Konflikt zwischen produktiven Inländern und leistungsunwilligen, kulturell nicht integrierbaren Ausländern zu interpretieren. Entsprechende Weltsichten korrespondieren keineswegs allein mit niedrigem Verdienst.

Sympathien für die äußerste Rechte finden sich auch bei Beschäftigten, die überdurchschnittlich verdienen. Da ist der Facharbeiter, dessen Gesundheit unter dem Schichtsystem leidet. Da ist der ostdeutsche Ingenieur, dessen Gehalt trotz Höchstleitung noch immer niedriger ist als das des West-Kollegen. Da ist der Blick der Arbeiterin auf den Lebenszusammenhang mit steigenden Mieten, bröckelnder Infrastruktur und schrumpfender Bevölkerung am Wohnort. Und da ist ein Rentenbescheid, der wegen unsteter Erwerbsbiografie ein Alterseinkommen allenfalls knapp oberhalb der Grundsicherung verheißt. Kurzum, da ist der erlebte Kontrast zu einer medial inszenierten Welt, in der angeblich alles immer besser wird, die eigenen Probleme als öffentliche aber gar nicht vorkommen. Während man sich selbst vergeblich hinten angestellt hat, wird „den Flüchtlingen" plötzlich „alles" gegeben. Nun dürften sich, so die Wahrnehmung, Menschen in der Reihe der Anspruchsberechtigten vordrängeln, die selbst keinen Beitrag geleistet haben. […] Selbstaufwertung mittels Abwertung anderer ist eine mögliche, für rechtsaffine Arbeiterinnen und Arbeiter eine subjektiv naheliegende Reaktion.

Klaus Dörre, In der Warteschlange. Rassismus, völkischer Populismus und die Arbeiterfrage, in: Karina Becker/Klaus Dörre/Peter Reif-Spirek (Hg.), Arbeiterbewegung von rechts? Ungleichheit, Verteilungskämpfe, populistische Revolte, Campus: Frankfurt a.M. 2018, S. 52 ff.

INFO

deep story
hier: Strukturen und Verhältnisse, die das Verhalten von Individuen erklären und begründen

binäre Deutungsmuster
aus zwei (oft diametral einander gegenüberstehenden) Erklärungsansätzen bestehende Interpretation

Verteilungsungerechtigkeit
Ungerechtigkeit von Verteilungsregeln und ihren Ergebnissen, die in der Regel mit dem Ziel annähernder Gleichheit verbunden sind

1 Arbeiten Sie die zentralen Argumentationsschritte in M 8 heraus und erläutern Sie den Zusammenhang von sozialen Verhältnissen und politischen Folgewirkungen.

2 Erörtern Sie die These Dörres, Rechtspopulismus sei eine Folge des sozialstrukturellen Wandels (M 8). Welche weiteren Erklärungsansätze lassen sich ggf. ergänzen?

2.7 Analysen der Sozialstruktur Deutschlands

In der deutschen Sozialstrukturforschung wird seit langem kontrovers darüber diskutiert, ob sich Klassen und Schichten im Zuge der Modernisierung der Gesellschaft auflösen („Individualisierung") oder gar bereits aufgelöst haben. Anhänger der Auflösungsthese sind u. a. Ulrich Beck und Gerhard Schulze. Zu ihren Kritikern gehören Rainer Geißler und Michael Vester. Anhänger klassentheoretischer Überlegungen gehen in der Regel von der unterschiedlichen Stellung der Menschen im Produktionsprozess (Eigentum an Produktionsmitteln versus Verkauf der Ware Arbeitskraft) und dem damit verbundenen Gegensatz von Lohnarbeit und Kapital aus und thematisieren dessen Auswirkungen.

M 1   Thesen zur deutschen Sozialstruktur

Die **Auflösungstheoretiker** [...] heben insbesondere [...] hervor:

Steigender Wohlstand und Massenkonsum lassen – begünstigt durch staatliche Umver-
5 teilung – auch die unteren Schichten zunehmend an den Privilegien der mittleren und oberen Schichten teilhaben (komfortable Wohnungen, Autos, Farbfernseher, Urlaubsreisen usw.). [...]
10 Von Massenarbeitslosigkeit, Umweltgefährdungen oder atomarer Bedrohung sind alle Gruppen der Gesellschaft bedroht.

Schichttypische Milieus mit entsprechenden schichttypischen Mentalitäten, Einstellungen
15 und Verhaltensweisen haben sich nach und nach aufgelöst. [...] Steigender Wohlstand lockert die materiellen Bindungen, der moderne Sozialstaat löst traditionelle Solidaritäten auf, zunehmende Freizeit lockert die zeitlichen
20 Bindungen, zunehmende Mobilität die sozialen und räumlichen Bindungen und das höhere Bildungsniveau schließlich die psychosozialen Bindungen, da es mehr Nachdenklichkeit und Selbstfindung ermöglicht und fordert.
25 Die Schichten werden im Alltag immer weniger wahrgenommen und bestimmen immer weniger die alltäglichen Handlungen und Beziehungen. Menschen identifizieren sich nicht mehr mit bestimmten Schichten.
30 Die zunehmende soziale Mobilität wirbelt die Lebenswege und Lebenslagen der Individuen durcheinander und verhindert die Herausbildung schichttypischer Milieus.

Die **Gegner der Auflösungsthese** [...] halten
35 die entstrukturierenden Auswirkungen dieses Wandels auf das Schichtungssystem, wie sie die Auflösungstheoretiker beschreiben, für stark überzeichnet. [...] Sie führen die folgenden, empirisch belegten Argumente ins Feld:

Wichtige Lebenschancen – wie Bildungs- und
40 Aufstiegschancen, Chancen auf eine hohe Erbschaft, auf politische Teilhabe, auf angenehme und qualifizierte Arbeit – und wichtige Lebensrisiken – wie Arbeitslosigkeit, Armut, Krankheit, Kriminalisierung – sind auch heute
45 noch „schichttypisch" verteilt.

Auch viele Wertorientierungen, Lebensstile und Verhaltensweisen [...] variieren weiterhin von Schicht zu Schicht. Dazu gehören unter anderem die Erziehungsziele, die Nutzung der
50 Massenmedien, der hochkulturellen Angebote (Theater, Opern, Konzerte, Museen) und des Internets, die sportlichen Aktivitäten oder die Partnerwahl. [...]

Die oft erwähnten Individualisierungs- und
55 Pluralisierungsprozesse erfassen nicht alle gesellschaftlichen Gruppen gleichmäßig, sondern vollziehen sich in höheren Schichten intensiver; denn mit höherem Wohlstand ist auch eine Befreiung aus materiellen Zwängen
60 und mit höherem Bildungsniveau ein höheres Maß an Selbstreflexion und eine weitgehendere Lösung aus traditionellen Bindungen verknüpft. [...]

Zusammen mit den Konflikten zwischen Arm
65 und Reich sowie zwischen Deutschen und Ausländern wird der Gegensatz zwischen Arbeitnehmern und Arbeitgebern als dominante Konfliktlinie wahrgenommen, während der „Generationenkonflikt" zwischen Jung und
70 Alt oder der „Geschlechterkampf" lediglich als zweit- bzw. drittrangig eingestuft werden.

Rainer Geißler, Facetten der modernen Sozialstruktur, in: Informationen zur politischen Bildung, Heft 324/2014, S. 80 f.

INFO

Privileg
Vorrecht

Selbstreflexion
Nachdenken über die eigene Person

GLOSSAR

Mobilität, soziale
Pluralisierung

Arbeit mit theoretischen Texten

Sozialwissenschaftliche Texte wirken auf den ersten Blick oft abschreckend. Sie sind aber das zentrale Medium, um Erkenntnisse über Untersuchungsgegenstände weiterzugeben und zu diskutieren. Die folgende Abfolge der fünf Erschließungsschritte ist ein Vorschlag, der selbstverständlich individuellen Erfordernissen angepasst werden kann.

1. Überblick gewinnen: Es ist sinnvoll, sich vor dem Lesen klarzumachen, was für einen Text man vor sich hat. Sucht man Literatur z. B. für ein Referat, dann können das Inhaltsverzeichnis, der Klappentext oder manchmal auch (Internet-)Rezensionen die Frage beantworten, ob ein Text weiterhilft. Auch lohnt sich ein Blick in einen aktuellen Lexikonartikel, um Informationen zum Autor zu sammeln und z. B. herauszufinden, ob der Text im Kontext einer größeren Diskussion steht. Wichtig ist dabei allerdings vor allem im Internet eine Portion Misstrauen gegenüber der Qualität der Quellen. In manchen Fällen bietet es sich an, zuerst die Einleitung und das Resümee des Textes zu lesen, um zu klären, was das vom Autor behandelte Problem ist – und wie dessen Lösung lautet.

2. Das Thema eingrenzen: Hier geht es nun darum, das im 1. Schritt gewonnene Vorverständnis noch vor dem Lesen zu konkretisieren und die Ergebnisse festzuhalten. Auch dieser Schritt ist stark abhängig vom Lesekontext. Ist die Lektüre Teil einer ausführlicheren Beschäftigung mit einem Thema, einer ganzen „Unterrichtseinheit" vielleicht, können Sie bereits spezifischere Fragen oder Thesen formulieren. Im 4. Schritt können Sie dann auf ihre Vorüberlegungen zurückgreifen.

3. Den Text erarbeiten (Analyse): Die entscheidende Frage ist: Wie kann man den Text schon beim Lesen so verarbeiten, dass die gewonnenen Einsichten bzw. Informationen hinterher gut abrufbar sind? Eine beliebte und relativ einfache Methode ist das Unterstreichen. Um ein sinnvolles Resultat zu erzielen ist es dabei unbedingt nötig, nicht planlos zu unterstreichen, also. z. B. einmal eine besonders gelungene Formulierung, dann einen anscheinend besonders wichtigen Satzteil – und dann einen Absatz zu dem man etwas nachschlagen wollte. Wichtig: Unterstreichen Sie erst beim zweiten Lesen! Denn zu unterstreichen bedeutet auszuwählen, und viele Sätze erweisen ihre Bedeutung erst im Nachhinein, also wenn Sie am Ende des Textes angelangt sind. Der nächste Teilschritt sollte die Formulierung von Randbemerkungen sein. Zu unterscheiden sind inhaltliche und strukturelle Randbemerkungen. Ein gutes Mittel, um die Aussage eines Textes zu verstehen und den Gang der Argumentation vergegenwärtigen zu können sind inhaltliche Bemerkungen. Hier wird neben einem Absatz der zentrale Gegenstand oder die Kernaussage notiert, am besten mit nur einem Wort oder einem kurzen Satzteil. Ist der Text sehr schwierig bzw. sehr dicht argumentierend (und die Formulierung inhaltlicher Randbemerkungen Ihnen zunächst nicht möglich) können Sie auch zuerst die Textstruktur klären. Die Randbemerkungen beinhalten dann Begriffe wie „Ausgangsthese", „Beleg 1". „Themenwechsel" und „Schlussfolgerung". Oft ist es nach einer solchen strukturierenden Analyse einfacher, auch den Inhalt nachzuvollziehen und nun entsprechende Randnotizen zu formulieren.

4. Rekapitulieren: Die verschiedenen Ratgeber zu Methoden der Textarbeit lassen nun einen wichtigen Schritt folgen, der „Rekapitulieren" oder „Repetieren" genannt wird. Sinn dieses Schrittes ist es in, die beim Lesen gewonnen inhaltlichen und strukturierenden Einzelaussagen zu einem Ganzen zusammenzuschließen. Dabei ist es hilfreich, die in Schritt zwei genannten Fragen noch einmal vorzunehmen und zu versuchen, auf alle eine ausführlichere, zusammenhängende und begründete Antwort zu formulieren.

5. Bewerten und urteilen: Damit ist hier nicht (bzw. nicht nur) gemeint, den Text für gut oder schlecht zu erklären. Es sollte vielmehr abschließend ein Schritt erfolgen, der das Gelesene in Zusammenhang bringt mit eigenem Wissen bzw. eigenen Positionen zum Thema. Das kann einschließen die Frage, welchen Elementen des Vorwissens er widerspricht, welche er bestätigt, ob der Text Sie überzeugt, inwieweit er selbst durch gesellschaftliche Interessen beeinflusst ist, ob sich Brüche in der Argumentation auffinden lassen – und welche Fragen offen bleiben.

INFO

Vorüberlegungen im 2. Schritt
Wovon handelt der Text? (Thema/Problemstellung) Was weiß ich über den Gegenstand des Textes? (Klärung des Vorverständnisses) Welcher Aspekt der Problemstellung ist mir wichtig? (Klärung des eigenen Lesemotivs) Was sagt der Text über seinen Gegenstand aus? (Aussage) Welche Absicht verfolgt der Text? (Ziel/Intention)

M2 Das Hausmodell der sozialen Schichtung in Deutschland

[Das von dem Soziologen Rainer Geißler modernisierte] [...] Hausmodell für die soziale Schichtung der Bevölkerung Deutschlands im Jahr 2009 [...] macht die massiven Umschichtungen im vergangenen halben Jahrhundert deutlich.

Die Dienstklassen und Dienstleister haben sich mit der Entwicklung zur industriellen Dienstleistungsgesellschaft enorm ausgedehnt. [...]. Innerhalb der beiden oberen Etagen machen die beiden Dienstklassen inzwischen fünf Sechstel der Bewohner aus, während der früher dominierende Mittelstand der Selbstständigen auf gut ein Sechstel zusammengedrückt wurde. Auch in den beiden unteren Etagen, wo einst die Arbeiterschicht vorherrschte, gibt es inzwischen mehr Dienstleister als Arbeiter. [...] Ein Teil des Mittelstands ist ebenfalls in der unteren Hälfte platziert. Im Kellergeschoss der Unterschicht leben Erwerbsunfähige und Langzeitarbeitslose [...].

Deutlich erkennbar sind auch die Entwicklung Deutschlands zu einem Einwanderungsland und die tendenzielle Unterschichtung durch Ausländer [...]. Die Unterbringung der Ausländer neben dem Haus der Deutschen signalisiert, dass diese neuen Schichten [...] nicht voll in die Kerngesellschaft integriert sind. [...] Eine wichtige qualitative Veränderung wird im Schaubild nicht sichtbar: Das vergleichsweise einfache Wohnhaus der 1960er-Jahre hat sich inzwischen in eine ansehnliche Residenz mit Appartements verwandelt, deren Komfort nach oben hin zunimmt; selbst im Kellergeschoss ist es – von einigen Ecken abgesehen – inzwischen etwas wohnlicher geworden. Um Missverständnissen bei der Interpretation von Schichtmodellen vorzubeugen, müssen [...] [mehrere] Besonderheiten der Schichten in modernen Sozialstrukturen beachtet werden: Die eingezeichneten Linien im Modell bedeuten nicht, dass Schichten scharf voneinander abgegrenzt sind. Scharfe Abstufungen dieser Art existieren in ständischen Gesellschaften oder im Kastensystem; in modernen Sozialstrukturen dagegen weisen Schichten keine klaren Grenzen auf, sie gehen vielmehr ineinander über und überlappen sich zunehmend. Es gibt eine langfristige historische Tendenz zur Differenzierung und Auflockerung der Schichtstruktur: Die Zusammenhänge zwischen äußeren Lebensbedingungen einerseits und Mentalitäten und Verhaltensweisen andererseits lockern sich in einigen Bereichen auf; schichttypische und schichtunspezifische Verhaltensweisen existieren nebeneinander. [...] Schichttypische Unterschiede sind im Zeitalter des Massenkonsums manchmal nicht auf den ersten Blick an der lebensweltlichen Oberfläche zu beobachten, [...]. So steht z. B. in den Wohnungen aller Schichten das sofort wahrnehmbare Farbfernsehgerät, aber die Art, wie es genutzt wird und welche Sendungen geschaut werden, ist nach wie vor schichttypisch unterschiedlich.

Schließlich sind die Schichten durch soziale Mobilität durchlässiger geworden. [...] Die Etagen und Räume im modernen Haus der sozialen Schichtung sind nicht streng gegeneinander abgeschottet, sondern Durch- und Übergänge ermöglichen häufiger als früher „offenes Wohnen".

Rainer Geißler, Facetten der modernen Sozialstruktur, in: Informationen zur politischen Bildung, Heft 324/2014, S. 75 f.

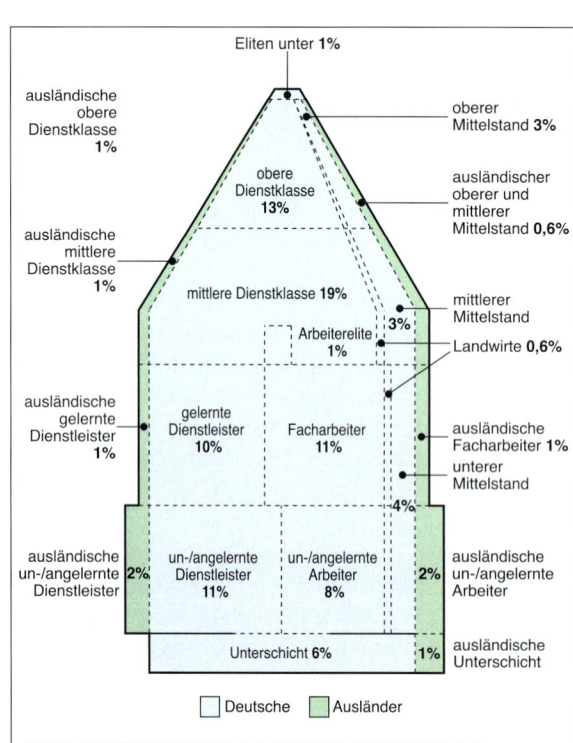

Soziale Schichtung der Bevölkerung in Deutschland 2009

M 3   Individualisierung und Pluralisierung

Individualisierung ist heute eine Voraussetzung des modernen Lebens, weil den erhöhten Wahlmöglichkeiten vermehrte Entscheidungszwänge, Umstellungs- und Anpassungsanforderungen gegenüberstehen. Individualisierung wird möglich durch neue Formen der persönlichen und öffentlichen Sicherheit. Individualisierung ist Resultat sozialstruktureller Veränderungen, insbesondere der sozialen Differenzierung, die mit der Moderne sukzessive fortgeschritten ist. Damit sind Veränderungen im „Modus der Vergesellschaftung" angesprochen. Vereinzelte Personen, nicht mehr soziale Großgruppen mit gemeinsam geteilten Lebensformen, werden durch ihre Aktivitäten zum Träger der Vergesellschaftung. Ulrich Beck als der prononcierteste Vertreter der „Individualisierungsthese" geht davon aus, dass ehemals ständisch geprägte, klassenkulturelle oder familiale Lebensbedingungen und Lebenslaufrhythmen zunehmend ersetzt werden durch institutionalisierte Lebenslaufmuster. Diese seien maßgeblich durch sozialstaatliche Regelungen und die Verbreitung globaler Massenkultur bestimmt und vereinzelten und standardisierten gleichermaßen. An die Stelle der für die Industriegesellschaft typischen Sozial- und Produktionsstrukturen treten – so Beck sekundäre Instanzen und Institutionen. Die Biografie des Menschen wird damit aus vorgegebenen Fixierungen herausgelöst, offen, entscheidungsabhängig und als Aufgabe in das Handeln jedes Einzelnen gelegt. Modernisierung führe zu einer dreifachen Individualisierung: Herauslösung aus historisch vorgegebenen Sozialformen und -bindungen im Sinne traditionaler Herrschafts- und Versorgungszusammenhänge („Freisetzungsdimension"), Verlust von traditionellen Sicherheiten im Hinblick auf Handlungswissen, Glauben und leitende Normen („Entzauberungsdimension") und – womit die Bedeutung des Begriffs gleichsam in ihr Gegenteil verkehrt wird – eine neue Art der sozialen Einbindung („Kontroll- und Reintegrationsdimension"). Individualisierung bewirkt auf diese Weise eine Rationalisierung sozialer Beziehungen im Hinblick auf ihren persönlich-privaten Sinn. [...]

„Pluralisierung der Lebensstile" heißt im Querschnitt das, was im Längsschnitt „Differenzierung des Lebenslaufs" bedeutet. Sie ist Folge der größeren individuellen Wahlmöglichkeiten und -zwänge bezüglich der Lebensweise, der Familien- und Partnerschaftsformen, der Flexibilität der Ausbildung und Erwerbsarbeit, der Verwendung von Einkommen, Zeit und anderen Ressourcen. Die Lebensformen sind vielfältiger geworden; ihre Darstellung enthält häufig „ein geplantes Element der Stilisierung und Inszenierung". Dabei kann auf ein Arsenal von Mitteln und Modellen (der Rollen etwa) zurückgegriffen werden. Die Ambivalenz ist evident: Pluralisierung ist zugleich eine Befreiung wie eine neue Belastung und eine neue Konfliktquelle für Lebensstilkonflikte in modernen Gesellschaften.

Gertrud M. Backes, Individualisierung und Pluralisierung der Lebensverhältnisse. Familie und Alter im Kontext der Modernisierung, in: Zeitschrift für Familienforschung, Heft 2/1998, S. 7 ff. (gekürzt um Literaturverweise)

LITERATURTIPP

Ulrich Beck
Risikogesellschaft.
Auf dem Weg in eine
andere Moderne,
Suhrkamp: Frankfurt
a.M. 1986

INFO

**Stilisierung/
Inszenierung**
nach einem
bestimmten Ideal
bzw. Muster geformte
Selbstdarstellung

1   Formulieren Sie die M 1 zugrundeliegenden Thesen und erläutern sie deren jeweilige Argumente.

2   Erläutern Sie das Hausmodell Geißlers (M 2). Zeigen Sie auf, warum Geißler das Bild eines Hauses wählt.

3   Diskutieren Sie, ob sich Geißlers Hausmodell (M 2) und die Individualisierungsthese (bzw. die Pluralisierungsthese) (M 3) widersprechen oder ergänzen.

M4   Jenseits von Klasse und Schicht – der Fahrstuhleffekt …

INFO

Ulrich Beck
(1944–2015)
Der deutsche Sozio-
loge prägte mit sei-
nem 1986 erschiene-
nen Buch „Risikoge-
sellschaft. Auf dem
Weg in eine andere
Moderne" die Sozial-
wissenschaften seit
Mitte der 1980er-
Jahre nachhaltig.

**subkulturelle Klas-
senidentitäten**
von einer gesell-
schaftlichen Gruppe
getragene Kultur mit
eigenen Werten und
Normen

GLOSSAR

Bürger

Wir leben trotz fortbestehender und neu ent-
stehender Ungleichheiten heute in der Bundesrepublik bereits in Verhältnissen jenseits
der Klassengesellschaft, in denen das Bild der
5 Klassengesellschaft nur nach mangels einer
besseren Alternative am Leben erhalten wird.
Auflösbar wird dieser Gegensatz, wenn man
der Frage nachgeht, inwieweit sich in den vergangenen Jahrzehnten unterhalb der Auf-
10 merksamkeitsschwelle der Ungleichheitsforschung die soziale Bedeutung von Ungleichheiten gewandelt hat. Dies ist meine These:
Auf der einen Seite sind die Relationen sozialer Ungleichheit in der Nachkriegsentwick-
15 lung der Bundesrepublik weitgehend konstant geblieben. Auf der anderen Seite haben
sich die Lebensbedingungen der Bevölkerung
radikal verändert. Die Besonderheit der sozialstrukturellen Entwicklung in der Bundesre-
20 publik ist der „Fahrstuhleffekt": die „Klassengesellschaft" wird insgesamt eine Etage höher
gefahren. Es gibt – bei allen sich neu einpen-
delnden oder durchgehaltenen Ungleichheiten – ein kollektives Mehr an Einkommen, Bil-
25 dung, Mobilität, Recht, Wissenschaft, Massenkonsum. In der Konsequenz werden subkulturelle Klassenidentitäten und -bindungen ausgedünnt oder aufgelöst. Gleichzeitig wird ein
Prozess der Individualisierung und Diversifi-
30 zierung von Lebenslagen und Lebensstilen in
Gang gesetzt, der das Hierarchiemodell sozialer Klassen und Schichten […] in seinem Wirk-
lichkeitsgehalt in Frage stellt. […]
Das Denken in Großgruppenkategorien von
35 Klasse und Schicht hat eigentümliche Schwierigkeiten, den „Fahrstuhleffekt", der für die
Entwicklung der Bundesrepublik typisch ist,
zu begreifen. Einerseits muss man Pauschal-
veränderungen im Niveau der Lebensbedin-
40 gungen einer ganzen Epoche zur Kenntnis
nehmen. Andererseits gelingt dies in diesem
Denken aber nur so, dass man diese wiederum
auf das Lebensmodell einer Großgruppe bezieht und dann als Tendenz der Angleichung

der Lebensbedingungen einer Klasse an eine 45
andere interpretiert. Dies kollidiert jedoch
mit der Konstanz der Relationen. Wie kann
sich die Arbeiterklasse den Lebensbedingungen des Bürgertums angenähert haben, wenn
doch die Zahlen eindeutig vom Gegenteil kün- 50
den: die Unterschiede zwischen Arbeitern und
Bürgern sind gleichgeblieben und haben sich
in einigen Punkten sogar noch vergrößert. Der
historische Einschnitt hat zwar die Lebenslagen der Menschen irgendwie verändert, aber 55
„offensichtlich" nicht schichtungs- oder klas-
senrelevant: Die alten Abstände stellen sich
auf dem neuen Niveau wieder her.
Im Denken und Forschen in Klassen- und
Schichtungskategorien wird zusammengezo- 60
gen, was mit der These der Individualisierung
sozialer Ungleichheit gerade auseinanderge-
halten werden soll: die Frage nach den Abständen zwischen unterstellten Großgruppen
[…] einerseits und die Frage nach dem Klas- 65
sen- bzw. Schichtcharakter der Sozialstruktur
andererseits. Entsprechend wird von der Konstanz der Relation leicht auf die Konstanz der
sozialen Klassen bzw. Schichten fehlgeschlos-
sen (oder umgekehrt werden Anhebungen im 70
Niveau als Annäherung zwischen Klassen
fehlinterpretiert). Demgegenüber tritt hier
ins Zentrum, dass die Relationen sozialer Ungleichheit und ihr sozialer Klassencharakter
sich unabhängig voneinander verändern kön- 75
nen: bei konstanten Abständen im Einkommen usw. sind im Zuge von Individualisie-
rungsprozessen in der wohlfahrtsstaatlichen
Nachkriegsentwicklung die sozialen Klassen
enttraditionalisiert und aufgelöst worden, 80
und umgekehrt: die Auflösung sozialer Klassen (Schichten) kann unter anderen Rahmenbedingungen – etwa der Massenarbeitslosigkeit – mit einer Verschärfung sozialer Ungleichheiten einhergehen. Dieser „Fahrstuhleffekt" 85
nach unten gewinnt seit den achtziger Jahren
an Bedeutung.

Ulrich Beck, Risikogesellschaft. Auf dem Weg in eine andere Moderne, Suhrkamp: Frankfurt a.M. 1986, S. 121 ff.

M5   … und die Rolltreppe nach unten

Noch bis in achtziger Jahre war die bundesdeutsche Gesellschaft durch den [von Ulrich Beck beschriebenen] „Fahrstuhleffekt" gekennzeichnet. Dessen Pointe war, dass Un-
5 gleichheiten zwar bestehen blieben, Arm und Reich im Fahrstuhl aber gemeinsam nach oben fuhren, weshalb die sozialen Unterschiede an Bedeutung verloren.

Für die folgende Analyse ist jedoch die Meta-
10 pher der Rolltreppe besser geeignet und anschaulicher als jene des Fahrstuhls. Denn Auf- und Abstiege haben eine kollektive und eine individuelle Dimension. In Becks Fahrstuhl fahren alle gemeinsam nach oben, auf der
15 Rolltreppe hingegen können sich auch die Abstände zwischen den einzelnen Individuen verändern, wenn sie auf der fahrenden Rolltreppe nach unten oder oben steigen. Mit dem Bild der Rolltreppe können wir auch die Ge-
20 genwartslage besser verstehen. Räumlich kann man es sich wie in einem Kaufhaus vorstellen. Einige Wohlhabende haben mit der Rolltreppe bereits die nächste Etage erreicht, wo sie sich nun umsehen können, oder sie
25 steigen auf die nächste Treppe und fahren weiter nach oben. Für die meisten derjenigen, die die obere Etage noch nicht erreicht haben, ändert sich nun die Fahrtrichtung. Während es lange Zeit nach oben ging, fahren sie nun
30 nach unten. Dieser Prozess hat sich schleichend entwickelt. Individuelle Abstiege oder Abstürze sind bislang kein Massenphänomen, es ist auch nicht unmöglich geworden aufzusteigen. Kollektiv betrachtet, geht es für die
35 Arbeitnehmer jedoch wieder abwärts, und die Abstände zwischen oben und unten vergrößern sich. [...]

Kurz: Vom gesamtwirtschaftlichen Kuchen erhalten die Arbeitnehmer seit den neunziger
40 Jahren einen immer kleineren Teil, während die Stücke der Angehörigen der Oberklassen größer werden. Dieser Trend zeigt sich auch in zahlreichen anderen Dimensionen sozialer Ungleichheit. So konnte man etwa in der Ent-
45 wicklung der sogenannten Haushaltsäquivalenzeinkommen in den letzten Jahren ebenfalls eine deutliche Polarisierung feststellen. [...] Die Tendenz lässt sich auf den Gemeinplatz bringen: Die Reichen werden reicher, die
50 Armen werden ärmer. [...]

Der Reichtum verteilt sich vornehmlich nach dem aus der Bibel bekannten Matthäus-Effekt: Wer hat, dem wird gegeben. Während die obersten 10 Prozent der Haushalte 1970 be-
55 reits 44 Prozent des Nettogeldvermögens auf sich vereinten, kontrollierten sie 2010 mehr als 66 Prozent. Das seit der Occupy-Bewegung berühmte reichste „1 Prozent" verfügte über 35,8 Prozent des Nettogeldvermögens. Im Jahr
60 2008 besaß die ärmere Hälfte der Bevölkerung hingegen gerade mal ein Prozent aller Vermögen.

INFO

Oliver Nachtwey
(* 1975)
deutscher Soziologe
und Ökonom

Fahrstuhleffekt oder Rolltreppe nach unten: Was kennzeichnet die deutsche Gesellschaft?

Oliver Nachtwey, Die Abstiegsgesellschaft. Über das Aufbegehren in der regressiven Moderne, Suhrkamp: Berlin 2016, S. 126 ff.

1   Erläutern Sie die zentralen Aussagen von Beck und Nachtwey unter Einbezug der Metaphern „Fahrstuhl" und „Rolltreppe" (M4, M5).

2   Vergleichen Sie die beiden Erklärungsansätze (M4, M5) mit Geißlers „Hausmodell" (M2). Wo sehen Sie Übereinstimmungen, wo Differenzen?

M6 Das soziale Milieu nach Stefan Hradil

INFO

Stefan Hradil
(* 1946)
Der deutsche Sozio-
loge lehrte bis 2011
an der Johannes
Gutenberg-
Universität Mainz.

Unter einem sozialen Milieu versteht man eine sozialstrukturelle Gruppe gleichgesinnter Menschen, die ähnliche Werthaltungen, Lebensführungen, Beziehungen zu Mitmen-
5 schen und Mentalitäten aufweisen. Die Mitglieder eines sozialen Milieus haben oft ein gemeinsames (materielles, kulturelles, soziales) Umfeld. Sie sehen, interpretieren und gestalten es in ähnlicher Weise. Kleinere Milieus
10 (z.B. Organisations-, Stadtviertel- oder Berufsmilieus) haben durch ein gewisses Wir-Gefühl und verstärkte Binnenkontakte einen engeren Zusammenhalt als größere.

Der Milieubegriff ähnelt dem Begriff Lebens-
15 stil. Beide betonen die „subjektive" Seite der Gesellschaft, d.h. soziale Strukturierungen und Gruppierungen, für die das Denken und Verhalten der Menschen konstitutiv sind. Der Milieubegriff konzentriert sich auf psycholo-
20 gisch „tief" verankerte und vergleichsweise beständige Werthaltungen und Grundeinstellungen von Menschen. Der Lebensstilbegriff richtet sich dagegen vor allem auf äußerlich beobachtbare Verhaltensroutinen.

25 Noch in den 1960er- und 1970er-Jahren gingen Sozialwissenschaftler meist davon aus, dass Selbstdefinition, Denken und Verhalten der Menschen vor allem von ihrer Klassen- bzw. Schichtzugehörigkeit geprägt sind. In
30 den 1980er-Jahren kamen, angestoßen von Praktikern aus Schule, Marketing und Politik, immer mehr Zweifel daran auf. Mit der Zunahme von Wohlstand, Bildung und sozialer Sicherheit schien das alltägliche Handeln der
35 Menschen immer weniger von Ressourcenbe-

sitz als von Ressourcenverwendung geprägt zu sein. Die soziale Stellung schien individuell gestaltbarer zu werden. Die empirische Forschung zeigte seither, dass diese Annahmen teilweise zutreffen. Die Zugehörigkeit zu sozi- 40 alen Milieus ist weder völlig von äußeren Faktoren determiniert noch ganz frei wählbar. Die Milieuzugehörigkeit ist bis zu einem gewissen Grade eine Frage des Alters, des Geburtszeitraums [...], der Lebensform (Haus- 45 haltszusammensetzung, Kinderzahl), der Lebensphase, des Geschlechts und der Bildung. Daneben wirken sich auch ökonomische und berufliche Faktoren auf die Milieuzugehörigkeit aus. [...] 50

Soziale Milieus sind als vieldimensionale, ganzheitliche Phänomene definiert. Empirische Studien beruhen daher auf einer Vielzahl von Indikatoren und sind entsprechend aufwendig. Empirische Untersuchungen kamen 55 weithin übereinstimmend zum Ergebnis, dass in Deutschland ca. 8 bis 10 soziale Milieus zu unterscheiden sind. Sie lassen sich überwiegend bestimmten sozialen Schichten zuordnen. Jede soziale Schicht besteht jedoch aus 60 mehreren sozialen Milieus. In modernen Gesellschaften gehen soziale Milieus fließend ineinander über. Empirisch ermittelte Milieugrenzen geben daher nicht „natürliche" Gruppengrenzen wieder, sondern stellen von Sozi- 65 alforschern „künstlich" getroffene Unterscheidungen zwischen merkmalsähnlichen Gruppierungen dar. Viele Menschen gehören so mehreren Milieus an oder stehen zwischen ihnen. 70

Stefan Hradil: Milieu, soziales, in: Johannes Kopp/Anja Steinbach (Hg.), Grundbegriffe der Soziologie, Springer VS: Wiesbaden 2018, S. 319 f.

M7 Milieus in Deutschland

Studenten-WG

Villenviertel in Hamburg

Arbeiterwohnungen in Rostock

M8   Schichtenanalyse und/oder Klassenanalyse

Die Schicht- und Klassenanalytiker gliedern die Bevölkerung nach „Schichten" bzw. „Klassen" und beachten dabei Unterschiede in zwei Bereichen: Zu einer Schicht oder Klasse werden Menschen mit ähnlichen „äußeren" Lebensbedingungen sowie ähnlichen „inneren" Persönlichkeitsmerkmalen zusammengefasst. Zu den äußeren Lebensbedingungen – sie werden auch als sozioökonomische Lage bezeichnet – gehören insbesondere die Berufsposition, Einkommen und Besitz, das Qualifikationsniveau sowie Einfluss und Sozialprestige. Häufig orientieren sich Schicht- und Klasseneinteilungen an der Berufsposition, weil damit die anderen Schicht- und Klassenkriterien tendenziell verknüpft sind. So setzen hohe Berufspositionen in der Regel eine gute Qualifikation voraus und ermöglichen vergleichsweise hohe Einkommen, hohes Sozialprestige und großen Einfluss.

Schicht- und Klassenanalysen gehen davon aus, dass Menschen in ähnlichen Lebensbedingungen ähnliche Lebenserfahrungen machen und die „äußere" sozioökonomische Lage daher einen gewissen Einfluss auf die Persönlichkeitsentwicklung und das Verhalten der Menschen ausübt. Man nimmt an, dass sich schicht- und klassentypische Mentalitäten und Lebensstile – ein sogenannter schicht- und klassentypischer Habitus – herausbilden. Sie entstehen durch komplexe Sozialisationsprozesse in Familien, Gleichaltrigengruppen, weiteren sozialen Netzwerken und Milieus.

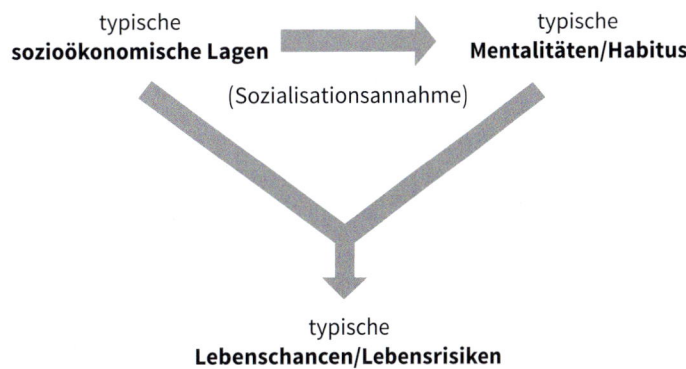

Rainer Geißler, Facetten der modernen Sozialstruktur, in: Informationen zur politischen Bildung, Heft 324/2014, S. 74

M9   Die antagonistische Gesellschaft

Die Existenz dieser (die übergroße Majorität der Erwerbstätigen umfassenden) sozialen Gruppen auf der einen und derjenigen Schichten auf der anderen Seite, die durch die Verfügungsgewalt über den Wirtschaftsapparat der Gesellschaft, die nach wie vor durch das Eigentum an den Majoritätspaketen der Kapitalgesellschaft legitimiert wird (die ihrerseits das Eigentum am Produktionsapparat besitzen), das Recht zur inhaltlichen Bestimmung des gesellschaftlichen Arbeitsprozesses gewinnen, macht deutlich, dass die bundesrepublikanische Gesellschaft immer noch Klassengesellschaft ist. Die äußerliche Verdeckung dieses Tatbestandes durch Verschiebung und (höchst teilweise) Angleichung der Konsumgewohnheiten und Erweiterung der Konsummöglichkeiten kann diesen Tatbestand nicht aufheben, sondern bestenfalls in begrenztem Maße verhüllen. Die Vorstellungsreihen der „egalitären Mittelstandsgesellschaft" oder der (nicht antagonistischen) „pluralistischen Gesellschaft" sind also ideologisch und halten einer kritischen Analyse der sozialen Realität nicht stand. Jedoch: das Moment durch die soziale Lage (nämlich nicht vorhandener selbstständiger Verwertungsmöglichkeit der eigenen Arbeitskraft) erzwungener Fremdbestimmtheit der Arbeit, des Angewiesenseins auf Lohn oder Gehalt, ist zunächst nur ein objektiver, deshalb durchaus noch nicht unbedingt ein bewusstseinsbestimmender Faktor; objektive, sozialstrukturelle Faktoren, die zwar rationale Aussagen über die objektive gesellschaftliche Interessenlage – also die sozialen Ziele, die sich eine gesellschaftliche Gruppe setzen müsste, um eine menschenwürdige Existenz zu erringen oder zu erhalten – ermöglichen, sagen zunächst noch nichts über die subjektive Erkenntnis dieser Interes-

GLOSSAR

Ideologie

INFO

Ideologie
Weltanschauung, doktrinäres Deutungsmuster, in sich geschlossenes Weltbild, das keinen Widerspruch duldet

senlage, über die Bewusstseinslage dieser Gruppen aus. Vielmehr tendiert – wie der amerikanische, zurzeit in Oxford lehrende Soziologe Norman Birnbaum zutreffend fest-
45 stellte – das Denken sozialer Unterschichten in gesellschaftlichen Ruhelagen meist dahin, von den Ideologien ihrer Oberschichten bestimmt und überlagert zu werden, wenn es nicht durch die Vermittlung bewusster politi-
50 scher Gegenkräfte zu eigenem Sozialbewusstsein entwickelt werden kann. Dazu aber bedarf es [...] der kritischen Hilfe und der aktiven Tätigkeit von Intellektuellen, die dies eigene Sozialbewusstsein formulieren und propagie-
55 ren.

Ferner ist diese unter diesem Gesichtspunkt der fremdbestimmten Arbeitsleistung gegen Lohn oder Gehalt statistisch einheitliche soziale Gruppe, die die übergroße Majorität der am Erwerbsleben beteiligten Bürger der Bun- 60 desrepublik umfasst, in ihrer Funktion im gesellschaftlichen Arbeitsprozess, in ihrer rechtlichen Stellung (und von dort aus ebenso in ihrem Bewusstsein, aber auch vielfach in ihrer Lebenslage) ohne Zweifel stark differenziert. 65 Karl Marx hatte einst sich im Wesentlichen mit denjenigen Teilen dieser Gruppen beschäftigt, die industrielle Arbeiter waren, weil sie für seine Zeit die charakteristischen und entscheidenden gewesen sind. 70

Wolfgang Abendroth, Antagonistische Gesellschaft und politische Demokratie. Aufsätze zur politischen Soziologie, Luchterhand: Neuwied/Berlin 1967, S. 25 f.

M 10 Milieu- und Klassenanalyse

QUERVERWEIS

Die Sinus-Studie zu jugendlichen Lebenswelten
S. 14–17

Michael Vester u. a. [...] verknüpfen die Sinus-Milieus mit der Klassenanalyse und den sozialkritischen Fragestellungen der traditionellen Ungleichheitsforschung. Milieus werden
5 als „Nachfahren der früheren Stände, Klassen und Schichten" angesehen. Im Zentrum der Analyse stehen sowohl horizontale Differenzierungen als auch vertikale Ungleichheiten. Horizontal werden die Klassen nach der beruf-
10 lichen Spezialisierung in „Klassenfraktionen" untergliedert, die unterschiedliche Mentalitäten entwickelt haben. Sie verdeutlichen die fortschreitende Dynamik der gesellschaftlichen Arbeitsteilung. Die vertikale Einteilung
15 arbeitet vertikale Ungleichheiten zwischen den verschiedenen Milieus heraus – Herrschaftsbeziehungen, Distinktion (Ab- und Ausgrenzung), soziale Benachteiligungen und Ungerechtigkeiten. Vertikal wird die Grob-

struktur der Gesellschaft dreigeteilt: Etwa ein 20 Fünftel der Bevölkerung gehört zu den fünf „oberen bürgerlichen Milieus" mit Privilegien bei Macht, Besitz und Bildung. Die „Trennlinie der Distinktion" grenzt sie von der großen Mehrheit (ca. 70 Prozent) der sechs „respekta- 25 blen Volks- und Arbeitnehmermilieus" ab. Deren soziale Stellung ist durch Statussicherheit („Respektabilität") gekennzeichnet, die in den modernen Milieus stärker ausgeprägt ist als in den traditionellen. Abgedrängt nach unten 30 und jenseits der „Trennlinie der Respektabilität" leben die „unterprivilegierten Volksmilieus". Es sind „traditionslose Arbeitnehmer" mit in der Regel niedrigen Qualifikationen. Zu ihnen gehören „Resignierte" und „Unange- 35 passte", aber auch „Statusorientierte" ohne Erfolg. Sie umfassen gut ein Zehntel der Bevölkerung.

Rainer Geißler, Facetten der modernen Sozialstruktur, in: Informationen zur politischen Bildung, Heft 324/2014, S. 79

1 Erarbeiten Sie die Überlegungen von Beck und Nachtwey heraus. Erläutern Sie (politische) Schlussfolgerungen, die sich aus den jeweiligen Texten ergeben (M 4, M 5).
2 Informieren Sie sich, was man unter einem „Paternoster" versteht. Diskutieren Sie, welche der drei Metaphern „Fahrstuhl", „Rolltreppe" oder „Paternoster" Sie für die Beschreibung der gegenwärtigen Sozialstruktur in der Bundesrepublik Deutschland für die geeignetste halten (M 4, M 5).

M 11 Soziale Milieus und Submilieus nach Michael Vester

INFO

Michael Vester
(* 1939)
deutscher Politikwissenschaftler

Die Sozialen Milieus und Submilieus in Westdeutschland und die modernisierten *„neuen sozialen Milieus"* (A, B, C, D)

avant-gardistisch — eigen-verantwortlich — hierarchie-gebunden — autoritär

← Differenzierungsachse →

Herrschaftsachse ↕

Obere bürgerliche Milieus ca. 18 %

Traditionslinie *„Akademische Intelligenz"*

Traditionslinie *„Macht und Besitz"*

Kulturelle Avantgarde

A. Alternatives Milieu, 2,3 %

Bildungsbürgerliches Milieu, 4,4 %
Gehobenes Dienstleistungsmilieu, 3,9 %

Gehobenes bürgerliches Milieu, 4,3 %
Gehobenes kleinbürgerliches Milieu, 2,8 %

Trennlinie der Distinktion

Respektable Volks- und Arbeitnehmermilieus ca. 70 %

Avantgarde der Jugendkultur

C. Hedonistische Milieus 12,0 %

Kompromisslose Hedonisten, 2,8 %

Freizeithedonisten 9,2 %

Traditionslinie *„Facharbeit und praktische Intelligenz"*

B. Moderne Arbeitnehmermilieus, 11,7 %
Idealistische Anspruchsvolle, 2,5 %
Realistische Anspruchsvolle, 2,4 %
Moderne Leistungsorientierte, 6,8 %

Leistungsorientierte Arbeitnehmermilieus, 17,7 %
Statusorientierte Leistungsorientierte, 8,7 %
Geprellte Leistungsorientierte, 9,0 %

Traditionelle Arbeitermilieus, 5,1 %
Resignierte Arbeiter, 2,0 %
Geprellte Arbeiter, 3,1 %

Traditionslinie *„Ständisch-kleinbürgerliche Volks- und Arbeitnehmermilieus"*

Modernes Kleinbürgerliches Arbeitnehmermilieu 3,6 %

Statusorientiertes Kleinbürgerliches Arbeitnehmermilieu, 14,3 %

Resigniertes Kleinbürgerliches Arbeitnehmermilieu, 5,5 %

Trennlinie der Respektabilität

Unterprivilegierte Volksmilieus ca. 12 %

Traditionslinie *„Unterprivilegierte Volks- und Arbeitnehmermilieus"*
Traditionslose Arbeitnehmermilieus, 12,2 %
D. Unangepasste, 2,2 %   Resignierte, 6,1 %   Status-Orientierte, 3,9 %

Quelle: Forschungsgruppe Habitus und Milieu/Michael Vester 2012   © Westermann 39943EX

QUERVERWEIS

Rechtspopulismus – eine Folge des sozialstrukturellen Wandels?
S. 66 f., M 8

3 Erläutern Sie die Unterschiede von Lebenswelt-, Milieu-, Schicht- bzw. Klassentheorien (Modellen) unter Einbeziehung der jeweiligen Bestimmungsfaktoren. Unterscheiden Sie dabei zwischen subjektiven und objektivierbaren Faktoren und ihren jeweiligen Klassifizierungsmerkmalen (M 6–M 11).

4 Verorten Sie sich selbst in den jeweiligen Modellen (M 2, M 4, M 5, M 6, M 9 und M 11).

5 Ordnen Sie von Ihnen ausgewählte Politiker unterschiedlicher Parteien sozialen Milieus zu.

6 Diskutieren Sie das Spannungsverhältnis von Individuum und Gesellschaft sowie autonomer Selbstbestimmung und sozialer Determiniertheit der verschiedenen Theorieansätze.

2.8 Pierre Bourdieu: Klassen und Habitus

Pierre Bourdieu
(1930–2002)
Der französische
Soziologe und Ethno-
loge zählt zu den
international aner-
kannten Vertretern
einer zeitgenössi-
schen Sozialtheorie.
Im Zentrum seiner
Arbeit stand die
Frage, wie gesell-
schaftliche Struktu-
ren durch das alltäg-
liche, praktische Han-
deln der Menschen
erzeugt und erhalten
werden.
Um diese Mechanis-
men zu analysieren,
erweiterte Bourdieu
den ökonomisch
bestimmten Kapital-
begriff: Zum ökono-
mischen Kapital tre-
ten das kulturelle (in
Form von Bildung)
und das soziale (in
Form von Beziehun-
gen, sozialen Netz-
werken), die gleicher-
maßen soziale
Ungleichheit schaffen
und diese – in wech-
selseitiger Wirkung
mit dem ökonomi-
schen Kapital – erhal-
ten und verschärfen.

Akkumulation
Anhäufung

Inkorporation
Verinnerlichung

Minimum
Mindestmaße

Die „Habitus-Theorie" Bourdieus bietet ein Er-
klärungsmodell dafür, wie sich die soziale
Struktur (z. B. die Zugehörigkeit zu einer sozialen Schicht oder Klasse) im Habitus einer Person, ihrem Denken, ihrem Auftreten und ihren
Umgangsformen, niederschlägt und damit wiederum soziale Ungleichheiten reproduziert.
Gewohnheiten, Freizeitbeschäftigungen, und
Schönheitsideale sind sozial vermittelt und
drücken soziale Milieus aus, die zur Unterscheidung und – in ihrer gesellschaftlichen Akzeptanz – zur Abgrenzung dienen.

M 1   Ökonomisches, kulturelles und soziales Kapital

Es ist nur möglich, der Struktur und dem
Funktionieren der gesellschaftlichen Welt gerecht zu werden, wenn man den Begriff des
Kapitals in allen seinen Erscheinungsformen
einführt, nicht nur in der aus der Wirtschaftstheorie bekannten Form. Die Wirtschaftstheorie hat sich nämlich ihren Kapitalbegriff von
einer ökonomischen Praxis aufzwingen lassen, die eine historische Erfindung des Kapitalismus ist. Dieser [...] Kapitalbegriff reduziert
die Gesamtheit der gesellschaftlichen Aus-
tauschverhältnisse auf den bloßen Waren-
tausch, der [...] vom (ökonomischen) Eigennutz geleitet ist. Damit erklärt die
Wirtschaftstheorie implizit alle anderen Formen sozialen Austausches zu nicht ökonomischen, uneigennützigen Beziehungen. [...] Eine wirklich allgemeine Wissenschaft von der
ökonomischen Praxis muss [demgegenüber]
in der Lage sein, auch alle die Praxisformen
mit einzubeziehen, die zwar objektiv ökonomischen Charakter tragen, aber als solche im
gesellschaftlichen Leben nicht erkannt werden und auch nicht erkennbar sind. [...]

Das kulturelle Kapital
[...] Die Akkumulation von Kultur [...] setzt einen Verinnerlichungsprozess voraus, der [...]
Zeit kostet. [...] Genau wie wenn man sich eine
sichtbare Muskulatur oder eine gebräunte
Haut zulegt, so lässt sich auch die Inkorporation von Bildungskapital nicht durch eine fremde Person vollziehen. [...] Weil die sozialen
Bedingungen der Weitergabe und des Erwerbs
von kulturellem Kapital viel verborgener sind,
als dies beim ökonomischen Kapital der Fall
ist, wird es leicht als bloßes symbolisches Kapital [in Form sozialer Anerkennung bzw. sozialen Prestiges] aufgefasst; d.h., seine wahre
Natur als Kapital wird verkannt [...], dass der

Besitz [...] zur Basis für weitere materielle und
symbolische Profite wird: Wer über eine bestimmte Kulturkompetenz verfügt, z.B. über
die Fähigkeit des Lesens in einer Welt von An-
alphabeten, gewinnt aufgrund seiner Position
[...] einen Seltenheitswert, aus dem sich Extra-
profite ziehen lassen. D.h., derjenige Teil des
Profits, der in unserer Gesellschaft aus dem
Seltenheitswert bestimmter Formen von kulturellem Kapital erwächst, ist letzten Endes
darauf zurückzuführen, dass nicht alle Individuen über die ökonomischen und kulturellen
Mittel verfügen, die es ihnen ermöglichen, die
Bildung ihrer Kinder über das Minimum hinaus zu verlängern [...].
Die stärkste Grundlage für die symbolische
Wirksamkeit von kulturellem Kapital ergibt
sich [...] aus der Logik seiner Übertragung. Einerseits ist der Prozess der Aneignung von [...]
kulturellem Kapital (also: die dafür erforderliche Zeit) bekanntlich in erster Linie von dem
in der gesamten Familie verkörperten kulturellen Kapital abhängig; andererseits ist aber
auch bekannt, dass die Akkumulation kulturellen Kapitals von frühester Kindheit an [...]
ohne Verzögerung und Zeitverlust nur in Familien stattfindet, die über ein so starkes Kulturkapital verfügen, dass die gesamte Zeit der
Sozialisation zugleich eine Zeit der Akkumulation ist. Daraus folgt, dass die Übertragung
von Kulturkapital zweifellos die am besten
verschleierte Form erblicher Übertragung von
Kapital ist. Unterschiedliches Kulturkapital in
der Familie führt zunächst zu Unterschieden
beim Zeitpunkt des Beginns des Übertra-
gungs- und Akkumulationsprozesses, sodann
zu Unterschieden in der Fähigkeit, den im eigentlichen Sinne kulturellen Anforderungen
eines lang andauernden Aneignungsprozesses
gerecht zu werden. In engem Zusammenhang

80 damit steht außerdem die Tatsache, dass ein Individuum die Zeit für die Akkumulation von kulturellem Kapital nur so lange ausdehnen kann, wie ihm seine Familie freie, von ökonomischen Zwängen befreite Zeit garantieren

85 kann. [...]

Durch den schulischen oder akademischen Titel wird dem von einer bestimmten Person besessenen Kulturkapital institutionelle Anerkennung verliehen. Damit wird es u. a.

90 möglich, die Besitzer derartiger Titel zu vergleichen [...]. Durch die Bestimmung des Geldwertes, der für den Erwerb eines bestimmten schulischen Titels erforderlich ist, lässt sich sogar ein „Wechselkurs" ermitteln, der die

95 Konvertibilität zwischen kulturellem und ökonomischem Kapital garantiert. Weil der Titel das Produkt einer Umwandlung von ökonomischem in kulturelles Kapital ist, ist die Bestimmung des kulturellen Wertes eines Titelinha-

100 bers im Vergleich zu anderen unauflöslich mit dem Geldwert verbunden, für den er auf dem Arbeitsmarkt getauscht werden kann; denn die Bildungsinvestition hat nur Sinn, wenn die Umkehrbarkeit der ursprünglichen Umwand-

105 lung von ökonomischem in kulturelles Kapital zumindest teilweise objektiv garantiert ist. [...]

Das soziale Kapital

Das Sozialkapital ist die Gesamtheit der aktu-

110 ellen und potenziellen Ressourcen, die mit dem Besitz eines dauerhaften Netzes von mehr oder weniger institutionalisierten Beziehungen gegenseitigen Kennens oder Anerkennens verbunden sind; [...] es handelt sich

115 dabei um Ressourcen, die auf der Zugehörigkeit zu einer Gruppe beruhen. [...] Der Umfang des Sozialkapitals, das der Einzelne besitzt, hängt [...] sowohl von der Ausdehnung des Netzes von Beziehungen ab, die er tatsächlich mobilisieren kann, als auch von dem Umfang 120 des (ökonomischen, kulturellen oder symbolischen) Kapitals, das diejenigen besitzen, mit denen er in Beziehung steht. Obwohl also das Sozialkapital nicht unmittelbar auf das ökonomische und kulturelle Kapital eines bestimm- 125 ten Individuums oder auch der Gesamtheit derer, die mit ihm verbunden sind, reduziert werden kann, ist es doch niemals völlig unabhängig davon; denn die in den Tauschbeziehungen institutionalisierte gegenseitige An- 130 erkennung setzt das Anerkennen eines Minimums von „objektiver" Homogenität unter den Beteiligten voraus; außerdem übt das Sozialkapital einen Multiplikatoreffekt auf das tatsächlich verfügbare Kapital aus. Die 135 Profite, die sich aus der Zugehörigkeit zu einer Gruppe ergeben, sind zugleich Grundlage für die Solidarität, die diese Profite ermöglicht. Das bedeutet nicht, dass sie bewusst angestrebt werden – nicht einmal in den Fällen, wo 140 bestimmte Gruppen, z. B. exklusive Clubs, offen darauf ausgerichtet sind, Sozialkapital zu konzentrieren und dadurch den Multiplikatoreffekt auszunützen, der sich aus dieser Konzentration ergibt. Aus der Zugehörigkeit 145 zu einer derartigen Gruppe ergeben sich materielle Profite, wie etwa die vielfältigen mit nützlichen Beziehungen verbundenen „Gefälligkeiten" und symbolische Profite, die z. B. aus der Mitgliedschaft in einer erlesenen und 150 angesehenen Gruppe entstehen.

Pierre Bourdieu, Ökonomisches Kapital, kulturelles Kapital, soziales Kapital, in: Reinhard Kreckel (Hg.), Soziale Ungleichheiten, Schwartz: Göttingen 1983, S. 183 ff.

INFO

Konvertibilität
Umtauschbarkeit

Homogenität
Gleichheit

Multiplikatoreffekt
Vervielfachungseffekt

---

1 Geben Sie Bourdieus Erweiterung des ökonomischen Kapitalbegriffs der Wirtschaftstheorie wieder (M 1).

2 Erklären Sie, wie bei Bourdieus ökonomisches, kulturelles und soziales Kapital zusammenhängen und soziale Ungleichheit produzieren und reproduzieren (M 1). Beziehen Sie das Schaubild „Dimensionen sozialer Ungleichheit" (S. 49, M 2) mit ein und erläutern Sie, wie sich die vier Ressourcen im Ansatz von Bourdieu niederschlagen.

3 Beschreiben Sie mögliche politische Folgerungen, die sich aus den Überlegungen Bourdieus für verschiedene Politikbereiche (Bildung, Migration, Sozialpolitik, Genderpolitik usw.) ergeben könnten.

Begriffswissen und Fachsprache

Sie kennen … / Sie können …

- Aufgaben der Soziologie und deren (möglichen) kritischen Gehalt;
- wichtige Phänomene des sozialen Wandels;
- zwischen sektoralem und intrasektoralem Strukturwandel differenzieren;
- zentrale Elemente des digitalen Wandels und dessen Ebenen im Produktionsprozess;
- verschiedene Dimensionen und Erscheinungsformen sozialer Ungleichheit;
- Formen unterschiedlicher Beschäftigung;
- unterschiedliche Theorien und Modelle der Gesellschaftsanalyse (Schicht, Klasse, Milieu).

Erworbene Kompetenzen

Analysekompetenz: Sie können …

- Ursachen sozialer Ungleichheit darstellen;
- Faktoren des Ungleichheitsgefüges beschreiben;
- Ursachen der Entwicklung des Ungleichheitsgefüges in Deutschland darstellen;
- Daten zur Einkommens- und Vermögensverteilung auswerten;
- die wachsende Bedeutung des Erbes für die strukturelle Ungleichheit herausarbeiten;
- die Veränderungen der Arbeitswelt charakterisieren und die sozialen Auswirkungen unterschiedlicher Beschäftigungsformen erläutern;
- den Zusammenhang von sozialen Verhältnissen und politischen Einstellungen darstellen;
- Individualisierung und Pluralisierung als Merkmale gegenwärtigen Gesellschaft charakterisieren;
- den Gehalt theoretischer Ansätze der Gesellschaftsanalyse unterscheiden.

Urteilskompetenz: Sie können …

- Stellung zur Anwendung digitaler Technologien im Dienstleistungssektor beziehen;
- die Folgen zunehmender Digitalisierung mit Blick auf die sozialen Verhältnisse hinterfragen;
- Rechtspopulismus unter sozialwissenschaftlicher Perspektive erklären;
- unterschiedliche Gesellschaftsbeschreibungen bezüglich ihres jeweiligen Erklärungswertes und der in diesen enthaltenen Ideologien beurteilen;
- Zusammenhänge von gesellschaftlichen Strukturen und normativen Sinnvorstellungen vergleichend beurteilen.

Handlungs- und Methodenkompetenz: Sie können …

- Karikaturen analysieren und ihre Analyse verschriftlichen;
- mithilfe der Szenario-Methode Zukunftsszenarien erstellen;
- Statistiken und Grafiken auswerten und deren Gehalt kritisch bewerten;
- sich mit sozialwissenschaftlichen Theorieansätzen auseinandersetzen.

Kontrollieren Sie Ihr Wissen und Können

M 1   „Neues Arbeiten" – digital und räumlich flexibel?

Breitband-Internet, Netzwerktechnologien und mobile Endgeräte machen die Arbeitsgegenstände und -inhalte mobil und rund um die Uhr verfügbar. [...] Wie die Digitalisierung
5 tatsächlich wirkt und welche Potenziale sie zur Entfaltung bringt, hängt von ihrer konkreten technischen Gestaltung ebenso ab wie von der individuellen Nutzung und von der betrieblichen, tariflichen und gesetzlichen Ein-
10 bindung. [...] Die verstärkte Nutzung externer (z. B. Leiharbeit, Werkverträge, Outsourcing) und interner Flexibilisierungspotenziale (z. B. Arbeitszeitregelungen) erhöht die Anforderungen an die zeitliche Flexibilität und räum-
15 liche Mobilität der Beschäftigten und Auftragnehmer. [...] Etwa jede/jeder fünfte Erwerbstätige in Deutschland ist aus beruflichen Gründen mobil, sei es im Rahmen eines arbeitsbedingten Wechsels des Wohnorts oder
20 als Fernpendler, im Rahmen von Dienstreisen, von Reisen zum Kunden oder von Reisen zu Meetings und Messen. Auch im Leben der Menschen hat sich vieles verändert: Lebensentwürfe sind individueller und vielfältiger
25 geworden, klassische Rollenbilder weichen auf, Werte und Ansprüche an Arbeit haben sich gewandelt. Viele Beschäftigte wünschen sich mehr Spielraum, um Beruf und Privatleben besser in Einklang bringen zu können.
30 Viele Arbeitgeber gehen auf dieses Bedürfnis nach mehr zeitlicher und räumlicher Souveränität auch bereits ein, z. B. über individuelle Arbeitszeitmodelle, Langzeitkonten, Sabbaticals oder Homeoffice-Möglichkeiten. Den-
35 noch bleiben die Anliegen vieler Beschäftigter unerfüllt. Dies betrifft Dauer und Lage der Arbeitszeit ebenso wie Homeoffice-Wünsche. [...] Mehr als die Hälfte [der Vollbeschäftigen] möchte ihre Arbeitszeit reduzieren – und das
40 unabhängig davon, ob Kinder im Haushalt leben. Die Wünsche richten sich dabei sowohl darauf, die vertraglich vereinbarte Arbeitszeit zu verringern, als auch darauf, nicht ständig mehr zu arbeiten als vertraglich vereinbart.
45 Über ein Drittel der Teilzeitbeschäftigten würde hingegen gerne länger arbeiten. 84 Prozent der Teilzeitbeschäftigten mit Verlängerungswunsch sind Frauen. Mit der Lage ihrer Arbeitszeit sind ebenfalls viele Beschäftigte un-
50 zufrieden. Dabei kann schon eine geringfügige Verschiebung des Arbeitsbeginns oder -endes oder die Festlegung auf bestimmte Tage darüber entscheiden, ob eine (Vollzeit-)Stelle z. B. mit Kita-Öffnungszeiten, der Ankunftszeit ei-
55 nes Pflegedienstes, einem Weiterbildungskurs oder einem Ehrenamt vereinbar ist. [...] Der durch die Digitalisierung verstärkte Trend zum zeit- und ortsflexiblen Arbeiten bietet die Chancen auf ein selbstbestimmteres Arbeiten,
60 neue Vereinbarkeitslösungen und einen Abschied von der Präsenzkultur. Neben diesen positiven Aspekten zeigt sich jedoch auch, dass im Zuge von Homeoffice, Vertrauensarbeitszeit und potenziell ständiger Erreichbar-
65 keit eine „Entgrenzung" von Arbeit stattfindet; die Grenze zwischen Berufs- und Privatleben, Arbeit und Freizeit, Arbeitsplatz und Wohnung kann verschwimmen. Dies kann zu Belastungen führen und stellt den
70 Arbeits- und Gesundheitsschutz vor neue Herausforderungen. Ebenso kann die Nutzung von Flexibilitätsoptionen dazu führen, dass nicht nur anders und besser gearbeitet wird, sondern auch mehr bzw. verdichteter. Zudem
75 zeigt sich, dass Frauen und Männer selbstgesteuerte Arbeitszeiten unterschiedlich nutzen, wodurch sich tradierte Rollen verfestigen können.

Bundesministerium für Arbeit und Soziales (Hg.), Weißbuch Arbeiten 4.0, Bundesministerium für Arbeit und Soziales: Berlin 2017, S. 73 ff.

INFO

Langzeitkonten
Modell, bei dem Arbeitszeit angesammelt wird und durch bezahlte Freistellungen (meist am Ende des Arbeitslebens) wieder genutzt werden kann.

Sabbaticals
Freistellung von der Arbeit ohne Gehalt; die Zeit wird in der Regel zuvor durch Mehrarbeit angespart

1 Geben Sie die zentralen Aussagen in M 1 im Hinblick auf die Auswirkungen der Digitalisierung wieder.

2 Diskutieren Sie die Herausforderungen der Digitalisierung unter Einbezug von ein bis zwei relevanter Gesellschaftsanalysen.

3 Beurteilen Sie abschließend Chancen und Risiken der Digitalisierung.

3.

Familienpolitik

Zeichnung: Martin Erl

Welche Formen von Familien gibt es und welche Bedürfnisse haben sie?
Mit welchen Mitteln und in welchem Umfang soll der Staat die Familien bei der Bewältigung ihrer Aufgaben und Funktionen unterstützen?
Wäre die Einführung einer Kindergrundsicherung eine sinnvolle familienpolitische Maßnahme?

Bildungspolitik

Zeichnung: Michael Hüter

Was kennzeichnet das gegenwärtige Bildungssystem?
In welchem Zusammenhang stehen Bildung und soziale Herkunft?
(Wie) kann (und soll) Bildungspolitik soziale Ungleichheiten kompensieren?
Welche Rolle spielt die soziale Herkunft im Hinblick auf das Studium?

Herausforderungen des sozialen Wandels für die Politik

Geschlechterpolitik

Migrationspolitik

Ich möchte eine bessere Zukunft für meine Kinder.

Danijela Damnjanovic, Krankenschwester aus Serbien, die nun an der Universitätsklinik in Heidelberg arbeitet

7. März 2022

IHR VATER BESTEHT AUF EINER REINRASSIGEN DEUTSCHEN PFLEGE KRAFT.

Zeichnung: Petra Kaster

? Wie wirken sich gesellschaftliche Veränderungsprozesse auf die Geschlechterverhältnisse und die Sozialisation von Junge und Mann sowie Mädchen und Frau aus?
Bilden Familien- und Geschlechterpolitik ein widersprüchliches Verhältnis?
Wie kann bzw. soll Politik auf Ungleichheiten in den Lebensmöglichkeiten der Geschlechter reagieren?

? Was kennzeichnet Deutschland als „Einwanderungsland"?
Welchen Beitrag kann Zuwanderung zur Lösung gesellschaftlicher Probleme leisten?
Vor welchen Herausforderungen steht die Integration von Asylanten, Flüchtlingen und anderen Migrantengruppen?
Ist ein „mehr" oder ein „weniger" an Einwanderung wünschenswert?

Die politische Gestaltung des sozialen Wandels

M 1 Komplexe Probleme selbstständig untersuchen – die Lernaufgabe

Lernaufgaben sind Angebote an Lernende, die ein zu bearbeitendes Problem (eine Herausforderung, einen Konflikt, ein Dilemma usw.) beinhalten und in der Regel die Domänen des
5 Faches (Politik, Wirtschaft und Gesellschaft) miteinander verknüpfen. Sie dienen der Aneignung, Sicherung, Anwendung und Festigung von Wissensbeständen. Lernaufgaben sollen ein selbstgesteuertes Lernen ermögli-
10 chen, das zu Eigenverantwortlichkeit, kritischer Reflexion und Analyse- wie Urteilsfähigkeit befähigen und letztlich auf das selbstständige Lernen an den Hochschulen vorbereiten soll.
15 Man kann zwischen „großen" Lernaufgaben mit einem längeren Lernweg, und kleineren, kürzeren Lernaufgaben (Unterrichtssequenzen oder Einzelstunden mit offeneren Aufgabenstellungen) unterscheiden. Bei großen
20 Lernaufgaben ist es hilfreich, die zu erwerben-

den Kompetenzen (Analyse-, Urteils-, Methoden- und Handlungskompetenzen) auszuweisen.

Lernaufgaben bestehen meist aus mehreren Teilen:
25
- einem Informationsteil, der das Phänomen, die Situation, den Kontext, die Herausforderung und/oder den Konflikt beschreibt (**Anforderungssituation**: Schaubild),
30
- einem **Aufforderungsteil** mit Hinweisen zu Ablauf und Vorgehensweise, erschließenden Fragen usw.,
- einem unterstützenden **Materialteil** mit grundlegenden Informationen, methodischen Hilfestellungen und Arbeitstechniken
35
- sowie Hinweisen zur **Ergebnispräsentation (Sicherung)**.

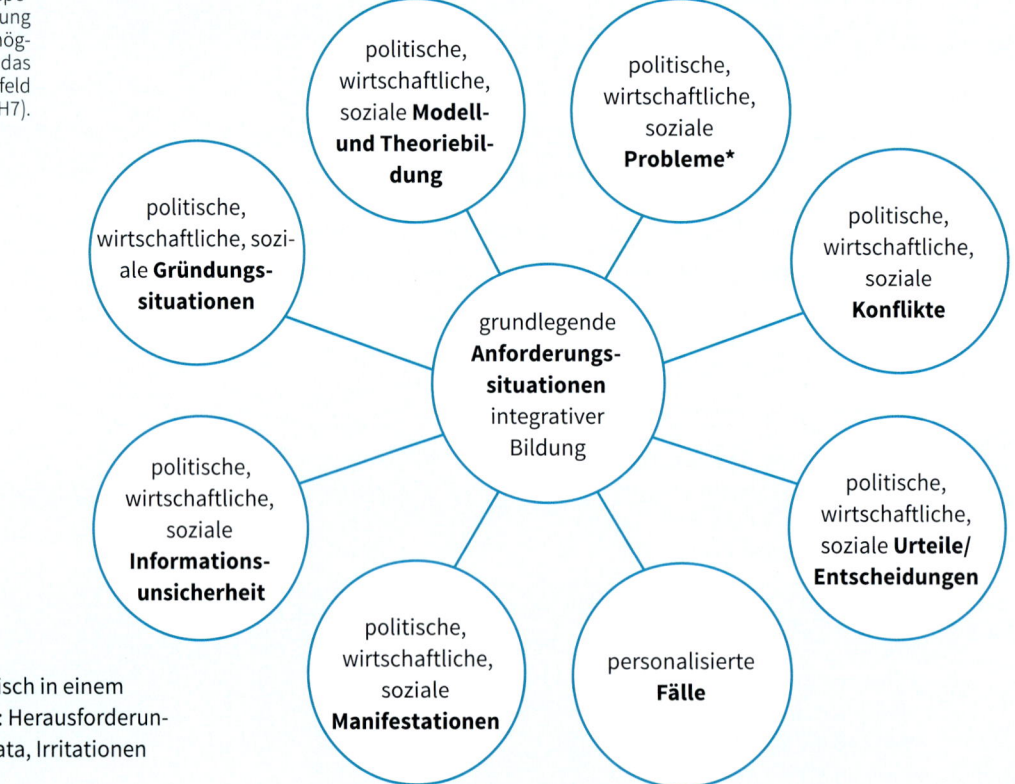

* Politikdidaktisch in einem weiten Sinne: Herausforderungen, Dilemmata, Irritationen

40 Abschließend können die Schülerinnen und
Schüler die bearbeitete Lernaufgabe bewerten. Als sinnvoll haben sich dabei offene Eva-
luationsfragen erwiesen:

- Gefallen hat mir an der Lernaufgabe, …

- Schwierig an der Lernaufgabe fand ich, … 45
- Verändern an der Lernaufgabe würde ich,
  …
- Zum Thema der Lernaufgabe würde ich
  noch gerne zusätzlich wissen, …

Autorentext

M2   Wie sozialen Wandel politisch gestalten?

Der permanente Wandel kann in seiner Vielfalt und Dynamik als Kennzeichen unserer
heutigen Gesellschaft angesehen werden. Damit dieser Prozess nicht „naturwüchsig" mit
5 negativen Folgen verläuft, sondern positive
Ergebnisse zeitigt, muss er gestaltet und gesteuert werden. Was allerdings für die Gesellschaft das Beste ist, ist umstritten, da sich unterschiedliche Interessen gegenüberstehen
10 und die politischen Weichenstellungen und
Entscheidungen Ausdruck der jeweiligen gesellschaftlichen und politischen Kräfteverhält-
nisse sind. Anschaulich wird dies z.B. an der
Verteilung des Wohlstandes und damit einher-
15 gehender Lebenschancen. Für die einen ist die
wachsende Schere von Reichtum und Armut
Ausdruck unterschiedlicher Leistungsfähigkeit und Antriebskraft wirtschaftlichen Handelns; sie ist damit quasi eine zwangsläufige
20 und notwendige Konstante der gesellschaftlichen Entwicklung und muss hingenommen
werden. Andere, insbesondere diejenigen, die
trotz Arbeit ein niedriges Einkommen haben
und kein oder wenig Vermögen besitzen, wer-
25 den diese Schere als Ungerechtigkeit empfinden und auf eine Umverteilung des gesellschaftlichen Reichtums drängen.
Aufforderung: Auf den folgenden Seiten sind
vier Handlungsfelder des sozialen Wandels als
30 Herausforderungen der Politik thematisiert,
die arbeitsteilig anhand **unterschiedlicher
Materialien** durch Leitfragen erschlossen
werden sollen:

- der Wandel der Familie und die Entstehung
35 neuer vielfältiger Lebensformen (S. 90–93),
- die Anforderungen an das Bildungssystem
  in einer globalisierten Welt (S. 94–97),
- die Gleichberechtigung und Gleichstellung
  von Frauen als Verfassungsgebot (S. 98–101),
40 - die Zuwanderung von Arbeitsmigranten in
  einer alternden Gesellschaft (S. 102–105).

Vorangestellt sind jeweils Materialien, die auf
einen aktuellen und politisch kontrovers diskutierten Aspekt des jeweiligen Handlungsfeldes verweisen (S. 86–89). Diese Materialien 45
dienen einerseits einer interessengeleiteten
Wahl der Arbeitsgruppe und sind andererseits
der Bezugspunkt der Arbeit in den Gruppen.
Während der Phase der Gruppenarbeit sollte
ein Austausch zwischen den Gruppen erfol- 50
gen, da Berührungspunkte zwischen den einzelnen Handlungsfeldern vorliegen, z.B. zwischen der Familien- und der Frauenpolitik
oder der Bildungs- und der Migrationspolitik.
Die **Ergebnisse** der vier Gruppen werden in 55
einer Zeitung dokumentiert, wobei jede Gruppe (auf etwa vier Seiten):

- ihren „Bezugstext" aufnimmt,
- einen informativen Artikel zum Handlungsfeld verfasst (Beschreibung und Ana- 60
  lyse des jeweiligen Handlungsfeldes),
- in einem Kommentar Stellung zu dem im
  Bezugstext politisch kontrovers diskutierten Aspekt bezieht,
- ein gestalterisches Element (Foto, Karika- 65
  tur, …) aufnimmt.

Abschließend werden im Klassenverband die
in den Bezugstexten aufgeworfenen strittigen
Fragen bzw. Positionen unter Einbezug der
von den Arbeitsgruppen verfassten Kommen- 70
tare diskutiert, wobei ein Arbeitsgruppenmit-
glied die Diskussion moderiert und die anderen Gruppenmitglieder als Experten zur
Verfügung stehen. Alternativ bzw. zusätzlich
bieten sich eine Vorstellung und Diskussion 75
der Arbeitsergebnisse auf einem Jahrgangsfo-
rum an. Selbstverständlich können die Handlungsfelder auch von der gesamten Gruppe im
Unterricht mithilfe der jeweils angeführten
Aufgaben (siehe z.B. die Leitfragen auf 80
S. 82/83) bearbeitet werden.

Autorentext

3.1 Handlungsfeld Familienpolitik

M 1   Familie heute – andere Wirklichkeiten als in Vorabendserien

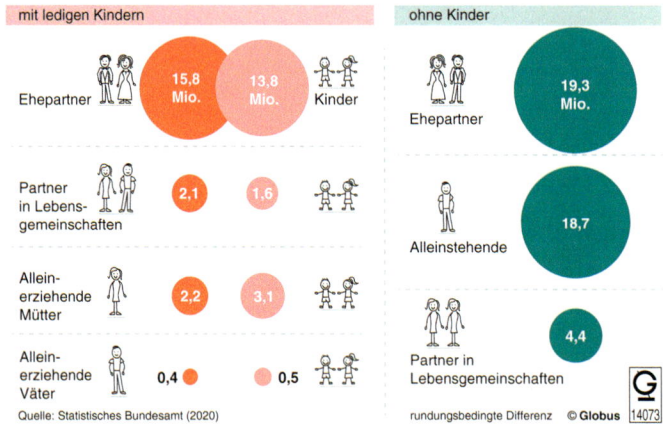

So lebt Deutschland

Bevölkerung im Jahr 2019 (81,9 Millionen) nach Lebensformen in Millionen

mit ledigen Kindern | ohne Kinder

Ehepartner — 15,8 Mio. / 13,8 Mio. — Kinder

Partner in Lebensgemeinschaften — 2,1 / 1,6

Alleinerziehende Mütter — 2,2 / 3,1

Alleinerziehende Väter — 0,4 / 0,5

Ehepartner — 19,3 Mio.

Alleinstehende — 18,7

Partner in Lebensgemeinschaften — 4,4

Quelle: Statistisches Bundesamt (2020)

rundungsbedingte Differenz   © Globus   14073

M 2   Kindergrundsicherung

Die Bundestagsfraktion der Linken diskutiert auf einer Konferenz über eine gerechte Familienpolitik und die Einführung einer Kindergrundsicherung.

Familie, was ist das heute eigentlich? [...] Die
5 Familienform [ist] im Wandel begriffen. Lebten 1997 Kinder unter 18 Jahren noch zu 81 Prozent in der tradiert verheirateten Vater-Mutter-Kind-Familie, waren es 20 Jahre später (2017) nur noch 70 Prozent. Deutlich zuge-
10 nommen haben dagegen Einelternfamilien, Lebensgemeinschaften mit Kindern, Patchwork- und Regenbogenfamilien. Eins jedoch eint alle Familien: der Zeitstress. Das hängt mit den immer höher werdenden Arbeitsanforde-
15 rungen, aber auch mit größeren Herausforderungen an die Eltern zusammen. Junge Eltern wünschen sich beispielsweise mehr „Partnerschaftlichkeit". 60 Prozent der Mütter und Väter mit kleinen Kindern geben das an, doch am
20 Ende setzten das nur 14 Prozent um. Auch nimmt nur ein Drittel der Väter Elternzeit, meistens zwei Monate. [...] Immer noch sei der Mann der Hauptverdiener, Frauen verdienen in Teilzeitjobs dazu. Außerdem würde Sorge-

arbeit im Kapitalismus privatisiert. [...] Ein- 25
elternfamilien können allerdings nicht einmal darauf bauen. Sie sind rund um die Uhr für alles allein zuständig. Es gibt bundesweit [...] 1,5 Millionen Alleinerziehende mit 2,4 Millionen Kindern unter 18 Jahren. Das sind 19 Prozent 30
aller Familien. 88 Prozent sind alleinerziehende Mütter, 12 Prozent Väter. [...] Was bleibt zu tun? [...] Gefordert wird eine gerechte Besteuerung und eine Gleichstellung der Familienformen. Einhellig sprachen sich alle für eine 35
Kindergrundsicherung aus. Kinder müssen aus den Bedarfsgemeinschaften herausgelöst werden. Sie seien, so Dietmar Bartsch, „eben keine kleinen Arbeitslosen, sondern Menschen mit eigenen Bedürfnissen". Kinder in 40
Hartz-IV-Haushalten bekämen de facto gar kein Kindergeld, weil es komplett auf die Transferleistung des Jobcenters angerechnet wird. Ein Konzept zur Kindergrundsicherung legte zur Konferenz der Paritätische Verband 45
vor. Die Linke streitet dafür seit langem im Parlament. Der Deutsche Kinderschutzbund benennt die Zahl von 4,4 Millionen armen Kindern in Deutschland.

Gisela Zimmer, Was Familien bewegt, was sie brauchen, in: https://www.linksfraktion.de/themen/nachrichten/detail/
was-familien-bewegt-was-sie-brauchen/, 20.03.2019

INFO

Dietmar Bartsch
(* 1958)
Der deutsche Politiker ist einer der beiden Vorsitzenden der Linksfraktion im Deutschen Bundestag.

3.2 Handlungsfeld Bildungspolitik

M1 Immer mehr Privatschulen

Etwa eine Million Kinder und Jugendliche besuchten im Schuljahr 2018/19 in Deutschland eine Privatschule. Die Zahl der Privatschulen hierzulande ist seit Beginn der 1990er-Jahre um ca. 80 Prozent
5 gestiegen. 14 Prozent aller Schulen sind Privatschulen (11 Prozent der allgemeinbildenden Schulen und 25 Prozent der beruflichen Schulen). Jede elfte Schülerin bzw. jeder elfte Schüler besucht derzeit eine Privatschule.

Die Neigung, seine Kinder auf eine (kostenpflichti 10 ge) Privatschule zu schicken, nimmt mit dem Einkommen der Eltern zu.

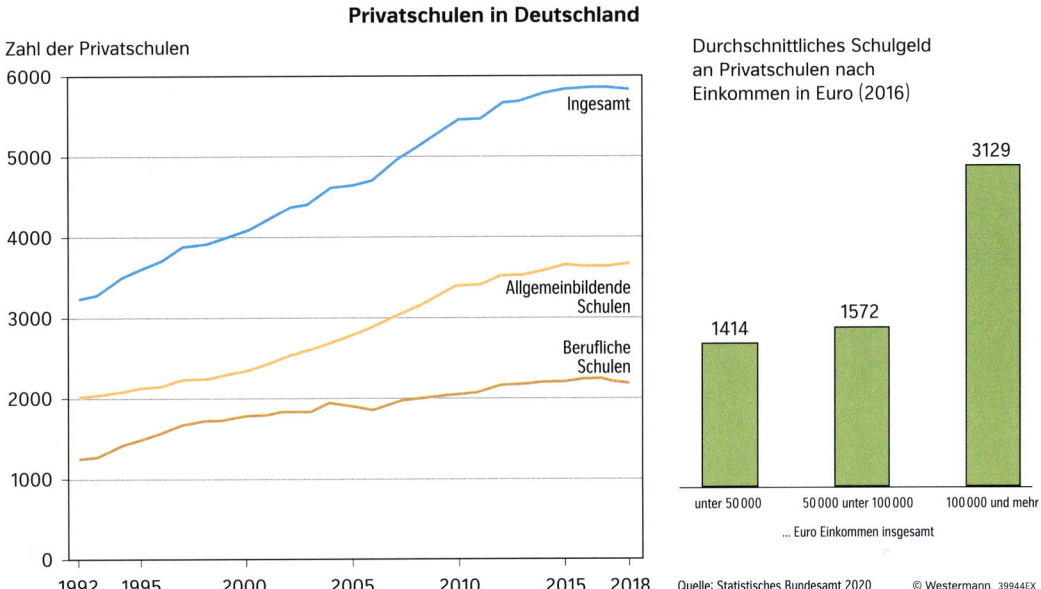

Privatschulen in Deutschland

Quelle: Statistisches Bundesamt 2020   © Westermann 39944EX

M2 Einkommen der Eltern und Privatschule

Wählen einkommensstarke Familien kostenpflichtige Privatschulen? Die Daten aus der Einkommensteuerstatistik legen einen Zusammenhang von Einkommen und Privat
5 schulneigung nahe. Die Neigung, Kinder zu einer kostenpflichtigen Privatschule zu schicken, nimmt mit dem Einkommen der Eltern zu. Rund 13,2 Prozent der Kinder von Steuerpflichtigen mit einem Jahreseinkommen zwi
10 schen 250 000 und einer Million Euro besuchten eine kostenpflichtige Schule und gaben dies in der Steuererklärung für 2016 an. Bei den „Einkommensmillionären" waren es sogar 18,7 Prozent. Haushalte mit einem jährlichen Einkommen bis unter 50 000 Euro gaben 15 für 3,6 Prozent der Kinder Schulgeld in der Steuererklärung an. Die Daten der Lohn- und Einkommensteuerstatistik belegen darüber hinaus, dass „Besserverdienende" im Durchschnitt mehr Geld für den Privatschulbesuch 20 bezahlen. Lag das Einkommen zwischen 100 000 und 125 000 Euro im Jahr, betrug das in der Steuererklärung angegebene mittlere jährliche Schulgeld 2 000 Euro. Verdiente ein Steuerpflichtiger mehr als eine Million Euro, 25 betrug es sogar 7 800 Euro je Kind.

Jan Grossarth-Maticek/Kathrin Kann/Sebastian Koufen, Privatschulen in Deutschland – Fakten und Hintergründe, Statistisches Bundesamt: Wiesbaden 2020, S. 14, https://www.destatis.de/DE/Themen/Gesellschaft-Umwelt/ Bildung-Forschung-Kultur/Schulen/Publikationen/Downloads-Schulen/privatschulen-deutschland-dossier-2020.pdf

3.3 Handlungsfeld Geschlechterpolitik

M 1 Auf dem Weg zur Gleichberechtigung

Seitdem die Gleichberechtigung von Mann und Frau im Grundgesetz verankert ist, werden alle Gesetze und Regelungen überprüft, ob sie dieser verfassungsgemäßen Vorgabe entsprechen. Daraus ergeben sich in den 1950er-Jahren wichtige Neuregelungen im Ehe-, Straf- und Familienrecht, mit denen die gesellschaftliche Stellung der Frauen weiter verbessert wird. Besondere Bedeutung kommt dabei der Abschaffung des „Gehorsamsparagrafen" im Jahr 1957 zu. Diese Bestimmung stammte noch aus dem Jahr 1900 und verwehrte verheirateten Frauen ein Mitspracherecht bei Entscheidungen über das gemeinsame Eheleben. 1958 tritt das Gleichberechtigungsgesetz des Bürgerlichen Gesetzbuches (BGB) in Kraft. Nun brauchen verheiratete Frauen nicht mehr die Einwilligung ihrer Ehemänner, wenn sie eine Erwerbstätigkeit aufnehmen wollen. [...] Zugleich dürfen Frauen seitdem ein eigenes Bankkonto führen sowie das von ihnen in die Ehe eingebrachte Vermögen selbst verwalten. Es dauert noch bis zum Jahr 1977, bis die rechtliche Benachteiligung der Frau in der Ehe endgültig aufgegeben wird. [...] Auch das Problem der ungleichen Entlohnung zieht sich wie ein roter Faden durch die Geschichte der jungen Bundesrepublik. Zwar verfügt das Bundesarbeitsgericht 1955 den Grundsatz des gleichen Lohnes von Mann und Frau bei gleicher Arbeit. [...] [Doch es dauert] noch Jahrzehnte, bis „Frauenlohn-gruppen" aus den Tarifverträgen verschwinden. Hoch umstritten und auch heftig umkämpft ist [...] der Abtreibungsparagraf 218, der Schwangerschaftsabbrüche unter Strafe stellt. Seine Reform im Jahr 1976 stärkt [...] die Rechte der Frau [...]. Erstmals wird der Abbruch einer Schwangerschaft für straffrei erklärt, wenn festgelegte Fristen und bestimmte Voraussetzungen eingehalten werden. Nach der Wiedervereinigung [...] verpflichtet sich der bundesdeutsche Staat 1994 im Zuge einer Grundgesetzänderung dazu, die Gleichberechtigung von Mann und Frau durchzusetzen. Es werden vor allem Gesetze und Programme verabschiedet, die es Eltern und speziell Müttern erleichtern sollen, trotz Familie und Kindererziehung erwerbstätig zu sein. Dazu zählen u. a. der Rechtsanspruch auf einen Kindergartenplatz für Kinder ab drei Jahren (1996), die Einführung der Elternzeit (2001), der Ausbau von Betreuungseinrichtungen für Kinder unter drei Jahren (2005, 2009 und 2013), die Zahlung von Elterngeld (2007), das Programm zur betrieblich unterstützten Kinderbetreuung (2008) und der Rechtsanspruch auf einen Betreuungsplatz für jedes Kind ab dem vollendeten ersten Lebensjahr (2013). Weitere Maßnahmen zielen auf die Gleichstellung am Arbeitsplatz, den Abbau von Diskriminierungen, bessere Chancen für Bewerberinnen [...] und familienfreundlichere Arbeitszeiten ab.

Christian Becker/Stefanie Pitzsch, Auf dem Weg zur Gleichberechtigung, in: Sozialgeschichte. Ein Arbeitsheft für die Schule, BpB: Bonn: 2017, S. 38 ff.

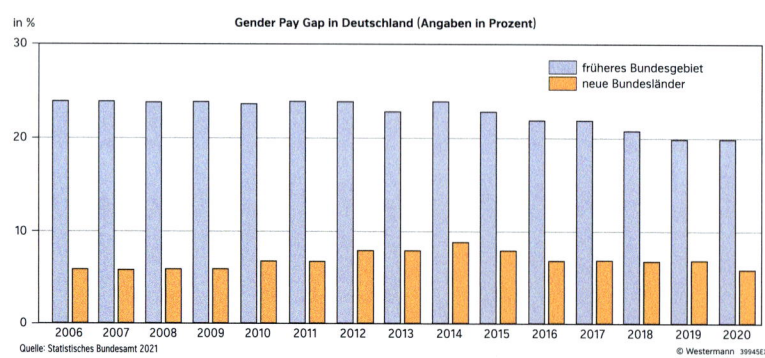

3.4 Handlungsfeld Migrationspolitik

M 1 Einwanderungspolitik: Vorbild Kanada?

GLOSSAR

Migration

Kanada baut darauf, mit Zuwanderung einem künftigen Arbeitskräftemangel und der Überalterung entgegentreten zu können. Das klassische Einwanderungsland hatte zwischen
5 2006 und 2015 meist zwischen 250 000 und 270 000 Migranten, zu denen auch die Flüchtlinge zählen, aufgenommen. Durch die Aufnahme syrischer Flüchtlinge direkt nach Amtsantritt der liberalen Regierung von Pre-
10 mierminister Justin Trudeau war die Zahl auf 300 000 gestiegen. Im vergangenen Jahr wurde ein Dreijahresplan vorgelegt, der eine Steigerung um jeweils 10 000 bis 20 000 Immigranten vorsieht, sodass 2020 insgesamt 340 000 neue
15 Einwohner kommen können. [...] Bekannt ist Kanada für sein Punktesystem, das mehrmals geändert wurde. Eine einschneidende Änderung brachte 2015 die Einführung des „Express Entry"-Systems. Potenzielle Einwanderer kön-
20 nen über die Website des Ministeriums ein Profil erstellen mit Informationen über ihre Qualifikation, Schulbildung, ihre Sprachkenntnisse und ihr Alter. Aufgrund dieser Angaben werden [...] Punkte vergeben. So erhalten Inte-
25 ressierte zwischen 20 und 29 Jahren 100 Punkte, ein 39-jähriger dagegen nur noch 50 Punkte. Damit wird ein „Pool" möglicher Einwanderer geschaffen, aus dem in regelmäßigen Abständen entsprechend ihrer Qualifikati-
30 on Kandidaten aufgefordert werden, sich für eines der Einwanderungsprogramme formal zu bewerben. Besonders interessant ist aus europäischer und deutscher Perspektive das „Federal Skilled Workers"-Programm für Fach-
35 kräfte. In dieser zweiten Stufe wird je nach Programm wieder ein Punktesystem angelegt. Diesmal können maximal 100 Punkte erreicht werden, es müssen aber mindestens 67 Punkte sein. So gibt es für die Sprachkenntnisse maxi-
40 mal 28 Punkte, für die Ausbildung bis zu 25 Punkte. Weitere Kriterien sind Anpassungsfähigkeit, Berufserfahrung, Alter und in Aussicht gestellte Arbeitsplätze. Das Verfahren soll weniger als sechs Monate dauern.

Die „Economic Class" ist die größte Gruppe der 45 Immigranten. Etwa 50 Prozent der Einwanderer gehören in diese Klasse der „Wirtschaftsimmigranten" aus verschiedensten Berufen mit Ausbildung und Qualifikation, einschließlich ihrer Familienangehörigen, die etwas 50 mehr als die Hälfte ausmachen. 2016 gab es rund 70 000 Hauptantragsteller und rund 86 000 Familienangehörige. Zudem gibt es die „Familienklasse": 2016 holten Kanadier fast 80 000 Angehörige aus dem Ausland zu sich. 55 Die Zahl der aufgenommenen Flüchtlinge lag 2016 bei 60 000. Die akzeptierten Einwanderer und Flüchtlinge erhalten ein permanentes Aufenthaltsrecht. Die meisten Einwanderer kamen aus den Philippinen, Indien, Syrien, 60 China und Pakistan. [...]

Der „Toronto Newcomer Day" am 16. Mai 2019 heißt Einwanderer in Kanada willkommen.

Während die geregelte Immigration politisch weitgehend unumstritten ist, erlebt Kanada aber derzeit eine heftige Debatte über nicht legale Einwanderung. Im vergangenen Jahr ka- 65 men rund 25 000 Flüchtlinge, die vor allem aus zentralamerikanischen und afrikanischen Ländern stammen, aus den USA nach Kanada, da ihnen in den Vereinigten Staaten die Abschiebung in ihre Heimat drohte. [...] Kanada, 70 das von drei Ozeanen umgeben ist und nur eine Grenze zu den USA hat, kann anders als europäische Länder seine Einwanderung weitgehend selbst regulieren. Ob die Toleranz, derer sich Kanada rühmt, bei einem stärkeren unre- 75 gulierten Zustrom von Einwanderern Bestand haben würde, ist allerdings äußerst fraglich.

Gerd Braune, Vorbild Kanada – wie Einwanderung gut funktionieren kann, in: https://www.tagesspiegel.de/politik/ punktesystem-vorbild-kanada-wie-einwanderung-gut-funktionieren-kann/22881938.html, 07.08.2018

3.5 Herausforderungen der Familienpolitik

M 1 Familie als soziale Institution

Der Soziologe Johannes Huinink über die Rolle der Familie.

Aufgaben und Leistungen

[...] Die Familie wird als eine soziale Institution
5 angesehen, die für ihre Mitglieder und die Gesellschaft bestimmte Aufgaben erfüllen soll.
[...]

Persönlicher Zusammenhalt und emotionale Zuwendung

10 [...] In der modernen Gesellschaft, in der die Individuen außerhalb der Familie in mehr oder weniger anonymen sozialen Rollen agieren, gibt es ein konkretes Bedürfnis für diese Art von sozialen Beziehungen. [...] In einer
15 funktionierenden Familie erfahren sie persönliche Selbstvergewisserung und positive Erfahrungen von Selbstwirksamkeit. Durch verschiedene Formen persönlicher Zuwendung über die Generationen hinweg bieten sich die
20 Familienmitglieder ideellen und emotionalen Beistand. [...] Gut funktionierende persönliche Beziehungen in Familien fördern nicht nur das individuelle Wohlbefinden und die seelische wie körperliche Gesundheit der Familienangehörigen, sondern ermöglichen es ih-
25 nen auch, sich als handlungsfähige, autonome Akteure in der modernen Gesellschaft erfolgreich zu behaupten.

Unterstützung im Alltag

30 [...] Heute wird von dem Zusammenleben in einem Familienhaushalt erwartet, dass es eine effiziente Basis für die Alltagsorganisation und gegenseitige Hilfe der Menschen bietet.
[...] Gegenseitige Entlastung, Unterstützung
35 und Solidarität sind [...] für die Gesellschaft von hohem Wert, weil Menschen produktiver sind, wenn sie regenerieren können. Darüber hinaus stärken und erhalten Familien so die intergenerationale Solidarität in der Gesell-
40 schaft, die wichtig ist für den übergeordneten sozialen Zusammenhalt.

Fortpflanzung

Die Familie wird als die soziale Basis der Nachwuchssicherung angesehen, in Familien sollen
45 nach Möglichkeit Kinder heranwachsen. In Erfüllung dieser Aufgabe leistet die Familie den physischen Erhalt der Gesellschaft. Während die Aufgabe, persönlichen Zusammenhalt zu wahren und emotionale Zuwendung zu gewähren, eher ein modernes Phänomen ist, gilt
50 die Fortpflanzung traditionell als ureigenste Aufgabe der Familie. Gleichwohl hat sich die Motivation zur Elternschaft und damit auch das, was sie für die Eltern bedeutet und „leistet", im Verlauf der Zeiten geändert. [...]
55

Erziehung und soziale Integration der Kinder

Die Familie ist für die Erziehung und für grundlegende Bereiche der Bildung der Kinder verantwortlich. [...] Die erste Phase ist die
60 „Soziabilisierung" als zweite, „soziokulturelle Geburt" des Menschen, in deren Verlauf den Kindern emotionale Grundlagen, erste Kategorien von Weltverstehen und -vertrauen sowie eine erste soziale Positionsbestimmung in
65 dieser Welt vermittelt werden. Es folgt die Phase der „Enkulturation", in der die Heranwachsenden im Zusammenspiel mit Eltern und Bezugspersonen ihre spezifische individuelle Formung bzw. „soziokulturelle Prä-
70 gung" erfahren und auf die Übernahme ihrer sozialen Rolle in der Gesellschaft vorbereitet werden. [...] Sie ist damit von großer Bedeutung für das zukünftige Leben der Kinder. [...]
Aus gesellschaftlicher Sicht sind die Erzie-
75 hungs- und materiellen Transferleistungen der Eltern dadurch begründet, dass die biologische Reproduktion allein nicht ausreicht. Für die Sicherung des gesellschaftlichen „Humanvermögens" sind sie von essenzieller Be-
80 deutung, weil sie nur sehr bedingt von anderen gesellschaftlichen Institutionen, etwa durch Bildungseinrichtungen, übernommen werden können.

Johannes Huinink, Familie: Konzeption und Realität, in: Informationen zur politischen Bildung, Heft 301/2008, S. 12 ff.

INFO

intergenerational
zwischen den Generationen, über mehrere Generationen hinweg

Humanvermögen
breites Spektrum der Fähigkeiten und Fertigkeiten eines Menschen (im Hinblick auf dessen potenzielle Leistungsfähigkeit für die Gesellschaft)

essenziell
wesentlich

M2 Auszug aus Artikel 6 des Grundgesetzes

(1) Ehe und Familie stehen unter dem besonderen Schutze der staatlichen Ordnung.

(2) Pflege und Erziehung der Kinder sind das natürliche Recht der Eltern und die zuvörderst ihnen obliegende Pflicht. Über ihre Betätigung wacht die staatliche Gemeinschaft.

(3) Gegen den Willen der Erziehungsberechtigten dürfen Kinder nur auf Grund eines Gesetzes von der Familie getrennt werden, wenn die Erziehungsberechtigten versagen oder wenn die Kinder aus anderen Gründen zu verwahrlosen drohen. [...]

M3 Eltern – immer am arbeiten?

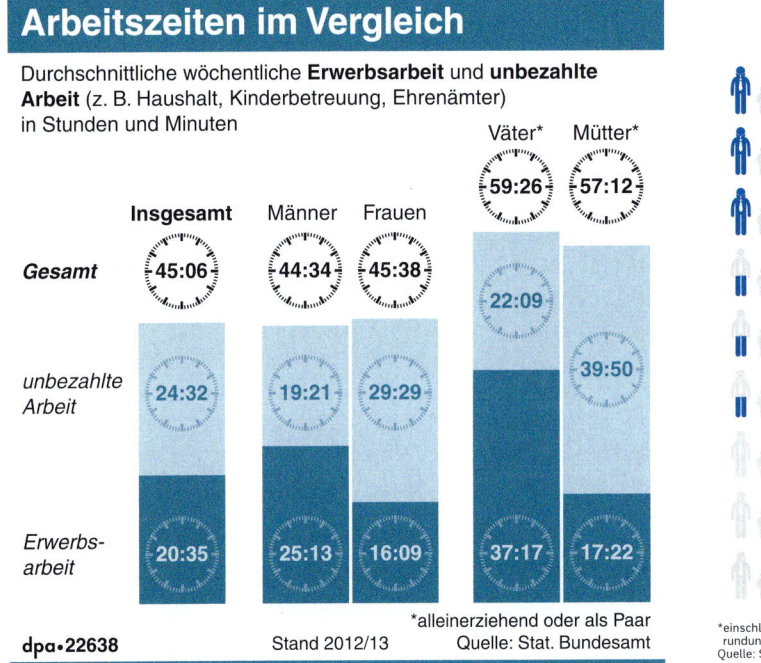

Arbeitszeiten im Vergleich

Durchschnittliche wöchentliche **Erwerbsarbeit** und **unbezahlte Arbeit** (z. B. Haushalt, Kinderbetreuung, Ehrenämter) in Stunden und Minuten

	Insgesamt	Männer	Frauen	Väter*	Mütter*
Gesamt	45:06	44:34	45:38	59:26	57:12
unbezahlte Arbeit	24:32	19:21	29:29	22:09	39:50
Erwerbsarbeit	20:35	25:13	16:09	37:17	17:22

dpa•22638   Stand 2012/13   *alleinerziehend oder als Paar   Quelle: Stat. Bundesamt

Arbeitende Eltern
So viel Prozent der Mütter und Väter mit Kindern unter drei Jahren arbeiteten im Jahr 2019.

beide Vollzeit	8,5 %
Vater Vollzeit, Mutter Teilzeit	24,6 %
Vater Vollzeit, Mutter nicht berufstätig*	50,3 %
Vater Teilzeit, Mutter Vollzeit	0,6 %
Vater Teilzeit, Mutter Teilzeit	1,7 %
Vater Teilzeit, Mutter nicht berufstätig*	4,0 %
Vater nicht berufstätig*, Mutter Vollzeit	1,1 %
Vater nicht berufstätig*, Mutter Teilzeit	0,9 %
beide nicht berufstätig*,	8,2 %

*einschließl. Mütter in Mutterschutz und Mütter / Väter in Elternzeit
rundungsbedingte Differenzen
Quelle: Statistisches Bundesamt, Mikrozensus, nach: Picture Alliance, Globus 14417   202PX

M4 Leitbilder von Familienpolitik

Traditionelles Leitbild:
orientiert sich an der bürgerlichen Kleinfamilie als „Ideal": lebenslange Paar- und Eltern-Kind-Beziehung; Vollständigkeit der Familie, die aus zwei leiblichen Eltern und zwei Kindern bestehen sollte; rechtliche Fundierung der Paarbeziehung durch die Ehe; unterschiedliche Ausgestaltung der Geschlechterrollen mit der Fokussierung des Mannes auf die Rolle des Ernährers und der Frau auf Haushalt und Kinder.

Modernes Leitbild:
orientiert sich an der „postmodernen Familie" mit der Vielfalt familialer Lebensformen und Strukturen, die in ihrer Funktion als „Solidargemeinschaften" als gleichwertig angesehen werden; Gestaltungsoffenheit von Familie und Paarbeziehung/Ehe ohne vorgegebene geschlechtsspezifische Rollenfixierungen; Formen des Zusammenlebens, Rollenaufteilung und Erziehung als zu treffende Vereinbarung der Beziehungspartner.

GLOSSAR

Idealtypus

Autorentext

M 5 Kindergrundsicherung gegen Kinderarmut?

Der Paritätische Wohlfahrtsverband fordert die Einführung einer Kindergrundsicherung.

Aktuell werden Kinder je nach Erwerbssituation ihrer Eltern höchst ungleich finanziell ge-
5 fördert: Kinder von Erwerbslosen bzw. Gering-verdienern/innen beziehen je nach ihrem Alter Sozialgeld in Höhe von 237 bis 311 Euro pro Monat. Kinder von Erwerbstätigen mit unteren und mittleren Einkommen erhalten mo-
10 natlich 192 Euro (für das erste und zweite Kind), 198 Euro (für das dritte Kind) und 223 Euro (für das vierte und alle weiteren Kinder) Kindergeld. Die Kinder von Gut- und Spitzen-verdiener/innen hingegen profitieren mit
15 steigendem Einkommen von den steuerlichen Kinderfreibeträgen. Diese wirken sich auf-grund des progressiven Steuersystems bei den höchsten Einkommen am stärksten aus. Aktu-ell beträgt die maximale Entlastung aufgrund
20 der Freibeträge gut 290 Euro monatlich. Zu-sätzlich können Bezieher/innen hoher Ein-kommen ihre Ausgaben für häusliche Kinder-betreuung und/oder für Privatschulen steuersparend absetzen. Diese gegenwärtige
25 Ungleichbehandlung von Kindern ist höchst ungerecht. Unserer Gesellschaft sollte jedes Kind gleich viel wert sein – der Staat muss je-dem Kind gleiche Chancen gewähren. [...]
Ausgehend von verschiedenen Entscheidun-
30 gen des Bundesverfassungsgerichts hat das kindliche Existenzminimum eine hohe Bedeu-tung, die über seine steuerliche Freistellung hinausgeht. Aktuell beträgt die Höhe des ver-fassungsrechtlich notwendigen Existenzmini-
35 mums 573 Euro monatlich. [...] Dieses Exis-tenzminimum muss für alle Kinder als garan-

tiertes Kinderrecht gelten, nicht nur für diejenigen Kinder, deren Eltern Steuern zahlen können. Unser Vorschlag lautet, künftig alle Kinder mit einer Kindergrundsicherung in 40 Höhe von 573 Euro monatlich abzusichern. Damit wird der grundlegende Bedarf, den Kinder für ihre Entwicklung benötigen und den das Bundesverfassungsgericht festgestellt hat, aus öffentlichen Mitteln gedeckt. Die Hö- 45 he unserer Kindergrundsicherung orientiert sich dabei am aktuellen soziokulturellen Existenzminimum und soll stetig an die Inflations-rate angepasst werden.
Wir favorisieren eine gestufte Kindergrund- 50 sicherung, die allen Kindern das sächliche Existenzminimum in Höhe von 393 Euro als unbürokratische Leistung garantiert. Bis der Staat sämtliche Leistungen für Bildung, Be-treuung und Erziehung gebührenfrei zur Ver- 55 fügung stellt, fordern wir einen weiteren Be-trag in Höhe von 180 Euro. Um sie sozial gerecht bzw. entsprechend der finanziellen Leistungsfähigkeit der Eltern auszugestalten, soll sie mit dem Grenzsteuersatz des elterli- 60 chen Einkommens versteuert werden. Im Er-gebnis erhalten Kinder und ihre Familien ei-nen Mindestbetrag von ca. 290 Euro, der in etwa der maximalen Entlastung durch die der-zeitigen Kinderfreibeträge entspricht. Je nied- 65 riger das Familieneinkommen ist, desto höher fällt der Betrag der Kindergrundsicherung aus. Die Kindergrundsicherung soll weitge-hend vorrangig vor anderen Sozialleistungen sein, damit Kinder aus dem stigmatisierenden 70 Bezug insbesondere von SGB II-Leistungen und der verdeckten Armut herausgeholt wer-den. [...] Unser Modell sieht vor, dass nur pau-schal bemessene Transfers ersetzt werden sol-len. Für Sonder- oder Mehrbedarfe im Falle 75 behinderter oder kranker Kinder oder bei überdurchschnittlichen Wohnkosten, Umzü-gen und Klassenreisen soll weiterhin der Grundsicherungsträger zuständig sein. Die Leistung wird für alle Kinder und Jugendli- 80 chen bis zum 18. Lebensjahr gewährt.

Was ist Kindergrundsicherung?, in: https://www. paritaet-bw.de/was-ist-kindergrundsicherung, 06.09.2021

INFO
SGB
Sozialgesetzbuch

Familienpolitische Leistungen
Geschätzte Staatsausgaben in Deutschland

in Millionen Euro	2009	2019	Anstieg in Prozent
Kindergeld	37 543	45 272	+21 %
Elterngeld	4450	6982	+57
Unterhaltsvorschuss	819	2178	+166
Kindertagesbetreuung	395	745	+89
Entlastungsbetrag*	350	535	+53

*für Alleinerziehende

Auswahl   Quelle: Familienreport 2020   dpa•101792

M 6 Kindergrundsicherung – ein Geschenk an die Mittelschicht?

Von einem Bündnis, dem Organisationen wie die Arbeiterwohlfahrt (AWO), der Kinderschutzbund, das Kinderhilfswerk, die Gewerkschaft Erziehung und Wissenschaft GEW, Pro
5 Familia und der Paritätische angehören, hat [...] [die SPD] die Bezeichnung „Kindergrundsicherung" für eine Transferleistung übernommen, die alle kinderbezogenen Leistungsarten (Kindergeld, Kinderzuschlag, Sozialgeld
10 bzw. Arbeitslosengeld II, Bildungs- und Teilhabepaket, Unterhaltsvorschuss) ersetzen soll. Seit die SPD [...] angekündigt hat, dass [...] [sie] eine Kindergrundsicherung favorisiere und ein Konzept dafür entwickeln wolle, wird erst-
15 mals öffentlich über dieses Instrument zur Bekämpfung der Kinderarmut diskutiert. Kaum jemand äußert Kritik daran, obwohl Widerspruch nötig erscheint.

Das seit zehn Jahren bestehende „Bündnis
20 Kindergrundsicherung" will die Steuerfreibeträge von 415 Euro pro Monat für das sächliche Existenzminimum sowie von 220 Euro pro Monat für den Betreuungs-, Erziehungs- oder Ausbildungsbedarf (bis der Staat diese Leis-
25 tungen gebührenfrei erbringt), zusammen mithin 635 Euro, an sämtliche Kinder als Pauschalbetrag auszahlen. Alle kindbezogenen Transferleistungen (Kindergeld, Kinderzuschlag, Sozialgeld bzw. Arbeitslosengeld II,
30 Unterhaltsvorschuss) würden im Gegenzug entfallen.

Um die unterschiedliche finanzielle Leistungsfähigkeit der Familien zu berücksichtigen, will man die Kindergrundsicherung zum
35 Grenzsteuersatz der Eltern besteuern. Dieser ist zwar höher als der Durchschnittssteuersatz, wird aber nicht auf das gesamte Bruttoeinkommen, sondern (nach Abzug des Grundfreibetrages und anderer Freibeträge) nur auf
40 das zu versteuernde Einkommen erhoben. Deshalb übersteigt der Grenzsteuersatz sogar bei mittleren Einkommen selten 30 Prozent. Dann blieben den Eltern immer noch 444,50 Euro pro Kind. Bis zum 1. Juli 2019 beträgt das
45 Kindergeld 194 Euro für das erste und zweite Kind, danach jeweils 10 Euro mehr. Das macht also pro Kind und Monat immerhin 250,50 Euro mehr als bisher.

Sehr viel sinnvoller wäre es, mit den hierfür benötigten Milliarden die soziale, Bildungs-
50 und Betreuungsinfrastruktur für Kinder auszubauen. Kurzum, es handelt sich um ein [...] Konzept, das Eltern nicht nach Bedarf alimentiert, sondern für ihr Elternsein honoriert.

Ebenso wie das bedingungslose Grundein-
55 kommen, dessen Protagonisten mit ihr einen Türöffner für das eigene Projekt gefunden zu haben glauben, ist diese Kindergrundsicherung aufgrund der Pauschalierung wenig zielgenau und schlecht für Arme.
60

In beiden Fällen werden alle Leistungsbezieher über einen Kamm geschoren, unabhängig davon, wo und in welchen Haushaltskonstellationen sie leben, wie alt und ob sie sozial benachteiligt oder gesundheitlich eingeschränkt
65 sind. Selbst ein riesiges Vermögen (aus einer Schenkung oder Erbschaft) würde den Zahlbetrag nicht mindern.

Umgekehrt sollte man im Kampf gegen die (Kinder-)Armut durch eine stärkere Zielgrup-
70 penorientierung besonders jene Menschen fördern, die aufgrund ihrer strukturellen Benachteiligung und speziellen Handikaps keine Perspektiven haben. Nötig ist eine Neuordnung des Familienleistungsausgleichs, weil
75 besserverdienende Paare durch den steuerlichen Kinderfreibetrag und das Ehegattensplitting privilegiert werden.

Die sozialdemokratische Kindergrundsicherung orientiert sich am Einkommen der El-
80 tern, ohne dass die Partei schon Einzelheiten dazu nennt, wie das erfolgen soll. [...] Die Gesamtsumme ist also unklar, zumal die sozialdemokratische Kindergrundsicherung aus zwei Säulen besteht: Neben der „individuellen
85 Grundsicherung", die digital beantragt werden kann, tritt eine „infrastrukturelle Förderung" der Kinder. Darunter versteht die SPD, dass „auf bundes-, länder- und kommunaler Ebene mehr Strukturen wie Kita, Schule,
90 Ganztagsbetreuung, Mittagessen und Mobilität kostenfrei" gemacht werden.

Christoph Butterwegge, Ein teures Geschenk an die Mittelschicht, in: https://www.fr.de/meinung/teures-geschenk-mittelschicht-11812166.html, 01.03.2019

3.6 Herausforderungen der Bildungspolitik

M1 Schülerzahlen

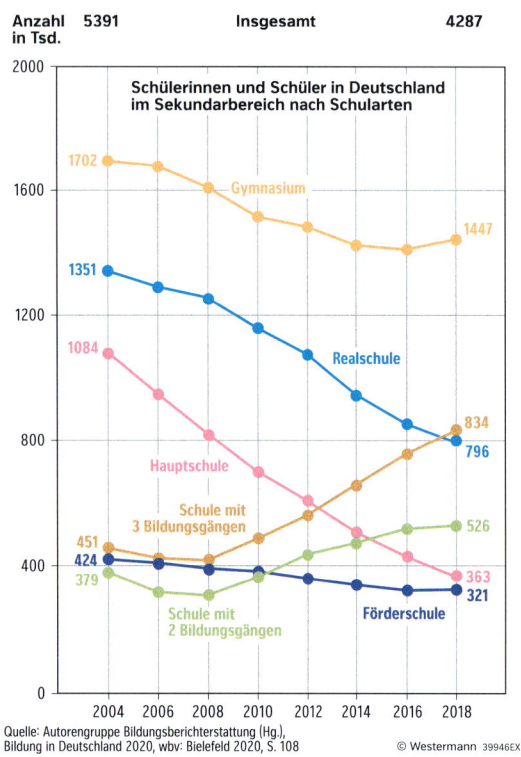

Anzahl 5391   Insgesamt   4287
in Tsd.

Schülerinnen und Schüler in Deutschland
im Sekundarbereich nach Schularten

Quelle: Autorengruppe Bildungsberichterstattung (Hg.),
Bildung in Deutschland 2020, wbv: Bielefeld 2020, S. 108

© Westermann 39946EX

M2 Schülerziele

Angestrebter Schulabschluss
Abitur Realschulabschluss Hauptschulabschluss
Fachhochschulabschluss k.A.   Angaben in %

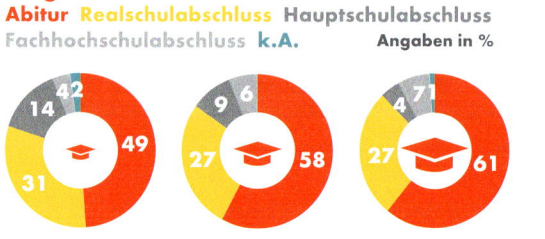

2002   2010   2019

Sicherheit, berufliche Wünsche verwirklichen zu können

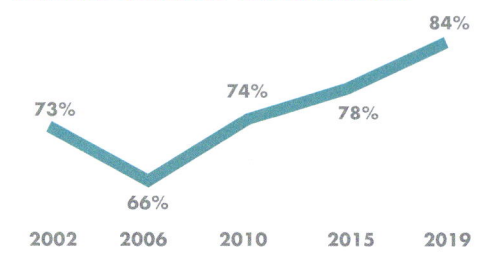

73%   66%   74%   78%   84%

2002   2006   2010   2015   2019

Quelle: Shell Jugendstudie 2019

M3 Schulabschlüsse

Absolventinnen und Absolventen bzw. Abgängerinnen und Abgänger
aus allgemeinbildenden und beruflichen Schulen 2006, 2010, 2014 und 2018
nach Abschlussarten (in % der gleichaltrigen Wohnbevölkerung*)

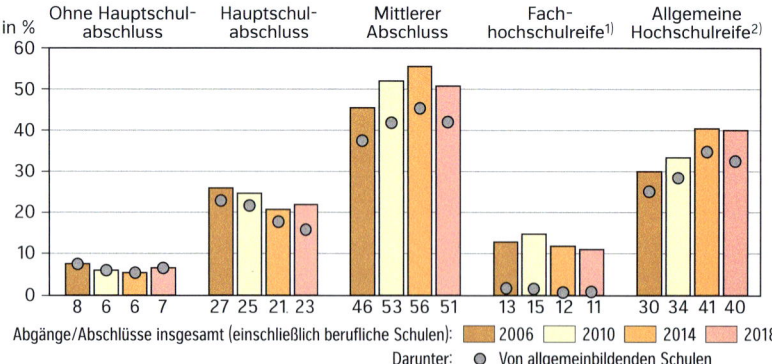

Abgänge/Abschlüsse insgesamt (einschließlich berufliche Schulen): 2006 2010 2014 2018
Darunter: ⚫ Von allgemeinbildenden Schulen

* Die Zahl der Abgängerinnen und Abgänger bzw. Absolventinnen und Absolventen wird auf die gleichaltrige Wohnbevölkerung bezogen (Quotensummenverfahren). Es kommt zur zeitversetzten Doppelzählungen, z. B. wenn
  Personen Schulabschlüsse nachholen oder um einen weiteren Schulabschluss ergänzen.

1) Seit 2012 ohne Absolventinnen und Absolventen, die nur den schulischen Teil der Fachhochschulreife erworben haben.

2) 2010 doppelter Abiturjahrgang (G8/G9) in Hamburg; 2014 verstärkter Abiturjahrgang in Hessen.

Quelle: Autorengruppe Bildungsberichterstattung (Hg.), Bildung in Deutschland 2020, wbv: Bielefeld 2020, S. 143

39947EX
© Westermann

M4 Bedeutung des Elternhauses

Elternhaus entscheidet über Bildungserfolg
Abitur Realschulabschluss
kein/einfacher Schulabschluss
Angaben in %

Erreichter/angestrebter
Schulabschluss der
Jugendlichen

Vater mit
höherem
Schulabschluss

Vater mit
mittlerem
Schulabschluss

Vater mit
keinem/einfachem
Schulabschluss

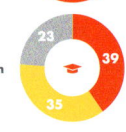

Quelle: Shell Jugendstudie 2019

M5　Soziale Herkunft und Bildungserfolg

Fast die Hälfte der Jugendlichen (47 Prozent) besucht mittlerweile ein Gymnasium, bei den Mädchen sogar eine knappe Mehrheit (53 Prozent). Die zweitwichtigste Schulform bilden
5 integrierte Schulen in ihren verschiedenen Ausprägungen, auf die mittlerweile 26 Prozent der Jugendlichen gehen. Zu Anfang des Jahrtausends betrug dieser Anteil erst 13 Prozent. Haupt- und Realschulen verlieren dage-
10 gen an Bedeutung. Entsprechend strebt auch eine große Mehrheit der Jugendlichen (58 Prozent) das Abitur an bzw. hat es erreicht.

Nach wie vor besteht ein starker Zusammenhang zwischen Bildungserfolg und sozialer Herkunft. Bei Jugendlichen aus bildungsfer- 15 nen Elternhäusern ist es nur halb so wahrscheinlich, dass sie das Abitur schaffen (39 Prozent) wie bei Jugendlichen aus bildungsnahen Elternhäusern (81 Prozent). Die Bildungspolitik der letzten Jahre zeigt allerdings inso- 20 fern Erfolge, als mittlerweile auch Jugendliche aus bildungsfernen Schichten deutlich häufiger das Abitur anstreben bzw. erreichen als früher: 2019 beträgt ihr Anteil 39 Prozent, 2002 lag er bei 26 Prozent. 25

Jugend 2019 – 18. Shell Jugendstudie. Eine Generation meldet sich zu Wort (Flyer), S. 5, https://www.shell.de/ueber-uns/shell-jugendstudie/_jcr_content/par/toptasks.stream/1570810209742/9ff5b72cc4a915b9a6e7a7a7b6fdc653cebd4576/shell-youth-study-2019-flyer-de.pdf, Oktober 2019

M6　Studierendenmilieus und soziale Herkunft

Dass die Jugendlichen aus unteren Sozialschichten in den vergangenen zwei Jahrzehnten bei den höheren Schulabschlüssen [...] aufgeholt haben, hat indes die ungleichen
5 Verhältnisse nicht verändert; die Jugendlichen aus allen Schichten haben zunehmend höhere Bildungsabschlüsse erworben. Rainer Geißler hat diese Entwicklung als ein „Paradox der Bildungsexpansion" bezeichnet: Die
10 Bildungschancen steigen bei zugleich „wenig Bildungsgerechtigkeit". So sind auch die in der Vergangenheit gestiegenen Schüler*innenzahlen am Gymnasium nicht das Resultat einer überproportionalen Öffnung für
15 Schüler*innen aus unteren sozialen Schichten. Ähnlich verhält es sich an den Hochschulen. Auch hier ist der Zustrom weitgehend ungebrochen. [...] Im Wintersemester 2019/2020 hat die Zahl der Immatrikulierten mit knapp
20 290 000 Studierenden einmal mehr ein Rekordhoch erreicht. [...] Die Chancen sind hier ebenfalls weiterhin ungleich verteilt. Darauf verweisen unter anderem die sozialgruppenspezifischen Bildungsbeteiligungsquoten des
25 Jahres 2016, die die Chancenstruktur der altersgleichen Bevölkerung zu diesem Zeitpunkt abbilden. Danach haben 28 Prozent der 18- bis unter 25-Jährigen der deutschen

Wohnbevölkerung mindestens ein Elternteil, das über einen akademischen Abschluss ver- 30 fügt; dieser Anteil beträgt bei den Studienanfänger*innen 53 Prozent. Und während ebenfalls 53 Prozent der 18- bis unter 25-Jährigen mindestens ein Elternteil mit einem beruflichen Abschluss (ohne Abitur) haben, gilt dies 35 nur für 30 Prozent der Studienanfänger*innen. [...]

Milieuspezifisch unterschiedliche kulturelle Passungen im Studium

Die ungleichen Voraussetzungen der sozialen 40 Herkunft äußern sich auch in der Art und Weise, in der das Studium wahrgenommen und bewältigt wird. Dies belegt die in der Vergangenheit beständig gewachsene Zahl von Forschungen, die an die Bourdieusche Theorie 45 von Habitus und Feld und an die Theorie sozialer Milieus von Michael Vester u. a. anschließen. Sie gehen davon aus, dass „sich die Studierenden durch ein ganzes System milieubedingter Einstellungen und Vorkenntnisse un- 50 terscheiden" [...] die sie von Kindesbeinen an verinnerlicht haben und die auch für ihre Wahrnehmung und Praxis im Studium maßgeblich sind. [...] Während diejenigen aus akademisch geprägten Elternhäusern eine eher 55

INFO

Andrea Lange-Vester
(* 1961)
Die deutsche Soziologin ist Sprecherin der Sektion Bildung und Erziehung in der Deutschen Gesellschaft für Soziologie.

QUERVERWEIS

Pierre Bourdieu: Klassen und Habitus
S. 78 f.

Studenten an einer Universität

liche Zukunft vielmehr „Einfluss" und „Leidenschaft", Lebensgenuss oder auch Selbstverwirklichung. Je nachdem, welcher Fraktion der oberen Milieus die Studierenden angehö- 85 ren, stehen eher Autonomieansprüche und integrative Haltungen oder eher Statusfragen und ausgrenzende Positionen im Vordergrund der jeweils distinktiven Strategien, mit denen zugleich Unterschiede hinzu den mittleren 90 und unteren Studierendenmilieus markiert werden.

Die Studierenden der oberen Milieus sprechen die in Bildungsinstitutionen verlangte Sprache und sehen in den Lehrenden oft Ansprech- 95 partner*innen auf Augenhöhe. Sie betonen die eigene Individualität und verfügen dank ihrer Sicherheit im Hochschulgeschehen über individualisierte Strategien, mit denen sie ihr Studium auch unabhängig von den Kommili- 100 ton*innen bestreiten können.

Selbstzweifel und Anspannung – Begleiterscheinungen des Bildungsaufstiegs

Für Bildungsaufsteiger*innen, die es an die Hochschule geschafft haben, ist die Situation 105 häufig eine andere. Insbesondere für Studierende aus unteren sozialen Milieus bedeutet der Bildungsaufstieg eine Reihe unbekannter Herausforderungen, die sich nicht allein auf den Bildungserwerb und konkrete Studienin- 110 halte beziehen, sondern unter Umständen dazu führen, dass die gesamte bisherige Lebensweise auf den Prüfstand kommt. Diese Auseinandersetzung mit dem Selbst kostet nicht zuletzt Zeit und Energie, die nicht für die 115 Aufarbeitung der Inhalte des Studiums zur Verfügung stehen. Die empfundene „Nicht-Passung" im Studium geht durchaus mit „Selbstzweifeln" und „Unsicherheit" der Bildungsaufsteiger*innen einher. Sie wirken 120 häufig „angestrengt" und müssen für ihren Studienerfolg „kämpfen". [...]

Während in kleineren Studiengängen mit vergleichsweise familiärer Atmosphäre eher Kontakte zu Dozent*innen aufgebaut werden kön- 125 nen, scheint dies im Massenbetrieb größerer Studiengänge eher schwierig [...], in dem eventuell eher übersehen und vergessen wird, wer sich nicht mit der erforderlichen Portion Selbstvertrauen zu Wort meldet. 130

Andrea Lange-Vester, Zwischen Selbstgewissheit und Selbstzweifel, in: spw, Heft 3/2020, S. 38 ff.

INFO

distinktive Strategie
unterscheidende, abgrenzende Vorgehensweise

hohe Affinität zu den Erwartungen und Konventionen der Hochschule mitbringen, auf die sie ihre Erfahrungen in Kindheit und Jugend gewissermaßen vorbereitet haben, betreten 60 Bildungsaufsteiger*innen mit Aufnahme des Studiums quasi Neuland.

Selbstbewusstsein und Gelassenheit – Wirkungen privilegierter Herkunft

Besonders deutlich äußern sich unterschiedli- 65 che Vertrautheit mit der Kultur der Hochschule und damit verbundene Differenzen im Habitus der Studierenden im Verhältnis von Selbstgewissheit und Selbstzweifel, von entspannter und angespannter Haltung. Es sind 70 insbesondere die Studierenden aus den oberen Milieus und akademischen Elternhäusern, bei denen die verschiedenen Forschungen, unabhängig vom untersuchten Studiengang und Hochschultyp, einen vergleichsweise 75 selbstverständlichen und gelassenen Umgang mit den Studienanforderungen feststellen, der „mit einem Wohlgefühl" einhergeht. Äußerungen über mögliche Sorgen und Unsicherheiten, was den eigenen Erfolg und die 80 künftigen Lebensperspektiven angeht, gibt es hier kaum einmal. Im Blick sind für die beruf-

M 7 Die ignorierten Armen – die gravierende Bildungskluft

Die deutsche Politikwissenschaftlerin Annett Mängel ist Redakteurin der Zeitschrift „Blätter für deutsche und internationale Politik".

In den ersten Tagen der Ausgangsbeschrän
5 kungen konnte man in den Fernsehnachrichten Familien bei ihrem schwierigen Alltag im
Home-Office samt Home-Schooling zuschauen, die allesamt in einem Einfamilienhaus, mit
einzelnen Zimmern für jedes Kind inklusive
10 Schreibtisch, mit Garten samt Trampolin und
Fußballtor lebten. Ohne Zweifel birgt das ungewohnte enge Zusammenleben für alle Familien Herausforderungen, ist es auch für jene
Kinder schwierig, ihre Freunde nicht treffen
15 zu können.
Doch die Realität viel zu vieler Kinder sieht
ganz anders aus. In den Wohnungen, in denen
arme und geringverdienende Familien oft viel
zu beengt leben, gibt es nicht überall einen ru
20 higen Arbeitsplatz für die Schulaufgaben. Und
wo kein eigener Garten zur Verfügung steht,
fehlt der erforderliche Raum, um dem Bewegungsdrang der Kinder gerecht zu werden.
Diese Kinder sind daher von geschlossenen
25 Kitas, Schulen, Spiel- und Sportplätzen auf
ganz andere Weise betroffen.
Damit aber verschärften die Schulschließungen die schon zuvor bestehende soziale Kluft
zwischen den Schülerinnen und Schülern
30 noch einmal mehr. Auch 20 Jahre nach der ersten Pisa-Studie hängt der Bildungserfolg bekanntlich noch immer viel zu stark vom sozialen Status und dem Bildungshintergrund der
Eltern ab. Und da die Lehrerinnen nun auch
35 über digitale Medien Kontakt zu ihren Schülern halten sollen, offenbart sich dies umso
deutlicher. Denn die Familien sind völlig unterschiedlich mit den dafür notwendigen Geräten ausgestattet: Anders als in Finnland, wo
40 jedes Schulkind ein Tablet mit den notwendigen Apps zur Verfügung gestellt bekommt,
gibt es hierzulande keine entsprechende
gleichmäßige Ausstattung. Die viel beschworene Digitalisierung der Schulen ist faktisch
45 nicht vorhanden. [...] Längst nicht in jeder Familie stehen Computer, Drucker und Scanner
zur Verfügung. Manche Kinder haben daher
keine Chance, die geforderten Schulaufgaben
zu erledigen – es sei denn, die Schule verzichtet auf digitales Lernen und sorgt für eine 50
Übergabe ausgedruckter Arbeitsblätter.
Zwar plant die Bundesregierung angesichts
dieser Kluft nun, den betroffenen Schülerinnen und Schülern ein digitales Gerät zur Verfügung zu stellen. [...] Ob und wie schnell das 55
klappen wird, steht derzeit noch in den Sternen. Doch selbst wenn es für die Kinder tatsächlich einen eigenen Computer geben sollte, bleiben noch andere Fragen zu klären – nicht
zuletzt die nach wie vor nicht in allen Woh 60
nungen vorhandene Internetverbindung.
Bis auf Weiteres bleibt die digitale Kluft zwischen den Schülerinnen und Schülern somit
bestehen. Ja, mehr noch: Durch den coronabedingten Schulausfall wurde die Bildungskluft 65
erheblich erhöht. Denn auch die Kapazitäten
und Fähigkeiten der Eltern, ihren Kindern bei
den Schulaufgaben zu helfen, sind höchst ungleich verteilt. Während in Familien mit hohem Haushaltseinkommen 60 Prozent der Er 70
werbstätigen im Home-Office arbeiteten,
waren es im untersten Einkommensbereich
nur 17 Prozent. Letztere mussten also, sofern
sie keinen Anspruch auf Notbetreuung gelten
machen konnten, externe Arbeit und Kinder 75
betreuung unter einen Hut bringen – und
standen daher ihren Kindern schon zeitlich
viel weniger unterstützend zu Seite.
Zusätzlich verschärfen in vielen Familien
Sprachbarrieren das Problem: Sprechen die 80
Eltern nur wenig Deutsch, stehen sie als Ersatzlehrer schlicht nicht zur Verfügung, weil
sie schon die Aufgabenstellung nicht verstehen. Wenn die Kinder Glück haben, versuchen
besonders engagierte Lehrer oder andere El 85
tern die Lücke zu füllen; in vielen Fällen aber
werden sie in den vergangenen Wochen erheblich weniger gelernt haben als andere. [...]
Die sozialen Ungleichheiten treten somit in
der Corona-Krise wie unter einem Brennglas 90
zutage – und nehmen noch einmal deutlich
zu. Dies sollte ein Weckruf für die Sozialpolitik
in diesem Land sein.

Annett Mängel, Corona: Die ignorierten Armen, in: Blätter für deutsche und internationale Politik, Heft 6/2020, S. 11 f.

GLOSSAR

Sozialpolitik

3.7 Herausforderungen der Geschlechterpolitik

M1 Frauen heute

[Noch immer] bestehen viele soziale Ungleichheiten: Erwerbstätige Frauen verdienen in Deutschland durchschnittlich 21 Prozent weniger als Männer. Sie arbeiten häufiger in Teilzeit, sind bei den Führungspositionen unterrepräsentiert und leisten den Hauptteil der unbezahlten Arbeit in Haushalt, Kinderbetreuung und der Pflege von Angehörigen. Mädchen und junge Frauen müssen daher weiter ermutigt werden, Berufe zu wählen, die ihren guten Schulabschlüssen und Qualifikationen entsprechen. Flexiblere Arbeitszeiten und ein leichterer beruflicher Wiedereinstieg von Müttern nach einer Familienauszeit sind weitere Ansätze, um die Erwerbstätigkeit von Frauen zu steigern. Viele Defizite haben noch immer Bestand und rechtfertigen auch in Zukunft eine aktive Politik für die Frau. Doch die rechtliche wie gesellschaftliche Situation für Mädchen und Frauen im Sinne einer besseren Gleichstellung hat sich in den letzten 60 Jahren erheblich verbessert. Mussten Frauen bei der Gründung der Bundesrepublik Deutschland ihre Ehemänner noch um Erlaubnis fragen, wenn sie eine Berufstätigkeit aufnehmen wollten, und dominierte die Vorstellung der Hausfrauenehe das Rollenverständnis, können sie nun frei über ihre Lebens- und Familienform bestimmen. Die Rollenbilder von Frauen, aber auch von Männern sind vielfältiger und offener geworden und können von den Partnern in Beziehung und Ehe frei ausgehandelt werden. Dazu zählt auch die Lastenverteilung in der Familie und im Haushalt. Gleichstellungs- und Frauenbeauftragte in öffentlichen Verwaltungen und der privaten Wirtschaft treten für die Interessen von Frauen ein.

Dies sind Errungenschaften und Fortschritte für die Selbstständigkeit von Frauen, hinter die die bundesdeutsche Gesellschaft nicht mehr zurückfallen wird.

Christian Becker/Stefanie Pitzsch, Auf dem Weg zur Gleichberechtigung, in: Sozialgeschichte. Ein Arbeitsheft für die Schule, BpB: Bonn 2017, S. 41

M2 Fortschritte bei der Rollenverteilung?

Zeichnung: Leopold Maurer

Zeichnung: Thomas Plaßmann

M3 Rollenverteilung zwischen Frau und Mann

Wie geht es Frauen zwischen 18 und 40 Jahren in Deutschland? Eine Studie zeigt: Die Probleme, Wünsche und Schwierigkeiten sind ähnlich – egal ob Putzfrau oder Managerin. [...]

5 Zusammengefasst kamen in Bezug auf alle Milieus bestimmte Aspekte in den Interviews immer wieder zur Sprache – egal, ob [...] [die Wissenschaftler] mit reichen oder armen, nur berufstätigen oder in der Familie engagierten

10 Frauen sprachen:

- Als eine der größten Ungerechtigkeiten wird die Lohnlücke zwischen Männern und Frauen wahrgenommen.
- Die Gleichstellung der Geschlechter ist aus
15 Sicht der Frauen noch längst nicht erreicht. 51 Prozent halten sie für „eher nicht" oder „überhaupt nicht" umgesetzt, nur eine von zehn sieht sie umfassend realisiert. Bei den Männern dagegen empfindet eine leichte
20 Mehrheit mangelnde Gleichberechtigung nicht mehr als Problem (53 Prozent).
- Anders als heute sollten sich der Studie zufolge Kitas und Kindergärten als Service-

agentur für Eltern verstehen und ihre An- 25 gebote den Bedürfnissen arbeitender Mütter und Väter anpassen: von der Rund-um-die-Uhr-Betreuung bis zu Öffnungszeiten am Wochenende.

- Vollzeit? Lieber nicht. Die Mehrheit der befragten Frauen würde gerne zwischen 30 30 und 35 Stunden pro Woche arbeiten, trotz der damit verbundenen Einbußen bei Einkommen und Rente.
- Tatsächlich aber stellen viele Frauen fest, dass sich ihre Ansprüche an eine Balance 35 zwischen Familie und Arbeit unter den aktuellen Bedingungen kaum realisieren lassen – und entscheiden sich dann doch für die klassische Rollenverteilung:

„Obwohl sie es eigentlich nicht wollen, ist es heute aus finanziellen Gründen sinnvoll und 40 vernünftig, so zu handeln", heißt es in der Studie zu den Beweggründen für diese Entscheidung gegen den Beruf: „Es geht derjenige zur Arbeit, der im Job mehr Geld nach Hause bringt – in der Regel der Mann." 45

Lena Greiner/Armin Himmelrath, „Der Beruf meines Mannes ist wichtiger", in: DER SPIEGEL (online), https://www.spiegel.de/karriere/frauen-familie-beruf-von-gleichberechtigung-weit-entfernt-a-1101874.html, 07.07.2016

M4 Lohnunterschiede

Mit dem Entgelttransparenzgesetz, das im Juli 2017 in Kraft trat, wurde der Abbau der Lohnungleichheit zwischen Männern und Frauen erneut auf die politische Tagesordnung ge-
5 setzt. Vor allem größere Betriebe sollen in die Pflicht genommen werden, regelmäßig über den erreichten Stand der Gleichstellung und ihr geschlechtsspezifisches Lohngefüge zu berichten – mit dem Ziel, die bestehende Lohn-
10 differenz zwischen Männern und Frauen zu reduzieren. Dass dies weiterhin notwendig ist, zeigen neueste Zahlen des Statistischen Bundesamtes. Danach lag der durchschnittliche Bruttostundenlohn von Frauen im Jahr 2016
15 immer noch um knapp 21 Prozent unter dem der Männer. Oft genannte Gründe für den Lohnunterschied zwischen Frauen und Männern sind das im Durchschnitt immer noch niedrigere Bildungsniveau, die Konzentration
20 von Frauen in schlechter entlohnten Berufen

sowie Teilzeiterwerbstätigkeit und Erwerbsunterbrechungen durch Elternzeit, die Frauen deutlich häufiger betreffen als Männer.

Doch wie (eine) IAB-Studie aus dem Jahr 2016 zeigt, verdienten sozialversicherungspflichtig 25 beschäftigte Frauen gleichen Alters im Jahr 2010 selbst bei gleicher Qualifikation und im gleichen Beruf innerhalb des gleichen Betriebs etwa 12 Prozent weniger als ihre männlichen Kollegen. [...] 30

Dabei zeigt sich, dass die Geschlechtszugehörigkeit vor allem in den unteren und in den obersten Lohnregionen eine große Rolle spielt. Frauen sind überproportional häufig in gering entlohnten und selten in den am 35 höchsten entlohnten Jobs zu finden. Die Gründe hierfür [...] reichen von statistischer Diskriminierung bis hin zu sozialen Schließungsprozessen, die Zugänge zu Führungspositionen erschweren. 40

INFO

IAB
Institut für Arbeitsmarkt- und Berufsforschung (der Bundesagentur für Arbeit).

Eine neue Studie zeigt nun: Lohnunterschiede zwischen Frauen und Männern können durch betriebliche Maßnahmen zur Chancengleichheit und formalisierte Personalprozesse in
45 Teilbereichen des Arbeitsmarktes verringert werden. Vor allem im unteren Lohnbereich gleicht sich die Wahrscheinlichkeit in unteren Lohnregionen zu arbeiten für Frauen und Männer an; die oberen 60 Prozent der Lohn-
50 verteilung bleiben davon aber nahezu unberührt. Die Gründe für die beständige Kluft im oberen Lohnbereich können vielfältig sein.

Eine starke soziale Schließung mag Aufstiege ebenso verhindern wie erwartete oder tatsächliche Erwerbsunterbrechungen. In jedem
55 Fall sprechen die Ergebnisse aber für Lösungsansätze, die über rein betriebliche Maßnahmen hinausgehen. Denn sie haben bislang augenscheinlich wenig dazu beigetragen, die gläserne Decke zu durchbrechen. Eine Ver-
60 pflichtung zur Entgelttransparenz kann hier hilfreich sein, doch weitere Schritte scheinen notwendig.

Malte Reichelt, Frauen stoßen noch immer an die gläserne Decke – trotz betrieblicher Förderung der Chancengleichheit, in: https://www.iab-forum.de/frauen-stossen-noch-immer-an-die-glaeserne-decke-trotz-betrieblicher-foerderung-der-chancengleichheit/, 16.07.2018

M5 Elternzeit

Anteil der Eltern in Elternzeit an allen erwerbstätigen Eltern im Jahr 2019 in Prozent			
Eltern mit Kind	insgesamt	Männer	Frauen
Jüngstes Kind unter 3 Jahren	20,9	2,6	42,2
Jüngstes Kind unter 6 Jahren	12,6	1,6	24,5

Quelle: Statistisches Bundesamt / Mikrozensus

M6 Geschlechtsspezifische Arbeitsverhältnisse

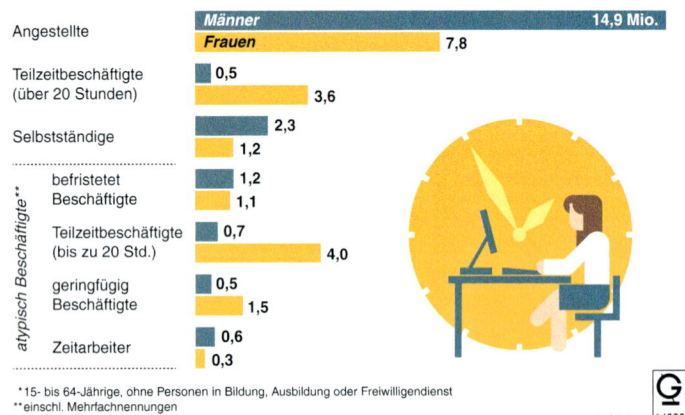

So arbeitet Deutschland

Im Jahr 2019 gab es in Deutschland 37,7 Millionen Erwerbstätige*.

Angestellte — Männer 14,9 Mio. / Frauen 7,8
Teilzeitbeschäftigte (über 20 Stunden) — 0,5 / 3,6
Selbstständige — 2,3 / 1,2
atypisch Beschäftigte**:
befristet Beschäftigte — 1,2 / 1,1
Teilzeitbeschäftigte (bis zu 20 Std.) — 0,7 / 4,0
geringfügig Beschäftigte — 0,5 / 1,5
Zeitarbeiter — 0,6 / 0,3

*15- bis 64-Jährige, ohne Personen in Bildung, Ausbildung oder Freiwilligendienst
**einschl. Mehrfachnennungen
Quelle: Statistisches Bundesamt (Mikrozensus)

© Globus 14225

In den USA (28,6 Prozent), Schweden (24,9 Prozent) und Großbritannien (24,5 Prozent) ist der Frauenanteil im Topmanagement teils mehr als doppelt so hoch wie bei den Dax-Unternehmen (12,8 Prozent), die im internati-
5 onalen Vergleich den letzten Platz belegen. Auch in Frankreich (22,2 Prozent) und Polen (15,6 Prozent) sitzen signifikant mehr Frauen in den Vorständen. Deutschland ist das einzige Land im Vergleich, in dem keiner der 30 größ-
10 ten Konzerne einen Frauenanteil im Vorstand von 30 Prozent erreicht. Deutsches Alleinstellungsmerkmal ist ebenso, dass keines dieser Unternehmen von einer Frau geführt wird. Elf deutsche Dax-Konzerne haben noch immer ei-
15 nen rein männlichen Vorstand. In den USA und Schweden gibt es unter den 30 größten Unternehmen im nationalen Leitindex keine einzige Führungsspitze ohne eine Frau.

Florian Gontek, Globales Schlusslicht Deutschland, in: DER SPIEGEL (online), https://www.spiegel.de/karriere/dax-unternehmen-frauenanteil-sinkt-in-der-corona-krise-a-a216e75e-85a6-4253-842f-32c920f4d1df, 07.10.2020

Frauenquote für Vorstände

M 1   Pro und Kontra

Die beiden „Handelsblatt"-Redakteure Heike Ange-
rer und Dieter Fockenrock kommentieren das Vor-
haben der Bundesregierung für Vorstände börsen-
notierter Unternehmen eine Frauenquote einzu-
5 *führen.*

Heike Angerer: Es ist also richtig, dass Frau-
enministerin Giffey und Justizministerin Lambrecht nun auf eine Frauenquote für Vorstände pochen. Es ist – nach der gesetzlichen
10 Quote für Aufsichtsräte – ein weiteres Signal
an die Wirtschaft, dass der Schlendrian in Sa-
chen Gleichberechtigung inakzeptabel ist.
Wenn Unternehmen die freiwillige Selbstver-
pflichtung zu mehr Frauen in Führungspositi-
15 onen nur beschwören, aber keinen ernsthaf-
ten Wandel einleiten, dann wird der Gesetzgeber eben tätig. Das ist die Botschaft. Und die
ist notwendig.
Doch die Zeit der Appelle ist vorbei. Der Anteil
20 von Frauen in Vorständen liegt seit Jahren unverändert bei rund zehn Prozent. Die Führungsetagen der meisten Konzerne sind Män-
nerdomänen. Fortschritte vollziehen sich
allenfalls im Schneckentempo.
25 Die Allbright Stiftung hat ausgerechnet, dass
es mit dem aktuellen Tempo noch 22 Jahre
dauern würde, bis ein Frauenanteil von 40
Prozent in den Vorständen erreicht ist. Dass
eine gesetzliche Quote Wirkung zeigt, belegen
30 die Vorschriften für Aufsichtsräte, die seit
2016 für gut 100 Unternehmen in Deutschland
greifen. In diesen Gremien liegt der Frauenanteil mittlerweile bei über 30 Prozent. Wenn die
SPD-Ministerinnen Giffey und Lambrecht nun
35 ein „Mindestbeteiligungsgebot" schaffen wollen, bei dem der Vorstand eines börsennotierten und zugleich paritätisch mitbestimmten
Unternehmens künftig mit wenigstens einer
Frau besetzt sein muss, wenn er mehr als drei
40 Mitglieder hat, dann wäre das ein für die Wirtschaft glimpflicher Eingriff. Er würde – so der

Koalitionspartner mitmacht – nur rund 70
große Unternehmen treffen. Die sollten nicht
protestieren, sondern ihre Chance nutzen, 45
moderner und diverser zu werden.

Dieter Fockenrock: Bundesfamilienministe-
rin Franziska Giffey sieht die Frauenquote für
Vorstände per Gesetz nicht als einen „Angriff
auf die unternehmerische Freiheit". Nein, ein 50
Angriff ist das nicht. Jedenfalls dann nicht,
wenn man vernünftigerweise die Männerdominanz in den Führungsetagen der Wirtschaft
brechen will. Aber ein Eingriff in die Vertragsfreiheit ist es sehr wohl – und zwar ein massi- 55
ver. Deshalb wäre die Bundesregierung auch
gut beraten, die Finger davonzulassen. [...]
Warum werden [...] Staatsaufträge und
-einkäufe künftig nicht mit einem Quoten-
Bonus für diejenigen Unternehmen ver- 60
knüpft, die dem politischen Ideal entsprechen? Der Staat schließt ja auch Unternehmen
von der Auftragsvergabe aus, die durch unsau-
bere Geschäftspraktiken – sprich Bestechung
– oder Missachtung von Sozialstandards auf- 65
gefallen sind. Eine gesetzliche Frauenquote
überschreitet schlicht das Primat der Politik –
jedenfalls solange wir uns der freiheitlichen
Grundordnung verpflichtet fühlen. [...]
Aber wie wäre es, wenn der Staat auch endlich 70
seiner Vorbildfunktion nachkäme? Es ist richtig: In Führungsgremien öffentlicher Unternehmen – von den Bundesministerien bis zu
den Stadtwerken – ist die Frauenquote schon
heute besser als in der privaten Wirtschaft. 75
Aber das ist eben nur ein Durchschnitt. Es gibt
öffentliche Unternehmen, da ist die Quote
schlichtweg null.
Die von Giffeys Gesetzentwurf betroffenen 70
privaten Aktiengesellschaften dürften wohl 80
kaum die Hoffnung haben, durch einen kollektiven Durchschnitt mildernde Umstände
geltend zu machen.

Heike Angerer/Dieter Fockenrock, Frauenquote für Vorstände: Gefährliches Glatteis oder überfällige Maßnahme?, in:
https://www.handelsblatt.com/meinung/kommentare/pro-und-contra-frauenquote-fuer-vorstaende-gefaehrliches-
glatteis-oder-ueberfaellige-massnahme/25579770.html, 25.02.2020

1 Führen Sie eine Pro-Kontra-Diskussion zum Thema durch.

3.8 Herausforderungen der Migrationspolitik

M1   Migrant, Flüchtling, Asylbewerber: Begriffliches

Migrant (lat.: migrare = den Ort wechseln, wandern) ist ein Oberbegriff für Zu- oder Abgewanderte und bezieht sich zumeist auf Personen, die von einem Land in ein anderes Land
5 ziehen. Unterschieden werden dabei die Wanderungsgründe: Manche kommen bzw. gehen freiwillig, manche erzwungenermaßen. Zu den vielfältigen Ursachen zählen u. a. Arbeitsmigration, EU-Freizügigkeit, politische Ver-
10 folgung, Flucht vor (Bürger-)Kriegen, Familiennachzug usw.

Verfügen Migranten weder über ein reguläres Einreisevisum noch über einen legalen Aufenthaltsstatus, um in ein Land einzureisen be-
15 ziehungsweise dort zu bleiben, gelten sie als irreguläre Migranten. Migranten können sich unter bestimmten Voraussetzungen einbürgern lassen.

Zur Flucht gezwungene Menschen werden als
20 **Flüchtlinge** bezeichnet. Laut Artikel 1 (A.2.) der Genfer Flüchtlingskonvention ist ein Flüchtling eine Person, die „aus der begründeten Furcht vor Verfolgung wegen ihrer Rasse, Religion, Nationalität, Zugehörigkeit zu einer
25 bestimmten sozialen Gruppe oder wegen ihrer politischen Überzeugung sich außerhalb des Landes befindet, dessen Staatsangehörigkeit sie besitzt, und den Schutz dieses Landes nicht in Anspruch nehmen kann oder wegen
30 dieser Befürchtungen nicht in Anspruch nehmen will."

Autorentext

Menschen, die aus Furcht vor politischer Verfolgung einen Asylantrag gestellt haben, über den noch nicht entschieden wurde, gelten als **Asylbewerber** (Art. 16a, Abs. 1 GG: „Politisch 35 Verfolgte genießen Asylrecht"). Im Grundgesetz wird in Artikel 16a, Absatz 2 allerdings weiter ausgeführt, dass sich nicht auf das Asylrecht berufen kann, „wer aus einem Mitgliedstaat der Europäischen Gemeinschaften 40 oder aus einem anderen Drittstaat einreist, in dem die Anwendung des Abkommens über die Rechtsstellung der Flüchtlinge und der Konvention zum Schutze der Menschenrechte und Grundfreiheiten sichergestellt ist." 45

Im Folgenden geht es um den Bereich der **Arbeitsmigration**, die Wanderung ausländischer Arbeitnehmer in den deutschen Arbeitsmarkt. Für EU-Bürger gelten seit dem am 1. Januar 1993 in Kraft getretenen gemeinsa- 50 men Binnenmarkt die Freizügigkeit und das Recht, sich in jedem Land der EU aufzuhalten. Menschen aus Drittstaaten (Staaten außerhalb der Europäischen Union) können die „Blaue EU-Karte" erwerben, die einen einfa- 55 chen und unbürokratischen Zuzug ermöglichen soll, sofern bestimmte Qualifikationen (abgeschlossenes Hochschulstudium) sowie ein verbindliches Arbeitsplatzangebot oder ein Arbeitsvertrag vorhanden sind. Sie er- 60 leichtert die Einbürgerung.

M2   Einbürgerung in Deutschland

[Ein] Anspruch auf Einbürgerung [besteht], wenn folgende Voraussetzungen vorliegen:

- unbefristetes Aufenthaltsrecht zum Zeitpunkt der Einbürgerung, eine Blaue Karte
5 EU oder eine befristete Aufenthaltserlaubnis, die ihrem Zweck nach zu einem dauerhaften Aufenthalt führen kann
- bestandener Einbürgerungstest (Kenntnisse über die Rechts- und Gesellschaftsord-
10 nung sowie die Lebensverhältnisse in Deutschland)

- seit acht Jahren gewöhnlicher und rechtmäßiger Aufenthalt in Deutschland (diese Frist kann nach erfolgreichem Besuch eines Integrationskurses auf sieben Jahre 15 verkürzt werden, bei besonderen Integrationsleistungen sogar auf sechs Jahre)
- eigenständige Sicherung des Lebensunterhalts (auch für unterhaltsberechtigte Familienangehörige) ohne Sozialhilfe und Ar- 20 beitslosengeld II

- ausreichende Deutschkenntnisse
- keine Verurteilung wegen einer Straftat
- Bekenntnis zur freiheitlichen demokrati-
25 schen Grundordnung des Grundgesetzes
der Bundesrepublik Deutschland

- grundsätzlich der Verlust beziehungsweise
die Aufgabe der alten Staatsangehörigkeit
(hier gibt es Ausnahmen je nach Herkunfts-
land, bitte sprechen Sie mit der Einbürge- 30
rungsbehörde).

Einbürgerung in Deutschland, in: https://www.bamf.de/DE/Themen/Integration/ZugewanderteTeilnehmende/ Einbuergerung/einbuergerung-node.html, 18.05.2021

M3 Die Vielfalt der Gesellschaft in Zahlen

Der „Migrationshintergrund" wird [...] [amtli-
cherseits] als ein statistisches Merkmal zur
Beschreibung der gesellschaftlichen Vielfalt
verwendet. Er ist wie folgt definiert: „Eine Per-
5 son hat einen Migrationshintergrund, wenn
sie selbst oder mindestens ein Elternteil die
deutsche Staatsangehörigkeit nicht durch Geburt besitzt." Angelehnt an diese Definition
hatte im Jahr 2017 jede vierte Person in
10 Deutschland einen Migrationshintergrund. In
Zahlen ausgedrückt: Von den insgesamt 81,7
Millionen Menschen in Deutschland hatten
19,3 Millionen einen Migrationshintergrund.
Das ist ein Anteil von 23,6 Prozent. Unterteilt
15 nach dem Kriterium, ob in Deutschland oder
im Ausland geboren, ergibt sich folgendes
Bild: 13,2 Millionen Menschen mit Migrationshintergrund sind selbst eingewandert. 6,1 Millionen sind in Deutschland geboren und haben
20 daher keine eigene Migrationserfahrung. [...]
In den vergangenen Jahren kamen die meisten Menschen aus Europa, insbesondere aus
den EU-Mitgliedstaaten – mit Ausnahme von
2015. [...] Hauptherkunftsland war in jenem
25 Jahr Syrien. Der Anteil der Menschen aus EU-
Mitgliedstaaten lag 2015 bei ca. 40,0 Prozent.
Das Jahr 2015 war auch aus folgendem Grund
herausragend: Mit insgesamt 1,14 Millionen
Menschen verzeichnete die Bundesrepublik
30 den höchsten Wanderungssaldo seit 1991. Seit
2016 ist der Wanderungssaldo positiv, aber
rückläufig. Im Jahr 2018 betrug er insgesamt
plus 399 680 Personen. Mit 53,0 Prozent kam
im Jahr 2018 ein Großteil der Eingewanderten
35 aus der EU. Zum Wanderungssaldo aus den
EU-Staaten (plus 195 366) trugen überwiegend
Menschen aus Rumänien (plus 62 373), Kroati-
en (plus 25 126), Bulgarien (plus 25 090) und
Italien (plus 23 534) bei. Die Zuwanderung aus
40 anderen Herkunftsregionen teilt sich wie folgt
auf: Asien (13,8 Prozent), Amerika (4,8 Pro-

zent), Afrika (4,2 Prozent). Mit 0,5 Prozent
kommt lediglich ein geringer Anteil der Zuge-
wanderten aus Australien und Ozeanien. [...]

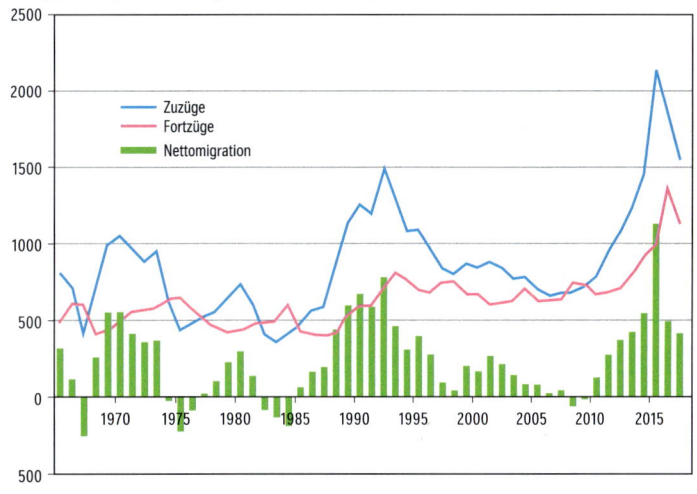

Zuzüge, Fortzüge und Nettomigration in Deutschland (in Tausend)*

Quelle: Statistisches Bundesamt 2018   * Angaben bis 1990 ohne DDR   © Westermann 39948EX

Das Armutsrisiko [ist] bei Menschen mit Mig- 45
rationshintergrund mehr als doppelt so hoch
wie in der Bevölkerung ohne Migrationshintergrund. [...] Das erhöhte Armutsrisiko kann
z. T. damit erklärt werden, dass Menschen mit
Migrationshintergrund im Vergleich zu Men- 50
schen ohne Migrationshintergrund seltener
über einen Berufs- oder Hochschulabschluss
verfügen, häufiger in Jobs tätig sind, die nicht
ihrer Ausbildung entsprechen, eher arbeitslos
und jünger sind. Damit weisen sie eine Über- 55
repräsentanz in armutsgefährdeten Gruppen
auf. Erst das Aufeinandertreffen verschiedener Faktoren erhöht das Armutsrisiko: So gelten Paare mit drei oder mehr Kindern, Alleinerziehende sowie Menschen mit Migration- 60
shintergrund als Gruppen, die deutlich mehr
von Armut betroffen sind als die übrige
Bevölkerung. Deutlich wird an den Daten

65 auch, dass Bildung das Armutsrisiko zwar minimiert, aber nicht zu einer Angleichung zwischen Menschen mit und ohne Migrationshintergrund führt. Das erhöhte Armutsrisiko bleibt trotz steigender Bildung bestehen. [...]

Die auffallend hohe Diskrepanz zwischen Menschen mit und ohne Migrationshinter- 70 grund ist mitunter auf den erschwerten Zugang zum Arbeitsmarkt sowie auf die Einkommensunterschiede zurückzuführen.

12. Bericht der Beauftragten der Bundesregierung für Migration, Flüchtlinge und Integration, S. 17 ff., Bundestagsdrucksache 19/15740, https://dserver.bundestag.de/btd/19/157/1915740.pdf, 04.12.2019

M4 Zuwanderung und demografischer Wandel – mögliche Szenarien

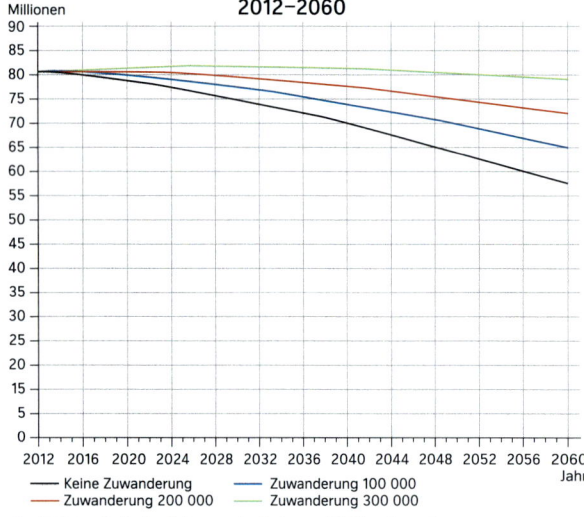

Entwicklung der Bevölkerungsgröße in Deutschland in Abhängigkeit vom jährlichen Saldo der Zuwanderung, 2012–2060

Millionen / Jahr

— Keine Zuwanderung — Zuwanderung 100 000
— Zuwanderung 200 000 — Zuwanderung 300 000

Quelle: Holger Bonin, Der Beitrag von Ausländern und künftiger Zuwanderung zum deutschen Staatshaushalt, Bertelsmann Stiftung: Gütersloh 2014, S. 19 f.

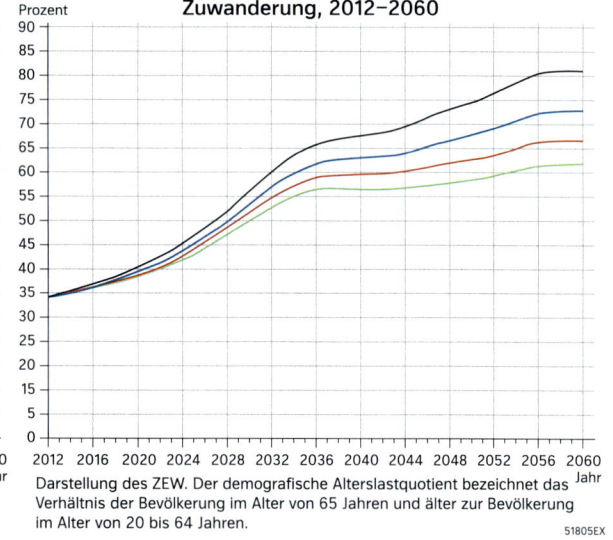

Entwicklung des demografischen Alterslastquotienten in Abhängigkeit vom jährlichen Saldo der Zuwanderung, 2012–2060

Prozent / Jahr

Darstellung des ZEW. Der demografische Alterslastquotient bezeichnet das Verhältnis der Bevölkerung im Alter von 65 Jahren und älter zur Bevölkerung im Alter von 20 bis 64 Jahren.

51805EX

M5 Pflegekräfte gesucht

Für insgesamt 98 Berufsuntergruppen auf dem Anforderungsniveau Fachkraft zeigt sich in Deutschland auf Grundlage der ausgewählten Indikatoren ein Fachkräfteengpass. Neben
5 Berufen im Bereich der Pflege (Alten- und Krankenpflege) sind Engpässe u. a. in technischen Berufen wie z. B. im Handwerk, in Bauberufen, in der Mechatronik aber auch in der Lebensmittelherstellung und -verkauf, in
10 nicht-medizinischen Gesundheitsberufen und in der Kindererziehung sichtbar [...]. Während Engpassindikatoren aktuelle Engpässe aufzeigen, tragen Risikoindikatoren dazu bei, Transparenz hinsichtlich sich möglicherweise künftig abzeichnender Engpässe zu erhöhen. Von 15 den Engpassberufen deuten die vier betrachteten Risikoindikatoren u. a. für Berufe in der Mechatronik und Automatisierung, für Berufe im Bereich Speditions- und Logistikkaufleute nicht darauf hin, dass sich die Engpasssituati- 20 on mittelfristig verschärfen könnte. Anders sieht es dagegen in Pflege- und Bauberufen aus. Hier deuten die Risikoindikatoren auf eine Verschärfung hin.

Fachkräfteengpassanalyse 2019 (der Bundesagentur für Arbeit), S. 13, in: https://statistik.arbeitsagentur.de/SiteGlobals/Forms/Suche/Einzelheftsuche_Formular.html?nn=27096&topic_f=fachkraefte-engpassanalyse, Oktober 2020

M6 Der Arbeitsmarkt für Pflegepersonal in Deutschland

Verschiedene Prognosen zur Entwicklung des Bedarfs an Pflegepersonal in Deutschland gehen übereinstimmend davon aus, dass sich die Arbeitskräftenachfrage infolge der fortge-
5 setzten demografischen und gesellschaftlichen Veränderungen vor allem auf dem Gebiet der Altenpflege in den kommenden zwei Jahrzehnten stark erhöhen wird. Je nach Schätzung werden allein bis 2025 im Vergleich
10 zu 2010 in Vollzeitäquivalenten gerechnet zwischen 150 000 und 370 000 zusätzliche Pflegekräfte gebraucht. Auf der Angebotsseite ist der Arbeitsmarkt für pflegerische Tätigkeiten durch einen sehr hohen Frauenanteil geprägt.
15 Über 80 Prozent der Beschäftigten in den Pflegeberufen sind weiblich. Damit geht – insbesondere in den westdeutschen Bundesländern – ein hoher Anteil an Beschäftigung in Teilzeit einher, wofür häufig familiäre Gründe ange-
20 führt werden. Die Teilzeitquoten sind in ambulanten Diensten und stationären Pflegeeinrichtungen am höchsten. [...] Der steigende Bedarf an Pflegekräften bei einer gleichzeitig wenig dynamischen Entwicklung auf der An-
25 gebotsseite hat zu anhaltenden Arbeitskräfteengpässen in der Pflege geführt. [...] Ungefähr jedes sechste Unternehmen in der Pflegebranche hat gemäß den Resultaten der für diese Studie durchgeführten Umfrage in den letz-
30 ten drei Jahren einen Versuch unternommen, aktiv Pflegefachkräfte aus dem Ausland zu rekrutieren. Nur knapp die Hälfte dieser Unternehmen war mit ihren Versuchen erfolgreich. [...] Die Unternehmen, die in jüngerer Zeit
35 Pflegefachpersonal international rekrutierten, haben dabei anscheinend so positive Erfahrungen gemacht, dass sie diese Möglichkeit auch weiterhin ins Auge fassen. Ein Drittel dieser Unternehmen hat auf jeden Fall vor, in
40 nächster Zeit weiteres Personal aus dem Ausland einzustellen. [...] Wege zu mehr Pflegefachpersonal aus dem Ausland:
- 1. Der administrative Aufwand der internationalen Rekrutierung sollte weiter redu-
45 ziert werden, insbesondere durch ein bun-

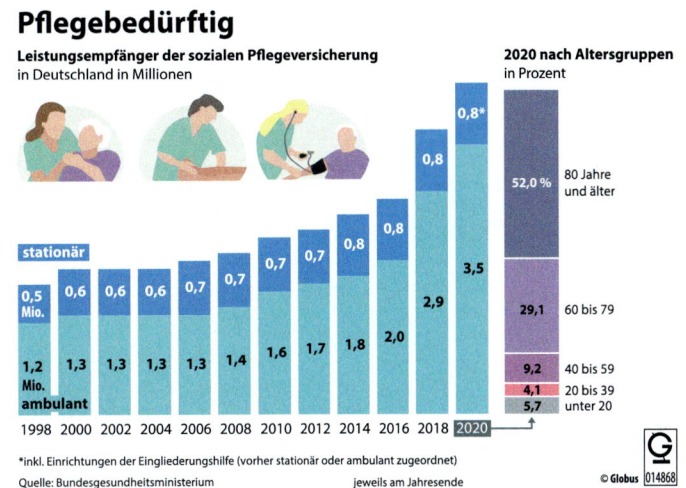

Pflegebedürftig

Leistungsempfänger der sozialen Pflegeversicherung in Deutschland in Millionen

2020 nach Altersgruppen in Prozent

*inkl. Einrichtungen der Eingliederungshilfe (vorher stationär oder ambulant zugeordnet)
Quelle: Bundesgesundheitsministerium   jeweils am Jahresende

© Globus 014868

desweit einheitliches und kompetenzorientiertes Verfahren der Berufsanerkennung bei Pflegefachkräften. [...]
- 2. Die Willkommenskultur auf Seiten der Behörden und Ämter muss verbessert wer- 50 den. [...]
- 3. Die sprachlichen Hürden sollten durch eine Förderung von Deutsch als Fremdsprache im Ausland verringert werden, insbesondere durch ein Angebot an berufsori- 55 entierten Sprachkursen. [...]
- 4. Die externe Unterstützung von Unternehmen bei der Rekrutierung im Ausland sollte verbessert werden, um den Arbeitgebern mehr Sicherheit zu geben, insbeson- 60 dere durch die Zertifizierung von Personaldienstleistern und effiziente Stellenbörsen. [...]
- 5. Die Unternehmen in der deutschen Pflegebranche sollten Netzwerke zur internati- 65 onalen Rekrutierung von Pflegefachkräften aufbauen, vor allem auf der regionalen Ebene. [...]
- 6. Um die internationale Migration von Pflegefachpersonal fair zu gestalten, muss 70 die Politik die Einhaltung ethischer Standards gewährleisten.

Holger Bonin/Grit Braeseke/Angelika Ganserer, Internationale Fachkräfterekrutierung in der deutschen Pflegebranche. Chancen und Hemmnisse aus Sicht der Einrichtungen, Bertelsmann Stiftung: Gütersloh 2015, S. 61 ff., https:// www.bertelsmann-stiftung.de/fileadmin/files/Projekte/28_Einwanderung_und_Vielfalt/Studie_IB_Internationale_ Fachkraefterekrutierung_in_der_deutschen_Pflegebranche_2015.pdf

Begriffswissen und Fachsprache

Sie können ...

- die Funktionen von Familie mit Bezug auf verschiedene Familienformen erläutern;
- zentrale Merkmale des Schulsystems der Bundesrepublik Deutschland mit Blick auf Bildungsgänge und Schulabschlüsse zusammenfassen;
- den Begriff der digitalen Spaltung im Hinblick auf das Schulsystem differenziert beschreiben;
- die Auswirkungen gesellschaftlicher Veränderungsprozesse auf die Geschlechterverhältnisse zusammenfassen und soziale Ungleichheiten zwischen den Geschlechtern im Hinblick auf (familiäre) Rollenverteilung und die Stellung im Erwerbsleben (Arbeitsverhältnisse) aufzeigen;
- differenziert Merkmale der deutschen Einwanderungsgesellschaft nennen, die durch Migrationsprozesse entstandenen politischen Herausforderungen skizzieren und am Beispiel der Pflegebranche den wachsenden Bedarf an (ausländischen) Arbeitskräften aufzeigen.

Erworbene Kompetenzen

Analysekompetenz: Sie können ...

- die Verteilung von Erwerbs- und Fürsorgearbeit zwischen Eltern analysieren;
- Zusammenhänge von sozialer Herkunft und Bildung (Schule, Universität) beschreiben und dabei differenziert die Auswirkungen von studentischen Milieus unter Anwendung des Habitus-Konzeptes auf den jeweiligen Studienerfolg der Studierenden analysieren;
- Ursachen der Geschlechterdifferenzen erläutern und mögliche Lösungsansätze (vor dem Hintergrund der Gleichberechtigung) als Verfassungsgebot skizzieren;
- am Beispiel der Arbeitsmigration soziale und politischen Ursachen wie Folgen der Migration darstellen sowie am Beispiel der Pflegebranche die (möglichen) Auswirkungen von Einwanderungspolitik erklären.

Urteilskompetenz: Sie können ...

- in der Diskussion um die Einführung einer Kindergrundsicherung als Mittel gegen Kinderarmut einen eigenen Standpunkt begründet vertreten;
- den Handlungsbedarf bezüglich der Geschlechterpolitik benennen und unterschiedliche Lösungsansätze (wie z. B. die „Frauenquote") bewerten;
- Lösungsansätze zur Kompensation sozialer Ungleichheiten im Handlungsfeld der Bildungspolitik erläutern und beurteilen;
- Lösungsansätze zur Behebung des Fachkräftemangels (einschließlich möglicher Rekrutierungsbestrebungen) sowie deren Auswirkungen auf den Arbeitsmarkt bzw. die Beschäftigten beurteilen.

Handlungs- und Methodenkompetenz: Sie können ...

- eigenständig ein gesellschaftspolitisches Handlungsfeld erschließen, unterschiedliche Interessenlagen in diesem analysieren und politisch kontroverse Lösungsansätze diskutieren;
- einen informierenden und einen kommentierenden Text zu einem der beschriebenen Handlungsfelder verfassen;
- adressatenbezogen gestalterische Elemente zu dem bearbeiteten Themenfeld in einer digitalen Pinnwand präsentieren.

Kontrollieren Sie Ihr Wissen und Können

M 1 … mithilfe einer digitalen Pinnwand

Auf digitalen Pinnwänden können Texte, Fotos, Karikaturen, Zeichnungen, Tabellen und Grafiken, Podcasts, Videos, selbst erstellte Sprach- und Filmaufnahmen, aber auch ein Glossar mit Fachbegriffen und vieles mehr abgelegt werden – unabhängig von Ort und Zeit. Entsprechende Apps bieten Möglichkeiten für die Ideensammlung, die Zusammenarbeit sowie vielfältige Präsentationsformen (wie etwa auch interaktive Dossiers). Sie eignen sich zudem für das gemeinsame Arbeiten außerhalb des Unterrichts. Innerhalb einer Gruppe kann jeder gleichzeitig an dieser Pinnwand arbeiten; Inhalte können hochgeladen und Kommentare zu Einträgen hinterlassen werden.

Im Berufsleben werden diese Formen digitaler Zusammenarbeit unter dem Begriff der „Collaboration Tools" zusammengefasst.

Erstellen Sie mit den Ergebnissen Ihres Themenfeldes „Herausforderungen des sozialen Wandels für die Politik" eine digitale Pinnwand, die möglichst viele Möglichkeiten des digitalen Pinnwand-Systems integriert.

In einem ersten Schritt bearbeiten Sie das zur Verfügung gestellte Material und ergänzen dieses durch eigene Recherche. Die Darbietungsform kann dabei unterschiedlich sein, d. h. auch eine herkömmliche und analoge Text- oder Bildanalyse ist möglich und sinnvoll.

Im zweiten Schritt können Sie Ihre Ergebnisse in die digitale Pinnwand eintragen. Sie bearbeiten ihr Gruppenergebnis gemeinsam, können ggf. schon Ergebnisse anderer Gruppen sichten und, wenn sinnvoll oder vorgesehen, die Ergebnisse anderer Gruppen in ihre miteinbeziehen. Die eigentliche Ergebnissicherung erfolgt dann durch Kenntnisnahme, Analyse sowie Diskussion der Produkte und führt idealerweise zur Veränderung bzw. Finalisierung der Ergebnisse.

Voraussetzung für das Arbeiten an einer digitalen Pinnwand ist eine Internetverbindung und ein entsprechendes digitales Endgerät (PC, Tablet oder auch ein Smartphone). Damit solche Pinnwände nur von der eigenen Lerngruppe eingesehen werden kann, gibt es die Möglichkeit, sie mit einem Passwort zu versehen.

Bitte beachten Sie unbedingt mögliche Hinweise zum Datenschutz bei den einzelnen Apps!

Autorentext

Sozialer Wandel als Herausforderung: Bildungspolitik

Schule, Studium und Abschlüsse | Student*innen heute | Corona und die Folgen | Theorien | Testen Sie sich… | Glossar

Aufgabe: Zeigen Sie die Entwicklung der Schul- und Studienabschlüsse in Deutschland anhand von Daten

Aufgabe: Erstellen Sie eine Fotoserie – Studentsein heute

Beschreiben Sie die Auswirkungen der Corona-Krise auf Ihren Alltag

Soziale Herkunft und Erfolg im Studium – Zusammenhänge

Covid 19 und die Bildungschancen

Erklärvideo

Sozialwissenschaftliche Thesen zur heutigen Gesellschaft

„Macht mal langsam, Jungs."
„Entscheidend sind Auftreten, Gewohnheiten und Umgangsformen."
„Soziale Unterschiede haben doch keine Bedeutung mehr."
„Flexibel sein ist heute alles!"
„Die Reichen werden reicher, die Armen werden ärmer."
„Wirtschaftliche Ungleichheit und Freiheit hängen doch zusammen!"

Politik im Gespräch: Politische Anschauungen
der Gegenwart in der Diskussion

Was heißt heute …
… konservativ?
… liberal?
… national(-revolutionär)?
… sozialistisch?

4.

Sennett

Beck

Rosa

van Treeck

Nachtwey

Bourdieu

Nachdenken über Gesellschaft – sozialwissenschaftliche Gegenwartsdeutungen

4.1 Sozialwissenschaftliche Beschreibungen und Analysen

M 1 Aufgaben der Soziologie

Sozialwissenschaftliche Beschreibungen und Analysen von Gesellschaft und gesellschaftlichen Verhältnissen zählen zum Aufgabenfeld der Soziologie. Ihre Aufgabe ist es, Be-
5 schreibungen zu systematisieren und Handlungen einzelner oder Gruppen mit den gesellschaftlichen Strukturen in Beziehung zu setzen (und Ursachen für Veränderungen herauszufinden). Sie befasst sich mit Art und
10 Erscheinungen sozialer Strukturen und Systemen (soziale Schichtungen, Milieus, Klassen), sozialen Handlungen und Prozessen (Arbeitsteilung), sozialen Institutionen (Ehe und Familie) und Akteuren, Organisationen
15 und Gruppen (Jugendliche, Rentner, Arme und Reiche) sowie sozialen Wertorientierungen und Einstellungen. Dazu gehört auch die Entwicklung und Verwendung eines besonderen soziologischen Begriffsinstrumentari-
20 ums, die soziologische Fachsprache. Wenn einzelne, voneinander abgrenzbare Phänomene beschrieben und analysiert werden, darf nicht die Einsicht verloren gehen, dass es sich hierbei nicht um isolierte Zusammen-
25 hänge handelt, sondern diese mit der historisch gewachsenen ökonomischen, sozialen und politischen Struktur verwoben sind. Die Ergebnisse soziologischer Forschungen haben immer auch eine politische Bedeutung.
30 So lassen z. B. Befunde der Sozialstrukturforschung immer wieder Rückschlüsse auf das Verhältnis realer sozialer Ungleichheit und bestimmten politischen Normen und Werten bzw. Rechts- und Verfassungsgrundsätzen zu
35 (Grundrechte, Sozialstaatsprinzip usw.) und tragen dazu bei, diese zu bewahren und zu verändern.
Probleme gegenwärtiger Gesellschaften erfordern, so sieht es zunächst aus, neue Begriffe,
40 Instrumente und Theorien. Deshalb scheinen die Erkenntnisse von Sozialwissenschaftlern früherer Arbeiten („Klassiker") für eine Analyse der Gegenwartsgesellschaften nur noch bedingt brauchbar. Der Gradmesser für ihre
45 Verwendbarkeit ist dabei das jeweilige Strukturverständnis. Betrachtet man z. B. die Ge-

sellschaft der Bundesrepublik Deutschland als eine bürgerliche Gesellschaft, so können auch historisch weiter zurückreichende Arbeiten, die das Entstehen dieser Gesellschaft, deren 50 grundlegende Strukturen sowie die Entwicklung unterschiedlicher Ausprägungen und Formen bürgerlicher Herrschaft zum Gegenstand haben, Berücksichtigung finden. Theoretiker der gegenwärtigen Gesellschaft sind 55 im gegenwärtigen, aber auch im geschichtlichen (und d. h. vor allem wissenschaftsgeschichtlichen) Zusammenhängen zu betrachten (zumal sie auf diese selbst häufig Bezug nehmen!). Ein solcher Bezug ist, wie die Karls- 60 ruher Soziologin Annette Treibel feststellt, nicht in allen gegenwärtigen Soziologien gleichermaßen ausgeprägt und gleich offensichtlich (manche Soziologen betreiben nur eine Interpretation oder eine Rekonstruktion von 65 Klassikern, andere tun so, als hätten sie ihre Ideen im luftleeren Raum entwickelt), aber er ist stets vorhanden. Sozialwissenschaftliche Theorien haben den Anspruch, von konkreten gesellschaftlichen Erscheinungsformen zu ab- 70 strahieren und möglichst generelle Aussagen zum Zustand und zur Entwicklung („Wandel") von Gesellschaften zu treffen. Auf die Gegenwart bezogene soziologische Theorien werden von Wissenschaftlern verfasst, die mehrheit- 75 lich noch leben, laufend weiter publizieren, ihre Begriffe und Thesen selbst kommentieren und verändern.
Seit etwa drei Jahrzehnten fassen einige Sozialwissenschaftler die aus ihrer Sicht immer 80 größere Beschleunigung eines Wandels der Lebensverhältnisse im Begriff der zweiten, „reflexiven Moderne" zusammen. Hierunter verstehen sie die immer stärkere Verzahnung der Nationalökonomien (Globalisierung) und 85 deren Auswirkung auf die nationalen Gesellschaften („Risikogesellschaft").
Globale Fragen rücken in den Vordergrund; „Nachhaltigkeitsforschungen" erleben einen Aufschwung. Der die 1980er- und 1990er- 90 Jahre prägende Soziologe Ulrich Beck hat den Wandel vor der ersten, industriegesellschaft-

lich geprägten Moderne zur zweiten Moderne wie folgt beschrieben:

95 „Während in der Industriegesellschaft die ‚Logik' der Reichtumsproduktion die ‚Logik' der Risikoproduktion dominiert, schlägt in der Risikogesellschaft dieses Verhältnis um. Die Produktivkräfte haben in der Reflexivität
100 von Modernisierungsprozessen ihre Unschuld verloren. Der Machtgewinn des technisch-ökonomischen ‚Fortschritts' wird immer mehr überschattet durch die Produktion von Risiken. Diese lassen sich nur in einem frühen Sta-
105 dium als ‚latente Nebenwirkungen' legitimieren. Mit ihrer Universalisierung, öffentlichen Kritik und (anti-)wissenschaftlichen Erforschung legen sie die Schleier der Latenz ab und gewinnen in den sozialen und politischen
110 Auseinandersetzungen eine neue und zentrale Bedeutung. [...] Im Zentrum stehen Modernisierungsrisiken und -folgen, die sich in irreversiblen Gefährdungen des Lebens von Pflanze, Tier und Mensch niederschlagen. Die-
115 se können nicht mehr – wie betriebliche und berufliche Risiken im 19. und in der ersten Hälfte des 20. Jahrhunderts – lokal und gruppenspezifisch begrenzt werden, sondern enthalten eine Globalisierungstendenz, die Pro-
120 duktion und Reproduktion ebenso übergreift wie nationalstaatliche Grenzen unterläuft und

in diesem Sinne übernationale und klassenunspezifische Globalgefährdungen mit neuartiger sozialer und politischer Dynamik entstehen lässt."
125

Die Auswirkungen des Klimawandels, aber auch die Ausbreitung weltweiter Pandemien (Corona-Krise) sind hierfür Beispiele. Mit der 2008 einsetzenden Finanzmarktkrise sind klassische gesellschaftliche Ungleichheitsfra-
130 gen wieder stärker ins Blickfeld sozialwissenschaftlicher Analysen gerückt. Neuere Arbeiten thematisieren stärker die Krisenhaftigkeit unseres Wirtschaftssystems sowie die daraus resultierenden sozialen Auswirkungen und
135 formulieren wieder grundsätzlichere Kritik an diesem.

Die Ausführungen von Richard Sennett, Hartmut Rosa, und Till van Treeck (zusammen mit Julian Bank) und Ulrich Beck (S. 112–115:
140 M 2–M 5) akzentuieren und ergänzen die zeitgenössischen sozialwissenschaftlichen Deutungen von Oliver Nachtwey, Pierre Bourdieu und (wiederum) Ulrich Beck, die Sie bereits im zweiten Teilkapitel kennengelernt haben.
145

Die sich anschließende Lernaufgabe (S. 119) thematisiert die gegenwärtigen Ausformungen relevanter politischer Theorien (S. 118–123: M 1–M 5).

QUERVERWEIS

Analysen der Sozialstruktur Deutschlands
S. 72 f.

Pierre Bourdieu: Klassen und Habitus
S. 78 f.

Autorentext; Zitat von Ulrich Beck: Ulrich Beck, Risikogesellschaft. Auf dem Weg in eine andere Moderne, Suhrkamp: Frankfurt a.M. 1986, S. 18 f.

Soziologie erforscht das Zusammenleben der Menschen in Gesellschaften

LITERATURTIPP

BpB (Hg.)
Oben – Mitte – Unten. Zur Vermessung der Gesellschaft, BpB: Bonn 2015

Rainer Geißler
Die Sozialstruktur Deutschlands, Springer VS: Wiesbaden [7]2014

Hans Joas/ Steffen Mau (Hg.)
Lehrbuch der Soziologie, Campus: Frankfurt a. M. [4]2020

Steffen Mau/ Nadine M. Schöneck (Hg.)
Handwörterbuch zur Gesellschaft Deutschlands, Springer Fachmedien: Wiesbaden [3]2013

INFO

Richard Sennett
(* 1943)
Der amerikanische
Soziologe lehrt u. a.
an der New Yorker
Universität.

Der amerikanische Soziologe Richard Sennett stellt die These auf, der „flexible" Kapitalismus mit atypischen und oftmals auch prekären Arbeitsverhältnissen fordere den „flexiblen Menschen", für den es keine verlässliche Kontinuität in der Lebensgestaltung mehr gibt und für den permanente Veränderung der biografische Dauerzustand geworden ist. Wo flexible Lebensführung zum Prinzip wird, kann keine positive Routine entstehen, werden langfristige Bindungen erschwert. Das Private wird dabei immer stärker den zufälligen Anforderungen der Wirtschaft unterworfen, wird zum kaum mehr selbst bestimmten Stückwerk.

M 2 Der flexible Mensch

„Nichts Langfristiges" ist ein verhängnisvolles Rezept für die Entwicklung von Vertrauen, Loyalität und gegenseitiger Verpflichtung. [...] [Emotional] tiefer gehende Erfahrungen von
5 Vertrauen [...] brauchen Zeit, um sich zu entwickeln und [...] Wurzeln zu schlagen.
Der kurze Zeitrahmen moderner Institutionen begrenzt das Reifen formlosen Vertrauens. Eine besonders markante Erschütterung
10 des Gemeinschaftsgefühls tritt oft ein, wenn neue Firmen verkauft werden. Bei Neugründungen setzen sich die Mitarbeiter häufig über das gebotene Maß hinaus ein. Wenn dann die Firma an die Börse geht und die Be-
15 sitzer Kasse machen, fühlen sich die mittleren Angestellten im Stich gelassen. [...] Der Soziologe Mark Granovetter schreibt, moderne institutionelle Netzwerke seien durch „die Stärke schwacher Bindungen" gekennzeichnet [...].
20 Diese schwachen Bindungen verkörpern sich in der Teamarbeit, bei der sich das Team mit wechselnder Zusammensetzung, von Aufgabe zu Aufgabe bewegt. Im Gegensatz dazu hängen starke Bindungen von langem Zusam-
25 menhalt ab. Darüber hinaus sind sie von der Loyalität gegenüber den Institutionen abhängig, innerhalb derer die Menschen leben und arbeiten. Angesichts der Dominanz kurzfristiger, schwacher Bindungen [...] sei Loyalität zu
30 einer Institution eine Falle. [...] Distanz und oberflächliche Kooperationsbereitschaft sind ein besserer Panzer im Kampf mit den gegenwärtig herrschenden Bedingungen als ein Verhalten, das auf Loyalität und Dienstbereitschaft beruht. [...] 35
Auf die Familie übertragen bedeuten diese Werte einer flexiblen Gesellschaft: Bleib in Bewegung, geh keine Bindungen ein und bring keine Opfer. [...] Ein Verhalten, das Erfolg oder zumindest Überleben im Beruf verspricht, 40 trägt daher wenig zu einem elterlichen Rollenmodell [...] bei. [...]
Dieser Konflikt zwischen Familie und Arbeit führt zu einigen Fragen über die Erfahrung Erwachsener selbst. Wie lassen sich langfristi- 45 ge Ziele in einer auf Kurzfristigkeit angelegten Gesellschaft anstreben? Wie sind dauerhafte soziale Beziehungen aufrechtzuerhalten? Wie kann ein Mensch in einer Gesellschaft, die aus Episoden und Fragmenten be- 50 steht, seine Identität und Lebensgeschichte zu einer Erzählung bündeln? Die Bedingungen der neuen Wirtschaftsordnung befördern vielmehr eine Erfahrung, die in der Zeit, von Ort zu Ort und von Tätigkeit zu Tätigkeit drif- 55 tet. [Der] kurzfristig agierende Kapitalismus [bedroht] besonders jene Charaktereigenschaften, die Menschen aneinander binden und dem Einzelnen ein stabiles Selbstgefühl vermitteln. 60

Richard Sennett, Der flexible Mensch. Die Kultur des neuen Kapitalismus, übersetzt von Martin Richter, Berlin Verlag: Berlin ³2000, S. 27 ff.

1 Stellen Sie das Verhältnis von Zeit und Bindung (sozialen Beziehungen) aus der Perspektive Sennetts dar (M 2).

2 Erläutern Sie, was Sennett unter dem „flexiblen Menschen" versteht (M 2).

3 Beziehen Sie die Überlegungen Sennetts (M 2) auf die Aufgaben der Soziologie (M 1).

Gegenstand der Forschungen des Soziologen Hartmut Rosa ist die Veränderung der Zeitstruktur. Im Zentrum seiner Überlegungen steht der Begriff der Beschleunigung (bzw. der Geschwindigkeit). Diese bestimmt er als Mengenzunahme pro Zeiteinheit bzw. als Verminderung der benötigten Zeit pro Mengeneinheit und setzt sie mit den Wachstumsraten in Beziehung. Bleibt die Beschleunigungsrate hinter den korrespondierenden Wachstumsraten zurück, vergrößert sich die Zeitknappheit; übersteigt Erstere Letztere, steht mehr Zeit zur Verfügung; sind beide identisch, dann bleibt auch die Ressource Zeit identisch.

M3 Beschleunigung

In kapitalistischen Gesellschaften gibt es nicht nur von den meisten Dingen immer mehr, sondern sehr vieles [...] geht auch immer schneller. Wirtschaftswachstum und soziale

5 Beschleunigung sind aufs Engste miteinander verzahnt in einer wechselseitigen Steigerungslogik. Zeit ist Geld lautet die einfache zeitliche Grundformel des Kapitalismus [...] [und ist] stets knapp, weil Zeit als Arbeitszeit

10 unmittelbar ein Produktionsfaktor ist, sodass Produktivitätssteigerung immer einen Wettbewerbsvorteil bedeutet, der erzielt wird durch Zeitgewinn [...]. Die Steigerung der Umschlagsgeschwindigkeit des Kapitals und

15 damit des Produktions-, Zirkulations- und Konsumtionstempos ist daher ebenso wie das Wirtschaftswachstum ein unaufhebbares Merkmal einer jeden kapitalistischen Ökonomie.

20 [Sie schlägt] sich in drei logisch und analytisch voneinander zunächst ganz unabhängigen, unterschiedlichen Dimensionen nieder [...]. Dabei handelt es sich zum Ersten um die Phänomene der technischen Beschleunigung,

25 das heißt der intentionalen Beschleunigung zielgerichteter Prozesse, insbesondere solcher des Transports, der Kommunikation und der Produktion, die in der industriellen ebenso wie in der digitalen Revolution ihre bisheri-

30 gen Höhepunkte fanden. Die zweite Dimension betrifft die Beschleunigung des sozialen Wandels, das heißt die Steigerung der sozialen Veränderungsraten im Hinblick auf die Assoziationsstrukturen und Bindungsmuster, die (theoretischen, praktischen und moralischen) 35 Wissensbestände sowie die Handlungsorientierungen und Praxisformen der Gesellschaft. [...]

Von diesen beiden Formen sozialer Akzeleration ist schließlich, zum Dritten, die Beschleu- 40 nigung des Lebenstempos zu unterscheiden, die eine Reaktion auf die modernetypische Verknappung von (ungebundenen) Zeitressourcen darstellt, weshalb sie sich einerseits in der Erfahrung von Zeitnot und Stress mani- 45 festiert und andererseits als Steigerung der Zahl der Handlungs- und/oder Erlebnisepisoden pro Zeiteinheit bestimmt werden kann. Was also [...] als unveränderliches „Wesens-" oder „Formationsmerkmal" des Kapitalismus 50 Bestand hat und deshalb zu dessen Definition herangezogen werden sollte, ist jene spezifische, eigenartige, fatale Verknüpfung von Wachstum und Beschleunigung, jenes „Fahrradprinzip" [...]. Der Zirkulationsprozess voll- 55 zieht sich in hohem und wachsendem Tempo, oder das System „fällt um" [...]; jener gesamtgesellschaftliche Zustand, [...] in dem jedes Ausruhen oder Stillstehen sofort und immer schon ein Zurückfallen ist. 60

Hartmut Rosa, Kapitalismus als Dynamisierungsspirale. Soziologie als Gesellschaftskritik, in: Klaus Dörre/Stephan Lessenich/Hartmut Rosa, Soziologie – Kapitalismus – Kritik. Eine Debatte, Suhrkamp: Frankfurt a.M. 2009, S. 99 ff.

1 Zeigen Sie an Beispielen die unterschiedlichen Dimensionen von „Beschleunigung" auf (M3).

2 Erläutern Sie das „Fahrradprinzip" (M3).

3 Diskutieren Sie die Bedeutung der Überlegungen Rosas für unsere Umwelt (M3).

4 Beziehen Sie die Überlegungen Rosas (M3) auf die Aufgaben der Soziologie (M1).

INFO

Till van Treeck
(* 1980)
Der deutsche Sozial-
ökonom lehrt an der
Universität Duisburg-
Essen.

**umverteilende
Politik**
finanz- oder sozialpo-
litische Maßnahmen,
die sich auf Einkom-
men und Vermögen
unterschiedlicher
Bevölkerungsgrup-
pen auswirken (meist
verstanden als
Umverteilung in Rich-
tung einer größeren
Gleichverteilung)

GLOSSAR

Demokratie

M 4 Ungleichheit als Gefahr für Demokratie, Teilhabe und Stabilität

Inwiefern ist ökonomische Ungleichheit, also zunächst einmal die ungleiche Verteilung von materiellen Ressourcen, überhaupt gesellschaftlich relevant? Drei elementare Dimensi-
5 onen der ökonomischen Ungleichheit lassen sich voneinander abgrenzen: eine Freiheitsdimension, eine Statusdimension und eine politische Dimension.

Als fundamentale Dimension ökonomischer
10 Ungleichheit lässt sich die unmittelbar mit der Kontrolle von Ressourcen verbundene Freiheit betrachten. Nicht jede Freiheit ist durch Verteilung bestimmt, aber die Verteilung von Ressourcen determiniert unmittel-
15 bar die Verteilung der Freiheit, Dinge zu tun und über Dinge zu verfügen, die Geld kosten. [...] Es ist wahr, dass Eigentumsrechte Freiheit [...] garantieren, weil deren Einschränkung die Freiheit der Eigentümer reduziert. Es wird da-
20 bei jedoch regelmäßig unterschlagen, dass im gleichen Zuge mit Eigentumsrechten Unfreiheit für Nicht-Eigentümer einhergeht, die möglicherweise durch Einschränkung der Freiheit von Eigentümern verringert werden
25 kann, beispielsweise durch umverteilende Politik. Insofern ist eine Wirtschaftsordnung, die staatliche Eingriffe in private Eigentumsrechte minimiert, nicht per se freiheitsmaximierend, sondern kann im Gegenteil dazu führen,
30 dass sie vor allem die „Freiheit der Reichen" schützt statt die Freiheit aller.

Eine zweite Dimension ökonomischer Ungleichheit löst sich von der unmittelbaren Freiheitsdimension und der Frage individuel-
35 ler Kontrolle von Ressourcen. Diese neue Perspektive unterscheidet vielmehr zwei Qualitäten ökonomischer Güter: Der Nutzen, den Menschen aus Gütern ziehen, kann sowohl eine nicht-positionale als auch eine positionale

Seite haben. In nicht-positionaler Hinsicht ist 40 der Nutzen eines Gutes unabhängig davon, wie viel davon anderen zugänglich ist. In positionaler Hinsicht hängt der Nutzen jedoch davon ab, ob oder wie dieses Gut anderen zugänglich ist. Für die individuellen Karriere- 45 aussichten auf dem Arbeitsmarkt etwa ist weniger die absolute Qualität der eigenen Berufsausbildung relevant als vielmehr deren Güte und Anerkennung im Vergleich zur Ausbildung potenzieller Wettbewerber. Und defi- 50 nitionsgemäß können nicht alle Menschen in Wohnungen leben oder Autos besitzen, die überdurchschnittlich teuer und statusträchtig sind. Diese Statusdimension der Ungleichheit wird in Verteilungsdebatten häufig unter- 55 schätzt oder gar als „Neiddebatte" abgetan. [...] Schließlich lässt sich eine dritte wichtige Dimension ökonomischer Ungleichheit jenseits der mit Eigentum verbundenen Freiheit und jenseits der Frage der Positionalität von 60 Gütern ausmachen: Auch in politischer Hinsicht ist die Verteilung von Ressourcen von zentraler Bedeutung, da damit politische Einflusschancen erkauft werden können. Dies bedroht das demokratische Prinzip politischer 65 Gleichheit. Und der Zusammenhang droht sich selbst zu verstärken: Aus ökonomischer Ungleichheit resultierende politische Ungleichheit kann Spielregeln im Marktprozess hervorbringen, die Verteilungsergebnisse zu 70 Gunsten der bereits Wohlhabenden wiederum verfestigen – man denke beispielsweise an Steuersenkungen für Wohlhabende. Geringe Beteiligung am politischen Prozess am unteren Rand der Verteilung verstärkt das Prob- 75 lem. Auf den Zusammenhang zwischen Ungleichheit und politischen Einflusschancen verweist eine Vielzahl von Autoren.

Julian Bank/Till van Treeck, „Unten" betrifft alle: Ungleichheit als Gefahr für Demokratie, Teilhabe und Stabilität, in: Aus Politik und Zeitgeschichte, Heft 10/2015, S. 42 f.

1 Nennen Sie die Dimensionen ökonomischer Ungleichheit und deren Zusammenhänge (M 4).

2 Erläutern Sie die politischen Dimensionen bzw. Folgen sozialer Ungleichheit (M 4 und S. 66 f., M 8).

3 Vergleichen Sie die Ausführungen in M 4 mit S. 35, M 2.

Mit der „Weltrisikogesellschaft" hat Ulrich Beck seine Analyse der Risikogesellschaft mit den Bedingungen zunehmender Globalisierung verknüpft. Seine zentrale These lautet: Die Risikogesellschaft der Gegenwart hat die Grenzen des Nationalen längst überschritten, zahlreiche Unsicherheitsfaktoren (z. B. Klimawandel) gefährden die Welt als Ganzes und können nur im Rahmen einer kosmopolitischen Realpolitik gelöst werden.

M 5 Die Weltrisikogesellschaft

Die [...] Weltrisikogesellschaft setzt [...] ein „kosmopolitisches Moment" frei: Globale Risiken konfrontieren uns mit dem scheinbar ausgeschlossenen Anderen. Sie reißen nationale
5 Grenzen nieder und mischen das Einheimische mit dem Fremden. [...] Der Alltag wird kosmopolitisch: Menschen müssen ihrem Leben Sinn verleihen im Austausch mit anderen und nicht länger in der Begegnung mit Ihres-
10 gleichen. Beide Tendenzen [...] verweisen auf einen umfassenden Metawandel der „Gesellschaft" im 21. Jahrhundert:
- Die Inszenierungen, Erfahrungen und Konflikte des Weltrisikos durchdringen und
15 verändern die Grundlagen des Zusammenlebens und Handelns in allen Bereichen, national und global.
- Am Weltrisiko lässt sich die neue Form des Umgangs mit offenen Fragen ablesen, die
20 Art und Weise, wie die Zukunft in die Gegenwart integriert wird, welche Gestalten die Gesellschaften durch die Verinnerlichung des Risikos annehmen [...].
- Es rücken nun einerseits die (ungewollten)
25 Großrisiken (Klimawandel) in den Vordergrund, andererseits bildet die Antizipation der von den (gewollten) terroristischen Attacken ausgehenden neuartigen Bedrohungen ein ständiges öffentliches Anlie-
30 gen.
- Es vollzieht sich ein genereller kultureller Wandel: Es entsteht ein anderes Verständnis von Natur und deren Beziehung zur Gesellschaft sowie von wir und den anderen, gesellschaftlicher Rationalität, Freiheit,
35 Demokratie und Legitimation – ja sogar des Individuums.
- Eine neue, zukunftsorientierte planetarische Verantwortungsethik [...] ist gefordert, die in neuen kulturellen Bewegungen
40 ihren Fürsprecher findet. Unter Berufung auf eine solche Makro-Ethik koordinieren gesellschaftliche Gruppen und Unternehmen ihre Aktivitäten, konkurrieren sie um Risikobewertungen und schaffen neue
45 Identitäten, Gesetze und internationale Einrichtungen auf wirtschaftlichem, sozialem und politischem Gebiet. [...]

Die allüberwölbende Bedeutung des Weltrisikos hat gewichtige Konsequenzen, da mit ihm ein ganzes Repertoire von neuen Vorstellun-
50 gen, Befürchtungen, Ängsten, Hoffnungen, Verhaltensnormen und Glaubenskonflikten verbunden ist. Diese Ängste haben eine besonders fatale Nebenwirkung: Personen oder Gruppen, die zu „Risikopersonen" oder „Risi-
55 kogruppen" [gemacht] werden, gelten als Unpersonen, deren Grundrechte bedroht sind: Das Risiko spaltet, grenzt aus, stigmatisiert. So bilden sich neue Grenzen der Wahrnehmung und Kommunikation heraus – gleichzeitig
60 aber auch Bemühungen, Probleme, die zum ersten Mal öffentlicher Beeinflussung unterworfen sind, grenzübergreifend zu lösen.

Ulrich Beck, Weltrisikogesellschaft. Auf der Suche nach der verlorenen Sicherheit, BpB: Bonn 2007, S. 40 ff.

GLOSSAR

Metawandel (Gesellschaft)

INFO

Antizipation
Vorwegnahme

Repertoire
Bestand

1 Erläutern Sie den Begriff der „Weltrisikogesellschaft" und diskutieren Sie deren Risiken und Chancen (M 5).
2 Stellen Sie mögliche Auswirkungen der Überlegungen Becks (M 5) im Hinblick auf die Aufgaben der Soziologie dar (M 1).
3 Am „runden Tisch" auf S. 108/109 sitzen ausschließlich Männer. Stellen Sie eine Sozialwissenschaftlerin und ihre Ansicht über die Gesellschaft der Bundesrepublik Deutschland vor.
4 Diskutieren Sie die mutmaßlichen Ursachen der Männerdominanz auf S. 108/109.

4.2 Politische Normen, Ideen und Theorien in Geschichte und Gegenwart

In den vorausgegangenen Teilkapiteln ging es vielfach um die Veränderung von Werten – im Laufe der eigenen Biografie (Sozialisation) sowie in der Gesellschaft. Werte unterliegen dabei dem gesellschaftlichen Wandel (Wertewan- del); manche Werte ändern sich dabei schnell, andere bleiben längere Zeit konstant. In der Regel verdichten sich Werte zu (politischen) Weltanschauungen oder Theorien. Um letztere soll es im Folgenden gehen.

M 1   Zur Entstehung von Theorien in den Kontexten der bürgerlichen Gesellschaft

Am Ende des 18. Jahrhunderts beginnen sich Philosophie und politische Weltanschauungen bzw. Gesellschaftstheorien voneinander zu trennen. Die Aufmerksamkeit richtet sich
5 nun auf die soziale Funktion von Meinungen, Theorien (Vorstellungskomplexen) und Weltdeutungen, die bestehende Herrschaft rechtfertigen oder einen Wandel der Herrschaftsverhältnisse anstreben. Derartige „Ideologien"
10 treten in der Regel mit einem Wahrheitsanspruch auf und sind eng mit politischen Bewegungen (und damit auch Parteien) verbunden, deren Handeln sie anleiten und rechtfertigen sollen.
15 Mit der „Idolenlehre" von Francis Bacon beginnt die Geschichte der Ideologiekritik. Nach Bacon wird der menschliche Geist durch die unkritische Hinnahme überkommener Meinungen und Vorurteile („Götzenbilder und
20 falsche Begriffe") und durch den blinden Glauben an Autoritäten getäuscht. Bacons Überlegungen bilden die Vorstufe zur Ideologiekritik der Aufklärung. Vor allem in der französischen Aufklärungsphilosophie wurden reli
25 giöse Vorstellungen als Quelle für Vorurteile und Herrschaftslegitimation angesehen. Die Kirche (bzw. die Priester) erschienen als Mittler einer Rechtfertigungsideologie, wonach die menschliche Herrschaft letztlich gottge
30 wollt sei. „Aufklärung" solle den Menschen in die Lage versetzen, seine eigentlichen Interessen zu erkennen (Immanuel Kant: „Aufklärung ist der Ausgang des Menschen aus seiner selbstverschuldeten Unmündigkeit") und die
35 Täuschungen über die Hintergründe des Herrschaftsanspruches zu durchschauen.
Erste Ansätze einer politischen Offensive des

Bürgertums gegen die Ständegesellschaft beginnen in den italienischen Städten (u. a. in Florenz und Venedig) und in den Niederlan
40 den (Amsterdam). In England mit ersten Ansätzen industrieller Produktion, Amerika (mit den Bill of Rights von Virginia 1776) und Frankreich setzen sich bürgerliche Gesellschaften mit adäquaten Staatsformen und
45 Rechtssystemen schließlich durch. In der Französischen Revolution (1789–1793) nimmt das bürgerliche Denken politische Gestalt an. Sie beseitigt (z. T. gewaltsam) die vom ersten (Klerus) und zweiten Stand (Adel) der feuda
50 len Ständegesellschaft begründeten Herrschaftsverhältnisse und ersetzt diese durch die Herrschaft des „Dritten Standes", die „bürgerliche Herrschaft".
Durch die bürgerlichen Revolutionen wurden
55 die zentralen Hindernisse weggeräumt, die der Entfaltung der bürgerlichen Gesellschaft und den kapitalistischen Eigentumsverhältnissen bis dahin im Wege gestanden hatten: Leibeigenschaft und all die anderen feudalen
60 Bindungen, die Zunft- und Gewerbeschranken in den Städten, die rechtliche und wirtschaftliche Zersplitterung, die Zollschranken im Innern und die Privilegien von Adel und Kirche, die die Entfaltung des bürgerlichen Wirtschaf
65 tens einschränkten. In diesen Kontexten entstanden die „modernen" Weltbilder, die die Gegenwart bis heute prägen.

Der Konservatismus

Der Konservatismus entsteht historisch als
70 „Ideologie der Gegenaufklärung" und damit als Gegenbewegung zur bürgerlichen Gesellschaft, deren Kerngedanken durch den Libera-

lismus bestimmt werden. Als typische Denk-
muster und Ordnungsprinzipien des Konservatismus gelten das Festhalten am Bestehenden, die Kritik am Neuen und die Präferenz
des behutsam Evolutionären gegenüber dem
revolutionären Wandel. Nach 1789 ist das politische Ziel des Konservatismus die Restaurati-
on, d.h. die Wiederherstellung alter Ordnungen. In diesem Sinne trat der Konservatismus
als „transnationales Bündnis" der herrschenden Stände und des Feudaladels gegen die
liberal-nationalen Freiheitsbewegungen auf.
Im deutschen Konservatismus lassen sich grob
drei Richtungen unterscheiden:
- der patriarchale Konservatismus verteidigt
  die auf dem Recht des Stärkeren beruhende
  Herrschaftsordnung (Carl Ludwig von Haller); diesem inhärent sind Vorstellungen
  vom ungleichen Verhältnis der Geschlechter und ein traditionelles Verständnis von
  Ehe und Familie;
- die aus der politischen Romantik stammenden Vorstellungen vom christlichen
  Ständestaat (Adam Heinrich Müller);
- der konstitutionelle Konservatismus (Friedrich Julius Stahl), der die Aussöhnung des
  konservativen Denkens mit liberalen Vorstellungen zum Gegenstand hat.

Der Liberalismus

In den Forderungen nach Freiheit, Gleichheit
und Brüderlichkeit spiegeln sich Kernelemente liberalen Denkens wider. Maß aller Dinge
sind für den Liberalismus die Freiheiten des
Einzelnen. Sein Wohlergehen bildet den Ausgangspunkt aller Überlegungen und ist Ziel
jeder Politik. Während der **politische Liberalismus** die Freiheitsrechte des Einzelnen vom
Staat einklagt, fordert der **Wirtschaftsliberalismus** vor allem die staatliche Durchsetzung
aller ökonomischen Freiheiten, da nur so der
„Wohlstand für alle" verwirklicht werden
könne.
In Deutschland waren die nationale Einheits-
bewegung und der Liberalismus eng miteinander verwoben: Ohne Einheit keine Freiheit
und ohne Freiheit keine Einheit – so lautete
die (früh-)liberale Parole. Nach der gescheiterten Revolution von 1848 dominierte im politischen Liberalismus immer mehr das Streben
nach nationaler Einheit. Um diese herzustellen, ging der Liberalismus als soziale und poli-

tische Bewegung den Kompromiss mit den
traditionellen Führungsschichten Preußen-
Deutschlands ein (Nationalliberalismus). Mit
Aufkommen der sogenannten „sozialen Frage" orientierten sich Teile des klassischen Liberalismus stärker am Sozialen. Aus dieser
Denkrichtung ging der sogenannte Sozialliberalismus hervor, der allerdings nicht davor ge-
feit war, imperiale Machtkonzeptionen zu vertreten. Vom „nationalsozialen" zum „national-
sozialistischen" Gedankengut war aus Sicht
einiger Historiker der Weg nicht weit.
In der Geschichte der Bundesrepublik Deutschland kennzeichnet den politischen Liberalismus die Dualität von Wirtschaftsliberalismus
(Neoliberalismus) und politischem Liberalismus (Sozialliberalismus).

Der Sozialismus

Sozialistisches Denken ist letztlich Ausdruck
des in der Französischen Revolution angelegten Spannungsverhältnisses zwischen Freiheit und Brüderlichkeit. Es hat die Eingren-
zung bzw. letztlich sogar die Aufhebung der
ökonomischen Freiheit zum Ziel, da diese die
soziale Ungleichheit verstärke und damit die
„Brüderlichkeit" zerstöre. Der Sozialismus ist
daher der ideengesellschaftliche Ausdruck
der im 19. Jahrhundert entstandenen Arbeiterbewegung. Als Begründer des wissenschaftlichen Sozialismus („Marxismus") gelten Karl Marx und Friedrich Engels, für die die
Kritik der politischen Ökonomie, d.h. die
Strukturanalyse des Kapitalismus, eine doppelte Funktion hat: die Welt zu interpretieren,
vor allem aber, sie zu verändern.
In die Geschichte der sozialistischen Bewegung war die Frage nach dem Verhältnis von
Reform und Revolution (und darin einge-
schlossen auch die Fragen zu Demokratie und
zur Bedeutung von Gewalt) stets umstritten.
Begriffe wie „Diktatur des Proletariats" und
„Demokratischer Sozialismus", Sätze wie
„Freiheit ist immer die Freiheit der Anders-
denkenden" (Rosa Luxemburg), „Freiheit statt
Sozialismus" (Wahlkampfparole der CDU bei
der Bundestagswahl 1976) und „Freiheit durch
Sozialismus" (Oskar Lafontaine) deuten dieses
Spannungsverhältnis an.
In der Zeit des Stalinismus führte der exzessive
Einsatz von Gewalt und Terror, vor allem in-
nerhalb der Sowjetunion, zu Millionen Toten.

INFO

Carl Ludwig von Haller
(1768–1854)
Schweizer Staats-
rechtler, Politiker und
konservativer Vor-
denker

Adam Heinrich Müller
(1779–1829)
deutscher Philosoph
und Staatsrechtler

Friedrich Julius Stahl
(1802–1861)
deutscher Philosoph,
Jurist und Politiker

Karl Marx
(1818–1883)
Der deutsche Philo-
soph Ökonom gilt
gemeinsam mit
Friedrich Engels als
einer der einfluss-
reichsten Theoretiker
des Sozialismus.

Friedrich Engels
(1820–1895)
deutscher Philosoph,
Historiker, sozialisti-
scher Theoretiker
und Unternehmer

Rosa Luxemburg
(1871–1819)
polnisch-russische
Sozialdemokratin
und Marxistin

Oskar Lafontaine
(* 1943)
deutscher Politiker

Stalinismus
Terrorregime unter
dem kommunisti-
schen Diktator Josef
Stalin (1878–1953) in
der Sowjetunion ab
Ende der 1920er-
Jahre bis zu Stalins
Tod 1953

INFO

Johann Gottfried Herder
(1744–1803)
deutscher Dichter und Philosoph

Oswald Spengler
(1880–1936)
Das bis heute bekannteste Werk des deutschen Kulturphilosophen ist „Der Untergang des Abendlandes".

Arthur Moeller van den Bruck
(1876–1925)
Der Kulturhistoriker und konservativ-nationale Vordenker gilt als einer der prominentesten Vertreter der „Konservativen Revolution".

Carl Schmitt
(1888–1985)
Der deutsche Staatsrechtler gilt seinen Gegnern bis heute als „Kronjurist des Dritten Reiches", weil er u. a. 1934 die Morde in Zusammenhang mit dem sogenannten „Röhm-Putsch" juristisch rechtfertigte („Der Führer schützt das Recht").

LITERATURTIPP

Kurt Lenk/ Berthold Franke
Theorie der Politik. Eine Einführung, Campus: Frankfurt a.M. u. a. ²1991

Franz Neumann (Hg.)
Handbuch politischer Theorien und Ideologien, Rowohlt: Reinbek 1989

Der Nationalismus

Der **bürgerliche Nationalismus** entfaltete sich in den europäischen Nationalbewegungen (in den Kontexten der Französischen Revolution) und kulminierte in der Gründung unabhängiger Nationalstaaten. Der Prozess der Bildung von Nationen verlief dabei historisch unterschiedlich. Er war in Deutschland ein Gemisch aus biologistisch-abstammungsorientierten Ideen der Volksgemeinschaft (griech. = ethnos) und republikanisch-freiheitlichen, individualistischen Ideen der Volkssouveränität (griech. = demos). Setzte sich, wie in den deutschen Staaten, das Prinzip des „ethnos" (so etwa schon bei Johann Gottfried Herders Idee der Kulturnation) durch, konnten etwa die Ideen universeller Menschenrechte oder Konzepte von Selbstbestimmung und demokratischer Verfassungsbestimmtheit („Verfassungspatriotismus") kaum Fuß fassen, und von den Idealen der Aufklärung blieb weniger die Achtung individueller und universell geltender Menschen- und Bürgerrechte (darunter die individuellen Freiheitsrechte (u. a. Meinungs-, Demonstrations- und Pressefreiheit) als vielmehr die Verehrung der (gerade entstehenden) völkisch begründeten Nation zurück, die im „natürlichen" Staat ihren politischen Ausdruck fand. Spätestens seit der in Deutschland gescheiterten bürgerlichen Revolution von 1848 handelte es sich beim deutschen Nationalismus um eine radikalisierte Integrationsideologie, bei der die Vorstellung einer gemeinschaftlichen Interessensgleichheit gegenüber dem gesellschaftlichen Pluralismus in den Vordergrund trat. In der Folgezeit diente der **„völkische Nationalismus"** dazu, ein Dominanzstreben des eigenen „Machtstaates" gegenüber anderen Staaten (und deren Unterwerfung bzw. Vernichtung) zu legitimieren („chauvinistischer Nationalismus").

Die **„Konservative Revolution"** – schon sprachlich ein merkwürdiges Gebilde – war die Gegenbewegung zur Weimarer Demokratie. Sie begründete den Mythos eines „deutsch-preußischen Sozialismus", der sozial gegensätzliche Interessen in vermeintlich nationalen Interessenlagen („Volksgemeinschaft") aufheben wollte. Der Vorstellung einer „volkhaften Lebensgemeinschaft" liegt folglich eine mythologische Sicht des Politischen zugrunde: Hinter sozialen Gegensätzen, pluralen Interessen und deren demokratischen Organisationsformen gebe es eine „völkliche Substanz", die das Wesen einer „wahren" Demokratie ausmache. Der Idee der parlamentarischen Repräsentation („Pluralismus", verbunden mit einer Bereitschaft zum „Konsens") werden also Vorstellungen von Homogenität und Identität (d. h. Gleichartigkeit) entgegengesetzt. Und an die Stelle demokratischen Ringens um die Gestaltung sozialer Verhältnisse tritt das schicksalhafte Wirken höherer (nationaler) Mächte. Zu den bekanntesten Wortführern der „Konservativen Revolution", die allesamt mit „westlich-liberaler Bürgerlichkeit" abrechneten, zählten Oswald Spengler, Arthur Moeller van den Bruck und Carl Schmitt. Für Letzteren war die Unterscheidung bzw. schärfste Trennung von Freund und Feind Kriterium (nicht Definition!) des Politischen, wobei Schmitt den Feindbegriff gerade auch auf den „inneren Feind" (Juden, Sozialisten, universalistische Liberale) bezog. Der Staat, bzw. der den Ausnahmezustand beherrschende Souverän („Der Führer"), verordnet damit „Gemeinschaft" bzw. definiert, wer zu ihr gehört (und wer nicht!). Solch antiindividualistische und antiliberale Prägung zeigte sich prägnant in der politischen Losung des Nationalsozialismus: „Du bist nichts, dein Volk ist alles." Statt einer wertbezogenen und moralisch begründeten Orientierung und Legitimation von Politik (die die Verantwortung für politisches Handeln einschließt), dominiert die normenlose Entscheidungsfähigkeit an sich, die „Dezision".

Autorentext

Durchführung einer Debatte

Bei dieser Lernaufgabe geht es um die Vorbereitung einer im Format der Fernsehtalkshow stattfindenden Debatte zum Thema: **„Raus aus dem Elternbeinturm – sind sozialwissenschaftliche Theorien heute überflüssig?"** Beziehen Sie hierbei die sozialwissenschaftlichen Beschreibungen und Analysen (S. 110-115) sowie die politischen Ideen und Theorien in Geschichte (S. 116-118) und Gegenwart (S. 120-123) ein.

Es diskutieren als eingeladene Gäste:
- eine Soziologin bzw. ein Soziologe
- eine Politikwissenschaftlerin bzw. ein Politikwissenschaftler
- eine Vertreterin bzw. ein Vertreter des Sinus-Instituts
- mehrere Politikerinnen bzw. Politiker (Regierung und Opposition)
- zwei Moderatorinnen bzw. Moderatoren

An der Sendung wirken weiterhin mit:
- Arbeitsgruppe Einspielfilm a) (drei Personen)
- Arbeitsgruppe Einspielfilm b) (drei Personen)
- Arbeitsgruppe „Faktencheck" im Nachgang (vier bis sechs Personen)

Leitfragen der Sendung:
- Was können Gesellschaftsanalysen heute leisten?
- Brauchen wir mehr oder weniger Theorie?
- Welche Bedeutung haben Werte und politische Ideen für unsere Gesellschaft?

Zur **Vorbereitung** auf die Sendung folgende Aufgabe: Versuchen Sie mithilfe der Sinus-Studien zu jugendlichen Lebenswelten, den Sinus-Milieus sowie den theoretischen Erklärungsversuchen dieses Kapitels und den sozialwissenschaftlichen Beschreibungen des Teilkapitel „Leben und arbeiten in einer sich wandelnden Gesellschaft" (S. 32–81) Zusammenhänge von sozialer Lage, Wertvorstellungen und politischen Weltanschauungen darzustellen und zu erklären.

Sie können sich hierbei beispielsweise an der von Frank Plasberg wöchentlich moderierten Talkshow „Hart aber fair" (oder auch an einer anderen politischen Talkshow im Fernsehen) orientieren, bei der mehrere Gäste ein kontroverses Thema diskutieren. Die Sendung von Plasberg läuft nach folgendem Muster ab:
Der Moderator begrüßt die Gäste und bittet diese um ein kurzes Eingangsstatement. Während der Diskussion erhalten Fernsehzuschauer wie Gäste durch kurze Einspielfilme zusätzliche Informationen (Statistiken, Interviews usw.). Nicht selten wird dabei einer der Gäste in einem solchen Film direkt angesprochen und mit früheren, umstrittenen Aussagen konfrontiert. Gegen Ende der Sendung erhält jeder Gast die Möglichkeit zu einem kurzen Schlusswort (30 Sekunden).
Nach Ende der Talkshow bietet der Sender einen Faktencheck wichtiger Aussagen der Sendung im Netz an, mit dem die Aussagen einer oder mehrerer Personen anhand von nachprüfbaren, rationalen und objektiven Fakten überprüft werden. Dabei werden wörtliche oder schriftliche Aussagen den recherchierten Fakten gegenübergestellt.
Es empfiehlt sich, „Hart aber fair" oder andere als Muster dienende politische Talkshow zuvor einmal anzusehen.

QUERVERWEIS

Komplexe Probleme selbstständig untersuchen – die Lernaufgabe
S. 84, M 1

INFO

Andreas Rödder
(* 1967)
Der deutsche Histori-
ker lehrt an der
Johannes Gutenberg-
Universität Mainz und
befasst sich als pro-
minentes Mitglied der
CDU immer wieder
mit der Frage, wie ein
zeitgemäßer Konser-
vatismus aussehen
kann.

Common Sense
gesunder Menschen-
verstand; eine Auffas-
sung oder Ansicht,
die von (fast) allen
geteilt wird

**deduktiver
Radikalismus**
hier: ohne Einschrän-
kungen (Rücksicht-
nahmen) den Einzel-
fall aus dem Allge-
meinen ableiten

GLOSSAR

Bürger
Gemeinwohl
Sozialstaat
Verfassung

M2 Was heißt heute konservativ?

Konservatives Denken in Deutschland ist in der Krise. Ein verselbstständigter Sozialstaat und ein zunehmender staatlicher Dirigismus schränken die Bürgerfreiheit ein, weil dem
5 Bürger die Freiheit nicht mehr zugetraut wird. Innerhalb der Gesellschaft besteht kein grundlegender *common sense* über das, was man für falsch und richtig hält. Stattdessen ist eine zunehmend repressive neue Toleranz auf
10 dem Vormarsch, die nur sich selbst kennt. Und weil kein *common sense* besteht, regiert die Zahl, ein Denken in Quantitäten, Zahlenvorgaben und vorgegebenen Modellen ohne pragmatische Rückkopplung an Erfahrungs-
15 werte und an die ebenso banale wie elementare Frage: Ist das eigentlich gut und richtig? [...] Konservatismus ist mehr als die Bibel, Goethe und ein Sparbuch. Konservatismus ist kein rückwärtsgewandter Traditionalismus von
20 und nach gestern. Er ist auch nicht über einen grimmig-autoritären Staat, einen ideologischen Nationalismus oder ein einseitig traditionelles Frauen- und Familienbild zu bestimmen. Im Gegenteil: Ideologie und Extreme
25 sind dem Konservatismus fremd. Er steht auf inhaltlichen Wertgrundlagen, für die es keine philosophische Letztbegründung gibt – aber die gibt es für andere politische Strömungen letztlich auch nicht. Diese Wertgrundlagen ei-
30 nes modernen, weltoffenen Konservatismus, der von seinen bürgerlich-liberalen und christlich-sozialen Elementen nicht zu trennen ist, liegen
■ im christlichen Bild vom ebenso unvoll-
35 kommenen wie unantastbaren Menschen,
■ in den Grundrechten und der Verfassungsordnung,
■ in den bürgerlichen Werten von leistungsbereiter Selbstständigkeit,
40 ■ in sozialmoralischer Gemeinwohlverpflichtung, Bildung und Familie
■ sowie in konkreten Einzelfragen, im *common sense* – einem Wissen von falsch und richtig, das, wie Konservative glauben, durch Erfah-
45 rung und Instinkt vermittelt wird.

Konservatismus denkt von der Mitte aus, und diese Mitte ist das Fundament, von dem aus Konservatismus Toleranz übt und üben kann. Denn abgesehen von Grundfragen wie Lebensschutz und Menschenwürde, ist konservatives
50 Denken in der Tradition von Maß und Mitte gerade nicht extrem oder radikal, sondern pragmatisch – was durchaus heißen kann, höchst konsequent zu handeln. Aber das ist etwas anderes als deduktiver Radikalismus.
55 Richtlinie konservativer Politik ist nämlich nicht, ein theoretisch vorgegebenes Modell durchzusetzen, sondern Bedingungen für gelingendes Leben zu schaffen, dessen konkrete Ausgestaltung in der Hand des Einzelnen liegt.
60 Denn konservatives Denken geht vom Einzelnen aus, von der Freiheit und Selbstverantwortung der sozial verantwortlichen Bürger. Dazu gehört im Übrigen auch die Zivilcourage, eine solche Haltung und das als richtig Er-
65 kannte öffentlich zu vertreten, auch gegen den Mainstream in Gesellschaft und Partei, und nicht nur vor den eigenen Leuten gut dastehen zu wollen.

Das heißt freilich nicht zu eifern, im Gegenteil.
70 Konservatives Denken bemüht sich vielmehr um die Kardinaltugend der Besonnenheit – nicht sehr sexy vielleicht im Vergleich zu großen Modellen, Visionen und Utopien, aber doch die entscheidende und letztlich eminent
75 menschenfreundliche Voraussetzung für gelingendes Leben. Solcher Konservatismus ist besonders wichtig in Zeiten des beschleunigten Wandels, um den Wandel verträglich zu machen.
80 Wenn bislang von der Krise des Konservatismus die Rede war, dann lohnt es sich, zum Abschluss noch einen Blick auf den Begriff der Krise zu werfen: Krise ist nicht automatisch der letzte Schritt vor dem Ende. Die Krise ist
85 vielmehr im medizinischen Sinne der Moment, in dem sich ein Krankheitsverlauf entscheidet, zum Guten oder zum Schlechten. Vielleicht stehen wir gerade an diesem Punkt.

Andreas Rödder, Was heißt heute konservativ? Teil 2, in: Die Politische Meinung (Zeitschrift der Konrad-Adenauer-Stiftung), Heft 466/2008, S. 62 f.

M 3 „Liberalismus bedeutet die Möglichkeit zur Selbstbestimmung"

Auszug aus einem Interview des Journalisten und Verlegers der Wochenzeitung „Der Freitag", Jakob Augstein, mit dem FDP-Chef Christian Lindner.

Augstein: Herr Lindner, kennen Sie das Lieb-
5 lingszitat von Oskar Lafontaine? [...] „Zwischen dem Starken und dem Schwachen ist es
das Gesetz, das befreit, und die Freiheit, die
unterdrückt."
Lindner: Freiheit kann nicht unterdrücken,
10 das ist absoluter Bullshit. Wenn ich mal wohl-
wollend interpretiere, will er eins sagen: Wir
wollen starkes Recht und nicht das Recht des
Stärkeren. Du brauchst einen Staat, der Regeln durchsetzt. Beispiel Silicon-Valley-Platt-
15 formkapitalismus. Du brauchst einen Staat als
Schiedsrichter, der dafür sorgt, dass nicht wenige selbstherrlich über die Chancen der vielen herrschen. Deshalb haben wir einen Staat,
deshalb sind in unserer liberalen Verfassung
20 bestimmte Fragen dem Mehrheitsprinzip entzogen – eine Mehrheit könnte gar nicht über
die Würde und Freiheit des Einzelnen entscheiden und sie ihm entziehen. Aber auf dieser abstrakten Ebene zu sagen, Freiheit unter-
25 drücke, das ist mir zu pauschal. [...]
Augstein: [...] Mir hat das [Zitat] immer ein-
geleuchtet, weil ich finde, dass der politische
Liberalismus, wie auch Sie ihn vertreten, etwas für die Starken ist.
30 **Lindner:** Da stimme ich Ihnen überhaupt
nicht zu. Das ist ein Zerrbild. Liberalismus bedeutet vor allem erst einmal, den Menschen
die Möglichkeit zur Selbstbestimmung nicht
durch staatliche Maßnahmen zu nehmen. [...]
35 **Augstein:** Könnte es nicht sein, dass die Grünen den modernen Liberalismus inzwischen
viel besser verkörpern als die FDP? [...] Man
könnte sagen, die Grünen sind das, was die
FDP früher war: die Klientelpartei für Besser-
40 verdienende.
Lindner: [...] Die Grünen haben ihre Berechti-
gung, wer die wählen will, möge die wählen.
Ich würde es nicht tun. Warum? Weil die Grünen eben keine liberale und individualistische
45 Partei sind. Das zeigt zum Beispiel ihr fort-
währendes Misstrauen gegenüber der Innova-

tionskraft der Gesellschaft. Der verstorbene
Soziologe Ulrich Beck – er war nun wirklich
kein FDP-Freund – hat mal gesagt, bei seinen
50 Freunden aus der Umwelt- und Klimabewe-
gung beobachte er ein Liebäugeln mit der ökologischen Steuerung von oben, das ihn an den
chinesischen Staatskapitalismus erinnert –
harte Lenkung, Verbote, Quoten und so wei-
55 ter. Ein linker politischer Ansatz. Zum Zweiten
gibt es natürlich eine Tendenz zur Nivellierung von Unterschieden in der Gesellschaft.
Das ist auch legitim, ist aber links. Ich bin der
Auffassung, wir müssen viel mehr dafür tun,
60 dass die Menschen eine Chancengerechtigkeit
am Start haben. Durch staatliche Interventio-
nen, etwa im Bildungsbereich. Ich bin auch für
die wirkliche Unterstützung von Bedürftigen,
um sie so stark zu machen, dass sie wieder ei-
65 genverantwortlich leben können, wenn sie
dazu in der Lage sind. [...]
Augstein: Sie sprechen von einer Nivellierung
der Gesellschaft. Aber viele Menschen bekla-
gen eher das Auseinanderdriften der Gesell-
70 schaft, sozial und kulturell, und streiten darüber, ob die Globalisierung eine soziale Bedrohung durch Ungleichheit darstellt oder eine
kulturelle Bedrohung durch Fremdheit. Aber
beides, das soziale und das kulturelle Ausein-
75 anderdriften, ist genau das Gegenteil von Nivellierung.
Lindner: In der Tat, wir haben eine kulturelle
Spaltung. Das hat mit Migration zu tun, auch
mit der von Manchen gefühlten Geringschät-
80 zung der eigenen traditionellen Lebensweise.
Diese Konfliktlinie muss man ernst nehmen.
[...] Wir brauchen ein gemeinsames Leitbild
für unsere Gesellschaft. [...] Es kann nur funktionieren, wenn wir uns auf die republikani-
85 schen Tugenden unserer Verfassung besin-
nen, die offen sind für die Angehörigen aller
Religionen oder auch gar keiner Religion, weil
sie sich auf Werte wie Würde, Selbstbestimmung des Einzelnen, Toleranz gegenüber an-
90 deren Religionen, Gleichberechtigung der Geschlechter und anderes stützen. Das könnte
das Integrationsangebot [...] für die Gesellschaft insgesamt [sein].

Jakob Augstein, Interview mit Christian Lindner. „Vielleicht bin ich Romantiker", in: https://www.freitag.de/autoren/ jaugstein/vielleicht-bin-ich-romantiker, 01.02.2019

INFO

Andreas Fisahn
(* 1960)
Der deutsche Rechts-
wissenschaftler lehrt
an der Universität
Bielefeld und ist Mit-
glied des Wissen-
schaftlichen Beirats
der Rosa-Luxemburg-
Stiftung, die politisch
der Partei Die Linke
nahesteht.

Ernst Bloch
(1885–1977)
Der deutsche Philo-
soph sah sich in der
geistigen Tradition
des Werks von Karl
Marx.

M4 Was heißt sozialistische Politik und Wirtschaft heute?

Mit „sozialistischer Politik und Wirtschaft" verbinde ich: Eine solidarische, demokratische und ökologische Gesellschaft vorzudenken und für sie zu kämpfen. Sozialistische Po-
5 litik tritt das Erbe der Aufklärung an, die von Kant definiert wurde als Ausgang des Menschen aus seiner selbstverschuldeten Unmündigkeit. Sie ist selbstverschuldet, sofern es an Bereitschaft oder Mut mangelt, sich seines
10 Verstandes ohne Leitung eines andern zu bedienen. Selbstbestimmung ist der Fixstern der Aufklärung und sozialistischer Politik.
Heute stellt sich das Problem der Unmündigkeit und der mangelnden Selbstbestimmung
15 anders als im 18. Jahrhundert. Gesellschaften sind zu Sklaven ihrer eigenen Entscheidungen und Fehlentscheidungen geworden, die als scheinbare Sachzwänge auftreten und so die Unterordnung unter die Gesetze der Konkur-
20 renz und des Marktes verlangen. Und es fehlen der Mut und die Bereitschaft, sich des Verstandes zu bedienen, um hinter den Horizont der „Alternativlosigkeit" zu schauen. Konkurrenz geht immer zu Lasten des Schwächeren.
25 Ziel ist es, ihn aus dem Rennen zu werfen. Wettbewerb steht deshalb im prinzipiellen Widerspruch zu einer solidarischen Gesellschaft. Die Korrektur der Fehlleistungen einer Wettbewerbswirtschaft reicht nicht, sie muss
30 der Entwicklung immer hinterherlaufen.
Demokratie definierte Kant über die Selbstgesetzgebung. Auch diese muss man heute umfassender denken, über die Rechtssetzung hinaus. Selbstgesetzgebung muss sich auf die
35 gesamte gesellschaftliche Entwicklung beziehen. Demokratie ist nicht nur eine Staatsform, sondern eine Gesellschaftsform und umfasst

dann mehr als die Wahl von Regierung und Parlamenten. Demokratie als Gesellschaftsform dringt in alle Poren der Gesellschaft, von 40 der Schule über Universität, und Verwaltung bis in das Arbeitsleben. Demokratie ist der Leitstern für die Reduktion von Herrschaft und bedeutet: Rückbindung aller allgemein wirkender Entscheidungen an die Adressaten 45 dieser Entscheidung. Weil die Entscheidungen großer Konzerne für die Allgemeinheit viel Wirkmächtiger sind als viele Beschlüsse der Politik, bedürfen sie in einer demokratischen Gesellschaft der Rückbindung. 50
Selbstgesetzgebung kann sich nicht auf die Naturgesetze beziehen. Die Naturgesetze können nur Grundlage der Entscheidung sein, in welches Verhältnis sich die mündige Gesellschaft zu ihr setzt. Der Stoffwechsel mit der 55 Natur war Jahrtausende ein unbewusster – er fand einfach statt. Das ist heute nicht mehr möglich. Der Stoffwechsel des Menschen mit der Natur muss bewusst gestaltet und begrenzt werden. Die Mündigkeit besteht darin, 60 sich des Verstandes zu bedienen, um die Grenzen der Natur zu erkennen und den Mut zu haben, das Natur-Mensch-Verhältnis bewusst zu gestalten.
„Denken heißt Überschreiten", formulierte 65 Bloch. Überschreiten des Horizonts selbstgemachter Zwänge, welche die Selbstbestimmung hindern. Dieses Überschreiten braucht Mut. Und es braucht umso mehr Mut als die Grenzen des Denkens durch Korridore des Zu- 70 lässigen bestimmt werden, die sich an der falschen Wirklichkeit orientieren, sodass das Richtige außerhalb der Korridore liegt.

Andreas Fisahn, Was heißt sozialistische Politik und Wirtschaft, in: spw, Heft 239/2020, S. 84

M5   Postpolitik. Liberaler Konsens, politischer Tod

Die Neue Rechte hadert [...] mit dem Konsenskultus, weil sie in ihm den Todesgaranten für jede Form authentischer Politik und der Erscheinungsformen des Politischen erkennt.
5 Bei Nennung dieser zwei Felder – die Politik, das Politische – ist Carl Schmitt gegenwärtig. Anhand seines Schlüsseltextes *Der Begriff des Politischen* wird deutlich, weshalb genuine Politik nichtliberal artikuliert werden muss: Li-
10 berale, wusste Schmitt, treffen, wenn sie das Politische berühren wollen, nicht die Sache, denn sie verwenden qua Menschenbild und Prägung ein ökonomistisches oder moralisches Vokabular. Das Wesen des Politischen
15 verkennen sie. Dies wird dadurch verschärft, dass ihre individualistische Haltung für den Umstand erblinden lässt, wonach politische Identitäten und politisches Ringen von *kollektiven* Einheiten bestimmt werden, die sich be-
20 wusst von anderen Einheiten scheiden [...]. Anders gesagt: Da kein „Wir" ohne ein „die Anderen" möglich ist; da eine gemeinsame politische Identität nur denkbar ist, wenn sie sich von einer anderen abgrenzen kann; da al-
25 so der Antagonismus als Freund-Feind-Scheidung den Ausgangspunkt respektive Kern des Politischen umreißt, ist dieses so verstandene Politische a priori Erzfeind des Liberalen. [...]
30 Hegemonie resultiert eben nicht mehr nur, wie womöglich vor einhundert Jahren, aus der Erlangung des Machtapparats. Der heutige „integrale Staat" besteht aus dem hegemonialen Zusammenspiel von Repressionsbehörden
35 und der Zivilgesellschaft. [...] Alain de Benoist schlägt [...] vor, [...] das Ende einer politischen Form bekanntzumachen, „in der Entscheidungen von oben nach unten getroffen wurden". Benoist beobachtet damit verbunden „den
40 Fall selbsternannter Eliten, die weder fähiger noch weniger fehlbar waren als die Massen,

die sie meinten aufklären zu müssen". Es geht Benoist in unseren Tagen nicht mehr um den versuchten Einfluss auf Funktionseliten oder um den Austausch einiger von ihnen, sondern, 45 ganz im Gegenteil und zugleich viel umfassender, um den neuen Aufbau einer wirkungsvollen Gemeinschaft von unten her.
Exakt dies macht zugleich Ironie und Chance einer Neuen Rechten im postpolitischen 21. 50 Jahrhundert aus: Die Rechte verkörpert längst nicht mehr die Fraktion der Elite bzw. der willfährigen Stütze der Herrschenden, sondern sie steht, endlich *unten* angelangt und verwurzelt, für die Rückkehr des Volkes als politi- 55 scher Kategorie und des Populismus als politischem Konzept. Als solches aber ist nur *sie* in der Lage, das politische Feld wieder zu beleben. Die Neue Rechte mitsamt ihrer Verästelungen erscheint damit als der Garant der 60 Wiederkehr des authentisch Politischen:

- Nur sie beharrt, mit Schmitt, auf der „Autonomie des Politischen" gegenüber Ökonomie und Moral;
- nur sie stellt sich grundsätzlich und ent- 65 schieden gegen den liberalen, multikulturalistischen Konsens der Postpolitik;
- nur sie positioniert sich sowohl gegen die hegemoniale Schicht als auch gegen deren neue Fußtruppen in Form der antifaschisti- 70 schen „Kapital-Linken" (Charles Robin);
- nur sie setzt der Hegung des Politischen seine Belebung durch fundamentalen Widerspruch entgegen;
- nur sie wird in der Lage sein, aus der Stag- 75 nation der herrschenden Verhältnisse heraus eine lebendige Kehre zu vollziehen;
- denn nur sie stellt sich mit allem, was sie hat, gegen den unverhandelbaren liberalen Konsens, der den Tod des Politischen ver- 80 kündet.

Benedikt Kaiser, Postpolitik. Liberaler Konsens, politischer Tod, in: Sezession, Heft 92/2019, S. 26 ff., https://sezession. de/61665/postpolitik-liberaler-konsens-politischer-tod

Benedikt Kaiser
(* 1987)
Der deutsche Politikwissenschaftler ist Redakteur der rechtsintellektuellen Zeitschrift „Sezession" und wird politisch der Neuen Rechten zugeordnet.

Neue Rechte
Sammelbegriff für eine politische Strömung, deren Spektrum von konservativ-national über rechtspopulistisch bis zu rechtsradikal und rechtsextrem reicht.

Konsenskultus
hier: ironische Bezeichnung für am Ausgleich und am Kompromiss orientierte Politik

integraler Staat, Repressionsbehörden, Zivilgesellschaft
Anspielungen auf Überlegungen des italienischen Kommunisten Antonio Gramsci (1891–1937), der den Staat als mit unterschiedlichen Herrschaftsformen ausgestattetes Organ einer antagonistischen Klassengesellschaft verstand; hier von Kaiser als (rechtspopulistische) Elitenkritik angewandt.

Alain de Benoist
(* 1943)
Der französische Theoretiker gilt als wichtiger Vordenker der Neuen Rechten.

GLOSSAR

Zivilgesellschaft

Begriffswissen und Fachsprache

Sie kennen … / Sie können …

- zentrale Gegenstände und Aufgabenstellungen der Soziologie;
- bedeutende sozialwissenschaftliche (bzw. soziologische) Deutungen der Gegenwart von Richard Sennett („Der flexible Mensch"), Hartmut Rosa („Beschleunigung"), Till van Treeck („Ungleichheit als Gefahr für Demokratie, Teilhabe und Stabilität") und Ulrich Beck („Weltrisikogesellschaft");
- bei diesen Deutungsansätzen Zusammenhänge von sozialen Strukturen, Handlungen und Prozessen mit sozialen Institutionen und Akteuren sowie Wertorientierungen und Einstellungen in Beziehung setzen;
- bedeutende politische Theorieansätze der bürgerlichen Gesellschaft (Konservatismus, Liberalismus, Sozialismus, Nationalismus) und deren gegenwärtige Vertreter;
- relevante politische Positionen der Gegenwart;
- gegenwärtige Repräsentanten dieser Theorien.

Erworbene Kompetenzen

Analysekompetenz: Sie können …

- mit Bezug auf die genannten soziologischen Deutungen der Gegenwart entscheidende Merkmale des sozialen Wandels („reflexive Moderne") benennen;
- unterschiedliche Deutungsansätze hinsichtlich ihres Erklärungsansatzes und -anspruches unterscheiden;
- die Reichweite der Ansätze miteinander vergleichen;
- die unterschiedlichen Deutungsaspekte der Theorien zueinander in Beziehung setzen.

Urteilskompetenz: Sie können …

- Anspruch, Ertrag, Erklärungswert und Reichweite der Theorieansätze hinterfragen;
- den Stellenwert und den Ertrag des jeweiligen Ansatzes benennen und beurteilen.

Handlungs- und Methodenkompetenz: Sie können …

- an einer politischen Debatte in Form einer Fernsehtalkshow teilnehmen und die zugewiesene Rolle (vor allem inhaltlich) kompetent wahrnehmen;
- sich mit relevanten sozialwissenschaftlichen Theorieansätzen der Gegenwart auseinandersetzen;
- gegenwärtige politische Positionierungen auf relevante politische Theorieansätze der bürgerlichen Gesellschaft beziehen.

Kontrollieren Sie Ihr Wissen und Können

M 1 Freiheit und Gleichheit

Freiheit und Gleichheit sind nicht grundsätzlich miteinander vereinbar. So oft die Behauptung von der Vereinbarkeit der beiden auch aufgestellt worden ist, seit die Begriffe in der 5 Siegesparole der Französischen Revolution zusammengespannt wurden; bei genauerem Hinsehen sind nur die gleichen Grundrechte aller Bürger mit der Freiheit vereinbar. Mehr noch, sie sind Bedingung der Möglichkeit erfüllter Freiheit. Jenseits dieser Grundrechte 10 aber ist Ungleichheit keineswegs unerträglich. Damit ist nicht die billige These gemeint, dass die Reichen sich ihren Reichtum wohl erworben haben und die Armen es nicht besser

15 verdienen. Wohl aber gilt, dass Gesellschaft ohne Ungleichheit nicht denkbar ist, weil es nicht nur materielle, sondern auch positionelle, also der Natur der Sache nach ungleich verteilte Güter gibt. [...] Die Utopie der Gesell-
20 schaft der Gleichen ist auch das Bild einer erstarrten, zukunftslosen Gesellschaft, die nur dadurch am Leben erhalten wird, dass am Ende doch einige gleicher sind als andere. „Im Zweifel für die Freiheit" ist nicht nur eine unanstößige These; sie kann auch heißen: „Im 25 Zweifel gegen die Gleichheit."

Ralf Dahrendorf, Die Chancen der Krise. Über die Zukunft des Liberalismus, DVA: Stuttgart 1983, S. 130 ff.

M2   Aufbruch in eine neue bürgerliche Epoche

Die typischen Sinngehalte menschlicher Existenz scheinen [heute] verschüttet oder an den Rand gedrängt: die Suche nach Liebe und Intimität, die Geborgenheit einer Familie, die Er-
5 kenntnis, dass nur Kinder Zukunft bedeuten, das Verliebtsein in den Erfolg, Streben nach Anerkennung, die Entschiedenheit etwas zu leisten und auch dann weiterzukämpfen, wenn der Erfolg einmal ausbleibt, die Achtung
10 vor dem Anderen, die Bereitschaft zu helfen, wo Not herrscht, der Sinn für das religiöse Bekenntnis, selbst wenn man es nicht teilt. All das sind beste bürgerliche Ziele und Werte. Wir haben im Überschwang politisiert aufklä-
15 render Kritik allzu vieles davon als kleinbürgerliche Enge denunziert, leichtfertig verlacht und verhöhnt. Es ist an der Zeit zu erkennen, dass diese Werte in dem neu entstandenen Ambiente individueller Gestaltungsfreiheiten wieder mehr Respekt und Förderung verdie- 20 nen, damit die kulturellen Grundlagen einer freien Gesellschaft neu wachsen können. Wir sollten den Aufbruch wagen in eine neue bürgerliche Epoche, mit einem Bürgerbegriff ohne soziale Schranken, mit weniger staatlicher 25 Bevormundung, mehr eigener Leistungsfreude, mehr Sinn auch für diejenigen Gemeinschaften, ohne die individuelles Freisein gar nicht möglich wäre.

Udo di Fabio, Die Kultur der Freiheit, C.H. Beck: München 2005, S. VI f.

M3   Widersprüche zwischen Recht und Eigentum

In der Öffentlichkeit wird die Eigentumsfrage heute fast ausschließlich als moralisches Problem verhandelt: Ist die Reichtumsverteilung noch „gerecht", hat das obere ein Prozent sein
5 Vermögen selbst „verdient"? Tatsächlich ist die Angelegenheit jedoch weitaus konkreter: Das Privateigentum (an Produktionsmitteln und Finanzvermögen) markiert die Grenze von Freiheit und Demokratie und repräsen-
10 tiert damit den großen inneren Widerspruch des Liberalismus, der Rechte postuliert, die er durch die Eigentumsordnung sofort wieder aufhebt. Wer über das entsprechende Vermögen verfügt, kann nicht nur, anders als Besitzlose, das eigene Leben frei gestalten, sondern 15 beherrscht auch die politischen Entscheidungsprozesse, weil er (sehr viel seltener als sie) mit Medienkonzernen, Think Tanks oder Investitionsentscheidungen die eigenen Interessen geltend machen und bestimmte Optio- 20 nen aus der Debatte ausschließen kann.

Raul Zelik, Sozialismus, aber anders. Durch Selbstermächtigung zur befreiten Gesellschaft, in: Blätter für deutsche und internationale Politik, Heft 8/2020, S. 91 f.

1   Ordnen Sie M 1–M 3 Ihnen bekannten politischen Weltbildern (Theorien) begründet zu.

2   Erläutern Sie anhand von M 1–M 3 die Spannungsverhältnisse zwischen Freiheit, Gleichheit, Brüderlichkeit und (sozialer) Gerechtigkeit.

3   Beurteilen Sie aus der Perspektive eines von Ihnen gewählten Textes (M 1–M 3) die anderen Theorien.

Abgestorbene Fichten im Taunus (2020)

Die Lage der Natur

Zustand natürlicher Lebensräume in Deutschland

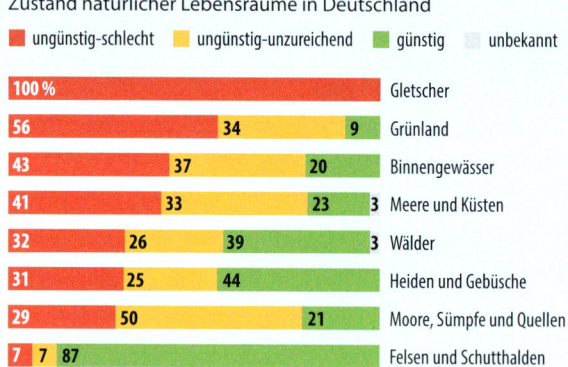

■ ungünstig-schlecht   ■ ungünstig-unzureichend   ■ günstig   ▦ unbekannt

100 %	Gletscher
56 / 34 / 9	Grünland
43 / 37 / 20	Binnengewässer
41 / 33 / 23 / 3	Meere und Küsten
32 / 26 / 39 / 3	Wälder
31 / 25 / 44	Heiden und Gebüsche
29 / 50 / 21	Moore, Sümpfe und Quellen
7 / 7 / 87	Felsen und Schutthalden

dpa•100972   Quelle: Bundesministerium für Umwelt, Bundesamt für Naturschutz

Strand am Schwarzen Meer bei Odessa, Ukraine (2020)

Ökologische Heraus- forderungen der Gegenwart

Wenn der Weltklimarat Recht behält ...

Es soll hier mal Leben ge- geben haben!

Zeichnung: Klaus Stuttmann

Der Staat schützt auch in Verantwortung für die künftigen Generationen die natür- lichen Lebensgrundlagen und die Tiere im Rahmen der verfassungsmäßigen Ord- nung durch die Gesetzgebung und nach Maßgabe von Gesetz und Recht durch die vollziehende Gewalt und die Rechtspre- chung.

Grundgesetz, Artikel 20a

Einerseits treibt die Gesellschaft die Politik vor sich her und verlangt Klimaschutz. Aber der steht dann immer unter dem Vorbehalt, dass die liebgewonnenen materialisierten Freiheiten nicht anzutasten sind.

Niko Paech, deutscher Postwachstumsökonom

Worin bestehen ökologische Herausforderungen der Gegenwart? Wo sind sie sichtbar und inwiefern betreffen sie uns?
Wie können verschiedene Umweltprobleme angemessen erfasst werden und warum ist es überhaupt wichtig, sie differenziert zu betrachten?
Welches sind die Ursachen von Umweltproblemen? Welche Handlungsmöglichkeiten haben wir, der Natur ihre Rechte zukommen zu lassen?
Welche Rolle spielt das Gut Wasser?

1.1 Unser (Umwelt-)Problem?

M 1   Problemaufriss

Mit traurigem Gesicht kam Latte Igel durch den Wald gewandert. Wie hatte der Wald sich in der letzten Zeit verändert. „Armer Wald", sagt er. „Was soll nur aus dir werden, wenn es nicht bald regnet?
5 *Du stirbst sicher." Und wirklich – sah es nicht so aus, als ob sich Lattes schlimmste Befürchtungen erfüllen sollten? Niemals vorher hatte der Wald so ausgesehen. Der dunkelgrüne Saft der Kiefern war langsam ausgetrocknet und nun färbten sich die*
10 *Bäume bedenklich braun. Die Nadeln begannen abzufallen. Die Birken waren halb kahl und die gelben Blätter, die noch an den Zweigen hingen, raschelten düster im Wind. Das Gras am Boden war zu einem gelben Teppich zusammengesunken, dem jedes Leben fehlte. Nur noch scharfdornige Disteln blühten*
15 *darin. Selbst die Erde begann aus lauter Sorge zu zerreißen und auf Fels und Steinen wand sich das Moos in wunderlichen Figuren, als ob es nicht länger auf seinem Platz liegen wollte. Im ganzen Wald*
20 *gab es kein Wasser mehr.*

So beginnt das erste Abenteuer des „Latte Igel", das Sebastian Lybeck in den frühen 1950er-Jahren schrieb und das dann fast siebzig Jahre später verfilmt wurde. Als sein
25 Schöpfer, der als Umweltaktivist z. B. gegen den Bau eines Wasserkraftwerkes in Norwegen und gegen Atomkraft in Dänemark engagiert war, im November 2020 hochbetagt starb, schrieb der Journalist Tilman Spreckel-
30 sen in der „Frankfurter Allgemeinen Zeitung": „Die Kriege der Zukunft werden um Wasser ausgefochten, das ist mittlerweile ein Gemeinplatz. Aber als Sebastian Lybecks erstes Kinderbuch 1956 erschien, dürfte das Thema den
35 meisten jungen Lesern nicht nur neu gewesen sein, es wurde auch aus einer derart ungewöhnlichen Perspektive geschildert, dass ‚Latte Igel und der Wasserstein' seinen Zauber bis heute nicht verloren hat."
40 Wasserknappheit, wie auch die Verschmutzung dieses Gutes als Erscheinungsform und Ursache weiterer Umweltprobleme – wie in Lybecks Erzählung der Zustand des Waldes – ist dem, der halbwegs am politischen, wirt-
45 schaftlichen und sozialen Geschehen teilhat, heute tatsächlich nicht mehr neu. Die zuneh-

mende Brisanz von Wasserknappheit, die auch unsere Konsumgewohnheiten verursachen, wird regelmäßig zumal in sogenannten „Hitzesommern" deutlich. Bezieht Spreckelsen
50 sich mit Blick auf „Kriege der Zukunft" auf eine globale Ebene, berichtet die „Hessenschau" im August 2020, wie anhaltende Trockenheit die Menschen in Hessen betrifft: Sie führe „zu einer Knappheit des Trinkwassers. In einigen
55 Kommunen gilt bereits der Notstand." Natürlich macht Trockenheit auch den hessischen Wäldern knapp 70 Jahre nach Lybecks Beobachtungen zu schaffen: Der Waldzustandsbericht des hessischen Umweltministeriums
60 2020 belegt für den hessischen Wald „den schlechtesten Vitalitätszustand seit Beginn der Erhebungen in 1984" (S. 4).
Der Transformationsdesigner Lutz Engelke, während der Planung der Weltausstellung
65 2010 mit Bauprojekten betraut, wurde dabei mit den Worten zitiert: „Wir haben nur eine Welt. Aber wenn wir so weiterleben, brauchen wir drei Welten." Vielfältige Probleme exzessiver Umweltbelastung sind nicht von der
70 Hand zu weisen und fraglos betreffen die vordringlichen Umweltprobleme unserer Zeit den Erhalt der natürlichen Lebensgrundlagen durch und auch für den Menschen: Es geht – vor unserer Haustür, lokal wie global – um die
75 Qualität und Verfügbarkeit von Gewässern und Wäldern, um die biologische Vielfalt, um das Klimasystem. Von der lokalen bis zur globalen Ebene haben vor allem junge Aktivisten in den vergangenen Jahren begonnen, unsere
80 Welt zu verändern. Neben der Schwedin Greta Thunberg und der von ihr ausgelösten „Fridays for Future"-Bewegung gestalten diesen „Aufstand der Jungen" (Bettina Weiguny) auch Akteurinnen wie die Inderin Sahithi Pin-
85 gali, die sich angesichts brennender Seen in ihrer Heimat wissenschaftlich innovativ und politisch mutig wie hörbar für sauberes Wasser einsetzt. Latte Igel findet in den 1950er-Jahren den „Wasserstein", Sahithi Pingali er-
90 findet ein einfach zu bedienendes Testkit zur Prüfung der Wasserqualität von Gewässern oder Leitungswasser.

Titelbild des Kinderbuchklassikers „Latte Igel und der Wasserstein"

WEBCODE
WES-118390-501
Zahlen und Fakten: Globalisierung – Ökologische Probleme. Energieverbrauch, Erderwärmung, Waldverlust, Biokapazität

Um ihren und andere Beiträge zum (globalen) politischen Diskurs verstehen und beurteilen zu können, soll es in diesem Teilkapitel zunächst darum gehen, unsere vielfältigen Umweltprobleme differenzierter zu beschreiben: Was bedeutet es denn überhaupt, wenn die Lage der (und welcher?) Natur „ungünstig-schlecht" oder „ungünstig-unzureichend" ist? Benötigen wir andere Kategorien der Erfassung? Wann sprechen wir von einem lokalen, von einem regionalen oder einem globalen Umweltproblem und ergibt diese Unterscheidung überhaupt Sinn? Gerade die Ressourcen Wasser oder Wald verdeutlichen, dass ein Umweltproblem quantitativ wie qualitativ sein kann – wie aber ist diese Unterscheidung zu treffen? In welcher Weise wirkt sich ein Umweltproblem auf wen aus? Wie entsteht ein Umweltproblem angesichts unserer Wirtschafts- und Lebensweise, inwiefern sind wir verantwortlich, welche sozioökonomischen Folgen zeitigen akute Umweltprobleme? Und kann die Natur eigentlich mit eigenen Rechten ausgestattet werden, auf die sie sich zu ihrem Schutz berufen kann? Angesichts der ökologischen Herausforderungen, vor denen wir heute stehen, schrieb der Rechtswissenschaftler Jens Kersten 2020 zu Ulrich Becks Konzept der Weltrisikogesellschaft und der These, dass die ökologischen Risiken für unsere Gesellschaft zu risikoreich geworden seien: „Das Problem dieser inzwischen schon sprichwörtlichen Rede von der ‚Risikogesellschaft' liegt [...] darin, dass wir uns längst an sie gewöhnt haben. Ja, schlimmer noch: Wir nehmen ganz handfeste Gefahren und bereits eingetretene Störungen wie das Artensterben und den Klimawandel [...] ‚nur' als Risiken wahr, also als Ereignisse, deren Eintritt nicht wahrscheinlich, aber auch nicht vollkommen ausgeschlossen ist. Dies ist jedoch eine Fehlwahrnehmung: Wir leben nicht in einer Weltrisikogesellschaft, sondern in einer globalen Gefahrengemeinschaft, in der sich die Naturzerstörung längst realisiert (hat)."

Ob Risiko oder Gefahr, ob Gesellschaft oder Gemeinschaft: Unstrittig sind die ökologischen Herausforderungen der Gegenwart für den Menschen als Handelnden und Betroffenen. Angesichts der Bedeutung der Ressource „Wasser" für lebenswichtige Biodiversität und Ökosystemleistungen, soll vor allem dieses knappe und gefährdete Gut als Fallbeispiel dienen.

QUERVERWEIS

Jenseits von Klasse und Schicht – der Fahrstuhleffekt … S. 72, M 4

GLOSSAR

Klimawandel
Ökosystem

M 2 Wenn ich aus dem Fenster schaue …

Privater Ökogarten

Privater
Steingarten

Privater
Swimmingpool

Wohngebiet
Klarenthal
in Wiesbaden

M 3 Lokal wird global? Vom deutschen Müllexport

Deutschland exportiert Müll in alle Welt

Zeichnung:
Greser & Lenz

M 4 Wie geht es der Natur weltweit?

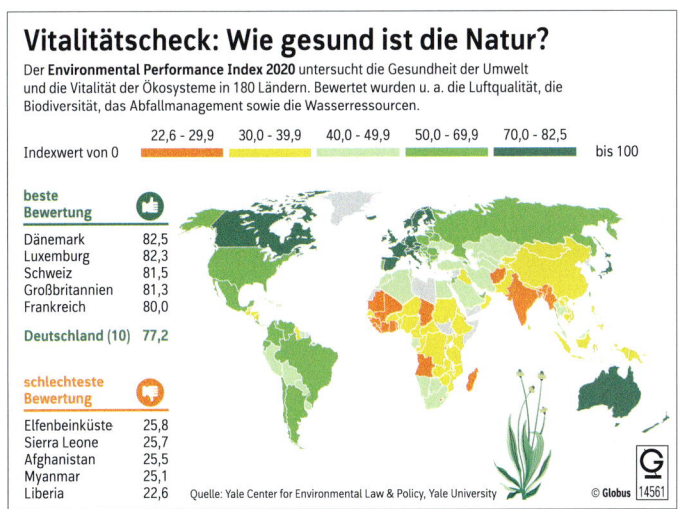

Vitalitätscheck: Wie gesund ist die Natur?

1. Nennen Sie ökologische Herausforderungen, die in M 1–M 4 angesprochen werden.
2. Begegnen Ihnen diese Herausforderungen in der eigenen Gemeinde oder Stadt (M 1–M 4)? Gestalten Sie eine Collage zu einer der hier genannten Herausforderungen vor Ort. Diese Collage können Sie in die Lernaufgabe (S. 132 f.) integrieren, wenn Sie das Gut Wasser berücksichtigen.
3. Diskutieren Sie exemplarisch Lösungsmöglichkeiten für „Ihr" Problem, z. B. ein Verbot von Steingärten (M 1–M 4).
4. Alternativ: Entwerfen Sie ein analoges oder digitales Dossier, z. B. als digitale Pinnwand, zu Erscheinungsformen verschiedener Umweltprobleme im 21. Jahrhundert. Formulieren Sie Thesen zu Interdependenzen und langfristigen Folgen aus unterschiedlichen Perspektiven.

Die Kunst, Umweltprobleme zu bekämpfen

Gestalten Sie, ggf. in Kooperation mit einer weiteren Lerngruppe, eine interdisziplinäre Ausstellung zum Thema: **„Ökologische Herausforderungen der Gegenwart"**.

Das Ziel: Auf ökologische Herausforderungen aufmerksam machen und mit Mitteln der Kunst dafür zu sensibilisieren. Der Kunstbegriff ist dabei weit gefasst, es geht, dem Duden folgend, um „schöpferisches Gestalten aus den verschiedensten Materialien oder mit den Mitteln der Sprache, der Töne in Auseinandersetzung mit Natur und Welt".

Erstellen Sie, dem Schwerpunkt des Teilkapitels folgend, ausgehend von Kleingruppen zunächst Mindmaps zu Umweltproblemen rund um das Thema „Wasser" (Think-Pair-Share). Achten Sie dabei auf die grundlegende Unterscheidung qualitativer Probleme (im Sinne der Verschmutzung des Gutes, etwa durch Mikroplastik oder Pestizide) wie quantitativer Probleme (im Sinne der Wasserknappheit oder des Wasserstresses, etwa durch die Analyse virtuellen Wassers) und berücksichtigen Sie dabei lokale und globale Erscheinungsformen.

Wählen Sie dann gezielt Probleme aus und analysieren Sie diese:

- Inwiefern handelt es sich um qualitative und/oder quantitative Probleme? Inwiefern handelt es sich um ein lokales, regionales und/oder globales Problem? Wer ist in welcher Weise betroffen von diesem Problem? (S. 134–137 und 146–149)
- Welches sind die sozioökonomischen Ursachen des bzw. der Probleme? In welcher Weise ist das Umweltgut Wasser betroffen? Greift die „Tragik der Allmende"? (S. 138–145)
- Muss die Natur mit eigenen Rechten ausgestattet werden, damit sie diese dem Menschen gegenüber einfordern kann? Ist es realistisch, dass ein Gewässer seine Rechte einfordern kann? (S. 150–153)

Sie können in diesem Zusammenhang auch andere Lösungsvorschläge für die analysierten Umweltprobleme entwickeln.

Gestalten Sie Ausstellungsobjekte:

- Denkbar ist die Präsentation künstlerischer Beiträge zur Wasserthematik als ökologische Herausforderung der Gegenwart, wie z. B. das Musikvideo zu „The Seed" von Aurora oder die von „Viva con Agua" unterstützte internationale Ausstellung „Walls of Water", das Lesen von Textauszügen (z. B. aus Kinder- oder Jugendbüchern), …
- Denkbar sind eigene Fotos, Collagen (auch aus Zitaten, Texten), (andere) Bilder, Installationen, Musik, Tondokumente (z. B. auch ein fiktives Plädoyer vor Gericht), …
- Gestalten Sie (weitere) Audios oder Videos (z. B. Interviews mit dem Kurator, mit echten oder fiktiven Fachleuten, Unternehmen, Stiftungen oder Initiativen vor Ort), die Ausstellungsbesucher eigenständig abspielen können, die Ihre Ausstellung, einzelne Objekte und auch die gesellschaftliche Rolle von Kunst thematisieren. Dazu können Sie auch Ihre Lehrkräfte, z. B. in den Fächern Kunst, Musik oder Deutsch, interviewen.

Der Konzeptionsaktivist Micha Fritz ist Mitbegründer von „Viva con Agua". Der Hamburger Verein setzt sich für einen sicheren Zugang zu sauberem Trinkwasser und sanitärer Grundversorgung ein.

M 1   Aurora: The Seed

Just like the seed
I don't know where to go
Through dirt and shadow I grow
I'm reaching light through the struggle
5 Just like the seed
I'm chasing the wonder
I unravel myself
All in slow motion

Mmh mmh mmh

10 You cannot eat money, oh no
You cannot eat money, oh no
When the last tree has fallen
And the rivers are poisoned
You cannot eat money, oh no

15 You cannot eat money, oh no
You cannot eat money, oh no
When the last tree has fallen
And the rivers are poisoned
You cannot eat money oh, no
20 Oh no

Suffocate me
So my tears can be rain
I will water the ground where I stand
So the flowers can grow back again
25 'Cause just like the seed
Everything wants to live
We are burning our fingers
But we learn and forget
[...]

The Seed
Leonard, Michelle/Rebscher, Nicolas/Aksnes, Aurora
BMG Rights Management GmbH, Berlin/Invest in Stars Edition/Budde Music Publishing GmbH

M 2   Plastiktüten gegen Plastikmüll

Aktion gegen Plastikmüll in den Weltmeeren: Mehr als 5 000 gebrauchte Plastiktüten bilden am Strand von Niendorf in Schleswig-Holstein zusammengeknotet einen Fisch (2013).

1.2 Wasser bald von Amazon?! Bedrohte Wasserressourcen

Zeichnung: Klaus Stuttmann

Köstliches, sauberes Leitungswasser als Rarität von Amazon – ob der Karikaturist hier nur überzeichnet oder eine Dystopie aufs Papier bringt? Immerhin ist Amazon die englische Bezeichnung für den wasserreichsten Fluss der Erde, den Amazonas. Ungeachtet der Intention des Karikaturisten: Äußerer Anlass der Zeichnung war im Sommer 2020 der einigen Gemeinden in Deutschland (und auch in Hessen) drohende Wassermangel, ein komplexes Umweltproblem.

Sprechen wir von Umwelt, kommt uns Wasser, kommen uns Luft, Pflanzen und Tiere in den Sinn, unsere natürliche Umwelt. Wie kann es nun gelingen, die Nutzung der Ressource Wasser als Umweltproblem, aber auch andere Umweltprobleme näher zu beschreiben, um zu erfassen, wie sie den Kreislauf der Natur betreffen?

Umweltprobleme können grundsätzlich in lokale, regionale und globale Umweltprobleme unterschieden werden. So sind die Verschmutzung der Weltmeere oder der Anstieg von Kohlenstoffdioxid in der Atmosphäre aufgrund der Verbrennung fossiler Rohstoffe Umweltprobleme von globaler Bedeutung. Viele Umweltprobleme können weltweit beobachtet werden, treten dabei aber lokal oder regional begrenzt auf. Die Verödung vormals fruchtbarer Böden etwa tritt regional begrenzt auf. Ein Beispiel hierfür sind Moore, die immer häufiger entwässert und trockengelegt werden. Vor allem in Städten und Ballungsräumen stellt auch die Lärmbelastung durch den Straßenverkehr ein erhebliches lokales Umweltproblem dar.

Umweltprobleme können auch in qualitativer und quantitativer Hinsicht unterschieden werden. Von einem quantitativen Umweltproblem sprechen wir, wenn der Verbrauch eines bestimmten Umweltgutes dessen Fähigkeit zur Regeneration übersteigt, unser Verbrauch also nicht nachhaltig ist: Wenn z. B. die Grundwasserentnahme die Menge an Wasser, die der natürliche Wasserkreislauf einspeist, überschreitet, liegt ein quantitatives Umweltproblem vor. Ein qualitatives Umweltproblem hingegen ergibt sich aus der materiellen Verschlechterung des Zustands eines bestimmten Umweltgutes: Ein solches qualitatives Umweltproblem stellen z. B. erhöhte Nitratgehalte im Grundwasser aufgrund von zu viel Stickstoffdüngung dar.

Weitere Differenzierungen sind denkbar. So ist zu analysieren, in welcher Weise sich ein Problem auf wen auswirkt: Industriestaaten, Schwellen- und Entwicklungsländer etwa sind im Allgemeinen in unterschiedlicher Weise von ökologischen Herausforderungen betroffen. Dabei verursachen Umweltprobleme nicht „nur" schwerwiegende ökologische, sondern auch erhebliche ökonomische, soziale und politische Kosten, bedrohen demokratische Grundwerte, wie das Recht auf Zugang zu Nahrung als Menschenrecht (Artikel 25 der Allgemeinen Erklärung der Menschenrechte von 1948) oder das Recht auf Zugang zu sauberem Wasser (Resolution der Vollversammlung der Vereinten Nationen aus dem Jahr 2020). So kann und muss nach den Verursachern gefragt und der Frage nachgegangen werden, inwiefern Umweltprobleme ein nachhaltig zu regulierendes Marktversagen unserer Wirtschaftsweise darstellen.

M 1 Mikroplastik in fast allen deutschen Flüssen

Drastische Bilder von Plastikmüll in Weltmeeren gibt es zuhauf. Aber auch hierzulande schwimmt Mikroplastik inzwischen fast überall herum, wie eine Pilotstudie in fünf deut-
5 schen Bundesländern zeigt. Winzige Plastikmüllpartikel kommen in nahezu allen Fließgewässern an der Wasseroberfläche vor. Zu diesem Ergebnis kommt […] [die länderübergreifende Studie], die neben Baden-Würt-
10 temberg die Bundesländer Bayern, Rheinland-Pfalz, Hessen und Nordrhein-Westfalen einbezieht. Dafür wurden von den jeweiligen Landesumweltämtern zwischen Herbst 2014 und Herbst 2015 an 52 Messstellen überwiegend im
15 Einzugsgebiet von Rhein und Donau Wasserproben entnommen, teilte die Landesanstalt für Umwelt Baden-Württemberg (LUBW) mit. Insgesamt seien 19 000 darin gefundene Partikel analysiert worden – mehr als 4 300 waren
20 kleine Plastikteilchen. […]

Rund 99 Prozent dieser Kunststoffpartikel waren kleiner als fünf Millimeter und gelten damit als Mikroplastik. Am häufigsten waren dabei mit 62 Prozent winzig kleine Teilchen
25 mit einem Durchmesser zwischen 0,02 und 0,3 Millimetern. Auffällig sei gewesen, so die Autoren, dass höhere Konzentrationen von Mikroplastik vor allem in kleineren und mittleren Nebengewässern auftraten. Im größten der
30 untersuchten Gewässer, dem Rhein, wurden dagegen eine eher niedrige bis mittlere Konzentrationen gemessen.

Insgesamt wurden in den Bundesländern 25 Flüsse und Binnengewässer im Einzugsgebiet
35 von Rhein (37 Messstellen) und Donau (16) sowie der Weser (1) untersucht. Die darin gefundenen Plastikteilchen wurden hinsichtlich ihrer Größe, Form und Beschaffenheit analysiert. Plastik fanden die Forscher um den Tierökolo-
40 gen Christian Laforsch von der Universität Bayreuth an jeder Messstelle. Den Angaben zufolge handelt es sich bei der Studie um

Der Mikroplastik-Kreislauf

5 mm

Plastikpartikel, die kleiner als 5 mm sind, bezeichnet man als Mikroplastik.

Es entsteht durch Zersetzung von größeren Plastikteilen (z. B. Autoreifen) …

Die Partikel gelangen ins Abwasser.

… oder wird gezielt für die Industrie hergestellt (z. B. Kosmetika, Waschmittel oder Kleidung).

Kläranlagen können die Teilchen nicht komplett herausfiltern. Das Mikroplastik gelangt in Flüsse und Meere.

Fische oder Meeresfrüchte landen als Nahrung wieder beim Menschen.

Dort nehmen Meeresbewohner die Plastikteile mit der Nahrung auf.

dpa•102288

Quelle: Umweltbundesamt, dpa

einen der größten vergleichbaren Datensätze zu Mikroplastik-Partikeln in Fließgewässern. Die Kunststoffpartikel kommen aus Reini-
45 gungsmitteln wie Waschpulver, Shampoo oder Kosmetik. Über das Abwasser werden sie in die Umwelt gespült. Sie entstehen aber auch, wenn weggeworfene Plastiktüten oder -flaschen sich zersetzen. Der Minimüll findet
50 sich nicht nur in Flüssen und Meeren, sondern wurde auch bereits in arktischem Eis nachgewiesen, fernab von menschlicher Besiedelung. Die Ergebnisse der neuen Untersuchung bestätigen Befunde aus vergleichbaren europäi-
55 schen und nordamerikanischen Gewässern. „Mit dieser Studie haben wir erste detailliertere Einblicke in die Mikroplastikbelastung von deutschen Fließgewässern gewonnen", sagt Christian Laforsch. Um aber zu verste-
60 hen, woher die Kunststoffe genau kommen, wie sie sich wo ablagern und wann sie sich abbauen, dafür seien noch einige weitere Untersuchungen nötig – auf Bundes- und EU-Ebene.

Anika von Greve-Dierfeld, Pilotstudie: Winzige Plastikteilchen flächendeckend in Gewässern, dpa-Meldung vom 15.03.2018 © dpa

M2 Sommer 2020: „Trinkwassernotstand" in mehreren Gemeinden Hessens

WEBCODE

WES-118390-503
Versorgungsbilanzen
bei einzelnen
Lebensmitteln

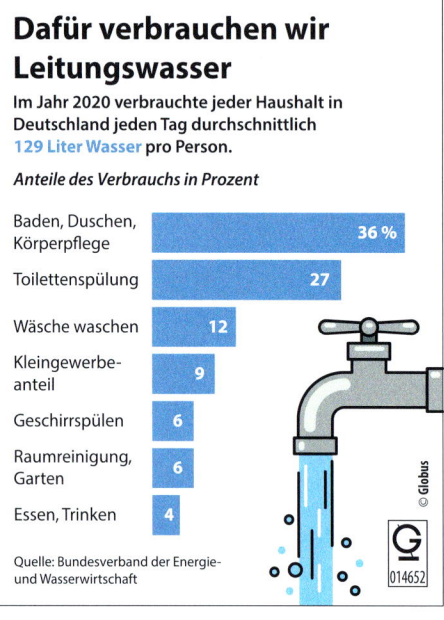

Dafür verbrauchen wir Leitungswasser

Im Jahr 2020 verbrauchte jeder Haushalt in Deutschland jeden Tag durchschnittlich **129 Liter Wasser** pro Person.

Anteile des Verbrauchs in Prozent

Baden, Duschen, Körperpflege	36 %
Toilettenspülung	27
Wäsche waschen	12
Kleingewerbeanteil	9
Geschirrspülen	6
Raumreinigung, Garten	6
Essen, Trinken	4

Quelle: Bundesverband der Energie- und Wasserwirtschaft

© Globus
014652

Die Böden trocken, die Wiesen braun und Pflanzen lassen ihre Köpfe hängen. Die Hitze drückt und die Wasserhähne laufen. Erste hessische Kommunen sprechen bereits von Not-

5 ständen bei der Wasserversorgung und Versorger und Verbände mahnen zum umsichtigen Gebrauch. [...] Die kleinen Gemeinden Grävenwiesbach, Schmitten oder Weilrod im Taunus zogen bereits die Reißleine und stellten den

10 „Trinkwassernotstand" fest. In anderen Gemeinden könnte dies drohen. In Kronberg oder Oberursel steht die Wasserampel auf Rot, ein Schritt vor dem Notstand. Neben der Verschwendung und Speicherung ist es dann un-

15 ter anderem für folgende Zwecke verboten, Trinkwasser zu nutzen: Gärten, land- und forstwirtschaftlich genutzte sowie befestigte Flächen bewässern, Schwimmbecken befüllen oder die Fahrzeuge waschen. Dieses Verbot er-

20 streckt sich nach Angaben der Stadt Grävenwiesbach über das gesamte Gemeindegebiet zunächst bis Ende August. Gleiches gilt für Schmitten oder Weilrod. Wer dennoch unzulässigerweise den Hahn aufdreht, muss mögli-

25 cherweise tief in die Tasche greifen. [...] In Hessen wird nach Angaben des Umweltminis-

teriums 95 Prozent des Trinkwassers aus Grundwasser gewonnen. Dem Hessischen Landesamt für Naturschutz, Umwelt und Geologie zufolge sind wegen der lang anhaltenden Tro-

30 ckenheit der letzten beiden Jahre die Grundwasserstände verbreitet auf ein niedriges Niveau gesunken. Ende Juli [2020] seien die Grundwasserstände an 60 Prozent der Messstellen unterdurchschnittlich gewesen. Ver-

35 sorger mahnen: „Bei länger anhaltender Trockenheit kann es zu vorsorglichen Einschränkungen der Trinkwasserversorgung kommen. Deshalb sollten alle Bürgerinnen und Bürger stets prüfen, wann und für wel-

40 chen Zweck das hochwertige Lebensmittel Trinkwasser verwendet wird", sagte der Geschäftsführer des Zweckverbandes Mittelhessische Wasserwerke (ZMW), Karl-Heinz Schäfer. Es solle etwa darauf verzichtet werden,

45 Pools zu befüllen oder das Auto zu waschen. Der ZMW, der rund 500 000 Menschen in 27 mittelhessischen Gemeinden versorgt, habe bereits Anfang Juni [2020] zum Wassersparen aufgerufen. Die Trinkwasserversorgung sei im

50 ZMW-Gebiet derzeit nicht gefährdet. „Die Trinkwassernachfrage hat sich in den letzten Jahren stetig erhöht. Gerade die letzten beiden Rekordsommer 2018 und 2019 mit ständiger Hitze und Dürre haben zunehmend gravieren-

55 de Folgewirkungen", sagte Schäfer. Und auch dieser Sommer sei zu warm. „Die niedrigen Grundwasserstände aufgrund der geringen Niederschlagsmengen in den letzten zwei Jahren sind überregional festzustellen." Auch der

60 Wasserversorger Entega in Südhessen mahnt: „Grundsätzlich sollte man sparsam und bewusst mit dem Trinkwasser umgehen." [...] Entega versorgt rund nach eigenen Angaben rund 240 000 Menschen Wasser. Der durch-

65 schnittliche Verbrauch im Versorgungsgebiet liege bei 40 000 Kubikmetern pro Tag, an Spitzentagen im Sommer bei rund 70 000. Nach Angaben des hessischen Städte- und Gemeindebunds haben sich bereits viele Gemeinden

70 genötigt gesehen, ihre Bürgerinnen und Bürger darauf hinzuweisen, dass sie größere Wasserentnahmen anmelden.

Kein unnötiger Wasserverbrauch – Erste Kommunen sprechen Notstand aus, dpa-Meldung vom 11.08.2020 © dpa

M 3 Wasserverbrauch und Wasserstress

WEBCODE

WES-118390-504
Der Wasserfuß-
abdruck

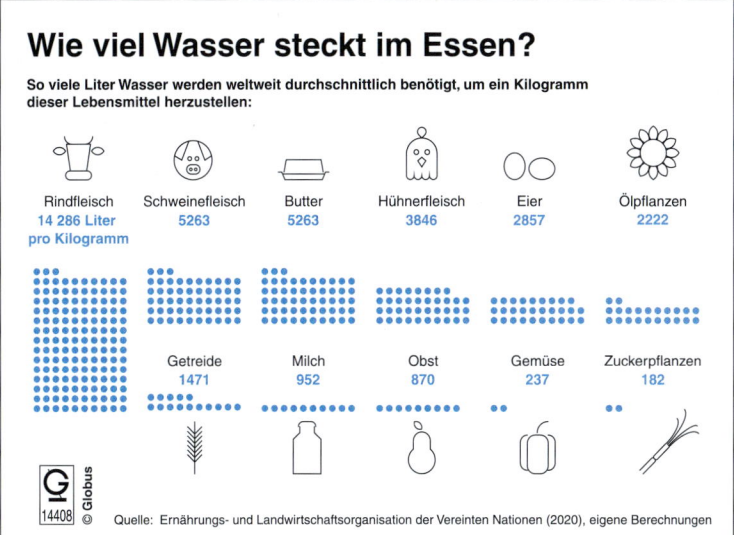

Wie viel Wasser steckt im Essen?

So viele Liter Wasser werden weltweit durchschnittlich benötigt, um ein Kilogramm
dieser Lebensmittel herzustellen:

Rindfleisch	Schweinefleisch	Butter	Hühnerfleisch	Eier	Ölpflanzen
14 286 Liter pro Kilogramm	5263	5263	3846	2857	2222

Getreide	Milch	Obst	Gemüse	Zuckerpflanzen
1471	952	870	237	182

Quelle: Ernährungs- und Landwirtschaftsorganisation der Vereinten Nationen (2020), eigene Berechnungen

G 14408 © Globus

Wasserstress: Wo wird das Wasser knapp?

Ab einem jährlichen **Verbrauch*** von 25 Prozent **der verfügbaren Wasserressourcen** spricht man
von Wasserstress.

keine Werte   0   10 %   25   70

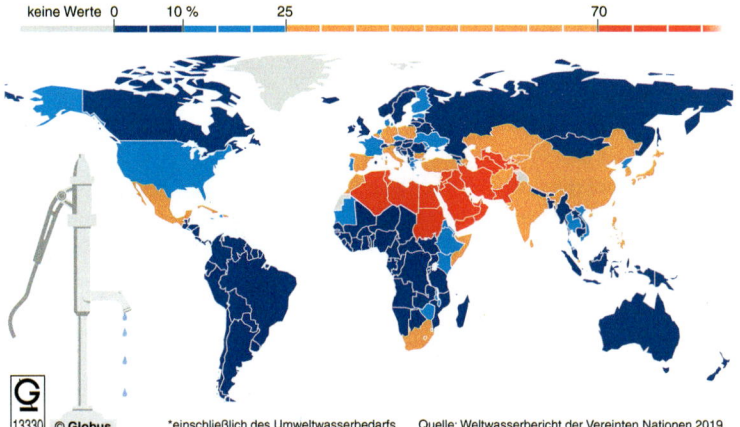

G 13330 © Globus   *einschließlich des Umweltwasserbedarfs   Quelle: Weltwasserbericht der Vereinten Nationen 2019

1 Analysieren Sie am Beispiel des Mikroplastiks in Flüssen das Problem der Wasserver-
schmutzung (M 1). Wenden Sie dabei Kategorien von S. 134 an.

2 Werten Sie M 1–M 3 zum Thema „Umweltproblem Wasser" arbeitsteilig in Experten-
gruppen aus und stellen Sie ihre Ergebnisse in Stammgruppen vor (Methode:
Gruppenpuzzle).

3 Analysieren Sie in Stammgruppen das „Umweltproblem Wasser" unter Bezugnahme
auf S. 134.

4 Gestalten Sie ein (digitales) Lernplakat zum „Umweltproblem Wasser":
a) Tragen Sie Ihre Ergebnisse zusammen.
b) Formulieren Sie Zusammenhänge zwischen dem „Umweltproblem Wasser" und
Biodiversität, die Sie im interdisziplinären Projekt prüfen und vertiefen können.

5 Entwickeln Sie Thesen bezüglich der sozioökonomischen Ursachen des „Umweltproblems Wasser", die Sie im Verlauf der Bearbeitung von S. 138 f. prüfen und ergänzen.

1.3 Wasserwerk Wald bald außer Betrieb? Zum Zustand des Waldes

M1 Wasserwerk Wald

Unser Wald ist Wassersammler, Wasserwerk und Wasserspeicher zugleich. Eine besondere Funktion im Wasserkreislauf spielt dabei der Waldboden.

5 **Wassersammler:** Äste, Zweige, Blätter und Nadeln der Bäume bieten eine große Oberfläche. Damit sammeln die Bäume Feuchtigkeit und Niederschläge aus der Luft. Das so eingefangene Wasser haftet zunächst an der
10 Baumoberfläche. Erst mit Verzögerung tropft oder rinnt es zum Waldboden. Humusauflage und Mineralboden sind durchsetzt von unzähligen feinen Gängen, Hohlräumen und Poren. So wirkt der Waldboden wie ein großer
15 Schwamm, der jeden Wassertropfen aufsaugt und erst mit Verzögerung wieder freigibt. Damit wird der oberirdische Wasserabfluss verzögert und die Entstehung von Hochwasser gemindert. So schützt der Wald unsere Sied-
20 lungen wirksam vor Hochwasser.

Wasserwerk: Ein großer Teil unseres Trinkwassers kommt aus dem Wald: Schon im Humus werden grobe Verunreinigungen herausgefiltert. Im Waldboden sickert das Wasser durch
25 verschiedene Bodenschichten. Bäume, Pilze und unzählige Kleinstorganismen nehmen die im Wasser vorhandenen Nährelemente auf und bewirken eine biologische Reinigung. Gleichzeitig kommt es zu chemischen Wechselreakti-
30 onen zwischen Humus, Bodenmineralen und dem Sickerwasser. So wird das Sickerwasser im Waldboden intensiv aufbereitet, bevor es ins Grundwasser gelangt. Unsere nachhaltige Forstwirtschaft unterstützt die Reinigung des Wassers im Waldboden: Im Wald wird kein Dün- 35 ger eingesetzt, Pflanzenschutzmittel kommen nur in Ausnahmesituationen kleinflächig zur Anwendung, auch Abwässer fallen in der Forstwirtschaft nicht an. Das Grundwasser unter einem Wald ist daher besonders sauber, sauer- 40 stoffreich und hervorragend für die Gewinnung von Trinkwasser geeignet. Deshalb sind Wälder besonders häufig an Wasserschutzgebieten beteiligt: Über 40 Prozent der Fläche der deutschen Wasserschutzgebiete liegen im Wald. 45 Rund 2,1 Millionen Hektar Wald sind Trinkwasserschutzgebiet.

Wasserspeicher: Mit seinen unzähligen Kanälen und Hohlräumen ist der Waldboden ein idealer Wasserspeicher. Im Waldboden bewegt 50 sich das Wasser nur langsam durch die Humusauflage und die Schichten des Mineralbodens. Die Gänge, Hohlräume und Poren im Waldboden ermöglichen zwar ein rasches Einsickern in den Waldboden und das Speichern 55 großer Wassermengen. Gänge, Hohlräume und Poren enden meist aber „blind", das Wasser kann daher nicht einfach auslaufen. In das Grundwasser gelangt es erst, indem es langsam durch den Boden sickert. So kann ein 60 Hektar Waldboden bis zu drei Millionen Liter Wasser speichern und zurückhalten.

Wasserwerk Wald, in: https://www.waldkulturerbe.de/wald-und-forstwirtschaft-in-deutschland/waldwirtschaft/ bedeutung-der-waldwirtschaft/wasserwerk-wald/, 06.09.2021

WEBCODE
WES-118390-505
Waldzustandsbericht
2021 (Hessen)

M2 Zum Zustand des Frankfurter Stadtwaldes

Große kahle Flächen statt dichtem Wald, wie sie im Taunus überall zu sehen sind, gibt es im Frankfurter Stadtwald derzeit noch nicht. Grund ist, dass dieser Wald, der wie ein breiter
5 Riegel im Süden der Stadt vorgelagert ist, ein Laub- und Mischwald ist und die von den Borkenkäfern heimgesuchten Fichten kaum zu finden sind, schon gar nicht als Monokulturen. Dennoch geht es auch dem Stadtwald, in
10 dem mit Eichen und Buchen die klassischen Laubbäume Mitteleuropas dominieren, nicht gut. „Die Situation ist sehr dramatisch", sagt Umweltdezernentin Rosemarie Heilig, und mit Blick auf den diesjährigen Waldzustandsbericht ergänzt sie: „Es ist eine Katastrophe." 15 Knapp 99 Prozent der Bäume im Stadtwald sind laut Bericht krank, weisen also nicht mehr die volle, grüne Baumkrone auf. Das gilt über alle Baumarten hinweg. Knapp 76 Prozent gelten sogar als mittelstark bis sehr stark 20

geschädigt, viele drohen abzusterben. Im Umkehrschluss bedeuten die Zahlen: Im Frankfurter Stadtwald, mit knapp 4 000 Hektar einer
der größten in Deutschland, ist nur noch ein
25 Prozent der Bäume gesund.

„So wie es aussieht, verlieren wir unseren
Stadtwald – zumindest so, wie wir ihn kennen", sagt Heilig. 2018, 2019, 2020 – die drei
heißen und vor allen Dingen trockenen Sommer in Folge, „das ist das Schlimmste, was wir
30 bisher erlebt haben". Die Folgen für die Bäume
seien unaufhaltsam. Einmal geschwächt, hätten sie schnell mit Pilzen, Insekten und Baum-
krankheiten zu kämpfen. Es sei unglaublich,
in welchem Tempo die Gehölze, gleich wel-
35 cher Art, absterben würden. [...] „Um dem Klimawandel zu begegnen und die Folgen abzu-
mildern, müssen wir auf Teufel komm raus
den CO_2-Ausstoß reduzieren." [...]
Die Hoffnung, dass den trockenen in den
40 nächsten Jahren verregnete oder zumindest
regenreiche Sommer folgen und sich dadurch
der Wald erholen könnte, hat Heilig mit Blick
auf die Angaben der Klimatologen nicht. „Der
Wald hat ein langes Gedächtnis." Tatsächlich
45 hatte der Stadtwald nach dem heißen Rekordsommer 2003 gut zehn Jahre gebraucht, um
sich zu erholen. Die lang anhaltende Hitze im
Jahr 2003 hatte dazu geführt, dass 75 Prozent
aller Bäume als nicht mehr gesund galten.
50 Erst 2014 konnte der Stadtforst vermelden,
dass nur noch 62 Prozent der Gehölze als geschädigt galten. Doch es folgte der heiße und
trockene Sommer 2015. Mit ihm verschlech-
terte sich der Zustand auf 85 Prozent erkrank-
55 ter Bäume. 2018 stieg dieser Wert auf 94, im
Jahr 2019 auf 97 und nun auf 99 Prozent. Verändert hat sich nach Angaben des Stadtforstes
die Grundwassersituation. Nachweisbar ist es
für den westlichen Teil des Stadtwaldes, dem
60 sogenannten Unterwald, der von Schwanheim
bis Niederrad reicht und überwiegend aus
wasserdurchlässigen Sandböden besteht. Eine

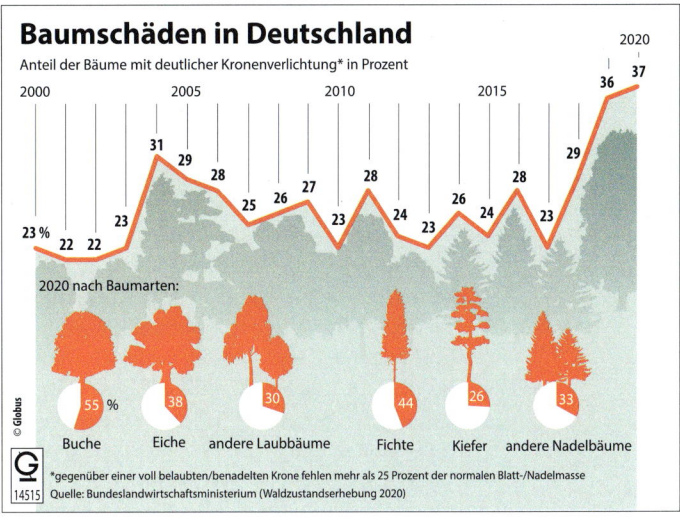

DER AKTUELLE WALDZUSTANDSBERICHT

Zeichnung: Markus Grolik

dort im Sommer 2013 errichtete Messstation
zeigt, dass der Grundwasserpegel seitdem
kontinuierlich gesunken ist, und zwar insge- 65
samt um fast 1,4 Meter. „Die Verfügbarkeit für
die Wurzeln nimmt somit deutlich ab", heißt
es im Bericht.

Mechthild Harting, Der Frankfurter Stadtwald stirbt, in: https://www.faz.net/aktuell/rhein-main/frankfurt/
der-frankfurter-stadtwald-stirbt-nur-ein-prozent-gesund-17072437.html, 27.11.2020 © Alle Rechte vorbehalten.
Frankfurter Allgemeine Zeitung GmbH, Frankfurt. Zur Verfügung gestellt vom Frankfurter Allgemeine Archiv

1 Wenn Sie die Möglichkeit haben, führen Sie ein Expertengespräch mit einem Förster
zum „Wasserwerk Wald" und zum Zustand des Ihrer Schule nächstgelegenen Waldes.
Beachten Sie methodische Vorgaben eines Expertengesprächs.
2 Erläutern Sie die Bedeutung des Waldes als „Wasserwerk" (M 1).
3 Analysieren Sie das „Umweltproblem Wald" und setzen Sie die Umweltprobleme
Wald und Wasser (ggf. grafisch) in Beziehung (M 2).

1.4 Tragik der Allmende? Zu Ursachen von Umweltproblemen am Beispiel der Wasserressourcen

INFO

Allmende
ursprünglich
„Gemeindeflur",
„Gemeindeweide";
bezeichnete das
ungeteilte, gemein-
sam genutzte
Gemeindeeigentum
an Wald, Weide und
Wasser

M1   Externe Kosten und die Tragik der Allmende

Mit unserer Wirtschafts- und Lebensweise beeinflussen wir unsere Umwelt massiv, verursachen wir lokale und globale sowie qualitative und quantitative Umweltprobleme. „You
5 cannot eat money" – die norwegische Sängerin Aurora nimmt die indianische Weisheit auf, um die Bedrohung von Umwelt und Ökosystemleistungen, mit denen der Mensch wirtschaftet, in musikalischer Form zu kriti-
10 sieren. Umweltprobleme stellen häufig ein Marktversagen dar, wenn die wirtschaftlichen Handlungen einzelner Akteure andere Akteure schädigen, ohne dass diese sich dem entziehen können. Dabei sind der Wirtschaftskreis-
15 lauf und die individuelle Verantwortlichkeit unterschiedlicher Akteure zu analysieren. Erfolgreich können individuelle Handlungen über Märkte eigentlich nur koordiniert werden, wenn jeder alle Folgen seiner Handlun-
20 gen tragen muss. Was aber, wenn Folgen von Entscheidungen nicht (nur) den Verursacher, sondern Unbeteiligte treffen? In seinen Ausführungen zu Aufgaben und Grenzen von Markt und Staat gibt der deutsche Wirt-
25 schaftswissenschaftler Hans-Jürgen Schlösser hierfür das Beispiel des Industriebetriebs, der giftige Abwässer in einen Fluss leitet, dadurch dessen Ökosystemleistung – z. B. die Bereitstellung von Fischbeständen – wie die Exis-
30 tenzgrundlage des Fischers zerstört. Der Verursacher ist in diesem Beispiel insofern nicht betroffen (so er nicht sanktioniert wird), weil die Vergiftung der Fische nicht als Kostenfaktor in der eigenen Bilanz auftaucht. Hier ha-
35 ben wir es mit „externen Kosten" zu tun, mit „negativen externen Effekten".
Die Problematik externer Effekte verschärft sich, nimmt man verschiedene Güterarten in den Blick: Private Güter, reine öffentliche Gü-
40 ter, Klub-Kollektivgüter und Kollektiv- oder auch Allmendegüter können nach verschiedenen Kriterien voneinander unterschieden werden: nach der Rivalität im Konsum und nach der Ausschließbarkeit vom Konsum.
45 Konsumenten können miteinander um den Konsum eines Gutes konkurrieren, sie stehen gemäß dem Konkurrenzprinzip in Rivalität zueinander: Wenn Sie an der Eisdiele die letzte Kugel Schokoladeneis ergattern, dann haben alle anderen, die nach Ihnen kommen und
50 auch gerne Schokoladeneis essen würden, das Nachsehen. Das gilt auch, wenn diese potenziellen Konsumenten das Schokoladeneis bezahlen könnten. In diesem Fall liegt eine Rivalität im Konsum bei privaten Gütern vor: Ein
55 Güternutzer nimmt anderen durch die Nutzung des Guts die Nutzungsmöglichkeit. Zugleich können Menschen, die nicht willens oder in der Lage sind, an der Eisdiele zu bezahlen, gemäß dem Ausschlussprinzip vom Kon-
60 sum ausgeschlossen werden. Es liegt also auch der Fall der Ausschließbarkeit von Konsum bei privaten Gütern vor.
Etwas anders gelagert ist die Problematik bei sogenannten Klub-Kollektivgütern, wie die
65 Stadtbibliothek oder das städtische Freibad: Hier besteht die Möglichkeit des Ausschlusses vom Konsum, etwa wenn der potenzielle Nutzer nicht willens ist, zu bezahlen oder andere Voraussetzungen der Nutzung zu akzeptieren.
70 Zugleich greift das Konkurrenzprinzip erst einmal nicht, können sich doch z. B. viele Besucher zeitgleich im Becken tummeln oder während der Öffnungszeiten Bücher lesen oder entleihen: Der Güternutzer nimmt ande-
75 ren die Nutzungsmöglichkeit durch seine Nutzung nicht. Der Ausschluss von der Güternutzung gestaltet sich bei Kollektivgütern schwierig: Wenn Sie nun Abwasser in einen Fluss leiten, wie in Schlössers Beispiel der In-
80 dustriebetrieb, und dadurch den Fluss verunreinigen, ist zweifelsohne der Nutzen anderer geschmälert, wie in Schlössers Beispiel der des Fischers oder auch der Haushalte, die Fisch konsumieren (ganz abgesehen von den Fi-
85 schen selber, die aber nicht als Akteure in der marktwirtschaftlichen Ordnung auftauchen): Auch in diesem Fall besteht eine Rivalität im Konsum; wegen der Nichtausschließbarkeit vom Konsum bei Kollektivgütern kann aber
90

die Einleitung erst einmal nicht unterbunden werden; ggf. kann die unsachgemäße Einleitung von Abwasser sanktioniert werden. Insbesondere im Umweltbereich droht die soge-

95 nannte „Tragik der Allmende": Ein begrenztes und frei zugängliches Gut, wie das Wasser eines Flusses oder unsere Luft, wird nicht nachhaltig genutzt, sondern durch eine falsche Nutzung oder durch Übernutzung bedroht,

100 wodurch zugleich die grundsätzliche Nutzung infrage steht.
Bei rein öffentlichen Gütern gibt es hingegen weder Rivalität im Konsum noch Ausschließbarkeit vom Konsum. So sind Konsumenten

105 nicht beeinträchtigt, wenn andere die Straßenbeleuchtung nachts nutzen. Lichtverschmutzung hingegen beeinträchtigt das Ökosystem und damit andere Lebewesen, die aber nicht als Konsumenten in unserer marktwirt-

110 schaftlichen Ordnung auftreten. Mit Blick auf

potenziell rivalisierende Konsumenten aber ist festzustellen, dass niemand von der Nutzung ausgeschlossen wird, wenn er nicht dafür bezahlt – die Straßenlaterne leuchtet für alle, auch für einen Steuersünder.   115

	Rivalität im Konsum	Ausschließbarkeit vom Konsum	Beispiele
privates Gut	ja	ja	Speiseeis, Smartphone
öffentliches Gut	nein	nein	Straßenbeleuchtung, Sonnenuntergang
Klub-Kollektivgut	nein	ja	Stadtbibliothek, Freibad
Kollektivgut, Allmendegut	ja	nein	Fluss, Luft

Verschiedene Güterarten

Autorentext

QUERVERWEIS

KONTROVERS – IM POLITISCHEN STREIT Natur als Rechtsobjekt oder als Rechtssubjekt? S. 150–153

M2 Kosten- und folgenlose Nutzung der Umwelt?

Zeichnung: Jan Rieckhoff

M3 Nutzungskonflikte um Wasser in Deutschland?

Über Jahrzehnte war der Umgang mit Wasser kein sonderlich problematisches Thema in Deutschland. Doch mit dem Klimawandel ändert sich das. Zwar gilt Deutschland grund-
5 sätzlich weiterhin als wasserreiches Land, doch in einzelnen Regionen wird Wasserknappheit phasenweise zu einem Problem, nicht nur für die Binnenschifffahrt. Gleichzeitig leiden viele Gewässer unter der hohen Be-
10 lastung durch Nähr- und auch Schadstoffe, etwa Medikamente.

Jetzt soll [...] eine Wasserstrategie erarbeitet werden. „Unser Land ist zum Glück noch weit von einem Wassernotstand entfernt", sagte
15 Bundesumweltministerin Svenja Schulze [...]. Deutschland müsse sich aber auf längere Dürreperioden einstellen. „Wir müssen Lösungen finden, wie wir mit Wasserknappheit und Nutzungskonflikten umgehen", sagte die SPD-
20 Politikerin. [...]

Derzeit werden in Deutschland weniger als 20 Prozent der Wasserressourcen genutzt – und zwar vor allem von Industrie, Bergbau und Landwirtschaft sowie für die Versorgung der
25 privaten Haushalte. Ein Wassernotstand, wie im Sommer vereinzelt von Kommunen ausgerufen, liegt meist nicht daran, dass Wasser knapp ist, sondern dass zu viel Wasser gleichzeitig benötigt wird und die vorhandenen
30 Pump- und Leitungskapazitäten überlastet. [...] Problematisch ist, dass aufgrund der zunehmenden Zahl heißer und trockener Sommer auch hierzulande das Verhältnis von Wasserverbrauch und der Neubildung von
35 Grundwasser aus dem Gleichgewicht gerät. „Der Regen reicht nicht, um die Grundwasserbestände aufzufüllen", bestätigt Alexander Bonde, Generalsekretär der Deutschen Bundesstiftung Umwelt (DBU). [...]
40 Nutzungskonflikte gibt es längst. Prominentes Beispiel: die Ansiedlung des US-Elektrobauers Tesla im brandenburgischen Grünheide, wo Umweltschützer Konkurrenz zur öffentlichen Trinkwasserversorgung be-
45 fürchten. Auch Bonde sieht zunehmende Nutzungskonkurrenzen. „Die Frage, ob genügend Wasser an einzelnen Standorten vorhanden ist, wird bei Ansiedlungsentscheidungen mit-

telfristig eine Rolle spielen." Dietrich Borchardt vom Helmholtz-Zentrum für Um-
50 weltforschung (UFZ) spricht von einer „veritablen Wasserkrise". [...] Borchardt ist Teil der rund 200 Experten aus Industrie, Wissenschaft, Verbänden, Ländern und Kommunen, die sich in den vergangenen Jahren mit dem
55 künftig notwendigen Umgang mit der Ressource Wasser beschäftigt haben. Deren Empfehlungen sollen nun in die Wasserstrategie einfließen. [...] Bonde kritisiert, dass das Thema Wasser politisch lange nicht im Blickfeld
60 war. „Nun holt es uns ökonomisch ein." Die Lage etwa in der Forstwirtschaft sei verheerend. Den Schaden durch den Preisverfall bei Holz beziffert Bonde für 2018 und 2019 auf mehr als zwei Milliarden Euro. [...] Zentral für
65 die Industrienation Deutschland ist auch die Forderung nach einer klimaresilienten Wasserinfrastruktur, nicht nur was Wasserleitungen betrifft, sondern auch die Binnenschifffahrt. Die niedrigen Pegelstände in deutschen Flüs-
70 sen hatte 2018 gravierende wirtschaftliche Auswirkungen. Allein bei BASF hatte das Rhein-Niedrigwasser 2018 das Ergebnis um 250 Millionen Euro geschmälert. Das Werk erhält 40 Prozent der für die Produktion not-
75 wendigen Rohstoffe über den Fluss; im Durchschnitt legen 15 Schiffe täglich bei BASF in Ludwigshafen an. Vor allem Rohstoffe, die in großen Mengen benötigt werden, weil sie wie beispielsweise Methanol am Anfang von Wert-
80 schöpfungsketten stehen, werden per Schiff transportiert. Außerdem wird Rheinwasser zur Kühlung genutzt und später wieder zurückgeleitet. Bei Niedrigwasser ist das nur mit Einschränkungen möglich. [...] Neben [Rhein],
85 Ems und Weser waren auch Donau [und] Elbe streckenweise von Niedrigwasser betroffen. Axel Vogel, Landesumweltminister in Brandenburg, schließt nicht aus, dass Wasser langsam zu einem begrenzenden Faktor für wirt-
90 schaftliches Wachstum wird. [...] Auch die Landwirtschaft ist betroffen. Der Bund für Umwelt und Naturschutz Deutschland (BUND) fordert ein nachhaltiges Wassermanagement, das auch den Anbau standortangepasster Kul-
95 turen beinhaltet.

Silke Kersting, Deutschland im Wasserstress: Nutzungskonflikte nehmen zu, in: https://www.handelsblatt.com/politik/deutschland/klimawandel-deutschland-im-wasserstress-nutzungskonflikte-nehmen-zu/26261044.html, 10.10.2020

INFO

klimaresilient
auch klimaresistent: widerstandsfähig(er) gegen klimatische Veränderungen

Grundwasser
Um eine umweltverträgliche und effiziente Bewirtschaftung des Grundwassers, insbesondere im Hinblick auf Menge und Güte, sicherzustellen, gibt es für Grundwassernutzungen (Grundwasserentnahmen) zu verschiedenen Zwecken wasserrechtliche Zulassungsverfahren nach gesetzlichen Vorgaben.

Wassermanagement
Zugang zu sauberem Wasser durch eine eine sichere Wasserversorgung

M4 Nitrat im Grundwasser

WEBCODE

WES-118390-506
Weltwasserbericht der Vereinten Nationen 2021 (Zusammenfassung)

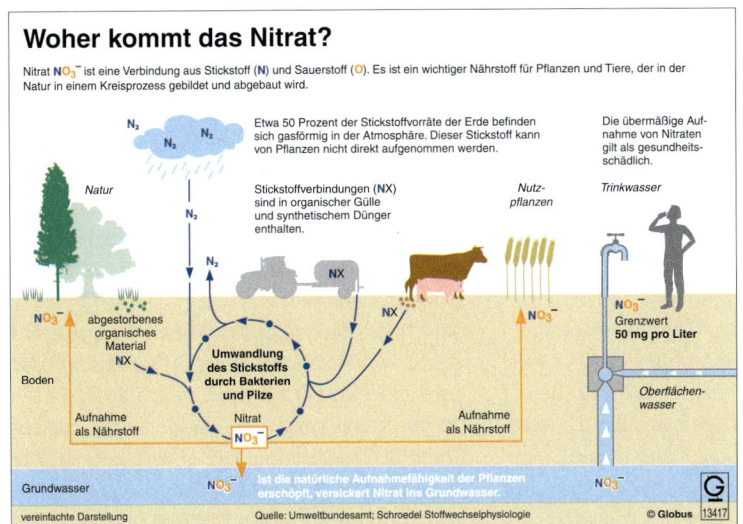

Woher kommt das Nitrat?

Nitrat NO_3^- ist eine Verbindung aus Stickstoff (N) und Sauerstoff (O). Es ist ein wichtiger Nährstoff für Pflanzen und Tiere, der in der Natur in einem Kreisprozess gebildet und abgebaut wird.

Etwa 50 Prozent der Stickstoffvorräte der Erde befinden sich gasförmig in der Atmosphäre. Dieser Stickstoff kann von Pflanzen nicht direkt aufgenommen werden.

Stickstoffverbindungen (NX) sind in organischer Gülle und synthetischem Dünger enthalten.

Die übermäßige Aufnahme von Nitraten gilt als gesundheitsschädlich.

Grenzwert 50 mg pro Liter

Ist die natürliche Aufnahmefähigkeit der Pflanzen erschöpft, versickert Nitrat ins Grundwasser.

vereinfachte Darstellung   Quelle: Umweltbundesamt; Schroedel Stoffwechselphysiologie   © Globus 13417

Nitratbelastung in Hessen

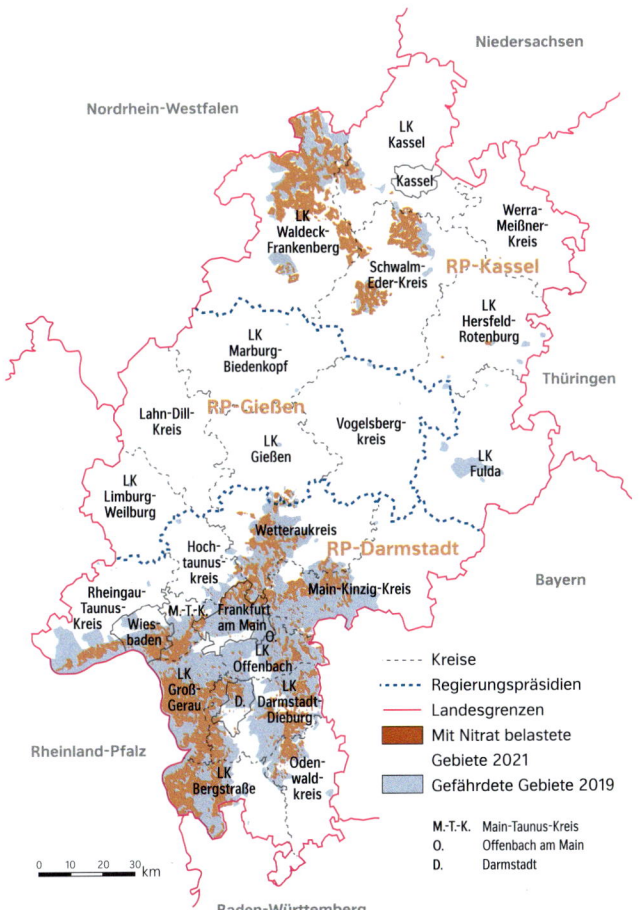

- - - - Kreise
········· Regierungspräsidien
──── Landesgrenzen
▓▓ Mit Nitrat belastete Gebiete 2021
▒▒ Gefährdete Gebiete 2019

M.-T.-K. Main-Taunus-Kreis
O. Offenbach am Main
D. Darmstadt

0 10 20 30 km

Quelle: Datengrundlage: Hessische Verwaltung für Bodenmanagment und Geoinformation
© GeoBasis-DE/BKG 2013; Geofachdaten: © Hessisches Landesamt für Naturschutz, Umwelt und Geologie – alle Rechte vorbehalten
51811EX

M5   Nitratbelastung und Wasserpreise

Der Bundesverband der Energie- und Wasserwirtschaft (BDEW) warnt vor steigenden Wasserpreisen.

Wenn sich die gängige Düngepraxis nicht ändert, könnten erhebliche Mehrkosten auf die
Verbraucher zukommen: Trinkwasser könnte
in einigen Regionen um bis zu 62 Prozent teurer werden. Denn die zunehmende Verschmutzung des Grundwassers erfordert eine
immer kostenintensivere Trinkwasseraufbe-
reitung. Das zeigt ein aktuelles BDEW-Gut-
achten zu den Kosten der Nitratbelastung.
Wenn die bisherigen Maßnahmen der Wasserversorger nicht mehr ausreichen, wird laut
Gutachten in belasteten Regionen der Einsatz
einer Denitrifikationsanlage erforderlich. Die
Berechnungen der Gutachter zeigen: Diese
aufwändige Nitratentfernung könnte die Jah-
reswasserrechnung um bis zu 62 Prozent erhöhen. Bei den betrachteten Wasserversor-
gern würde die durchschnittliche Wasserrech-
nung eines 3-Personen-Haushalts [...] von aktuell 217 Euro auf 352 Euro steigen. Der BDEW
fordert, dass die in der Düngeverordnung vor-
gesehene Obergrenze von 170 Kilogramm
Stickstoff pro Ackerfläche alle stickstoffhalti-
gen Düngemittel (auch Mineraldünger) umfassen muss. Keinesfalls darf sie sich nur auf Wirt-
schaftsdünger beziehen. [...]
Das Gutachten zeigt am Beispiel von Dänemark, wie die konsequente Umsetzung der
europäischen Nitratrichtlinie zu einer nachhaltigen Entlastung von Böden und Grundwasser führen kann: Unter anderem durch
die Einführung umfassender Meldepflichten
und Kontrollen für die Düngung konnten die
Stickstoffüberschüsse von landwirtschaftlich
genutzten Flächen um 43 Prozent reduziert
werden.

Durch Nitratbelastung: Stark steigende Wasserpreise befürchtet, in: https://www.bdew.de/wasser-abwasser/nitrat-im-grundwasser/nitratverschmutzung-es-drohen-regional-stark-steigende-wasserpreise/, 06.09.2021

M6   Stigmatisierung der Landwirte?

Die Kabarettistin Monika Gruber kritisiert die öffentliche Wahrnehmung der Landwirtschaft in Deutschland.

[Es gibt] Erlebnisse, die mich [...] konsterniert
zurücklassen [...]. Exakt so erging es mir, als
ich den Onlinekommentar einer Berliner Jour-
nalistin gelesen hatte, die offensichtlich während einer Demonstration von Landwirten in
Berlin in einen Stau geraten und dadurch zu
spät zu einer Hochzeit gekommen war. Darüber war die Dame so erbost, dass sie folgenden
Kommentar auf Twitter postete: „Ich werde
nie wieder etwas kaufen, was von einem Bauern produziert wurde!“ [...] Der von mir erwartete Shitstorm für den Satz, der es unter
die Top 3 meiner Rangliste der dümmsten Sätze, die ich jemals schwarz auf weiß gelesen
habe, geschafft hatte, blieb aus. [...] [Ich] gebe
zu: Ich als Kind eines Landwirts reagiere auf
solche Aussagen vielleicht etwas sensibler als
die meisten meiner Mitmenschen. [...] [Mich
nervt] die Stigmatisierung von Landwirten als
[...] Landschaftsvernichter, Umweltvergifter,
Subventionsbittsteller und Tierquäler. Dies ist
nicht nur äußerst dumm, sondern wird vor allem von Menschen unternommen, die keiner-
lei Berührungspunkte zur Landwirtschaft haben und in der Regel eine Egge nicht von einer
Walze unterscheiden können. Oder wie mein
Bruder – seines Zeichens Teilzeitlandwirt –
immer meint: „98 Prozent der Deutschen wissen, wie Landwirtschaft funktioniert, aber nur
2 Prozent führen sie aus!“
Zugegeben, in der Vergangenheit wurden
auch hier ganz bestimmt viele Fehler gemacht, und sicherlich könnte immer noch vieles verbessert werden. Aber ich habe zeit
meines Lebens ausschließlich Landwirte kennengelernt, denen das Wohl der Natur und das
ihrer Tiere am Herzen lag. Von sich aus käme
der gemeine Bauer etwa nie auf die Idee, lediglich Brust oder Filet eines Tieres zu verspei-
sen. [...] Wir essen vorwiegend Gemüse aus

dem eigenen Garten und Mehlspeisen: Fleisch
45 gibt es selbst bei Rindermastbetrieben wie dem unseren nur ein- bis zweimal in der Woche. [...] Ich kenne auch keinen Landwirt, der gemäß der landläufig kolportierten Meinung tonnenweise Kunstdünger oder Pestizide auf
50 seine Äcker schüttet, weil dies a) unfassbar teuer und b) komplett sinnbefreit wäre, denn der Grund dient meist bereits vielen Generationen als Arbeits- und Lebensgrundlage. [...] Den besten Beweis für diese These lieferte [...]
55 die Hochphase der Corona-Pandemie: Durch das Herunterfahren der Wirtschaft und der Freizeitaktivitäten, die Reduzierung des Flugbetriebes, der Schifffahrt und des Autoverkehrs wurden Gewässer und Luft messbar sau-
60 berer. In genau dieser Zeit machten allerdings die Landwirte weiter wie bisher [...]. Sollten etwa nicht die viel gescholtenen Landwirte, sondern doch Industrie, Wirtschaft und private Endverbraucher die größeren Umweltver-
65 schmutzer sein? [...] [Das] andauernde Niedermachen der eigenen Landwirtschaft bei gleichzeitigem Öffnen des Marktes für so großartige Produkte wie zum Beispiel das vielgepriesene Fleisch von argentinischen Rin-
70 dern, die zwar im Freien gehalten, aber dort mit Lastwagenladungen voll Kraftfutter und Antibiotika vollgestopft werden, ist für jeden deutschen Landwirt nur schwer erträglich. [...] In den 1960er-Jahren bekam ein Bauer für
75 eine ausgewachsene Sau von rund 100 Kilogramm einen Durchschnittspreis von 300 Mark. Heute, knapp 60 (in Worten: sechzig) Jahre danach, bekommt ein Landwirt für eine ebenso ausgewachsene Sau im Schnitt 230 Eu-
80 ro, das ist nicht mal das Doppelte. Viele von den Menschen, die sich – vollkommen zu Recht – über die Zustände in Großschlachtereien wie der Firma Tönnies entrüsten, haben ironischerweise kein Problem damit, ein
85 Pfund Hack im Discounter zu kaufen, das regulär gerade mal 99 Cent kostet. [...] Wenn man bedenkt, dass nirgendwo in Europa die Preise für Lebensmittel so günstig sind wie in Deutschland, dann müssen wir uns nicht wun-
90 dern, wenn der Satz, den die eingangs erwähnte Hochzeits-Zuspätkommerin aus Berlin zum Besten gab, irgendwann bittere Realität wird: Wir werden vermutlich in absehbarer Zeit tatsächlich auch nichts mehr
95 essen, was von einem Bauern kommt. Denn

diese Bauern werden von Politik und Discounterketten ausgepresst und vernichtet, sodass wir uns irgendwann mit Nahrungsmitteln zufriedengeben werden müssen, die in Fabriken von Konzernen wie Aldi oder Lidl oder gar 100 Amazon oder Google produziert werden. [...] Auf der anderen Seite wäre es natürlich ganz interessant zu wissen, wie ebenjene Hauptstadtjournalistin sich künftig ernähren wird – ganz ohne Eier, Milch, Fleisch, Kartoffeln, Ge- 105 müse, Salat, Obst oder Getreideprodukte.

Monika Gruber, Bärwurz und Jutta Ditfurth. Wie sich Städter und Landbevölkerung immer weiter voneinander entfernen, in: Monika Gruber/Andreas Hock, Und erlöse uns von den Blöden. Vom Menschenverstand in hysterischen Zeiten, Piper: München 2020, S. 107 ff.

Der Präsident des Bauernverbandes Mecklenburg-Vorpommern, Detlef Kurreck, steht bei einer Pressekonferenz vor einer Grundwasser-Messstelle, die im Auftrag der Landesbehörden die Nitratwerte messen soll. Der Bauernverband kritisiert die Aussagekraft der mehr als 350 Messstellen im Land, weil angeblich jede zweite von ihnen nicht repräsentative Ergebnisse liefert. Die Messergebnisse sind Grundlage für drohende Düngeverbote.

1 Erläutern Sie verschiedene Güterarten an selbst gewählten Beispielen und erläutern Sie dabei insbesondere auch die „Tragik der Allmende" (M 1, M 2).

2 Ordnen Sie die Wasserressourcen in M 3 den Güterarten begründet zu.

3 a) Analysieren Sie die Grundwasserbelastung durch Nitrat und ihre Ursachen am Beispiel landwirtschaftlicher Nutzung (M 4, M 5).
b) Diskutieren Sie Regulierungen wie Düngeverbote aus unterschiedlichen Perspektiven (z. B. Landwirtschaft, Konsument, Politik, Wasserwerk, …).

4 Erläutern Sie Wasserstress als globales Problem an selbst gewählten Beispielen (M 3–M 5).

5 Überprüfen Sie abschließend Ihre Thesen bezüglich der sozioökonomischen Ursachen des „Umweltproblems Wasser" (S. 134–137).

6 Erörtern Sie die in M 6 geäußerte Kritik am Bild der Landwirtschaft in der deutschen Öffentlichkeit.

Menschengemacht?! Zur Zerstörung von Biodiversität und Ökosystemleistungen

Es erscheint paradox: Der Mensch ist auf Biodiversität und Ökosystemleistungen angewiesen, bedroht aber beides durch seine Wirtschafts- und Lebensweise massiv. Die internationale Staatengemeinschaft hat den Anspruch, Biodiversität, die Vielfalt der Ökosysteme, der Tier- und Pflanzenarten sowie des genetischen Pools zu erhalten, dabei bereits 1992 in der UN-Biodiversitätskonvention über die biologische Vielfalt kodifiziert. Denn der Mensch ist in seiner Existenz angewiesen auf Ökosystemleistungen: auf materielle Versorgungsleistungen (z. B. Bereitstellung von Nahrungsmitteln, Trinkwasser), auf Regulierungs-

leistungen (z. B. biologische Schädlingsbekämpfung, Bestäubung von Nutzpflanzen, Klimaregulation durch Kohlenstoffspeicherung in Organismen) sowie kulturell bedeutsame Leistungen der Natur (z. B. Erholungsmöglichkeiten in der Natur). Im Rahmen eines sozialwissenschaftlich-biologisch interdisziplinären Ansatzes sollen im Folgenden die Bedrohung von biologischer Vielfalt und Ökosystemleistungen auf der Erde analysiert und die „Macht des Menschen" auf der Grundlage des Beispiels eines molekularbiologisches Artenschutzprojektes – des „European Reference Genome Atlas" – diskutiert werden.

M1   Bedrohte Biodiversität: Boden …

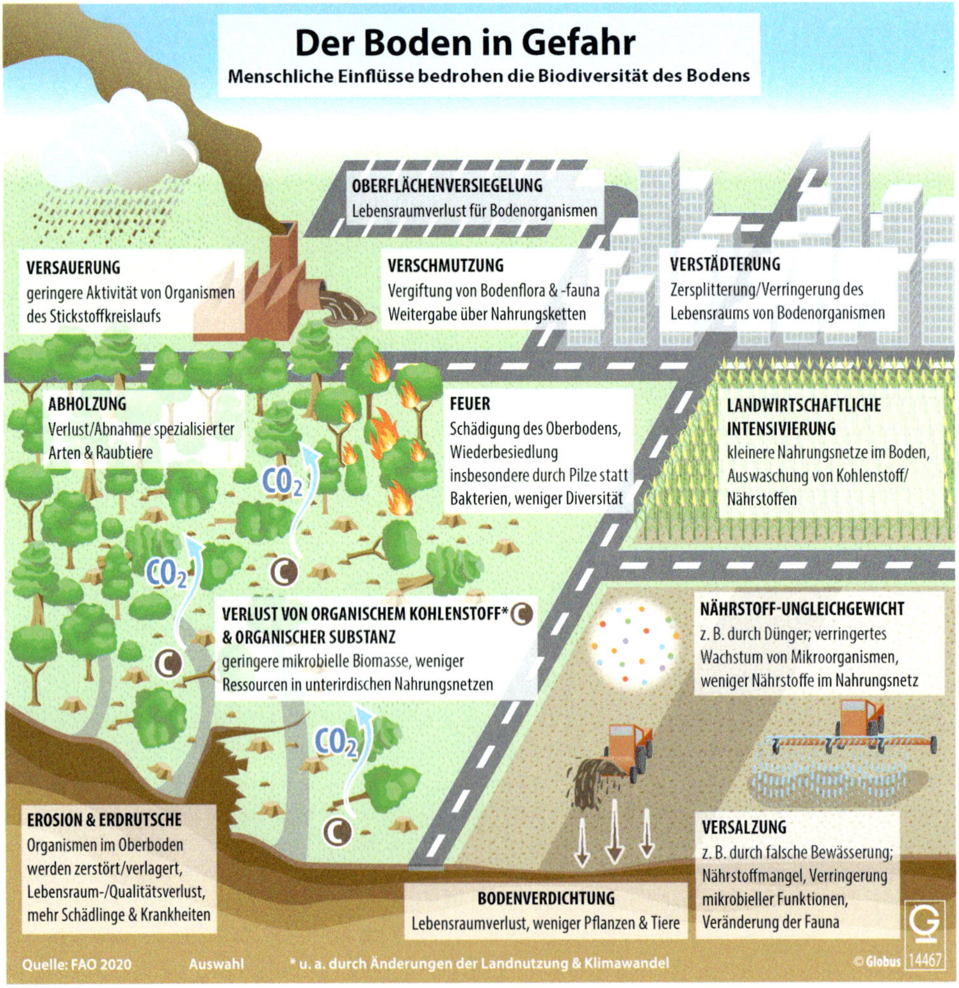

Der Boden in Gefahr
Menschliche Einflüsse bedrohen die Biodiversität des Bodens

OBERFLÄCHENVERSIEGELUNG
Lebensraumverlust für Bodenorganismen

VERSAUERUNG
geringere Aktivität von Organismen des Stickstoffkreislaufs

VERSCHMUTZUNG
Vergiftung von Bodenflora & -fauna
Weitergabe über Nahrungsketten

VERSTÄDTERUNG
Zersplitterung/Verringerung des Lebensraums von Bodenorganismen

ABHOLZUNG
Verlust/Abnahme spezialisierter Arten & Raubtiere

FEUER
Schädigung des Oberbodens, Wiederbesiedlung insbesondere durch Pilze statt Bakterien, weniger Diversität

LANDWIRTSCHAFTLICHE INTENSIVIERUNG
kleinere Nahrungsnetze im Boden, Auswaschung von Kohlenstoff/ Nährstoffen

CO_2
CO_2
C

VERLUST VON ORGANISCHEM KOHLENSTOFF* C & ORGANISCHER SUBSTANZ
geringere mikrobielle Biomasse, weniger Ressourcen in unterirdischen Nahrungsnetzen

CO_2
C

NÄHRSTOFF-UNGLEICHGEWICHT
z. B. durch Dünger; verringertes Wachstum von Mikroorganismen, weniger Nährstoffe im Nahrungsnetz

EROSION & ERDRUTSCHE
Organismen im Oberboden werden zerstört/verlagert, Lebensraum-/Qualitätsverlust, mehr Schädlinge & Krankheiten

BODENVERDICHTUNG
Lebensraumverlust, weniger Pflanzen & Tiere

VERSALZUNG
z. B. durch falsche Bewässerung; Nährstoffmangel, Verringerung mikrobieller Funktionen, Veränderung der Fauna

Quelle: FAO 2020   Auswahl   * u. a. durch Änderungen der Landnutzung & Klimawandel   © Globus 14467

M2 … und Arten

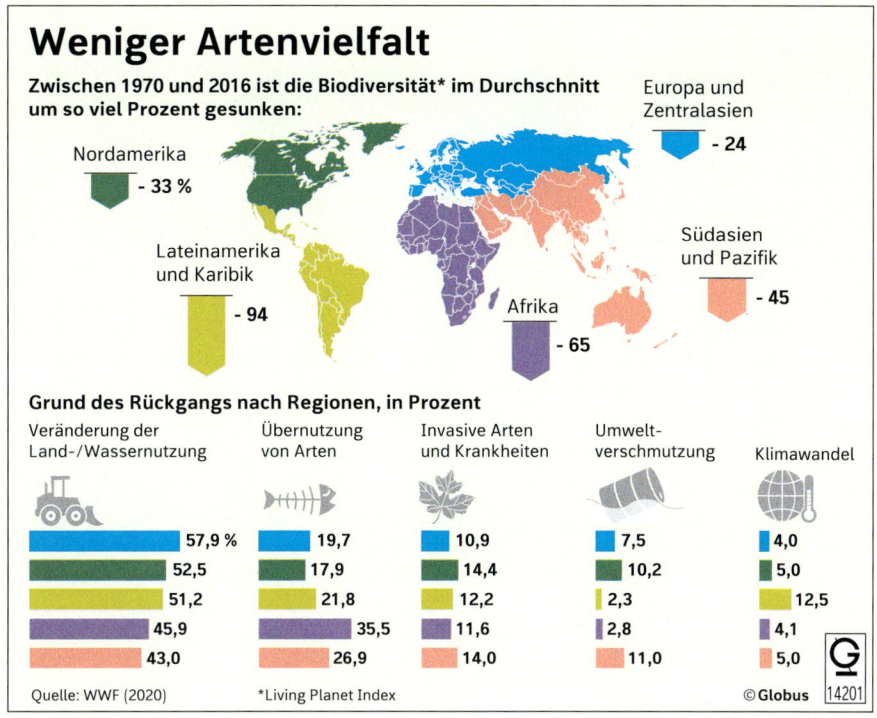

Weniger Artenvielfalt

Zwischen 1970 und 2016 ist die Biodiversität* im Durchschnitt um so viel Prozent gesunken:

Nordamerika
- 33 %

Europa und Zentralasien
- 24

Lateinamerika und Karibik
- 94

Südasien und Pazifik
- 45

Afrika
- 65

Grund des Rückgangs nach Regionen, in Prozent

Veränderung der Land-/Wassernutzung	Übernutzung von Arten	Invasive Arten und Krankheiten	Umweltverschmutzung	Klimawandel
57,9 %	19,7	10,9	7,5	4,0
52,5	17,9	14,4	10,2	5,0
51,2	21,8	12,2	2,3	12,5
45,9	35,5	11,6	2,8	4,1
43,0	26,9	14,0	11,0	5,0

Quelle: WWF (2020) *Living Planet Index © Globus 14201

M3 Hoffnung aus der Molekularbiologie?

Biologen und Artenschützer schlagen seit Jahren Alarm: Die Biodiversität […] erodiert in einem nie dagewesenen Tempo. Allein in den beiden vergangenen Jahrzehnten wurde ein Drittel der Urwälder abgeholzt, in Europa hat sich die Zahl der Vögel seit 1980 halbiert, und die Insektenzahlen befinden sich weltweit im Sinkflug. Die Ursachen des großen Sterbens sind bekannt: 7,8 Milliarden Menschen brauchen Platz, Rohstoffe und Nahrung. Die Folge sind zerstörte Lebensräume, zu intensive Landnutzung, Überfischung, Umweltverschmutzung und die Klimakrise. Um dem Artenschwund Einhalt zu gebieten, werden zwar internationale Vereinbarungen zur Begrenzung von Treibhausgasen und zum Schutz gefährdeter Arten unterschrieben. Der Erfolg ist allerdings entmutigend, wie der „5. Globale Bericht zur Lage der biologischen Diversität" der Weltgemeinschaft bescheinigte. […] Hilfe kommt aus einer unerwarteten Richtung: der Molekularbiologie. Die sagenhaften Fortschritte bei der Entschlüsselung der DNA katapultieren nicht nur die Medizin, sondern auch den Artenschutz in neue Sphären. Forscher weltweit gründen Initiativen […], um das Erbgut von Tieren, Pflanzen und Mikroorganismen zu entschlüsseln und zu archivieren. Europäische Forscher […] haben die Initiative „European Reference Genome Atlas" (ERGA) ins Leben gerufen, die aus mehr als 39 Institutionen aus 16 EU-Ländern besteht, mit dem Ziel, das Erbgut der europäischen Flora und Fauna zu entschlüsseln: also mindestens 200 000 Arten, darunter bedrohte Spezies und Schlüsselarten, die für die Landwirtschaft und Fischerei eine Rolle spielen, aber eben auch die riesige Vielfalt an Weichtieren, Insekten, Arthropoden und Mikroorganismen. Doch wie können Erbgutdaten, also die Abfolge der vier DNA-Bausteine A, T, G und C, dem Artenschutz dienen? „Bislang hinken wir dem Geschehen meist hinterher und dokumentieren das Schwinden von Arten", sagt die Biologin und

45 Mitgründerin der Initiative Ann-Marie Waldvogel von der Universität zu Köln, „in Zukunft könnten wir anhand der Genomdaten Vorhersagen darüber treffen, wie eine Art auf sich verändernde Umweltbedingungen, etwa eine

50 höhere Temperatur, reagieren wird und rechtzeitig gegensteuern." Ein Beispiel veranschaulicht das: Korallen sind die Basisarten des Lebensraums Riff. Die Nesseltiere sind durch die Korallenbleiche bedroht, eine Stressreaktion

55 auf höhere Meerestemperaturen, die die symbiotische Beziehung zwischen Korallen und ihren lebenswichtigen Algen-Mitbewohnern stört. Forscher der Stanford-Universität identifizierten in Warmwasserkorallen Genvarian-

60 ten, die möglicherweise eine Toleranz gegen Bleichen verleihen. Um zu überprüfen, ob Kaltwasserkorallen mit der zukünftigen Erwärmung der Ozeane Schritt halten würden, analysierten sie deren Genvarianten und inte-

65 grierten diese Informationen in ein Evolutionsmodell mit unterschiedlichen Annahmen zum Klimawandel: Steigt die Temperatur nur langsam, ermöglichen besagte Genvarianten eine natürliche Anpassung an die höhere

70 Temperatur. Steigt die Temperatur jedoch zu schnell, ist die Anpassung zu langsam, das heißt, die Korallenart stirbt aus. Die Transplantation wärmetoleranter Korallen beschleunigte im Modell die Anpassungsrate der

75 Kaltwasserkorallen. [...]
Anpassung ist ein genetischer Prozess, der es einer Art ermöglicht, über Generationen hinweg in einem sich verändernden Lebensraum zu überleben. Arten können sich aber nur

80 dann erfolgreich und schnell genug an veränderte Umweltbedingen anpassen, wenn ihre genetische Ausstattung ausreichend divers ist. „Der Verlust von Diversität beginnt zunächst im Verborgenen auf genomischer Ebe-

85 ne", sagt Waldvogel. So verschwinden mit den Individuen manchmal auch seltene Genvarianten. Untersucht man die Genome vieler verschiedener Individuen über das gesamte Verbreitungsgebiet, kann man aus diesen Daten

90 die Geschichte der Populationen herauslesen. Genomdaten kann man also als eine Art Frühwarnsystem verwenden, die einem die Zeit verschaffen, Maßnahmen einzuleiten. Für solche Analysen und Modelle braucht es zu-

95 nächst für jede untersuchte Art ein Referenzgenom, eine Standarderbgutsequenz, die aus einzelnen Individuen stellvertretend für die

Art gewonnen wird. Ein europäischer Genomatlas wäre demnach ein riesiges, digitales Nachschlagewerk der belebten Natur. „Das 100 Genom ist die umfassendste Information, die man von einem Organismus haben kann", bestätigt der Molekularbiologe Manfred Schartl von der Universität Würzburg. Früher hätte man Tiere ausgestopft und in Museen ausge- 105 stellt, heute gehöre es bei jeder neu beschriebenen Art dazu, eine Probe zu hinterlegen, aus der sich DNA gewinnen ließe.
Gemeinsam mit Kollegen hat Schartl das hochkomplexe Genom des Störs entschlüsselt 110 und dabei wertvolle Einblicke in die Geschichte der Wirbeltiere erhalten. Das Gros der Störarten ist stark bedroht. Die Verschmutzung der Gewässer und der illegale Handel mit Kaviar fordern ihren Tribut. Genomdaten un- 115 terstützen notwendige Zuchtprogramme. Zum einen für die Kaviarproduktion in Aquakultur, aber auch für die Zucht zu Auswilderungszwecken. „Man kann bei einem Stör mithilfe eines Q-Tips eine DNA-Probe aus dem 120 Mund nehmen und die genetische Variabilität zum Beispiel der in der Oder wieder angesiedelten Störe bestimmen", sagt Schartl, ist diese vermindert, wählt man Elterntiere für weitere Auswilderungen aus, die sich genetisch 125 möglichst stark unterscheiden. Eine Methode, die bei zahlreichen anderen gefährdeten Arten zum Einsatz kommt.
Grundsätzlich müsse man auch weg von den flauschigen und populären Flaggschiff-Arten, 130 meint Waldvogel: „Unsere Ökosysteme werden von Tausenden Arten getragen, die wir kaum kennen. Gerade im Agrarsektor gibt es aber Verarmungsprozesse der Bodenlebensgemeinschaften, und wir müssen uns dem 135 dringend widmen."
Die ERGA-Initiative ist eine wahre Mammutaufgabe und ihre Durchführbarkeit dem unvorstellbaren technologischen Fortschritt der beiden letzten Jahrzehnte zu verdanken. [...] 140 Allerdings sei es [so die Biologin Camilla Mazzoni] mit der Sequenzierung der Genome allein nicht getan. Es herrsche eine Schieflage, was die Produktion von Daten anbelangt, die meist schnell und einfach sei, und der Analyse 145 und Auswertung, die sich bislang nicht automatisieren ließe. [...] Während sich das Erbmaterial gut erforschter Organismen wie Mensch oder Fruchtfliege in wenigen Tagen zusammensetzen lässt, braucht es für andere 150

Arten bis zu einem Jahr. [...] Mazzoni nennt als Beispiel Amphibien, wie Frösche und Salamander, die extrem lange Genome erreichten [...]. „Eine Herausforderung ist auch die Be-
155 reitstellung des taxonomisch verifizierten Ausgangsmaterials der rund 250 000 europäischen Arten", so Schartl. Das heißt, jede einzelne Art, von Einzellern über Flechten und Pilze bis zu Pflanzen, Insekten und Wirbeltie-
160 ren muss vorab gesammelt und bestimmt werden. [...]. Die Erstellung von Referenzgenomen

für alle Arten sei eine wichtige Komponente des Artenschutzes, insbesondere für das Verständnis und die Wiederherstellung von Artenvielfalt und Ökosystemleistungen, meint 165 Josef Settele vom Helmholtz-Zentrum für Umweltforschung. Die ERGA-Initiative warnt aber: „Es ist wichtig zu betonen, dass das Management und der Erhalt von existierenden Lebensräumen mit der entsprechenden Arten- 170 vielfalt damit nicht ersetzt, sondern lediglich unterstützt werden kann."

M4 Hoffnung durch politische Mobilisierung?

Protestaktion zum Start der Volksinitiative Artenvielfalt in Nordrhein-Westfalen „Insekten retten – Artenschwund stoppen" vor dem Landtagsgebäude in Düsseldorf (2020)

INFO

David Attenborough
(* 1926)
Der britische Naturfilmer und Umweltaktivist setzt sich seit langem für Umwelt- und Klimaschutz ein und ist der Überzeugung, dass die Zukunft der Erde in unseren Händen liegt.

 WEBCODE

WES-118390-508
„A message to world leaders" von David Attenborough

1 Erläutern Sie die Bedrohung von Biodiversität und Ökosystemleistungen (M1, M2).
2 Erklären Sie das Projekt des European Reference Genome Atlas (M3).
3 Recherchieren Sie politische Projekte und Initiativen für den Erhalt von Biodiversität und Ökosystemleistungen (z. B. die regionale Volksinitiative Artenvielfalt oder das regionale bayerische Volksbegehren Artenvielfalt und dessen Umsetzung) und setzen Sie diese in Beziehung zum globalen „Dominoeffekt Artensterben" (M4).
4 Der Naturfilmer David Attenborough zeigt sich überzeugt: „The future of the natural world is in our hands. We have never been more powerful." Diskutieren Sie seine These.

Natur als Rechtsobjekt oder als Rechtssubjekt?

„When the last tree has fallen / And the rivers are poisoned / You cannot eat money, oh no". Die Sängerin Aurora zitiert die indianische Weisheit, um auf ökologische Herausforderungen unserer Zeit musikalisch aufmerksam zu machen. Ebenso ausgehend vom indigenen Gedankengut haben einige südamerikanische Länder der Natur in ihrer Verfassung eigene Rechte zugesprochen. Ist es aber sinnvoll, die Natur in der Verfassung mit eigenen Rechten auszustatten? Welche Vorteile gegenüber dem Naturverständnis im Grundgesetz ergäben sich? Kann ein Wald, kann ein Fluss dann gegen den Menschen vor Gericht ziehen?

M 1 Bald vor Gericht: Ökosystem gegen Homo Sapiens?

Yuval Noah Harari u. a., Sapiens. Der Aufstieg, C.H. Beck: München 2020, S. 232

M2 Wenn die Natur eigene Rechte bekommt

Die Waldbrände im Amazonasgebiet gehen langsam zurück. Noch im August [2019] zeigten Satellitenaufnahmen der NASA über 86 000 Brände in Brasilien, Paraguay, Peru, Kolumbi-
5 en und Bolivien. Allein in Brasilien stieg der Regenwaldverlust laut Berichten um fast das Dreifache: von 723 km² im Vorjahr auf 2092 km². Die Feuer haben aufgerüttelt und gezeigt, wie wichtig ein wirksamerer Schutz für
10 das wichtigste Ökosystem der Erde wäre. Ein neuer Ansatz dafür ist die Anerkennung der Rechte der Natur, wie sie verschiedene Länder der Region tatsächlich bereits festgeschrieben haben. Ecuador ging voran. 2008 nahm es die
15 Natur als Rechtssubjekt in seine Verfassung auf und erkannte den indianischen Ausdruck „Pacha Mama" (Mutter Erde) als Synonym für die Natur an. „Pacha Mama, in der sich das Leben verwirklicht und realisiert, hat das Recht,
20 in ihrer gesamten Existenz respektiert zu werden", heißt es in Artikel 72 der ecuadorianischen Verfassung. Und: „Jede Person, jede Gemeinschaft, jedes Volk oder jede Nationalität kann die zuständige öffentliche Autorität da-
25 zu auffordern, die Rechte der Natur umzusetzen." Zum ersten Mal angewendet wurden die neuen Gesetze, als vor acht Jahren der Fluss Vilcabamba durch Straßenbau bedroht war. Er sei eine natürliche Ressource, die geschützt
30 werden müsse, argumentierten damals die Bürger in ihrer Klage: Würde sein Zustand beeinträchtigt, so beträfe das gleichermaßen ihr Menschenrecht auf eine gesunde Umwelt. Sie bekamen recht, und dem Fluss wurde das
35 Recht zugesprochen, seinem natürlichen Lauf zu folgen. Viel passiert ist deswegen noch nicht. Die Rechte der Natur stehen zwar in der Verfassung, was eine wichtige Grundlage ist, müssen aber politisch durchgesetzt werden.
40 Genau wie die Menschenrechte müssten auch diese Rechte erstritten werden, resümiert Alberto Acosta, der ehemalige Präsident der verfassunggebenden Versammlung Ecuadors. Ähnlich ist die Lage unter anderem auch in
45 Bolivien: Das Land verankerte 2010 und 2012 zwei Gesetze in seiner Verfassung, in denen Schutz und Erhalt der Umwelt als „öffentliches Interesse" festgeschrieben werden,

ebenso wie das Recht der Bevölkerung, in einer „gesunden und ökologisch ausgeglichenen Umwelt" zu leben. Doch was nützen die 50 Rechte der Natur, wenn Menschen im Regenwald Feuer legen? Drei Wochen ließ Boliviens Präsident verstreichen, bis er internationale Hilfe zur Löschung der Brände in der Chiquitanía annahm. Was bedeutet es also, wenn 55 Landschaften, Flüsse oder Berge vor Gericht stehen können, es aber keine direkten Vorteile bringt? Bisher war subjektives Recht Menschen, Organisationen oder ökonomischen 60 Akteuren vorbehalten, die Natur und was sie ausmacht, galten als Sache. [...] Sobald man jedoch der Natur – Tieren, Pflanzen, Landschaften oder auch abstrakteren Umweltgütern wie Wasser oder Luft – Rechte zugestehe, 65 könnten Umweltverbände, Nichtregierungsorganisationen oder Anwaltskanzleien vor Gericht ziehen und diese Rechte einklagen. Das eröffnet neue juristische Strategien, der Umweltzerstörung Einhalt zu gebieten. Beim 70 Schutz von Tieren verfolgt man eine ähnliche Strategie. Doch während man hier wie im Fall der großen Menschenaffen mit hohen genetischen Übereinstimmungen mit dem Menschen oder bei höheren Wirbeltieren mit der 75 Empathiefähigkeit argumentiert – also wieder mit der Nähe zum Menschen –, setzt die Anerkennung der Rechte der Natur an einem anderen Punkt an. Hier geht es um eine neue Beziehung von Mensch und Natur. Der Schritt zur 80 Anerkennung von Rechten für nichtlebende Subjekte – seien es Flüsse, der Wald oder ein Gletscher – bedeutet gleichzeitig einen Schritt weg vom anthropozentrischen Weltbild, in dem der Mensch im Zentrum steht und die 85 Natur als Gegenstück zur Kultur begreift. Dabei spielen, in der bolivianischen wie auch in der ecuadorianischen Verfassung, ganzheitliche indigene [...] [Vorstellungen] von „Pacha Mama" eine wichtige Rolle. [...] Die Zahl der 90 Entscheidungen und Verordnungen, die durch die Naturrechte inspiriert sind, steige deutlich an, sagt Craig Kauffman, Politikwissenschafter an der University of Oregon und Experte für erdzentriertes Recht. In UNO-Resolutionen 95 gewinnen sie zunehmend an Akzeptanz.

Ulrike Prinz, Wenn die Natur eigene Rechte bekommt, in: https://www.nzz.ch/wissenschaft/wenn-die-natur-eigene-rechte-bekommt-ld.1508483, 16.10.2019

M3   Für eine ökologische Revolution des Rechts

INFO

Jens Kersten
(* 1967)
Der deutsche Rechts-
wissenschaftler lehrt
an der Ludwig-
Maximilians-
Universität München.

Anthropozän
(geologisches) Zeital-
ter, in dem der
Mensch die prägende
Kraft von Gestaltung
und Veränderung ist

New Green Deal
Nachhaltige Wachs-
tumsstrategie der EU-
Kommission, die das
Ziel verfolgt, die
Europäische Union
zu einer klimaneutra-
len, fairen und wohl-
habenden Gesell-
schaft mit einer
modernen, ressour-
ceneffizienten und
wettbewerbsfähigen
Wirtschaft zu
machen.

Gelbwesten
Protestbewegung in
Frankreich 2018/19,
die sich vor allem
gegen die Verteue-
rung von Energiepreis-
sen (Benzin, Heizöl
usw.) richtete

Das „Anthropozän" bringt den ökologischen Wandel unserer Welt auf den Begriff. Wir leben in einem Zeitalter, in dem der Mensch selbst zu einer Naturgewalt geworden ist. Artensterben, Globalvermüllung und Klimawandel sind die Entwicklungen, die uns umdenken lassen. Fridays for Future, Klimapakete der Bundesregierung und ein New Green Deal für Europa sind aber nur politische Momentaufnahmen. Zu ihnen gehören auch die sogenannten Gelbwesten, die der Politik vor Augen geführt haben, wie schnell Klima- und Umweltschutz sozialpolitisch explosiv werden können. Wir kommen um eine Einsicht nicht herum: Wir müssen unser Leben ändern. Für eine Industriegesellschaft bedeutet dies, den Naturschutz in ihre sozialen, technischen und ökonomischen Infrastrukturen zu integrieren. Ein effektiver Weg für die Gestaltung dieses ökologischen Strukturwandels liegt in der Anerkennung der Rechte der Natur: Noch sehen wir in der Natur nur ein Objekt des Umweltschutzes. Doch wir sollten die Natur als ein Rechtssubjekt begreifen, das seine ökologischen Interessen selbst wahrnimmt und durchsetzt. Dies wäre nicht nur eine rechtliche, sondern auch eine soziale, ökonomische und ökologische Revolution.

Unsere Verfassungsordnung versteht die Natur als ein Objekt, das wir bewahren müssen. Dieses Verständnis hat seinen Ausdruck in Artikel 20a Grundgesetz (GG) gefunden: „Der Staat schützt auch in Verantwortung für die künftigen Generationen die natürlichen Lebensgrundlagen und die Tiere im Rahmen der verfassungsmäßigen Ordnung durch die Gesetzgebung und nach Maßgabe von Gesetz und Recht durch die vollziehende Gewalt und die Rechtsprechung." [...] Allerdings ist dieses Staatsziel „Umweltschutz" in vielerlei Hinsicht auch ein Kompromiss. Zwar versteht Artikel 20a GG seinen Anwendungsbereich grundsätzlich weit. Die Regelung schützt neben den Tieren alle Umweltmedien: Boden und Wasser, Landschaften und Ökosysteme, Luft und Klima. Doch nach dem Willen des verfassungsändernden Gesetzgebers soll die Regelung die Natur – also die natürlichen Lebensgrundlagen und die Tiere – „nur"

objektiv-rechtlich schützen. Weder Natur noch Menschen können aus Artikel 20a GG also subjektive Rechte ableiten. Folglich ist es insbesondere der Natur nicht möglich, ihren Schutz von Gesetzgebern und Verwaltungen rechtlich einzufordern oder vor den Gerichten einzuklagen. Vielmehr verdeutlicht Artikel 20a GG, welche Angst vor der Natur unserer Verfassungsordnung eingeschrieben ist. Denn eigentlich hätte es vollkommen genügt, in dieser Regelung festzuhalten, dass die natürlichen Lebensgrundlagen und die Tiere zu schützen sind. Stattdessen fügt Artikel 20a GG noch hinzu, dass dies nur im Rahmen der verfassungsrechtlichen Ordnung und nach Maßgabe von Gesetz und Recht durch die drei Gewalten erfolgen soll. Eigentlich ist das eine verfassungsrechtliche Selbstverständlichkeit. Dass der verfassungsändernde Gesetzgeber dies aber noch einmal ausdrücklich in Artikel 20a GG erwähnt, zeigt: Er befürchtet, dass die natürlichen Lebensgrundlagen und die Tiere ein normatives Eigenleben in unserer Verfassungsordnung entwickeln könnten. Deshalb ergänzt er die Regelung des ökologischen „Objektschutzes" in Artikel 20a GG um diese verfassungsrechtliche „Angstklausel", die vor allem zum Ausdruck bringt: Die natürlichen Lebensgrundlagen und die Tiere sollen ein Objekt staatlichen Umweltschutzes, nicht aber ein Rechtssubjekt sein, das von der Rechtsordnung in die Lage versetzt wird, seine Interessen rechtlich selbst durchzusetzen. Heute spielt der objektiv-rechtliche Schutz von Natur und Tieren in unserer Rechtsordnung sicherlich eine größere Rolle als noch in der klassischen Industriegesellschaft. Er ist vor allem in die Gesamt- und Fachplanung integriert, und er bestimmt auch das Arten-, Natur- und Landschafts-, das Wasser-, Immissions- und Klima- sowie das Umweltinformationsrecht. Allerdings verdanken wir dies weniger der Aufnahme des Staatsziels „Umweltschutz" in das Grundgesetz als vielmehr dem europäischen und internationalen Umweltrecht, das sich zu einem Impulsgeber und Schrittmacher des Naturschutzes entwickelt hat. So resümiert der [frühere] Präsident des Bundesverfassungsgerichts Andreas Voßkuh-

le vollkommen zu Recht: „Welchen Beitrag
100 leistet das Grundgesetz zum Umweltschutz?
Nüchtern ist festzuhalten: Der Befund ist eher
mager!" [...]

Angesichts unserer ökologischen Entgleisun-
gen stößt also der Schutz der Natur als Objekt
105 an seine Grenzen: Was sollen wir tun, wenn
das Risikokonzept wirklich zu risikoreich, also
schlicht gefährlich wird? Und genügt das
Nachhaltigkeitsprinzip, um noch angemessen
auf diese ökologischen Gefahren und Störun-
110 gen zu reagieren? [...] Welche Gesellschaft
folgt auf die Risikogesellschaft? Und: Was
kommt nach der Nachhaltigkeit? Die Verfassung des Anthropozän sollte die Natur als ein
Rechtssubjekt begreifen, das seine Rechte
115 selbstständig einfordern, einklagen und
durchsetzen kann [...].

Rechtssubjektivität ist die aktive Rolle, die eine Person in einem Rechtssystem spielen
kann: Es handelt sich um einen Rechtsstatus,
120 der es einer Person erlaubt, als Subjekt am
Rechtsverkehr teilzunehmen, Träger von
Rechten und Adressat von Pflichten zu sein,
vor Gericht klagen zu können, aber auch ver-
klagt zu werden. Dabei haben Rechtsordnun-
125 gen verschiedene Formen von Rechtssubjektivität ausdifferenziert: Menschen sind als
„natürliche Personen" Rechtssubjekte. Aber
auch soziale und wirtschaftliche Zusammen-
schlüsse oder schlichte Vermögens- und Kapi-
130 talmassen können in Form einer „juristischen
Person" als Rechtssubjekte anerkannt werden. Diese Typologie der natürlichen und juristischen Personen zeigt unmittelbar, dass
nicht alle Rechtssubjekte über die gleichen
135 Rechte und Pflichten verfügen, sondern sich

in ihren Rechten und Pflichten unterscheiden:
Ein erwachsener Mensch hat andere Rechte
und Pflichten als ein Kind. Menschen verfügen wiederum über andere Rechte und Pflich-
140 ten als Vereine oder Handelsgesellschaften,
für die eine Rechtsordnung abermals unterschiedliche Rechte und Pflichten ausdifferenziert. [...] Rechtssubjekte können Verträge
schließen und durchsetzen. Sie sind in der La-
145 ge, sich mit einer Petition an den Gesetzgeber
zu wenden, einen Antrag bei einer Behörde zu
stellen und ihre Rechte vor Gerichten einzuklagen. In der Ausfüllung dieser aktiven Rolle
müssen die Rechtssubjekte nicht notwendi-
150 gerweise selbst handeln. Sie können sich auch
vertreten lassen [...]. Angesichts der ökologischen Herausforderungen ist eines klar: Diese
Verteilung von Rechtssubjektivität durch das
Grundgesetz ist nicht mehr zeitgemäß. Men-
155 schen und Unternehmen können als Rechtssubjekte ihre individuellen, sozialen und wirtschaftlichen Interessen unmittelbar selbst
durchsetzen. Dies gilt insbesondere auch
dann, wenn es um die Zerstörung der Umwelt
160 und die Tötung von Tieren geht. Demgegenüber verfügt die Natur nach dem vorherrschenden Verständnis des Artikel 20a GG über
keine Rechtssubjektivität. Zwar muss die Natur aufgrund dieser ökologischen Staatsziel-
165 bestimmung geschützt werden. Doch dieser
Schutz bleibt hinter den rechtlichen Möglichkeiten zurück, die sich der Natur eröffnen
würden, wenn sie ihre ökologischen Interessen als Rechtssubjekt selbst durchsetzen
170 könnte. Zugespitzt formuliert: Es ist schlicht
unfair, wenn wirtschaftlichem Kapital Rechte
zustehen, der Natur aber nicht.

Jens Kersten, Natur als Rechtssubjekt. Für eine ökologische Revolution des Rechts, in: Aus Politik und Zeitgeschichte, Heft 11/2020, S. 27 ff.

1 Skizzieren Sie den Gedankengang in M 2: „Wenn die Natur eigene Rechte bekommt."

2 Werten Sie den Beitrag von Jens Kersten (M 3) nach der Schrittfolge der Methode „Fachtexte lesen und verstehen" aus (S. 154 f.).

3 Diskutieren Sie die Forderung von Jens Kersten nach einer „ökologischen Revolution des Rechts" (M 1–M 3).

GLOSSAR

**Bürger
Nachhaltigkeit**

INFO

**Nachhaltigkeits-
prinzip**
Prinzip, nach dem
nicht mehr ver-
braucht werden darf,
als jeweils nachwach-
sen, sich regenerie-
ren, künftig wieder
bereitgestellt werden
kann.

Fachtexte lesen und verstehen

Bei der Erschließung und Auswertung eines Textes empfiehlt es sich, wie folgt vorzugehen:

1. Textverständnis

- Lesen Sie den Text vollständig durch, um sich einen Überblick über den Inhalt zu verschaffen.
- Kennzeichnen Sie dabei unbekannte Begriffe beispielsweise mit einem Textmarker, um diese später in einem Lexikon nachzuschlagen.
- Lesen Sie den Text ein weiteres Mal sorgfältig durch. Unterstreichen Sie hierbei Schlüsselbegriffe und Kernaussagen. Schwierige Sätze oder Absätze versehen Sie mit einem Fragezeichen. Besonders wichtige Textpassagen kennzeichnen Sie mit einem Ausrufezeichen.
- Formulieren Sie für die einzelnen Abschnitte Zwischenüberschriften. Fassen sie deren Kernaussagen mit eigenen Worten zusammen. Nutzen Sie dafür die zuvor markierten Schlüsselbegriffe. Betiteln Sie Ihre eigenen Zusammenfassungen mit einem „Z".
- Ermitteln Sie unter Zuhilfenahme eines Lexikons, einer Fachzeitschrift oder einer Recherche im Internet die berufliche, gesellschaftliche und politische Stellung sowie den politischen, ideologischen Standpunkt des Verfassers, um zu einem tieferen Textverständnis zu gelangen.

2. Textanalyse

- Überprüfen Sie Aussagen des Textes: Ist die Argumentation schlüssig? Welche Grundannahmen werden vorausgesetzt? Gibt es Gegenpositionen zur Meinung des Autors? Welche Beziehung besteht zwischen dem Verfasser und dem Textinhalt? Handelt es sich z. B. um einen Beteiligten, Parteigänger oder Gegner einer Seite, einen neutralen Beobachter, einen rückblickenden Kommentator usw.? Welche Wirkungsabsicht verfolgt der Verfasser? Möglichkeiten sind unter anderem: Appell, Denunziation, Aufklärung, kommerzielle Ziele, Propaganda, Problemlösung, Provokation, sachliche Information usw.?
- Prüfen Sie, ob Sie den Text verstanden haben. Hierfür bestehen verschiedene Möglichkeiten. Sie können beispielsweise eine schriftliche Stellungnahme zu dem Text verfassen.

3. Textdarstellung

- Stellen Sie abschließend (ggf. in Partnerarbeit) ihre Ergebnisse in der Klasse vor, indem Sie die Schlüssigkeit der Argumentation, logische Fehler oder Widersprüche, die Intention des Verfassers sowie seine Sichtweise anhand anderer Einschätzungen/Perspektiven/Urteile mittels der von Ihnen erarbeiteten Schlüsselbegriffe, Stellungnahmen usw. darlegen.
- Formulieren Sie abschließend ein Gesamturteil, das innerhalb der Klasse als Grundlage einer Diskussion dienen kann.

4. Exemplarische Anwendung

- Textauszug aus S. 152 f., M 3: Jens Kersten, Für eine ökologische Revolution des Rechts:

Das „Anthropozän" bringt den ökologischen Wandel unserer Welt auf den Begriff. Wir leben in einem Zeitalter, in dem der Mensch selbst zu einer Naturgewalt geworden ist. Ar-
5 tensterben, Globalvermüllung und Klimawandel sind die Entwicklungen, die uns umdenken lassen. Fridays for Future, Klimapakete der Bundesregierung und ein New Green Deal für Europa sind aber nur politische Momentauf-
10 nahmen. Zu ihnen gehören auch die sogenannten Gelbwesten, die der Politik vor Augen geführt haben, wie schnell Klima- und Umweltschutz sozialpolitisch explosiv werden können. Wir kommen um eine Einsicht nicht
15 herum: Wir müssen unser Leben ändern. Für eine Industriegesellschaft bedeutet dies, den Naturschutz in ihre sozialen, technischen und ökonomischen Infrastrukturen zu integrieren. Ein effektiver Weg für die Gestaltung die-
20 ses ökologischen Strukturwandels liegt in der Anerkennung der Rechte der Natur: Noch sehen wir in der Natur nur ein Objekt des Umweltschutzes. Doch wir sollten die Natur als ein Rechtssubjekt begreifen, das seine ökolo-
25 gischen Interessen selbst wahrnimmt und durchsetzt. [!!!] Dies wäre nicht nur eine rechtliche, sondern auch eine soziale, ökonomische und ökologische Revolution.
Unsere Verfassungsordnung versteht die Na-
30 tur als ein Objekt ▮▮▮, das wir bewahren müssen. Dieses Verständnis hat seinen Ausdruck in Artikel 20a Grundgesetz (GG) gefunden: „Der Staat schützt auch in Verantwortung für die künftigen Generationen die
35 natürlichen Lebensgrundlagen und die Tiere im Rahmen der verfassungsmäßigen Ordnung durch die Gesetzgebung und nach Maßgabe von Gesetz und Recht durch die vollziehende Gewalt und die Rechtsprechung." ▮▮▮

a.a.O. (S. 152 f., M 3)

Textverständnis

- Unbekannte Begriffe wie z. B. das „Anthropozän" können in Wörterbüchern oder Lexika nachgeschlagen werden. Der Duden beispielsweise definiert das „Anthropozän" als „vom Menschen geprägtes Zeitalter in der Erdgeschichte".

- Schlüsselbegriffe und Kernaussagen: Der Mensch ist selbst Naturgewalt des ökologischen Wandels unserer Welt. Es bedarf der Gestaltung eines ökologischen Strukturwandels. Im Bereich des Rechts kann dieser durch die Anerkennung der Rechte der Natur erfolgen, die Rechtssubjekt sein soll.

- ▮▮ „Natur als Objekt, im Gegensatz zum Subjekt?", „vollziehende Gewalt?". Darüber möchte ich gerne im Unterricht nochmals sprechen.

- !!! Die Natur soll, wie eine Person, ihre Interessen durchsetzen können.

- Überschrift für diesen Abschnitt: „Für einen ökologischen Strukturwandel, auch in unserer Rechtsordnung".

- Jens Kersten ist Professor für Öffentliches Recht und Verwaltungswissenschaften an der Ludwig-Maximilians-Universität München.

Textanalyse

- Jens Kersten geht vom bisherigen Rechtsverständnis des Grundgesetzes aus: Natur als Objekt. Ausgehend hiervon formuliert er seine These, dass die Natur Subjekt sein muss. Dies begründet er mit der Annahme, dass der Mensch als Naturgewalt die Natur zerstört. So kann der Objektstatus nicht genügen.

- Der Autor verfolgt die Wirkungsabsicht, dass die Verfassung geändert wird. Hierzu klärt er über unsere Verfassungsordnung auf, die seiner Meinung nach nicht hinreichend ist, um die ökologischen Interessen der Natur zu wahren. Hier zitiert er sogar den ehemaligen Präsidenten des Bundesverfassungsgerichtes, um seine Analyse zu stärken.

Textdarstellung

- Gehen Sie strukturiert vor: Wer ist der Autor? Zu welchem Thema äußert er sich wann, in welchem Kontext und in welchem Medium? Welche zentralen Aussagen tätigt er? Ist sein Argumentationsgang schlüssig (Dimensionen der Rationalität)? Welche Intention verfolgt er?

- Gesamturteil: Dies kann weiterhin z. B. erfolgen, indem geprüft wird, ob der Autor in seiner Urteilsfindung verschiedene Perspektiven berücksichtigt.

Begriffswissen und Fachsprache

Sie können ...

- zentrale ökologische Herausforderungen der Gegenwart benennen;
- Umweltprobleme am Beispiel Wasser und Wald fachsprachlich beschreiben;
- Wechselwirkungen zwischen verschiedenen Umweltproblemen (Ressourcen Wasser, Wald) erläutern;
- sozioökonomische Ursachen von Umweltproblemen am Beispiel der Ressource Wasser fachsprachlich beschreiben;
- verschiedene Güterarten erläutern, Umweltgüter begründet zuordnen und insbesondere die „Tragik der Allmende" erläutern;
- sozioökonomische Ursachen der Bedrohung von Biodiversität und Ökosystemleistungen fachsprachlich beschreiben;
- die Forderung, der Natur eigene grundgesetzlich garantierte Rechte zu verleihen, erklären.

Erworbene Kompetenzen

Analysekompetenz: Sie können ...

- Umweltprobleme und deren sozioökonomische Ursachen differenziert wahrnehmen und fachsprachlich korrekt beschreiben;
- ökologische Herausforderungen bzw. Umweltprobleme aufschließende Fragen formulieren;
- Analysefragen bezüglich ökologischer Herausforderungen unserer Zeit unter Verwendung von Fachkategorien strukturiert bearbeiten;
- den grundlegenden Problemgehalt von Umweltproblemen differenziert beschreiben;
- Umweltprobleme und deren Ursachen aus verschiedenen Perspektiven im Sinne interdisziplinärer Betrachtung analysieren und diese miteinander vergleichen.

Urteilskompetenz: Sie können ...

- Zielkonflikte im Umgang mit Ressourcen am Beispiel Wasser angemessen erfassen;
- eigene Entscheidungen etwa für die Problematisierung einer ökologischen Herausforderung aus dem eigenen Umfeld, argumentativ begründen;
- bei der Beurteilung sozioökonomischer Ursachen von Umweltproblemen verschiedene Perspektiven im Sinne interdisziplinärer Betrachtung einbeziehen.

Handlungs- und Methodenkompetenz: Sie können ...

- politische Handlungsmöglichkeiten nutzen, indem Sie für ein Problem Öffentlichkeit herstellen;
- in der Diskussion sozioökonomischer Ursachen von Umweltproblemen anderen Positionen tolerant und ggf. begründet kritisch begegnen;
- am Beispiel bedrohter Biodiversität und Ökosystemleistungen durch den Menschen interdisziplinäre Handlungsperspektiven entwickeln und reflektieren;
- Fachmethoden zur Wahrnehmung, Analyse und Beurteilung des Lerngegenstands „Ökologische Herausforderungen der Gegenwart" selbständig und zielführend nutzen;
- durch die Gestaltung eines Lerndossiers oder von Ausstellungsobjekten Mediennutzung und Mediengestaltung als Teilbereiche allgemeiner Medienkompetenz in politischen und sozialen Kontexten verantwortungsvoll realisieren.

Kontrollieren Sie Ihr Wissen und Können

Alternative 1: Arbeiten Sie in Kleingruppen. Präsentieren Sie einen Aspekt aus Ihrem Lerndossier zu Erscheinungsformen verschiedener Umweltprobleme im 21. Jahrhundert. Folgen Sie als Lernpartner der Präsentation aktiv und geben Sie auf der Grundlage des Feedbackbogens eine differenzierte Rückmeldung.

Beachten Sie hierbei folgende Punkte:
- Umweltproblem
- Teilthema (z. B. Wald, Wasserverbrauch, Wasserqualität)
- angewandte Analysekategorien
- Gebrauch von Fachsprache
- aufgezeigte Wechselwirkungen und Folgen, Abhängigkeiten zu anderen Problemen und/oder Aspekten
- Relevanz des Problems und/oder des Teilaspektes
- Präsentation, Kreativität der Gestaltung

Alternative 2: Arbeiten Sie zu zweit. Analysieren Sie jeweils eine der beiden Karikaturen und präsentieren Sie Ihre Analyse. Verfassen Sie abschließend ein Interview mit einem der beiden Karikaturisten, in dem dieser zu seiner Intention und zum Kontext seiner Arbeit befragt wird. Sie können das Interview als Radiobeitrag (Audiodatei) aufnehmen.

Zeichnung: Kostas Koufogiorgos

Zeichnung: Klaus Stuttmann

Bio-Supermarkt

In einer Fleischfabrik

Was kostet eine Kugel Eis?*	
Stadt	**Preis (in Euro)**
Bremen	0,97
Düsseldorf	1,00
Lübeck	1,03
Kiel	1,07
Leipzig	1,10
Hannover	1,15
Berlin	1,20
Hamburg	1,27
Frankfurt a.M.	1,43
München	1,53

*Quelle: Sparwelt   * in ausgewählten deutschen Städten (2017)*

Entwicklung von wirtschaftlichem Wachstum und Lebensqualität und deren Beschreibungsmöglichkeiten

Blick in einen Unverpackt-Laden

Müllfreie Zukunft?

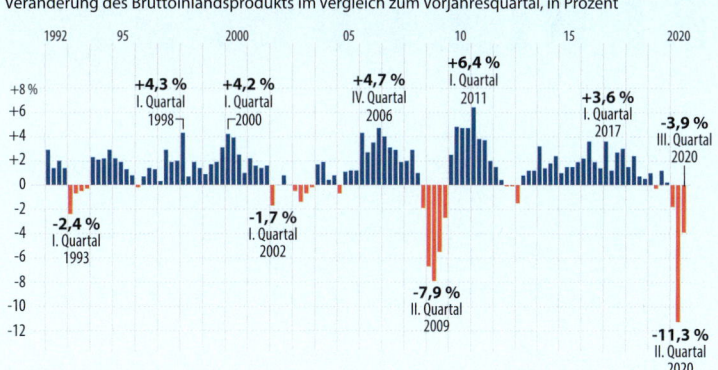

Entwicklung des Bruttoinlandsprodukts

Veränderung des Bruttoinlandsprodukts im Vergleich zum Vorjahresquartal, in Prozent

Wirtschaftswachstum: Chancen und Risiken

dpa•101726   preisbereinigt   Quelle: Statistisches Bundesamt

Wie hat sich der Konsum von Nahrungsmitteln verändert?

Wie kann das weit vernetzte Wirtschaftssystem in einem Modell abgebildet werden?

Welche Funktionen haben Märkte und wovon hängt die Preisbildung ab?

Unternehmenskonzepte – welche Ziele sollten oder müssen Unternehmen verfolgen?

Wettbewerb oder Kooperation – was ist besser für Kunden und Unternehmen?

Sichert oder gefährdet wirtschaftliches Wachstum unsere Lebensqualität?

Konsum und Lebenszufriedenheit – was sagt die psychologische Glücksforschung dazu?

Postwachstumsökonomie – eine tragfähige Wirtschaftskonzeption jenseits von Wachstumszwängen?

2.1 (K)ein Schlaraffenland – Licht- und Schattenseiten unserer Lebensmittelversorgung

M1 Grillfleisch und andere Leckereien – unser täglich Brot?

Unser Speiseplan – heute und früher

Jährlicher Pro-Kopf-Verbrauch ausgewählter Lebensmittel in Kilogramm **2017*** **1970**

	Gemüse	Milch	Fleisch	Brot u.a.	Obst**	Kartoffeln	Zucker	Käse	Fisch	Butter	Eier (Stückzahl)
2017*	99,6 kg	89,9	87,8	66,0	65,1	57,9	33,8	24,1	5,8	13,5	230
1970	63,8 kg	93,8	76,8	82,6	93,0	102,0	34,3	10,0	8,6	11,2	275

© Globus 13058   *vorläufig   **ohne Zitrusfrüchte   Quelle: BLE (Sommer 2018)

Die „wahren Kosten" von Lebensmitteln

Um so viel Prozent würden folgende Produkte teurer werden, wenn man die ökologischen und sozialen Folgen ihrer Erzeugung berücksichtigt*:

bio-/ökologischer Landbau   konventionell

Produkt	bio-/ökologischer Landbau	konventionell
Apfel	4	8 %
Tomate	5	12
Kartoffel	6	12
Banane	9	19
Mozzarella	30	52
Gouda	33	88
Milch	69	122
Fleisch	126	173
Durchschnitt Ø	35	61

0   50   100   150   200 %

*neben den Produktionskosten werden z. B. auch die Auswirkungen von Treibhausgasen oder Überdüngung in Geldeinheiten umgerechnet und berücksichtigt
Quelle: Universität Augsburg, Penny (September 2020)

© Globus 14156

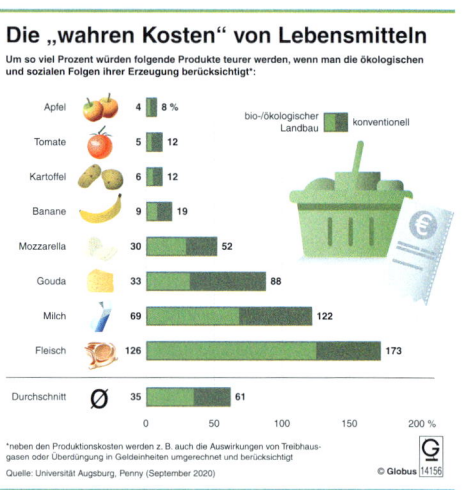

M2 Was Lebensmittel wirklich kosten müssten

Woche für Woche locken Supermärkte und Discounter in Deutschland mit Sonderangeboten. Dabei müssten Fleisch, Milch und Käse nach einer aktuelle Studie von Wissenschaft-
5 lern der Universität Augsburg eigentlich viel mehr kosten, als heute normalerweise verlangt wird. [...] Im Auftrag des zur Rewe-Gruppe gehörenden Discounters Penny [wurden] die „wahren Kosten" für insgesamt 16
10 Eigenmarken-Produkte der Handelskette berechnet und dabei neben den „normalen" Herstellungskosten unter anderem auch die Auswirkungen der bei der Produktion entstehenden Treibhausgase, die Folgen der Über-
15 düngung sowie den Energiebedarf berücksichtigt. Die Auswirkungen auf den Preis sind gravierend – vor allem bei Fleisch und Tierprodukten. So müsste [...] der Preis für Fleisch aus konventioneller Aufzucht der versteckten
20 Kosten um satte 173 Prozent steigen. Konkret: 500 Gramm gemischtes Hackfleisch aus konventioneller Herstellung würden nicht 2,79 Euro, sondern 7,62 Euro kosten. Normale Milch würde sich um 122 Prozent verteuern,
25 Gouda-Käse um 88 Prozent und Mozzarella um 52 Prozent.

Für die Umwelt: Viele Lebensmittel müssten deutlich teurer sein, dpa-Meldung vom 31.08.2020 © dpa

| M3 | Große Lebensmittelskandale und ihre Folgen (Auswahl) |

Grund	Skandal	Schaden	Folgen
1996 bis 2007: BSE	1996 sterben mehrere Menschen an einer neuen Form der Creutzfeldt-Jakob-Krankheit. Die Tierseuche BSE war 1986 in Großbritannien registriert worden, 1988 hatte die Regierung verboten, Tiermehl zu verfüttern.	Bis 2007 sterben weltweit etwa 200 Menschen an den Folgen von BSE. Der Rindfleisch-Markt bricht zeitweise völlig zusammen, Zehntausende Rinder werden notgeschlachtet.	Die EU verhängt 1996 ein Exportverbot für britisches Rindfleisch. Bis 2000 kann die Seuche eingedämmt werden, dann bricht sie auf der Insel erneut aus. Im November 2000 wird auch in Deutschland ein BSE-infiziertes Rind entdeckt. Die EU verbietet die Verfütterung von Fleisch- und Knochenmehl.
2001: Hormone und Antibiotika	2001 werden bayerische Ärzte beschuldigt, Hormone, Impfstoffe und Antibiotika illegal an Schweinebauern verkauft zu haben. Besonders Antibiotika gelten in der Tierzucht als gefährlich, da sie Resistenzen beim Menschen verursachen können.	Die Weltgesundheitsorganisation bezeichnet die Unwirksamkeit von Antibiotika schon lange als dringliches Problem. Die Langzeitfolgen ihres übermäßigen Einsatzes in der Tier- und Pflanzenzucht sind nicht abzusehen.	Das Arzneimittelgesetz wird geändert, doch schon 2002 schockieren Funde von Kalbfleisch aus den Niederlanden, das mit Antibiotika belastet ist. Dieses kann Allergien, Schädigungen des Knochenmarks und Fieber hervorrufen. 2006 tritt ein EU-weites Antibiotika-Verbot für die Tierzucht in Kraft.
2005/06: Gammelfleisch	In den Jahren 2005 und 2006 wird in Deutschland immer wieder verdorbenes Fleisch in Kühlräumen, Verarbeitungsbetrieben und im Handel entdeckt. Ein bayerischer Geschäftsmann etwa hat jahrelang Schlachtabfälle neu etikettiert und in ganz Europa vertrieben.	Deutschlandweit gehen mindestens 20 000 Erkrankungen jährlich auf den Verzehr verdorbenen Fleischs zurück. Die Bundesvereinigung der deutschen Ernährungswirtschaft geht von bis zu 15 000 Tonnen bislang unentdecktem Gammelfleisch aus.	Ein Deggendorfer Fleischhändler wird zu vier Jahren Haft verurteilt. Infolge einer hitzigen Debatte werden die Lebensmittelkontrollen verschärft und ein Verfahren zur Erkennung von Gammelfleisch entwickelt. Während Supermärkte einen Rückgang des Fleischabsatzes verzeichnen, profitieren die kleinen Metzger. Im Dezember 2007 werden Dumpingpreise für Lebensmittel verboten.
2014: Salmonellen	Im Sommer 2014 erkranken Menschen in Deutschland, Österreich, Frankreich, Großbritannien und Luxemburg an ein- und demselben Salmonellentyp. Die Spur führt zu Bayern-Ei, dem größten Hühnerhalter des Bundeslands.	Hunderte Menschen erkranken an Salmonellose. Sie leiden an Bauchschmerzen, Erbrechen und Durchfall, in schlimmen Fällen folgt Blut im Stuhl, es kommt zum Kollaps, mindestens ein Mensch stirbt.	Im Januar 2017 erhebt die Regensburger Staatsanwaltschaft Anklage gegen Bayern-Ei-Eigentümer Stefan Pohlmann. Ihm wird Betrug, Tierquälerei und Körperverletzung vorgeworfen. Der Landtag setzt einen Untersuchungsausschuss ein, der die Rolle der bayerischen Behörden in dem Fall aufklären soll.
2018/19: Listeriose	Bundesbehörden untersuchen einen Listeriose-Ausbruch mit mehreren Erkrankten und mindestens drei Toten. Im Mai 2018 kommt es bei Eigenuntersuchungen des Unternehmens Wilke aus Nordhessen und bei amtlichen Proben zum Nachweis von Listerien auf Wilke-Produkten.	Drei Todes- und 37 Krankheitsfälle werden mit Wilke-Produkten in Verbindung gebracht. Die Staatsanwaltschaft Kassel ermittelt wegen fahrlässiger Tötung gegen den Geschäftsführer.	Im Oktober 2019 wird der Betrieb geschlossen und Wilke-Erzeugnisse öffentlich zurückgerufen.

Autorentext

1 Diskutieren Sie, inwiefern Konsumenten für die anhaltenden Lebensmittelskandale bei tierischen Produkten aus Ihrer Sicht eine (Mit-)Verantwortung tragen (M1–M3).

2.2 Märkte für Nahrungsmittel: regional oder global?

M1 Europäischer Kühlschrank und globalisierter Vorrats-
schrank – wirklich erforderlich?

M2 Klimaschutz durch den Kauf regionaler Produkte?

Was eine Verbraucherzentrale empfiehlt.

Regionales Obst und Gemüse à la Saison: Ob Äpfel, Birnen oder Rhabarber, Feldsalat, Grünkohl oder Spargel – eine reichhaltige Palette
5 an heimischem Obst und Gemüse sorgt für tägliche Abwechslung auf dem Speiseplan. Direktvermarkter und Landwirte bieten häufig Waren aus eigenem Anbau an und zwar zur passenden Erntezeit. Frische Früchte von
10 Baum, Strauch und Feld, die keine weiten Transportwege hinter sich haben und nicht unreif geerntet werden, schmecken besser und enthalten mehr gesunde Inhaltsstoffe. Produkte aus dem Gewächshaus schädigen die
15 Umwelt bis zu 30-mal mehr mit schädlichem Kohlendioxid als Freilandgemüse. Auch Obstkonserven und Tiefkühlgemüse verursachen deutlich mehr Treibhausgase als die saisonalen, unverarbeiteten Varianten aus der Regi-
20 on. Hier finden Sie einen Saisonkalender für heimisches Obst und Gemüse.
Weniger Fleisch ist mehr: Die Produktion eines Kilos Rindfleisch verursacht rund 14 Kilogramm Kohlendioxid. Bei der Erzeugung eines
25 Kilos Gemüse, beispielsweise Bohnen, werden dagegen nur 150 Gramm des Treibhausgases freigesetzt. Auch Obst schneidet mit weniger

als 500 Gramm CO_2 je geerntetem Kilo wesentlich besser ab. Wer nicht täglich Fleisch oder Wurst isst, tut deshalb etwas Gesundes für 30 sich und fürs Klima.
Kurze Wege statt weite Transporte: Das ganze Jahr über werden im Handel Waren aus aller Welt feilgeboten. Erkauft wird das ständig verfügbare Schlaraffenland durch lange 35 Transportwege. Prinzessbohnen aus Kenia etwa finden nur per Flugzeug den Weg zum hiesigen Gemüsestand. Der Transport durch die Luft ist besonders klimaschädlich: Er verursacht je Tonne Lebensmittel und Kilometer 40 bis zu 90-mal mehr Treibhausgase als der Hochseeschiff-Transport und rund 15-mal mehr als Transporte per LKW. [...]
Bio-Lebensmittel sparen Energie und sind weniger belastet: Im Vergleich zur konventi- 45 onellen Landwirtschaft verbrauchen Bio-Bauern bei der Produktion nur ein Drittel an fossiler Energie, da sie auf chemisch-synthetische Dünger und Pflanzenschutzmittel verzichten, die mit einem hohen Verbrauch an Energie er- 50 zeugt werden. Auf diese Weise schonen Bio-Produkte nicht nur das Klima, sondern sie enthalten auch gegenüber konventionellen Lebensmitteln deutlich weniger unerwünschte Stoffe, wie Nitrat und Pestizidrückstände. 55

Klimaschutz beim Essen und Einkaufen, in: https://www.verbraucherzentrale.de/wissen/lebensmittel/gesund-ernaehren/klimaschutz-beim-essen-und-einkaufen-10442, 21.10.2019

M 3 Alltäglich einkaufen: Discounter, Supermarkt oder Bioladen?

Deutschland kauft ein

So oft kauft jeder Haushalt für den täglichen Bedarf pro Jahr ein

bei Discountern	81-mal	17,52 €
in kleinen Verbraucher-märkten* (1000 bis 2499 m²)	40	19,76
in großen Verbraucher-märkten* (ab 2500 m²)	30	28,54
in Supermärkten (100 bis 999 m²)	29	17,48
in Drogeriemärkten	21	13,83

Durchschnittlich steht dieser Rechnungsbetrag auf dem Kassenbon

*breites Sortiment aus Lebensmitteln und Nichtlebensmitteln

Stand 2018
Quelle: Nielsen
© Globus 12888

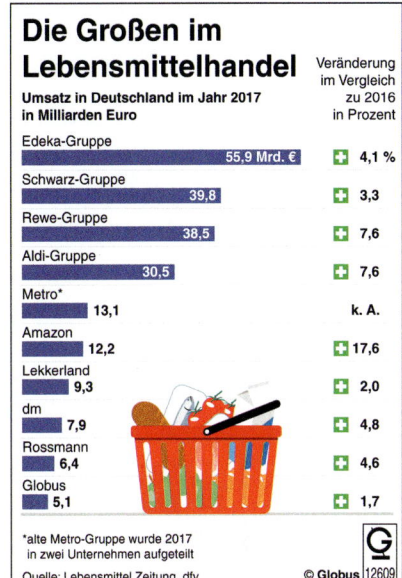

Die Großen im Lebensmittelhandel

Umsatz in Deutschland im Jahr 2017 in Milliarden Euro

Veränderung im Vergleich zu 2016 in Prozent

	Umsatz	Veränderung
Edeka-Gruppe	55,9 Mrd. €	4,1 %
Schwarz-Gruppe	39,8	3,3
Rewe-Gruppe	38,5	7,6
Aldi-Gruppe	30,5	7,6
Metro*	13,1	k. A.
Amazon	12,2	17,6
Lekkerland	9,3	2,0
dm	7,9	4,8
Rossmann	6,4	4,6
Globus	5,1	1,7

*alte Metro-Gruppe wurde 2017 in zwei Unternehmen aufgeteilt

Quelle: Lebensmittel Zeitung, dfv
© Globus 12609

Die Biokundschaft

Diese Bioprodukte werden am häufigsten gekauft

Von je 100 Biokunden kaufen so viele diese Bioprodukte

● häufig ● ausschließlich

	häufig	ausschließlich
Eier	32	34
Gemüse, Obst	49	17
Kartoffeln	37	19
Milchprodukte	33	18
Backwaren	32	12
Fleisch, Wurst	32	10
Fisch	28	13
Nudeln, Mehl, Reis	30	7

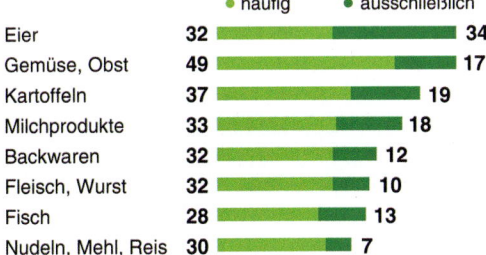

Hier werden die Bioprodukte am häufigsten gekauft

Antworten der Käufer von Biolebensmitteln in Prozent

Supermarkt	88 %
Discounter	72
Bäcker	64
Wochenmarkt	61
Metzger	59
direkt beim Erzeuger	54
Bio-, Naturkostladen	52
Drogeriemarkt	42
Biosupermarkt	41

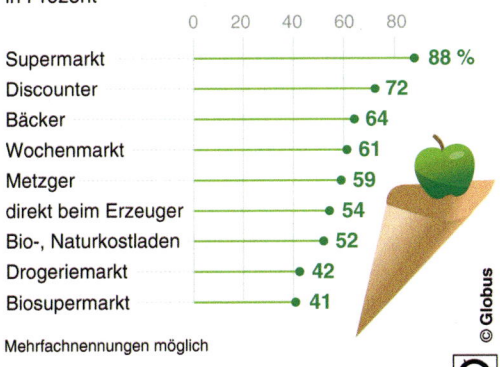

Mehrfachnennungen möglich

Befragung von 1005 Personen ab 14 Jahren in Deutschland von Juli bis August 2019

Quelle: BMEL, Ökobarometer 2019
© Globus 13762

1 Führen Sie eine geografische Erkundung ihres Kühlschranks sowie des Vorratsschranks durch (M 1) und erstellen Sie eine Tabelle (jeweils mindestens 15 Produkte). Welche Produkte stammen aus: a) der Region (< 50 km), b) Deutschland, c) Europa oder d) aus Übersee? Markieren Sie Bioprodukte grün.

2 Erörtern Sie mit einer Arbeitspartnerin oder einem Arbeitspartner, a) bei welchen Produkten ein weiter Transport aufgrund sachlicher Erfordernisse schwer vermeidbar ist, b) welche Produkte auch regional erzeugt werden könnten und c) welche Produkte Sie lieber als Bioprodukte kaufen würden.

3 Arbeiten Sie die Argumente einer Verbraucherzentrale für den Kauf regionaler Produkte heraus und bewerten Sie deren Überzeugungskraft (M 2).

4 Analysieren Sie ihr eigenes Kaufverhalten von Lebensmitteln in Form eines persönlichen Shopping-Porträts mit Vergleich zum durchschnittlichen Kaufverhalten (M 3): Wo kaufen Sie (bzw. Ihre Familie) welche Produkte warum ein? Was ist dabei für Sie entscheidend: Preis, Qualität, Umweltaspekte?

2.3 Das Modell des komplexen Wirtschaftskreislaufs

M 1 Sparen oder shoppen – welche Auswirkungen hat der Umgang mit Taschengeld für ein Wirtschaftssystem?

GLOSSAR

Dienstleistungen
Kapital
Steuern
Wirtschaft

Ob ein einzelner Jugendlicher sein Taschengeld direkt für Konsum ausgibt oder auf einem Taschengeldkonto spart, ist für ein gesamtes Wirtschaftssystem nicht von Bedeutung. Doch
5 das Konsum- oder Sparverhalten von über 15 Millionen Kindern und Jugendlichen in der Summe hat in der Gesamtbetrachtung nennenswerte Auswirkungen auf ein nationales Wirtschaftssystem (Volkswirtschaft). In der
10 wirtschaftstheoretischen Analyse wird das ökonomische Handeln der vielen einzelnen Konsumenten und Produzenten durch Aggregation zu einzelnen Sektoren des Wirtschaftssystems in einem Modell zusammengefasst
15 (M 3). Rund 45 Millionen Einzelhaushalte bilden dabei beispielsweise den Sektor der privaten Haushalte. Durch diese vereinfachende (weil abstrahierende) Modellierung können die vielfältigen wirtschaftlichen Tätigkeiten
20 und die zahllosen Vorgänge überschaubar dargestellt und als Wirkungszusammenhänge geordnet und näher analysiert werden.
Beispielsweise legen Privathaushalte einen bestimmten Anteil ihres verfügbaren Einkom-
25 mens bei Banken an ("sparen") und verwenden den anderen Teil für den Konsum, was zu Nachfrage nach Konsumgütern führt. Zudem entrichten Haushalte, wie auch Unternehmen, Steuern an den Staat, der wiederum öf-
30 fentliche Investitionen tätigen kann. Durch politische Eingriffe, wie z. B. steuerpolitische Maßnahmen, kann der Staat seinerseits auch versuchen, die Nachfrage der Verbraucher zu beeinflussen. Unterdessen können Banken
35 aufgrund der Spartätigkeit von Haushalten Kredite an Kreditnehmer – meistens Unternehmen – vergeben. Unternehmen tätigen mithilfe dieser Kredite Investitionen z. B. in Forschungs- und Entwicklungsaufgaben, um
40 ihre Produktionsmöglichkeiten und das Produktangebot zu erweitern, wodurch neue Arbeitsplätze entstehen können. Neben den Wechselwirkungen zwischen den Sektoren

innerhalb eines nationalen Wirtschaftssys-
45 tems haben aufgrund der internationalen wirtschaftlichen Integration in Form von überstaatlichen Binnenmärkten (z. B. des Europäischen Binnenmarkts) und der Globalisierung die Außenwirtschaftsbeziehungen prak-
50 tisch eine immer größere Bedeutung. Im Modell des Wirtschaftskreislaufs werden diese durch den Sektor „Ausland" dargestellt (M 2), wobei es real um die wirtschaftlichen Interaktionen mit deutlich mehr als 150 Staaten und Millionen von Unternehmen und Banken in
55 der ganzen Welt geht.
Der Wirtschaftskreislauf beschreibt die ökonomischen Interaktionen zwischen den Sektoren durch Geld- und Faktorströme. Zentral für die Versorgung der Konsumenten mit Gü-
60 tern und Dienstleistungen durch private Unternehmen (Waren, private Dienstleistungen) und staatliche Institutionen (Bildung, Gesundheit, Kultur, Sicherheit) ist dabei der Güterkreislauf. Doch dieser erfordert zwingend ei-
65 nen entsprechenden Geldkreislauf, der alle Einnahmen und Ausgaben der privaten Haushalte, der Unternehmen, des Staates und der Banken umfasst. Beide Wertströme verlaufen zwingend gegenläufig über die verschiedenen
70 Märkte: Jede Kugel Eis z. B. erhält der Eiskäufer am Konsumgütermarkt nur gegen Zahlung des jeweiligen Preises, Arbeitskraft wird am Arbeitsmarkt gegen Lohn bereitgestellt, ein Kredit am Kapitalmarkt gegen Zinsen. Es
75 macht also einen Unterschied, ob alle Jugendlichen ihr Taschengeld direkt ausgeben und dadurch die Konsumgüternachfrage stärken oder ihr Geld, beispielsweise am Weltspartag, bei einer Bank anlegen und dadurch Kredit-
80 nehmern zu preiswerteren Krediten und Banken zu mehr verfügbarem Kapital (Liquidität) verhelfen. Gleiches gilt für den Nahrungsmittelkonsum einer gesamten Familie – es macht einen Unterschied, ob ihre Kaufkraft zu regio-
85 nalen oder weit entfernten Erzeugern fließt.

Autorentext

M2 Modell des Wirtschaftskreislaufs mit Außenwirtschaft

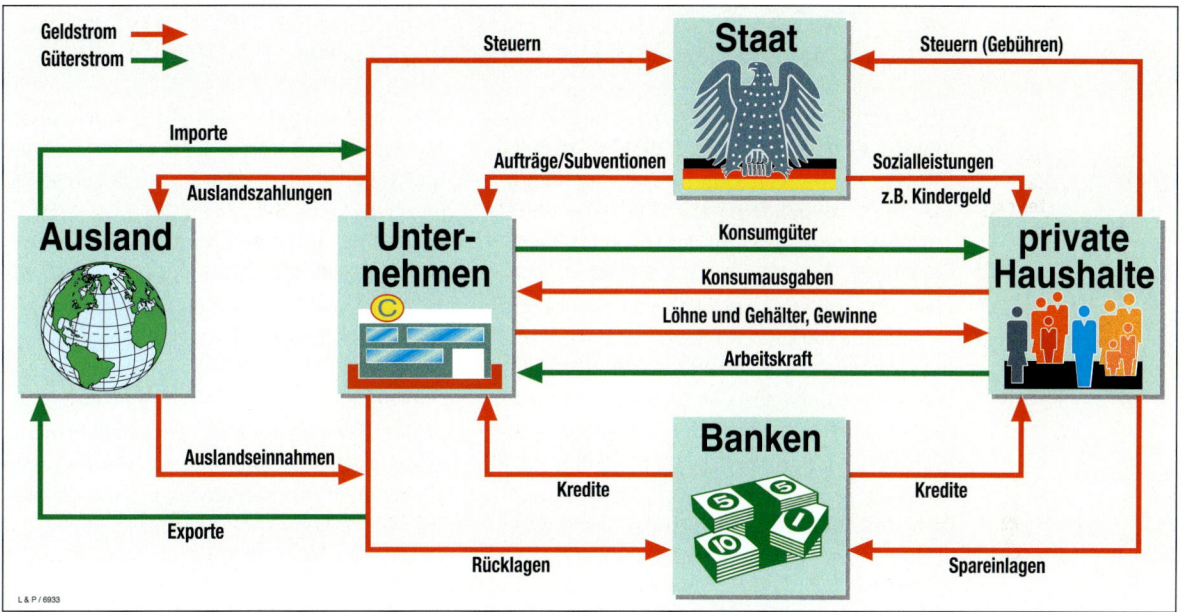

L & P / 6933

M3 Wechselwirkungen zwischen den Sektoren

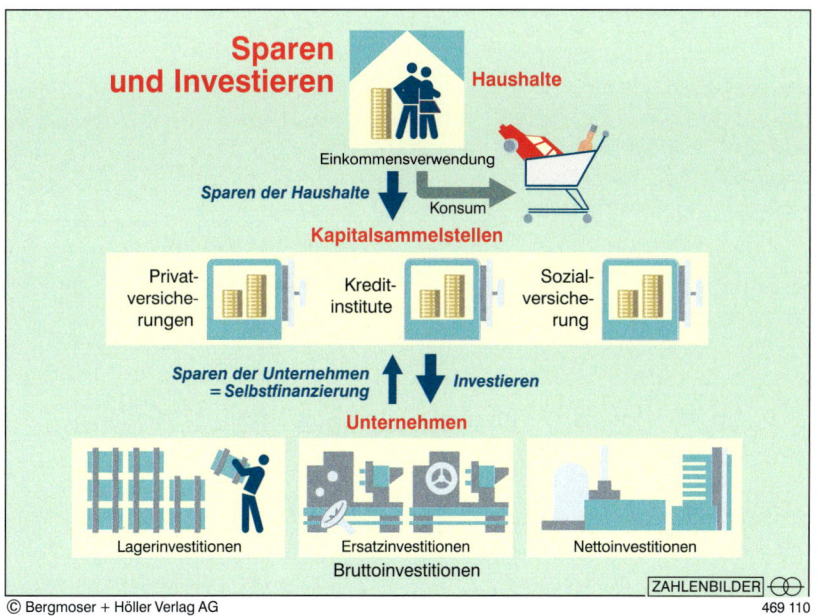

© Bergmoser + Höller Verlag AG

ZAHLENBILDER

469 110

1 Diskutieren Sie ausgehend von M 1: Welche Auswirkungen hat es, wenn viele Menschen mehr konsumieren oder stärker sparen?

2 Erläutern Sie den Wirtschaftskreislauf (M 2) anhand von selbst gewählten Beispielen für regionalen und internationalen Konsum aus dem Lebensmittelbereich. Gehen Sie dabei auch auf den Zusammenhang von Spar- und Investitionstätigkeit ein (M 3).

2.4 Marktteilnehmer und ihre Marktmacht

M1   Märkte der Wirtschaft – Orte wirtschaftlicher Kommunikation und ökonomischen Wettbewerbs

Der Markt kann konkret ein Ort sein (z.B. ein Marktplatz oder eine Markthalle), wo Verkäufer und Käufer von Gütern zusammenkommen, um zu handeln. Aus Sicht der Wirt-
5 schaftswissenschaften ist der Markt allgemein ein Ort, an dem Angebot (Verkäufer von Gütern) und Nachfrage (Käufer von Gütern) interagieren. Märkte sind dabei nicht an einen bestimmten Ort gebunden, sondern stehen für
10 das Zusammentreffen von Angebot und Nachfrage bezüglich bestimmter Güter (z.B. Aktienmarkt). Märkte sind damit nicht nur Orte des Handels, sondern zugleich der Informationsvermittlung über Bedürfnisse, verfügbare

Mittel und Ressourcen in Form von Preisen. 15 Sie können dadurch eine dezentrale Steuerung des Wirtschaftssystems ermöglichen und führen bei einem funktionierenden Wettbewerb dazu, dass sich immer bessere Produktstandards durchsetzen (Innovationsfunk- 20 tion). Dadurch verändert das Marktgeschehen auch die Struktur der Wirtschaft (Anpassungsfunktion), wobei erfolgreiche Branchen und Unternehmen höhere Nachfrageanteile gegenüber schwachen Wettbewerbern erhalten 25 (Verteilungsfunktion). Zudem werden über Märkte auch Produktionsfaktoren angeboten und nachgefragt (Allokationsfunktion).

Autorentext

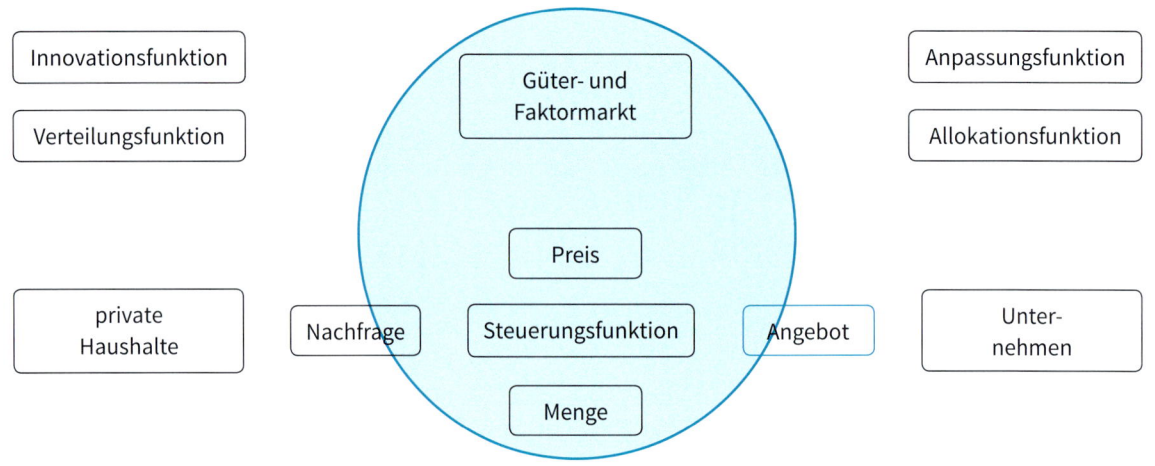

M2   Landwirte, Molkereien, Discounter: Marktteilnehmer auf Augenhöhe?

Mit Hunderten Traktoren blockierten sie Zufahrtswege: In mehreren Bundesländern haben Landwirte gegen die Pläne Aldis protestiert, den Butterpreis zu senken – offenbar mit
5 Erfolg. Es gibt erste Zeichen der Annäherung. Seit Tagen protestieren Landwirte mit ihren Fahrzeugen vor verschiedenen Aldi-Lagern in Niedersachsen gegen eine angekündigte Senkung der Butterpreise. Sie verhinderten, dass
10 Lastwagen mit Aldi-Waren zum Lager oder

vom Lager wegkommen. „Es kommt nichts rein und nichts raus", sagte der Sprecher der Proteste, Anthony Lee. „Die Landwirte, die da sind, wollen so lange stehen bleiben, bis Aldi sich bewegt und konstruktive Vorschläge 15 bringt." Auch in anderen Bundesländern wie Schleswig-Holstein und Nordrhein-Westfalen gab es Bauernproteste. Vor dem Lager in Hesel im Landkreis Leer etwa kamen Lee zufolge zeitweise bis zu 500 Traktoren zusammen. 20

Auch die Polizei zählte mehrere Hundert landwirtschaftliche Fahrzeuge. Auslöser der Proteste war eine drohende drastische Butterpreissenkung. Lee zufolge wollte Aldi Nord
25 den Preis für Butter pro Kilo um bis zu 60 Cent senken. Üblich sei zum Jahresende eine Senkung von 10 bis 20 Cent, so der Landwirt. Für betroffene Bauern gehe es um die Existenz. Schon jetzt könnten manche das Futter für ih-
30 re Tiere nicht mehr bezahlen. Die Sprecherin von Aldi-Nord, Serra Schlesinger, äußerte Verständnis für die Sorgen der Bauern. „Wir verstehen die Landwirte, aber wir sind nicht allei-

ne in der Lage, das gesamte Problem zu lösen",
sagte sie. Nötig seien Gespräche mit allen Be- 35
teiligten, auch mit Vertretern der Politik.
Schlesinger verwies darauf, dass das Unternehmen die Preise nicht mit den Landwirten
direkt aushandele. „Dazwischen stehen die
Molkereien." Wenn zu viel Milch produziert 40
werde, sei der Preis recht niedrig. Der Sprecher von Aldi-Nord, Joachim Wehner, hatte
am Montag mitgeteilt, es sei üblich, dass die
Butterpreise aufgrund der hohen Nachfrage
zur Weihnachtszeit steigen und zu Jahresbe- 45
ginn sinken.

Landwirte protestieren vor Aldi-Lagern, in: https://www.tagesschau.de/inland/butterpreis-bauernprotest-aldi-101.html, 29.10.2020

7.9.2015: Mit Plakaten protestieren Landwirte vor der Lagerzentrale einer großen Handelskette (Aldi) in Mittenwalde (Brandenburg) gegen den Preisdruck der Molkereien und des Lebensmitteleinzelhandels. Nach Angaben des Bauernverbandes droht den deutschen Landwirten u. a. wegen des Russland-Embargos und der Abschaffung der Milchquote in diesem Jahr ein Erlösausfall von 6,2 Milliarden Euro.

7.9.2016: Mit der Aktion „Uns steht das Wasser bis zum Hals" protestieren Bauern in der Ostsee vor Warnemünde (Mecklenburg-Vorpommern) gegen ihrer Meinung nach viel zu niedrige Milchpreise. Das bestimmende Thema der dreitägigen Konferenz ist erneut die Krise auf dem Milchmarkt. Bei der Frage wie das Überangebot von Milch abgebaut werden kann wird eine kontroverse Debatte erwartet.

8.3.2020: Landwirte stehen mit ihren Traktoren vor einem Aldi-Betrieb. Hunderte Landwirte haben mit ihren Treckern vor Lagern von Aldi-Nord demonstriert. In Hesel (Landkreis Leer) standen am Abend rund 300 Traktoren vor dem Betrieb.

29.12.2020: Bauern protestieren vor der Meierei Barmstedt. Mit ihrem Protest wollen die Landwirte auf eine aus ihrer Sicht drohende Preissenkung in den Supermärkten bei landwirtschaftlichen Produkten aufmerksam machen.

M3   Wie kommt der Milchpreis zustande?

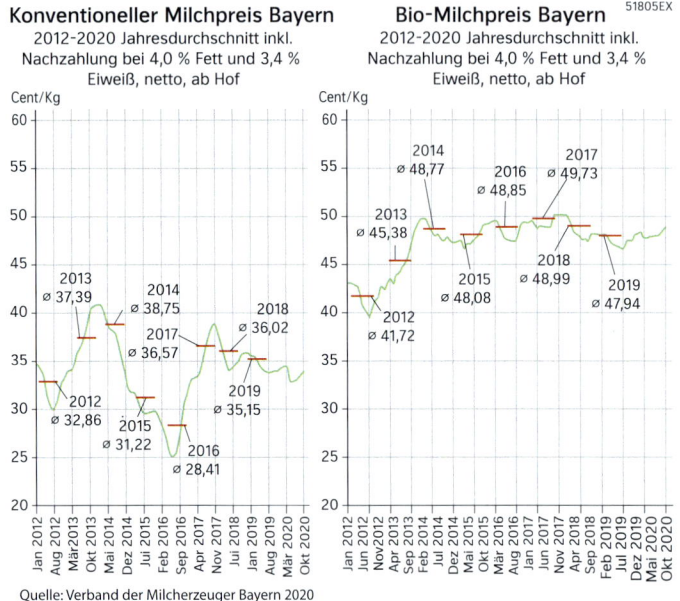

Quelle: Verband der Milcherzeuger Bayern 2020

Grundsätzlich ist es positiv, wenn der Lebensmitteleinzelhandel (LEH) die Verbraucherpreise für Trinkmilch anhebt, wie jüngst Anfang November [2019] passiert. Für konven-
5 tionelle Trinkmilch muss der Verbraucher in den kommenden sechs Monaten 2 Cent/l mehr bezahlen, für Biomilch sogar 4 Cent/l. Alles gut? Nein, ist es nicht, denn auf Kosten der Milchbauern macht sich der LEH die Ta-
10 schen voll. Bei der konventionellen Trinkmilch erhalten die Molkereien nach agrarheute-Recherchen gerade einmal knapp 1 Cent/l mehr, bei Biomilch gab es eine Nullrunde. Teilweise mussten die Biomilchhersteller gar mit
15 einem Minus von 2 Cent/l den Verhandlungstisch verlassen. „Sind ja nur ein paar Cent. Was macht das schon", denkt man auf den ersten Blick. Doch mit dem entsprechenden Multiplikator werden große Summen daraus.
20 Bringt man die Centbeträge mit den zu erwartenden Absatzmengen an Trinkmilch bis April 2020 zusammen, solange laufen die neuen Trinkmilchkontrakte, kommen schon ein paar Millionen Euro zusammen. Das Geld fehlt den
25 Milchbauern, konventionellen und ökologisch Wirtschaftenden. Bei konventioneller Trinkmilch sind es immerhin über 16 Mio. Euro. Bei

Biomilch je nach Verhandlungsergebnis zwischen knapp 7 und über 10 Mio. Euro. Das zu-
30 sätzliche Geld landet in den Kassen des Handels. Landwirte und Verbraucher schauen mit dem berühmten Ofenrohr ins Gebirge. [...] Die Ausweitung der Handelsmarge bei Trinkmilch ist keine neue Strategie von Aldi, Lidl und Co.
35 Bei Butter haben die Einkäufer das in den vergangenen Monaten auf die Spitze getrieben. Ich habe diese Praxis schon Anfang 2018 moniert. Seitdem ging das Spiel munter weiter. Lag die Handelsmarge pro kg Butter (jeweils
40 250 g Päckchen) im Februar 2018 nach meinen Kalkulationen bei rund 1 Euro, hat sie sich im März und April 2019 in der Spitze gar fast verdoppelt. Danach ist sie zwar wieder gefallen. Doch seit dem Frühjahr 2018 ist sie mit derzeit
45 knapp 1,70 Euro/kg immer noch beachtlich. Noch bemerkenswerter ist das Zahlenspiel, wenn man die Absatzmengen an 250 g Päckchen in den einzelnen Monaten unterstellt. Hatte der Handel im Februar 2018 rund 20
50 Mio. Euro Spanne an der Butter, sind es derzeit rund 40 Mio. Euro. Gut, davon muss er seine Kosten decken. Doch ich kann mir beim besten Willen nicht vorstellen, dass diese sich innerhalb eines Jahres verdoppelt haben. Für mich
55 zeigen diese Beispiele ganz klar: Aldi, Lidl und Co. nutzen ihre Marktmacht gegenüber Molkereien und damit den Milchbauern ganz brutal aus. Von einer fairen Partnerschaft kann hier keine Rede sein. Und die Politik schaut
60 machtlos zu. Die angekündigte Verschärfung des Wettbewerbsrechts auf EU-Ebene sind reine Lippenbekenntnisse. Reine Papiertiger. Und noch etwas ist bemerkenswert. Obwohl der Lebensmittelhandel gerade bei der Bio-
65 trinkmilch nach unseren Recherchen nicht mehr und teilweise sogar weniger zahlen muss, sehen sich Verbraucher einer glatten und einheitlichen Erhöhung um 4 Cent/l gegenüber. Auch bei der konventionellen Trink-
70 milch ging der Preis im Laden einheitlich nach oben. Wenn Sie mich fragen, ist das ein klarer Fall für die deutschen Kartellwächter. Stinkt die Sache nicht nach illegalen Preisabsprachen, zum Nachteil von Verbrauchern und
75 Landwirten?

Josef Koch, Milch: So zockt der Handel die Bauern ab, in: https://www.agrarheute.com/markt/milch/milch-so-zockt-handel-bauern-ab-561557, 18.11.2019

GLOSSAR

Kartell
Marktwirtschaft

M 4 Adam Smith und die Effizienz von Märkten

INFO

Adam Smith
(1723–1790)
Das Hauptwerk „Der
Wohlstand der Natio-
nen" des einflussrei-
chen schottischen
Ökonomen und
Moralphilosophen
erschien 1776.

*Michael Goodwin/Dan E. Burr,
Wie unsere Wirtschaft
funktioniert (oder auch nicht),
aus dem Amerikanischen von
Edmund Jacoby, Verlagshaus
Jacoby & Stuart: Berlin ³2014,
S. 24*

1 Erläutern Sie die Bedeutung von Märkten als Kernelement von Marktwirtschaften (M 1).

2 Analysieren Sie den Konflikt zwischen Milcherzeugern, Milchverarbeitungsbetrieben und dem Lebensmitteleinzelhandel in Form einer Konflikttabelle mit den Kategorien Akteur, Ziele, langfristige Interessen und Machtmittel (M 2, M 3).

3 Arbeiten Sie die Kritik des Journalisten Josef Koch in M 3 an der allgemeinen Marktsituation für Milchprodukte heraus.

4 Diskutieren Sie ausgehend von M 4: Welche Empfehlungen würde Adam Smith hinsichtlich des Milchmarktes vermutlich geben?

2.5 Das Modell der Preisbildung und die ökonomische Wirklichkeit

M1 Warum kostet eine Kugel Eis nicht immer gleich viel?

Auch wenn sich viele Ökonomen auf ihn beziehen – Adam Smiths Grundannahmen zur Preisbildung am Markt sind überholt. Der amerikanische Ökonom N. Gregory Mankiw erklärt die Preisbildung auf freien Märkten.

Die Begriffe Angebot und Nachfrage beziehen sich auf das Verhalten der Menschen bei ihrem Zusammenspiel auf den Märkten. Ein Markt besteht aus Gruppen potenzieller Käufer und Verkäufer eines Guts. Die Gruppe der potenziellen Käufer bestimmt die Nachfrage nach dem Gut, die Gruppe der Verkäufer bestimmt das Güterangebot. [...] Märkte nehmen verschiedene Formen an. Manchmal sind die Märkte hochgradig organisiert, wie etwa einzelne Märkte für landwirtschaftliche Produkte [...]. Meistens aber sind die Märkte wenig oder gar nicht organisiert. Man sieht es z. B. am Markt für Eiscreme in einer bestimmten Stadt. Die Eiscremekäufer treffen sich nicht zu einer bestimmten Zeit an einem bestimmten Ort in der Stadt. Die Eiscremeverkäufer findet man in verschiedenen Geschäften und zumeist mit unterschiedlichen Produkten. [...] Jeder Anbieter stellt ein Preisschild auf, und jeder Nachfrager entscheidet sich, ob und wie viel er in diesem Geschäft kauft. Obwohl nicht organisiert, bilden die Gruppen der Nachfrager und Anbieter von Eiscreme einen Markt. Jeder Nachfrager weiß, dass es mehrere Anbieter gibt, von denen man kaufen könnte, und jeder Anbieter ist sich bewusst, dass sein Produkt dem anderer Anbieter ähnlich ist. Marktpreis und Mengen werden nicht von einem einzelnen Verkäufer oder Käufer bestimmt. Vielmehr ergeben sich die umgesetzten Mengen und der Marktpreis durch alle Marktteilnehmer und ihr Zusammenwirken im Markt.

Der Markt für Eiscreme ist – wie die meisten Märkte einer Marktwirtschaft – ein Wettbewerbs- oder Konkurrenzmarkt. Ein Konkurrenzmarkt ist ein Markt mit sehr vielen Anbietern oder Nachfragern, so-dass ein einzelner Marktteilnehmer einen verschwindend kleinen (und ihm selbst unbekannten) Einfluss auf den Marktpreis hat. Jeder der erwähnten Eiscremeverkäufer hat nur sehr wenig Einfluss auf den Preis, weil zahlreiche andere Anbieter ein sehr ähnliches Gut anbieten und Käufer jederzeit zu einem anderen gehen und dort kaufen können. Entsprechend kann auch kein einzelner Eiscremekäufer den Eispreis bestimmen, weil sein tatsächlicher Einfluss durch seine kleine Nachfragemenge „kaum zählt". [...]

Die meisten Märkte [...] sind nicht vollkommen, sodass selbst beim Vorhandensein zahlreicher Marktteilnehmer keine vollständige Konkurrenz herrscht. [Man kann] den unvollkommenen Markt leicht beschreiben: Keine gleichartigen Güter – und im Zusammenhang damit oft persönliche, räumliche und zeitliche Unterschiede bei Angebot und Nachfrage sowie fehlende Marktübersicht der Anbieter und Nachfrager. [...] Einige Märkte haben nur einen einzigen Anbieter, der den Preis setzt, man spricht dann von einem Monopol. Die Deutsche Bundespost z. B. war lange Zeit Alleinanbieter im Telefonbereich. Telefonkunden hatten keine Möglichkeit, zu einem anderen Anbieter auszuweichen; es herrschte also kein Wettbewerb. Wettbewerb erfordert Wahlmöglichkeiten für potenzielle Geschäftspartner.

N. Gregory Mankiw, Grundzüge der Volkswirtschaftslehre, übersetzt von Adolf Wagner und Marco Herrmann, Schäffer-Poeschel: Stuttgart ³2004, S. 67 f.

1 Die Preise für eine Kugel Speiseeis variieren in Deutschland erheblich (M1). Überlegen Sie sich in Partnerarbeit mögliche Ursachen für diese Preisunterschiede.

2 Erläutern Sie die Preisbildung bei vollständiger Konkurrenz (M2) und überprüfen Sie Ihre Ergebnisse aus Aufgabe 1.

3 Führen Sie in Ihrem Kurs eine Eiscremeauktion durch (5 Anbieter, 10 Käufer, 1 Auktionator). Dokumentieren Sie:

M 2 Preisbildung im Modell: Gleichgewicht oder permanente Preisdynamik?

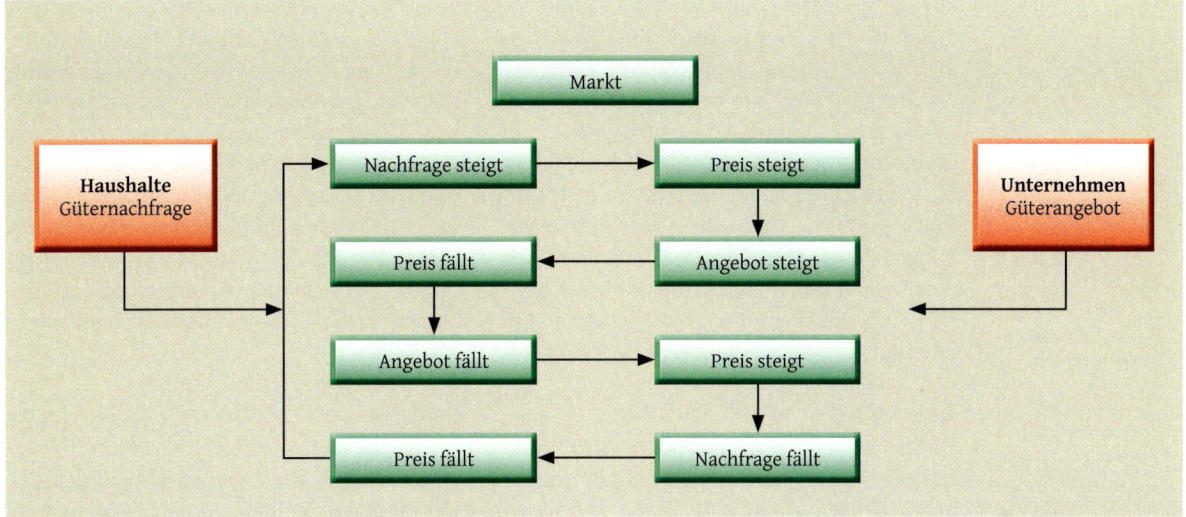

Quelle: Das Lexikon der Wirtschaft. Grundlegendes Wissen von A bis Z, BpB: Bonn 2008, S. 77

M 3   Markformen als konkrete Bedingungen der Preisbildung

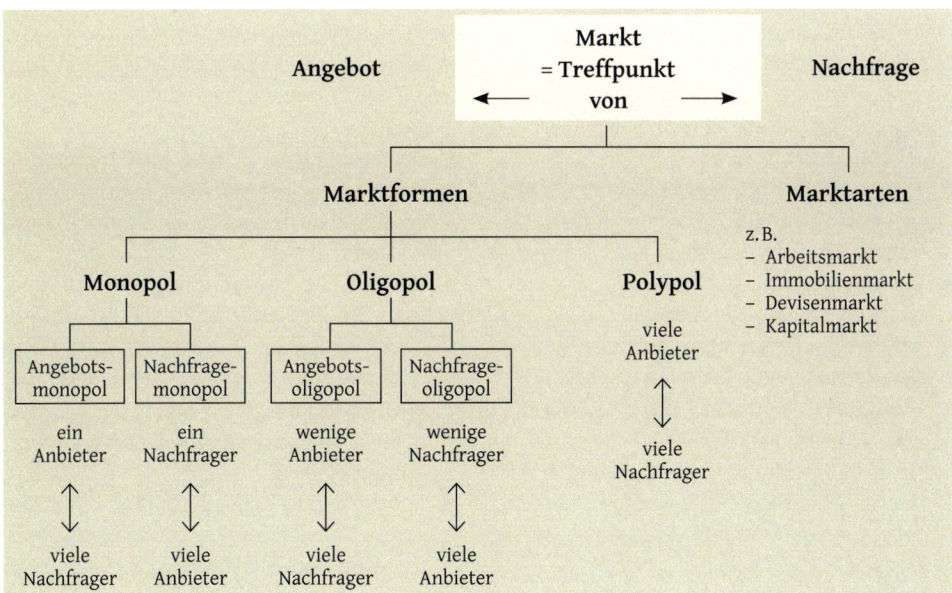

Quelle: Helmut Nuding/ Josef Haller, Wirtschaftskunde, Klett: Stuttgart, S. 218

a) Zu welchem Preis wird die größte Menge angeboten bzw. nachgefragt?
b) Zu welchem Preis sind Angebot und Nachfrage im Gleichgewicht?
c) Zu welchem Preis übersteigt das Angebot die Nachfrage, zu welchem Preis übersteigt die Nachfrage das Angebot?
d) Formulieren Sie Regeln der Preisbildung bei der Eiscremeauktion.
e) Diskutieren Sie, inwiefern diese Regeln verallgemeinerbar sind.

Modellbildung und Modellkritik

Der amerikanische Ökonom N. Gregory Mankiw stellt in seinem Lehrbuch zur Makroökonomik fest, dass „Wissenschaftler, Ökonomen und Detektive vieles gemeinsam [haben]: Sie alle wollen wissen, was in der Welt um sie herum vorgeht. Dazu verlassen sie sich auf eine Kombination von Theorie und Beobachtung. Sie konstruieren Theorien, um ihre Beobachtungen in einen sinnvollen Zusammenhang bringen zu können. Danach wenden sie sich empirischen Daten zu, um die Gültigkeit ihrer Theorie überprüfen zu können. Nur wenn Theorie und Fakten miteinander in Einklang stehen, haben sie den Eindruck, die Situation begriffen zu haben." (6. Auflage 2011, S. 19) Tatsächlich sind wirtschaftswissenschaftliche Modelle, wie sie etwa Adam Smith entworfen hat, Gedankenexperimente, die auf Prämissen beruhen, die aufgrund von Beobachtungen oder von logischen Überlegungen getroffen werden.

Prozess der Modellbildung

Ökonomische Modelle enthalten mindestens eine Hypothese über funktionale Zusammenhänge zwischen Variablen und eine Aussage darüber, welche Variable als endogen und welche als exogen betrachtet wird. Folgendes Beispiel kann dies illustrieren:

- **Fragestellung:** Wie reagieren Verbraucher, beispielsweise die Eiskäufer, mit ihrer Nachfrage auf Preisänderungen?
- **Grundannahme:** Die Kugel Eis für fünf Euro wird den Käufern zu teuer sein, sie werden auf den Kauf verzichten. Verbraucher sind rational handelnde Nutzenmaximierer.
- **Hypothese:** Wenn der Preis eines Gutes – wie in diesem Fall des Eises – steigt, dann sinkt die Nachfrage danach, weil eine Abhängigkeitsbeziehung zwischen nachgefragter Menge und dem Preis eines Gutes besteht.
- **Variablen:** Preis als exogene und Menge als endogene Variable.

Natürlich haben auch andere Faktoren Einfluss auf das Nachfrageverhalten der Verbraucher, z. B. der Heißhunger auf Eis, das verfügbare Einkommen oder das Angebot anderer Güter, die einen Ersatz für das Eis bieten könnten, z. B.

Sahnetorte. Um eine zuverlässige Aussage über den **Ursache-Wirkung-Zusammenhang** von Preis und nachgefragter Menge eines Gutes machen zu können, werden diese Einflussfaktoren ebenfalls als konstant angenommen. Der Ursache-Wirkung-Zusammenhang wird „unter sonst gleichbleibenden Umständen" betrachtet. Somit vereinfachen Modelle die Realität, um wirtschaftliche Prozesse zu erklären, Prognosen über künftige Entwicklungen zu ermöglichen oder Entscheidungshilfen zur Realisierung wirtschaftlicher Ziele zu geben.

Das Modell Homo oeconomicus

Der Homo oeconomicus stellt als Leitbild die Grundlage der Modelle der klassischen Volkswirtschaft, z. B. der Theorie Adam Smiths, dar. Demnach lässt sich der einzelne Wirtschaftsakteur in seinen Entscheidungen ausschließlich von seinem eigenen Nutzen leiten und passt sich dabei auf Märkten ohne Zeitverzögerung an immer neue Rahmenbedingungen wie steigende oder sinkende Preise an. Das Modell Homo oeconomicus, das auf einem bestimmten Menschenbild fußt, soll wirtschaftliches Verhalten in konkreten Situationen erklären. Dem liegen im Einzelnen folgende Prämissen zugrunde:

- Der Einzelne hat unbegrenzte Bedürfnisse.
- Präferenzen, also Wünsche, Motive, Einstellungen, Ziele der Nachfrager sind stabil und konstant.
- Es herrscht vollkommene Markttransparenz, d. h., sowohl Nachfrager als auch Anbieter haben einen vollkommenen Überblick über den gesamten Gütermarkt, aber auch über die eigenen Entscheidungsalternativen und deren Konsequenzen (Opportunitätskosten).
- Anbieter und Nachfrager haben die Fähigkeit zu uneingeschränkt rationalem Verhalten nach dem Minimalprinzip (= Erreichen eines vorgegebenen Ziels unter Einsatz geringstmöglicher Mittel) oder dem Maximalprinzip (= Erreichen eines größtmöglichen Erfolges mit vorgegebenen Mitteln).
- Handlungsleitend ist der Eigennutz. Der Nachfrager strebt ausschließlich nach Nutzenmaximierung, der Anbieter nach Gewinnmaximierung.

Modellkritik am Beispiel des Homo oeconomicus

Einige Wirtschaftswissenschaftler stellen das Leitbild des Homo oeconomicus infrage. In einem Interview mit der Deutschen Welle stellte einer der führenden Vertreter der sogenannten Verhaltensökonomie, der Kölner Ökonom Axel Ockenfels, 2005 fest: „Die Hypothese, dass der Mensch vor allem egoistisch und rational sei, ist eine Hypothese der Ökonomen, die lange Zeit nie getestet worden ist. Aber der Mensch war vermutlich nie so rational und so eigennützig, wie der Ökonom ihn gerne hätte in seinen Modellen."

Zur Verdeutlichung kann das Ultimatumspiel dienen, das erstmals in den 1980er-Jahren von dem Wirtschaftswissenschaftler Werner Güth und seinen Mitarbeitern am Max-Planck-Institut umgesetzt wurde: Eine Person erhält eine Geldsumme (heute: 1200 Euro), die sie einmalig beliebig auf sich und eine andere Person aufteilen darf. Der Empfänger kann die vorgeschlagene Aufteilung annehmen; dann erhalten beide die jeweils vorgeschlagenen Auszahlungen. Oder er kann sie zurückweisen; in diesem Fall erhalten beide nichts. In jedem Fall ist die einmalig vorgeschlagene Aufteilung unwiderruflich – daher der Name Ultimatumspiel. Die beiden Personen sind anonym.

Sie können das Ultimatumspiel in Ihrem Kurs durchführen, wenn auch nicht unter Laborbedingungen.

■ Bilden Sie hierzu Zweiergruppen, einer ist der Anbieter, der andere Empfänger. Anstelle der Geldsumme können Sie von der Lehrkraft zugeteilte Schokomünzen, Bonbons o. Ä. verwenden.

■ Der Anbieter teilt den Betrag durch ein einmaliges Angebot beliebig auf sich und seinen Mitspieler auf.

■ Der Empfänger kann das Angebot annehmen oder ablehnen. Im ersten Fall erhalten beide den jeweiligen Betrag bzw. die jeweilige Anzahl an Schokomünzen oder Bonbons. Im zweiten Fall gehen beide leer aus.

Dokumentieren und begründen Sie Ihr jeweiliges Entscheidungsverhalten im Spiel als Anbieter bzw. als Empfänger: Welche Motive bzw. welche gesellschaftlichen Werte (z. B. Solidarität, Gerechtigkeit, …) haben zu Ihrer Entscheidung geführt?

M 1 Marktgleichgewicht, Angebots- und Nachfrageüberhang

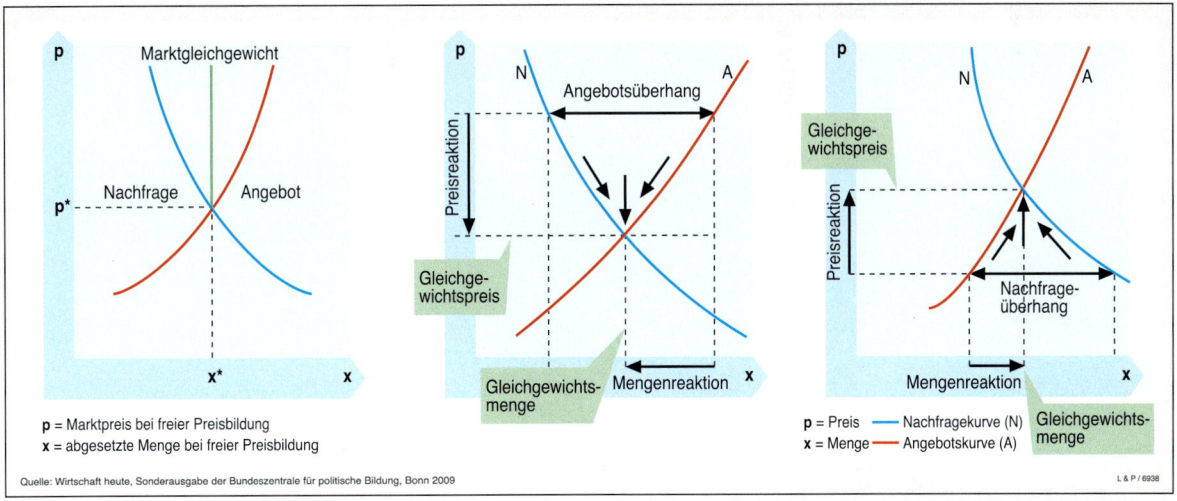

Quelle: Wirtschaft heute, Sonderausgabe der Bundeszentrale für politische Bildung, Bonn 2009

L & P / 6938

2.6 Fallstudie Unverpackt-Laden – eine andere Zukunft des täglichen Einkaufs?

M 1 Kunststoffverpackungen und Einkaufsfahrt – es ging und geht auch anders

Kolonialwarengeschäft in Deutschland (1951)

Shopping-Center bei Bochum (heute)

Unverpackt-Läden – das alternative Konzept zu Discountern und Supermärken gibt es seit einigen Jahren nicht nur in Großstädten, sondern zunehmend auch in ländlichen Gebieten. Ganz neu ist das Konzept junger und kreativer ⁵ Unternehmer allerdings nicht. Bevor es seit den 1950er-Jahren Kühlschränke in jedem Haushalt gab, waren die „Milchläden" oder, mit breiterer Produktpalette, auch „Kolonialwarengeschäfte" oder „Feinkostgeschäfte" ¹⁰ neben Gemüsehändlern, Bäckereien, Metzgereien und auch Hausbrauereien in der nahen Wohnumgebung die Normalität in großen und mittleren Städten. Erst mit der Automobilitätsboom der 1960er-Jahre wurde das Ein- ¹⁵ kaufen auf der ehemals grünen Wiese im Shopping-Center zum vorherrschenden Konsummuster. Durch die wöchentliche Einkaufsfahrt wurde nicht nur ein Konsumerlebnis geschaffen, sondern auch das Konzept der au- ²⁰ togerechten Stadt mitsamt Zubringerautobahnen, Parkplätzen und Unterhaltungsangeboten wie Multiplexkinos und Automatenspielcasinos. Das Veröden von Wohnvierteln und Kleinstädten war nur eine der Folgen die- ²⁵ ser Entwicklung.

Das Konzept Unverpackt-Laden als wohnortnahe Alternative zu Discountermärkten wird in Form einer Fallstudie auf den folgenden Seiten – bezogen auf die Grundlagenthemen des ³⁰ Wirtschaftens – analysiert und diskutiert.

Autorentext

M2 Fallstudie Unverpackt-Laden (Folge 1)

Unternehmensporträt	
Name	• gramm.genau GmbH
Ort	• Adalbertstraße 11, 60486 Frankfurt am Main
Gründung	• 2017
Laden	• siehe Fotos
Team	• Team von 10 MitarbeiterInnen
Geschäftsidee, Konzept, Ziele	• Unverpackt-Laden mit Zero-Waste-Café: Bei gramm.genau kann man Lebensmittel, Haushalts- und Hygieneprodukte lose einkaufen oder sich bei einem Stück Kuchen zu achtsamen Konsum und Klimaschutz austauschen. Das Ziel dabei: Vermeidbare Abfälle gar nicht erst entstehen zu lassen und Lieferketten möglichst nachhaltig zu gestalten. gramm.genau kauft Lebensmittel in Großpackungen oder Mehrwegsystemen ein und reduziert so Verpackungsmengen. Im Café wird nur so viel produziert, wie an einem Tag verbraucht werden kann und Reste werden abends über eine App verkauft.
Produkte	• Lebensmittel: Kochzutaten wie z. B. Nudeln, Tomatenpassata und Gewürze, Trockenfrüchte und Nüsse, Süßwaren, Tees, Kaffee, Frühstückszutaten, Mehle, Saaten, Essig, Öl, Säfte, Honig • Kosmetik- und Hygiene-Produkte: festes Shampoo und Seifen, müllvermeidende Hygiene-Produkte wie z. B. Menstruationstassen, Bambuszahnbürsten, Cremes im Pfandglas oder lose • Haushaltsprodukte: Edelstahldosen, Bienenwachstücher, waschbare Küchenrolle, Zutaten für selbstgemachtes Waschmittel, Deo und Co, Koch- und Rezeptbücher • Café: handwerklich hergestellte Kuchen aus vollwertigen saisonalen Zutaten Das Sortiment ist überwiegend vegan. Die Lebensmittel werden von Bio-Erzeugern bezogen.
Dienstleistungen	• Lieferservice im Pfandsystem per Lastenrad oder an Abholstation • Lieferservice für Büros (Müslis und Snacks) • Zero-Waste-Workshops für Kinder und Erwachsene
Kundschaft	• bunter Mix aus der Bockenheimer Nachbarschaft sowie angereisten KundInnen, Laufkundschaft
Besonderheiten	• Abfüllservice an der Theke (keine Selbstbedienung) • integriertes Café mit Kuchen aus regionaler Produktion mit saisonalen Zutaten • eigenes Pfandsystem

Interview der Autoren mit gramm.genau, Januar 2021 (Originalbeitrag)

1 Diskutieren Sie Vor- und Nachteile des Einkaufens im Shopping-Center auf der grünen Wiese, im stationären Einzelhandel, im Supermarkt und im Unverpackt-Laden.

2.7 Unternehmensziele zwischen Eigennutz und Gemeinwohlorientierung

M1 Wirtschaftlich etwas unternehmen – doch wozu?

Ziel unseres Unternehmens sollte vor allem sein …

Klingt gut, doch ich habe ein Interesse daran, dass …

- gesunde, unschädliche Produkte
- Gewinn
- Gewinnmaximierung
- Integration benachteiligter Menschen
- Kostendeckung
- Kostensenkung
- Kundenzufriedenheit
- langfristiger Unternehmenserhalt
- Lohngerechtigkeit
- Markenprestige
- Marktanteile
- Mitarbeiterbindung
- Mitarbeiterzufriedenheit
- Persönlichkeitsentwicklung
- Produktinnovation
- Produktivität
- Produktvielfalt
- Rendite
- Selbstverwirklichung
- Umsatzwachstum
- Unabhängigkeit
- Vermeidung von Emissionen (CO_2)
- Wettbewerbsfähigkeit

- Arbeitsplatzsicherung
- Auslastung der Produktion
- Einhaltung von Umweltgesetzen
- Erschließung neuer Märkte
- Firmenimage
- Gemeinschaftsgefühl
- geringer Energieverbrauch
- geringer Krankenstand

Autorentext

GLOSSAR

Gemeinwohl

M2 Verschiedene Ziele unternehmerischen Handelns

Ziele erwerbswirtschaftlicher Unternehmen: Private Unternehmen folgen überwiegend dem erwerbswirtschaftlichen Prinzip. Sie produzieren Güter für den Markt, weil sie
5 primär einen Gewinn anstreben. Der Gewinn fließt dem Inhaber des Unternehmens zu. In der Regel versuchen die Unternehmen in einer Marktwirtschaft, einen möglichst maximalen Gewinn zu erzielen, weil sie in Wettbe-
10 werb zueinanderstehen. Unternehmen, die auf größeren Märkten längerfristig wettbewerbsfähig sein möchten, sind aufgrund der Kostenvorteile hoher Produktion damit zu Wachstum gezwungen, wodurch es zu Unter-
15 nehmenskonzentration kommt (Beispiel Automobilbranche). Allerdings gilt diese allgemeine Grundorientierung nur mit bestimmten Einschränkungen. Wichtig für einen Unternehmer ist nicht die Erhöhung des absoluten Gewinns ohne Rücksicht auf den notwendigen
20 Kapitaleinsatz, sondern vielmehr ein möglichst günstiges Verhältnis zum eingesetzten Kapital (Rentabilität). So wäre beispielsweise ein verdoppelter Gewinn bei verzehnfachtem Kapitaleinsatz kein wirtschaftlicher Erfolg.
25 Um das Ziel der Gewinnmaximierung langfristig umsetzen zu können, bedarf es ergänzender strategischer Ziele:
- ständige Verbesserung von Produktivität und Rentabilität,
30
- hohe Qualität von Produkten und Dienstleistungen,
- Beachtung und Umsetzung von technischen Neuerungen (Innovationen),
- optimale Gestaltung der Betriebsorganisa-
35 tion und der betrieblichen Abläufe,

- Arbeitsplatzsicherheit und Qualifizierung der Mitarbeiter,
- Entwicklung des Firmenimages (Identität und Ruf des Unternehmens).

Ziele öffentlicher Unternehmen: Öffentlichen Unternehmen gehören den Gemeinden, den Bundesländern oder dem Bund und arbeiten nach dem Bedarfsdeckungsprinzip. Dabei ist es das Hauptziel, einen konkreten Bedarf der Bevölkerung sicherzustellen. Dies gilt vor allem für Güter und Dienstleistungen, die für gewinnorientierte private Anbieter nicht rentabel sind. Zudem bestehen an öffentlichen Versorgungsbereichen wie Trinkwasser, Müllentsorgung, Schwimmbäder, Kultureinrichtungen starkes öffentliches Interesse. Öffentliche Unternehmen verfolgen dabei unterschiedliche Teilziele.

Die verschiedenen Ziele eines privaten oder öffentlichen Unternehmens bilden in der Praxis immer ein komplexes Zielsystem, auf das drei Einflussbereiche einwirken:

1. Ansprüche der unmittelbar am Unternehmen interessierte und mit dem Unternehmen wirtschaftlich kooperierende Akteure wie beispielsweise die Anteilseigner, das Management, die Mitarbeiter, die Kapitalgeber, die Lieferanten und selbstverständlich die Kunden.

2. Die Unternehmensphilosophie bzw. die Unternehmenskultur, die durch das jeweilige Zielsystem der Unternehmung geprägt wird. Die Orientierung an bestimmten Zielen und spezifischen Werten, die in einem Unternehmensleitbild zum Ausdruck kommen, bestimmen das unternehmerische Handeln eines Unternehmens und prägen dessen öffentliche Wahrnehmung und Wertschätzung (Image).

3. Gesellschaftliche Ansprüche auf das Zielsystem der Unternehmung, wie die glaubwürdige Wahrnehmung ökologischer und sozialer Verantwortung. Das Zielsystem der Unternehmung setzt sich demnach zusammen aus wirtschaftlichen Zielen, sozialen Zielen und ökologischen Zielen (Nachhaltigkeitsdreieck). Dabei bestehen zwischen diesen Zielen auch Zielkonflikte, weil sie zueinander in Konkurrenz stehen können.

Autorentext

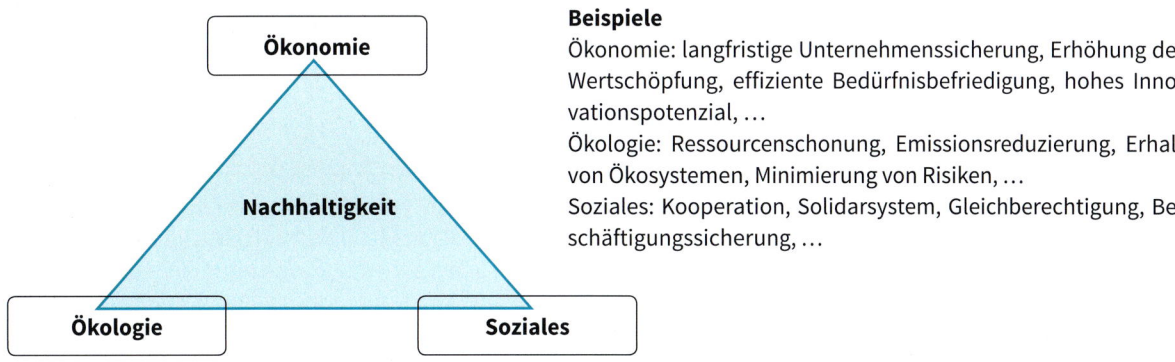

Nachhaltigkeitsdreieck (Drei-Säulen-Modell)

Beispiele
Ökonomie: langfristige Unternehmenssicherung, Erhöhung der Wertschöpfung, effiziente Bedürfnisbefriedigung, hohes Innovationspotenzial, …
Ökologie: Ressourcenschonung, Emissionsreduzierung, Erhalt von Ökosystemen, Minimierung von Risiken, …
Soziales: Kooperation, Solidarsystem, Gleichberechtigung, Beschäftigungssicherung, …

1 Simulieren Sie eine Teamkonferenz zu den möglichen Unternehmenszielen (M 1) eines Kleinunternehmens Ihrer Wahl mit mindestens folgenden sechs Rollen: a) Unternehmer, b) Mitarbeiter, c) Kunde, d) Zulieferer, e) Anwohner und f) Bürgermeister. Legen Sie in der Konferenz eine Rangliste der für ihr Unternehmen neun wichtigsten Ziele fest und visualisieren Sie diese mithilfe des Nachhaltigkeitsdreiecks in M 2 (jeweils drei prioritäre Ziele pro Nachhaltigkeitsdimension).

2 Analysieren Sie das unternehmerische Konzept in der Fallstudie Unverpackt-Laden (S. 175, M 2) hinsichtlich der prioritären Unternehmensziele.

3 Recherchieren Sie die Unternehmensleitbilder einiger Unternehmen in Ihrer Region (z. B. die Leitbilder von Fraport, Volkswagen oder Opel) und vergleichen Sie diese mithilfe des Nachhaltigkeitsdreiecks in M 2: Wie glaubhaft werden die drei Teilbereiche dargelegt und tatsächlich durch das Unternehmen verfolgt?

2.8 Unternehmen zwischen Wettbewerb und Zusammenarbeit

M 1   Kooperation und Konzentration – legitime Aspekte des Marktgeschehens oder Problem?

1. Ökonomischer Wettbewerb

Wettbewerb ist ein dynamisches Ausleseverfahren, bei dem die Wettbewerber (z. B. Unternehmen) das gleiche Ziel haben und außenstehende Dritte (z. B. Käufer) darüber entscheiden, wer das Ziel in welchem Umfang erreicht. Daraus ergibt sich eine Rivalität und ein gegenseitiges Abhängigkeitsverhältnis zwischen den Wettbewerbern [...]. Wettbewerb lässt sich damit – auf die Wirtschaft bezogen – verstehen als ein Verhältnis wechselseitiger Abhängigkeit und Rivalität zwischen Marktteilnehmern.

2. Wachstum von Unternehmen

Ein wesentliches Ziel von Unternehmen ist in der Regel die langfristige Existenz- und Erfolgssicherung, die sie über ein möglichst kontinuierliches Wachstum erreichen wollen. So soll das Unternehmenswachstum beispielsweise mit dazu beitragen, dass die Marktmacht auf den Beschaffungs- und Absatzmärkten vergrößert, die Eigenkapitalbasis erweitert und Skaleneffekte oder Kostendegressionseffekte aufgrund der Größenvorteile erzielt werden. Grundsätzlich können die Unternehmen dabei zwei Wachstumsstrategien verfolgen:

- Das interne Wachstum beruht auf neu geschaffenen Kapazitäten, die von dem expandierenden Unternehmen kontinuierlich nach und nach selbst aufgebaut werden, z. B. im Bereich Forschung und Entwicklung oder Produktion.
- Externes Wachstum vollzieht sich dagegen eher sprunghaft und diskontinuierlich durch die Zusammenarbeit mit anderen Unternehmen.

3. Kooperation von Unternehmen

Kooperation ist die freiwillige Zusammenarbeit von Unternehmen, die ihre rechtliche Selbstständigkeit behalten, sich aber vertraglich zur Zusammenarbeit in bestimmten Bereichen verpflichten. Kooperation ermöglicht z. B. die Verbesserung der Wettbewerbsfähigkeit und die Ausweitung des Absatzmarktes. Unterschieden werden beispielsweise horizontale Kooperation von Unternehmen gleicher Produktions- oder Handelsstufen (z. B. mehrere Bauunternehmen arbeiten beim Bau eines größeren Gebäudes zusammen), vertikale Kooperationen von Unternehmen aufeinanderfolgender Produktions- oder Handelsstufen (z. B. ein Schraubenhersteller arbeitet mit einem Maschinenbaubetrieb zusammen) oder Kooperationen in bestimmten Bereichen (z. B. bei Forschung und Entwicklung). Die Art der Zusammenarbeit reicht von einer Arbeitsgemeinschaft bis zu einem Gemeinschaftsunternehmen. Kooperationen können auch die Vorstufe einer Unternehmenskonzentration sein.

4. Konzern

Zusammenschluss von rechtlich selbstständigen Unternehmen, die ihre wirtschaftliche Selbstständigkeit aufgeben und sich einer einheitlichen Leitung (häufig eine Holdinggesellschaft, die die Tochterunternehmen verwaltet) unterstellen. Die im Konzern zusammengeschlossenen Unternehmen können der gleichen Produktions- oder Handelsstufe angehören (horizontaler Zusammenschluss), aufeinanderfolgender Produktions- oder Handelsstufen angehören (vertikaler Zusammenschluss) oder aus sehr unterschiedlichen Wirtschaftszweigen kommen (anorganischer oder konglomerater Zusammenschluss).

1.: Ulrich Baßeler/Jürgen Heinrich/Burkhard Utecht, Grundlagen und Probleme der Volkswirtschaft. Schäffer-Poeschel: Stuttgart ^{17}2002, S. 190; 2.: Dietmar Vahs/Jan Schäfer-Kunz, Einführung in die Betriebswirtschaftslehre, Schäffer-Poeschel: Stuttgart ^{4}2005, S. 115 f.; 3. und 4.: Achim Pollert/Bernd Kirchner/Javier Morato Polzin, Das Lexikon der Wirtschaft. Grundlegendes Wissen von A bis Z, BpB: Bonn 2004 S. 72 (Zwischenüberschriften ergänzt)

INFO

Skaleneffekte
Mengeneffekte; millionenfach industriell hergestellte Produkte können günstiger verkauft werden als wenige in Handarbeit hergestellte

Kostendegressionseffekte
Kostensenkung

M2 Ziele und Mittel für zwischenbetriebliche Kooperation

Es gibt eine Vielzahl möglicher Gründe für die Zusammenarbeit von Unternehmen, wobei meistens eine Kombination von verschiedenen strategischen Zielen die Intensität und die Dauer der Zusammenarbeit bestimmt. Folgende Ziele der zwischenbetrieblichen Zusammenarbeit lassen sich dabei unterscheiden: a) Marktstellung verbessern, b) Ressourcen kombinieren, c) Kosten reduzieren, d) Zeit sparen, e) Risiken teilen. Folgende Mittel werden dabei genutzt: a) Mittel zur Erreichung einer besseren **Wettbewerbsposition auf Märkten** sind: durch Nutzung von ortsansässigen Vertriebsorganisationen den Zugang zu ausländischen Märkten ermöglichen oder erleichtern; gemeinsam neue Produkte entwickeln; gemeinsam Marktmacht aufbauen, indem man Kartelle bildet und Marktschranken gegenüber anderen Wettbewerbern errichtet; gemeinsam Marktstandards etablieren. b) Mittel, um **Ressourcenziele** zu erreichen sind die Kombination und gemeinsame Nutzung von Ressourcen (beispielsweise Kapital, Produktionsstätten, Fachleute). Zudem kann durch die Zusammenarbeit Know-how und Kompetenz gewonnen werden. c) **Kostenziele** werden erreicht, indem Unternehmen insbesondere Forschungs- und Entwicklungskosten teilen. Zudem können durch eine gemeinsame Produktion Degressions- und Synergieeffekte durch eine höhere Auslastung von Produktionsstätten erzielt werden. Wichtig ist zudem die Einkaufsmacht gegenüber gemeinsamen Zulieferern. d) Um **Zeitziele** zu realisieren, können neue Produkte und Verfahren gemeinsam schneller entwickelt oder auch ausländische Märkte schneller erschlossen werden. e) Ein wichtig **Risikoziel** ist es, Unternehmen gegen feindliche Übernahmeversuche abzusichern. Zudem können auch operative Kostenrisiken, wie Forschungs- und Entwicklungsrisiken oder Vermarktungsrisiken geteilt werden.

Autorentext

M3 Fallstudie Unverpackt-Laden (Folge 2)

Frage: Mit welchen Mitbewerbern kooperieren Sie aus welchen Gründen?

gramm.genau: Da wir als Laden auch ein politisches Ziel verfolgen – nämlich langfristig bessere Mehrwegsysteme zu etablieren – haben wir uns mit anderen Läden im deutschsprachigen Raum zusammengeschlossen. 2017 wurde der Unverpackt e.V. als Verband der Unverpackt-Läden gegründet, der unsere Verpackungsvision an die Politik heranträgt. Gleichzeitig ist der Verband ein Forum für den Austausch rund um alle Themen der Geschäftsführung, da viele der LadenbetreiberInnen QuereinsteigerInnen sind.

Frage: Bei welchen Teilbereichen überwiegt auch in ihrer Branche die Konkurrenz?

gramm.genau: Da Unverpackt-Läden von der Community im Stadtteil (bzw. in der Stadt) abhängig sind, wäre es sicherlich schwierig, wenn im gleichen Stadtteil ein zweiter Unverpackt-Laden eröffnen würde. Grundsätzlich begrüßen wir es aber, wenn die Bewegung wächst!

Interview der Autoren mit gramm.genau, Januar 2021 (Originalbeitrag)

Unverpackt-Läden in Frankfurt am Main und Umgebung

1 Beschreiben Sie den Zusammenhang von Wettbewerb, Wachstum von Unternehmen, Kooperation und Konzentration im Rahmen der wirschaftlichen Entwicklung (M 1).

2 Diskutieren Sie, welche Ziele der Kooperation von Unternehmen Sie für legitim und welche Sie für problematisch halten (M 2).

3 Bewerten Sie die Unternehmenskooperation aus der Fallstudie (M 3) hinsichtlich der Auswirkungen für Kunden, Zulieferer und die Umwelt.

2.9 Produktionsfaktoren der Zukunft – Wissen und Kommunikation

M 1 Ohne Input kein Output – die volkswirtschaftlichen Produktionsfaktoren

INFO

derivativer
abgeleiteter

**Kapital-
akkumulation**
von lat. accumulare =
anhäufen; durch
erneutes Investieren
des auf dem Markt
erzielten Mehrwerts
bewirkte Erweiterung
bzw. Anhäufung des
Kapitals

In einer Volkswirtschaft wird durch den Einsatz von Produktionsfaktoren in unterschiedlichen Wirtschaftsbereichen, beispielsweise in der Möbelindustrie, Wirtschaftsleistung erbracht. Auf der Input-Seite werden die Produktionsfaktoren Arbeit, Boden (Grund und Boden, Rohstoffe) und Kapital (z. B. Fabrikgebäude, Maschinen, Werkzeuge) unterschieden. Arbeit und Boden werden als originäre Produktionsfaktoren erfasst, während Kapital als derivativer Produktionsfaktor bezeichnet wird. Mittlerweile wird Bildung bzw. wird technischer Fortschritt, Information oder Wissen als vierter Produktionsfaktor ergänzt. Je nach Produktionstechnologie werden in einem Produktionsprozess Arbeit, Boden und Kapital kombiniert. Diese Kombination kann entsprechend der Dominanz bestimmter Produktionsfaktoren kapital-, rohstoff- oder arbeitsintensiv sein.

Autorentext

Produktionsfaktoren im Wertschöpfungsprozess		
Input	Produkterstellung	Output
Kombination aus: Arbeit, Boden, Kapital, Wissen	sämtliche Unternehmen einer Volkswirtschaft, auch Dienstleistungsunternehmen	Sozialprodukt (Bruttoinlandsprodukt)
Arbeit und Wissen: Architekten, Handwerker, LKW-Fahrer, … Kapital(-stock): Bagger, LKWs, Baukräne, Kleinmaschinen, … Boden: Baugrundstück, Sand, Zement, Eisen, Holz, …	Bauunternehmen für Hochbau	Wohnhaus für eine Familie

M 2 Wie kann eine Volkswirtschaft wachsen?

GLOSSAR

**Volkswirtschaft
Wirtschafts-
wachstum**

Die Produktionsmöglichkeiten einer Gesellschaft hängen ab von Menge und Qualität der vorhandenen Produktionsfaktoren Kapital, technisches Wissen, Arbeit und natürliche Ressourcen [...]. Da der Bestand an natürlichen Ressourcen gegeben ist und eine Bevölkerungsvermehrung zur Beförderung des Wachstums ausgeschlossen wird [...], bleiben Kapitalstock und technisches Wissen, das seinerseits die Qualität von Kapital und Arbeit bestimmt, die entscheidenden Bestimmungsgründe des wirtschaftlichen Wachstums. Das technische Wissen vermehrt sich durch den technischen Fortschritt. Sichtbar wird der technische Fortschritt in der Produktinnovation (Erstellung neuartiger Güter) und Prozessinnovation (Anwendung neuartiger Produktionsmethoden). Dabei trägt die Produktinnovation ganz wesentlich zur Steigerung der materiellen Wohlfahrt bei. [...] Nur sind die Vorteile der Produktinnovation mengenmäßig nicht erfassbar. Die Vorteile der Prozessinnovation sind prinzipiell leicht zu erfassen. Die Prozessinnovation erlaubt, bei gleichbleibendem Einsatz der Produktionsfaktoren Arbeit, Kapital und Boden eine größere Gütermenge zu erstellen oder eine gleiche Gütermenge mit einem geringeren Faktoreinsatz produzieren zu können. [...] Der Kapitalstock vergrößert sich durch Investitionen (Kapitalakkumulation), und bei gegebener Arbeitsbevölkerung und gegebenem Stand des technischen Wissens wird eine Vergrößerung des Kapitalstocks die Produktionsmöglichkeiten erhöhen: Mit mehr Kapital kann ein höheres Inlandsprodukt erzeugt werden. Es steigt die mögliche Produktion pro Kopf der Erwerbstätigen und damit die mögliche Güterversorgung pro Kopf. [...] Technischer Fortschritt und Kapitalakkumulation bewirken beide eine Erhöhung der Arbeitsproduktivität, erhöhen also die durchschnittliche Produktion pro Arbeitsstunde. [...]

Damit wird ein Aspekt der Kapitalakkumulation und des technischen Fortschritts sichtbar, der nicht immer positiv bewertet wird: die mögliche Freisetzung von Arbeitskräften. Wenn der Produktivitätszuwachs nicht für eine Mehrproduktion von Gütern genutzt wird, weil die Nachfrage das Produktionspotenzial nicht ausschöpft, dann werden die Produktivitätszuwächse dazu benutzt, die gleiche Produktionsmenge mit weniger Arbeit zu produzieren. Investitionen sind dann nicht mehr Erweiterungsinvestitionen, sondern Rationalisierungsinvestitionen.

Die beiden Möglichkeiten, Produktivitätszuwächse zu nutzen, gilt es klar zu erkennen: a) Erhöhung der Produktionsmenge bei gleicher Beschäftigung, b) durch Abnahme der Beschäftigung bei gleicher Produktionsmenge.

Ulrich Baßeler/Jürgen Heinrich/Burkhard Utecht, Grundlagen und Probleme der Volkswirtschaft. Schäffer-Poeschel: Stuttgart ¹⁷2002, S. 794 ff.

M3 Fallstudie Unverpackt-Laden (Folge 3)

Frage: Welche Bedeutung hat Fachwissen zu den Handelsprodukten für die Entwicklung des Unternehmens?

gramm.genau: Da im Unverpackt-Laden die Verpackung mit ihrer informationsgebenden Funktion entfällt, müssen Informationen zu Garzeiten, Haltbarkeit und Anwendungshinweise durch die MitarbeiterInnen gegeben werden. Die MitarbeiterInnen müssen alle Produkte kennen und probiert haben. Das Fachwissen, aber auch das Erfahrungswissen, spielt bei der Beratung im Unverpackt-Laden eine große Rolle.

Frage: Welche Relevanz hat die digitale Kommunikation mit den Kunden im Vergleich zu direkten Kundengesprächen und welche Wege der Kommunikation werden bevorzugt?

gramm.genau: Zero Waste ist weitestgehend in Blogs entstanden. Insofern ist das Internet für uns eine wichtige Inspirationsquelle und Möglichkeit, uns zu vernetzen (so z.B. mit der amerikanischen Bloggerin Bea Johnson). Die sozialen Medien machen es uns einfach, unsere Rezepte, Tipps und Produktneuheiten zu teilen ohne dabei Müll zu produzieren. Gedruckte Werbeflyer möchten wir nicht einsetzen, es sei denn, sie haben eine weitere Verwendungsmöglichkeit (wie z.B. als Postkarte). Unser Online-Shop gibt uns die Möglichkeit, digital sichtbar zu werden. KundInnen können dort nicht nur das Sortiment kennenlernen und sich so auf den Einkauf bei uns vorbereiten, sondern mit Click & Collect auch Einkäufe im Pfandsystem vorbestellen. Insofern sind digitale Kommunikationswege eine sinnvolle Ergänzung zum direkten Kundenkontakt.

Frage: Warum bieten Sie neben Produkten auch Weiterbildungskurse für Ihre Kundschaft an?

gramm.genau: Wir möchten zeigen, dass ein Leben ohne Müll einfach ist und jede/r anfangen kann! Mit unseren Workshops bringen wir Leute zusammen, haben Spaß und lernen Neues. Wir emanzipieren uns von Fertigprodukten, indem wir sie viel günstiger selbst herstellen. Denn Nachhaltigkeit ist zwar (auch) ein Trend, aber es geht keinesfalls nur um Konsum. Wir möchten allen eine bewusste Entscheidung für oder gegen ein Produkt ermöglichen und kleine Tipps und Tricks für den Alltag aufzeigen. Unser Ziel ist nicht, dass alle Menschen perfekt ohne Müll leben. Unser Ziel ist, dass jeder einfach mal anfängt!

Interview der Autoren mit gramm.genau, Januar 2021 (Originalbeitrag)

1 Erläutern Sie an einem selbst gewählten Beispiel aus der Güterproduktion oder dem Dienstleistungsbereich die Kombination der vier Produktionsfaktoren (M1).

2 Analysieren Sie, welche Voraussetzungen allgemein gegeben sein müssen, damit eine Volkswirtschaft wachsen kann und welche Bedeutung das zudem für die soziale und politische Entwicklung einer Gesellschaft hat (M2).

3 Diskutieren Sie ausgehend von der Fallstudie (M3), ob es unternehmerisch sinnvoll ist, die Produktpalette eines Einzelhandelsunternehmens durch wissensbasierte Dienstleistungen (fundierte Kundenberatung, Workshops) zu diversifizieren.

2.10 Auskömmlich Wirtschaften: Erfolgreich auch ohne hohe Profite?

M 1 Globale Lebensmittelkonzerne und ihre Marken

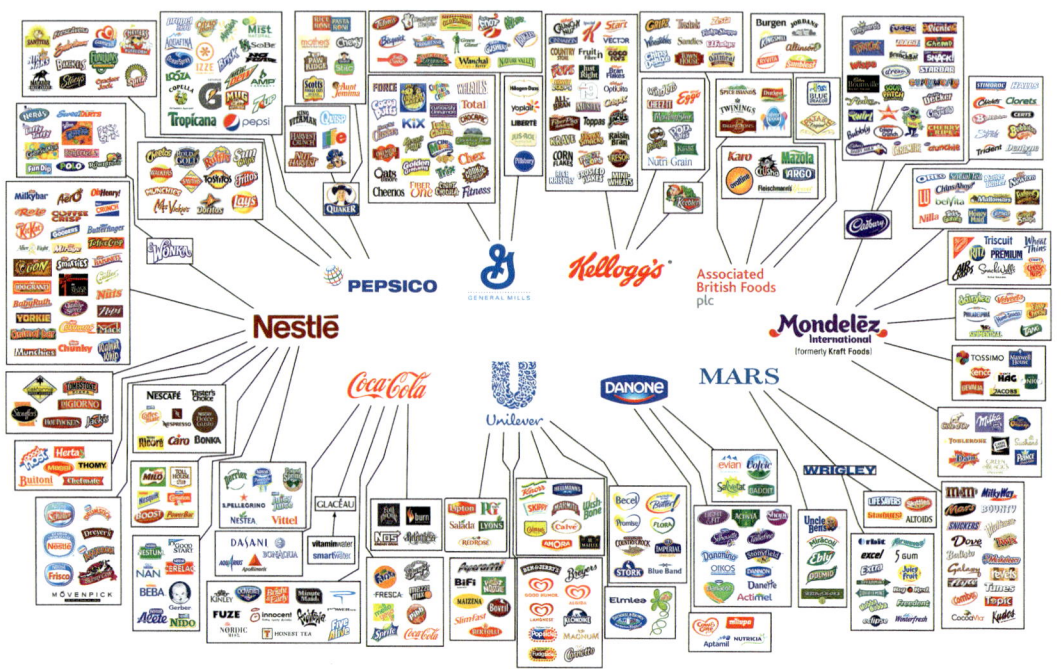

M 2 Formen von Konzernen

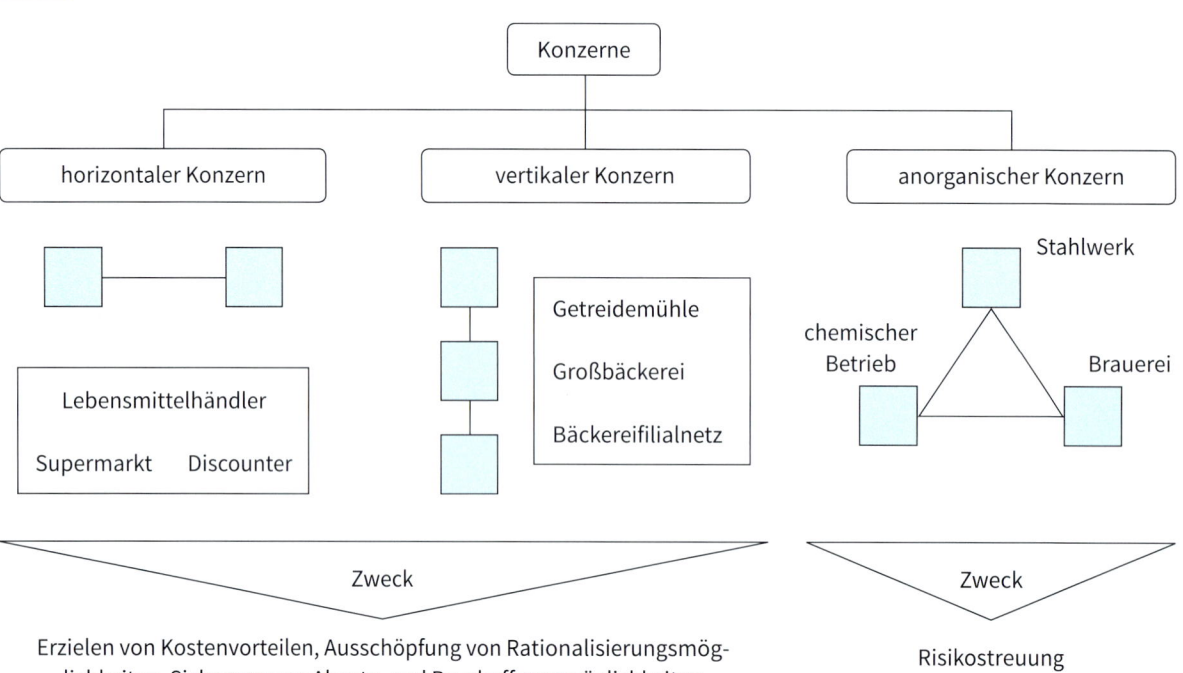

M 3   Der Lebensmittelkonzern Nestlé in der Kritik

91 Milliarden Franken Umsatz, 300 000 Mitarbeiter, mehr als 2 000 Marken, täglich mehr als eine Milliarde Konsumenten – das ist Nestlé. Der weltgrößte Nahrungsmittelkonzern mit
5 Sitz im schweizerischen Vevey prägt seit gut 150 Jahren, was viele Menschen rund um den Globus essen und trinken. Marken wie Nescafé, Kitkat, Smarties, Maggi, Thomy, Nido sind weithin bekannt. Im Supermarkt ist es schwer,
10 an Nestlé-Produkten vorbeizukommen, egal auf welchem Erdteil. [...] Nestlé [...] hat in den vergangenen Jahrzehnten immer wieder Skandale produziert. Kritiker werfen dem Konzern vor, mit seinen Produkten Profit auf Kosten der
15 Ärmsten zu machen. Was ist dran an den Vorwürfen? [...] Kritiker des Konzerns [weisen] immer wieder auf den zu hohen Zuckergehalt in vielen Nestlé-Produkten hin, vor allem solche, die für Kinder gemacht sind. Verbraucher-
20 organisationen monieren auch hier, dass WHO-Empfehlungen nicht eingehalten würden. Der Konzern biete viele unausgewogene, zu süße Produkte für Kinder an, meint Martin Rücker von Foodwatch und nennt als Beispiel die Frühstücksflocken. [...] Manche Flocken ent- 25
hielten doppelt so viel Zucker wie empfohlen. Als Ärgernis bezeichnet der Verbraucherschützer auch die aggressive Werbung für Kinder. [...] Greenpeace bezeichnet den Konzern als einen der größten Plastikverschmutzer 30
weltweit. „Nestlé produzierte letztes Jahr 1,7 Millionen Tonnen Plastik, 13 Prozent mehr als im Vorjahr", sagte Greenpeace-Chefin Jennifer Morgan bei der Hauptversammlung in Lausanne. Der Konzern setzt sich schon länger mit 35
dem Plastikproblem auseinander, das die gesamte Nahrungsmittelbranche betrifft. Vergangenes Jahr verpflichtete sich Nestlé, bis 2025 nur noch Verpackungen zu verwenden, die recycel- oder wiederverwendbar sind. 40

Silvia Liebrich/Isabel Pfaff, Gigant der Skandale, in: https://www.sueddeutsche.de/politik/nestle-gigant-der-skandale-1.4477635, 06.06.2019

M 4   Fallstudie Unverpackt-Laden (Folge 4)

Frage: Was bedeutet für Sie unternehmerischer Erfolg?
gramm.genau: Der enorme Andrang zu unserer Eröffnung und darüber hinaus hat uns
5 sehr motiviert und war wirtschaftlich gesehen ein voller Erfolg. Für uns ist jedoch vor allem wichtig, dass wir ein nachhaltiges Geschäftsmodell schaffen, dass sich am Ende finanziell trägt und gute Arbeitsplätze schafft.
10 Wenn wir dabei LieferantInnen und ErzeugerInnen faire Preise zahlen können, entlang der Lieferkette jede Menge Müll vermeiden, durch Bio-Qualität die ökologische Vielfalt erhalten und durch kurze Wege CO_2-Ausstoß
15 verringern, haben wir unsere Ziele erreicht.
Frage: Möchten Sie mit Ihrem Unternehmen einen Gewinn erwirtschaften und falls ja, was geschieht damit?
gramm.genau: Gewinnausschüttung oder
20 Profitmaximierung ist für uns kein Ziel. Wir freuen uns, wenn sich das Unternehmen positiv entwickelt, sodass wir faire Löhne zahlen und weitere Investitionen tätigen und Innovationen anstoßen können. Wir begrüßen die Initiative zur Schaffung einer neuen 25
Rechtsform für Unternehmen in Verantwortungseigentum.

Interview der Autoren mit gramm.genau, Januar 2021 (Originalbeitrag)

1 Recherchieren Sie im Internet arbeitsteilig in Kleingruppen zu den großen Lebensmittelkonzernen (M 1, M 2) zu folgenden Aspekten: wirtschaftliche Entwicklung (Wachstum, Gewinne), Kritik (Produktqualität, Umwelt), Veränderungen der Konzernstrategie (Nachhaltigkeit, Marketing usw.).

2 Präsentieren Sie mithilfe eines Lernplakats bedeutsame Rechercheergebnisse und bewerten Sie die Unternehmensentwicklung hinsichtlich der drei Nachhaltigkeitsdimensionen (S. 177, M 2).

3 Vergleichen Sie das Verständnis und die Bedeutung von wirtschaftlichem Erfolg eines börsennotierten Lebensmittelkonzerns (M 3) mit der eines alternativen Kleinhandelsunternehmens (M 4).

2.11 Das Bruttoinlandsprodukt – die Summe aller Dinge, die wirklich zählen!?

M 1 Wie bedeutsam ist langfristiges Wirtschaftswachstum?

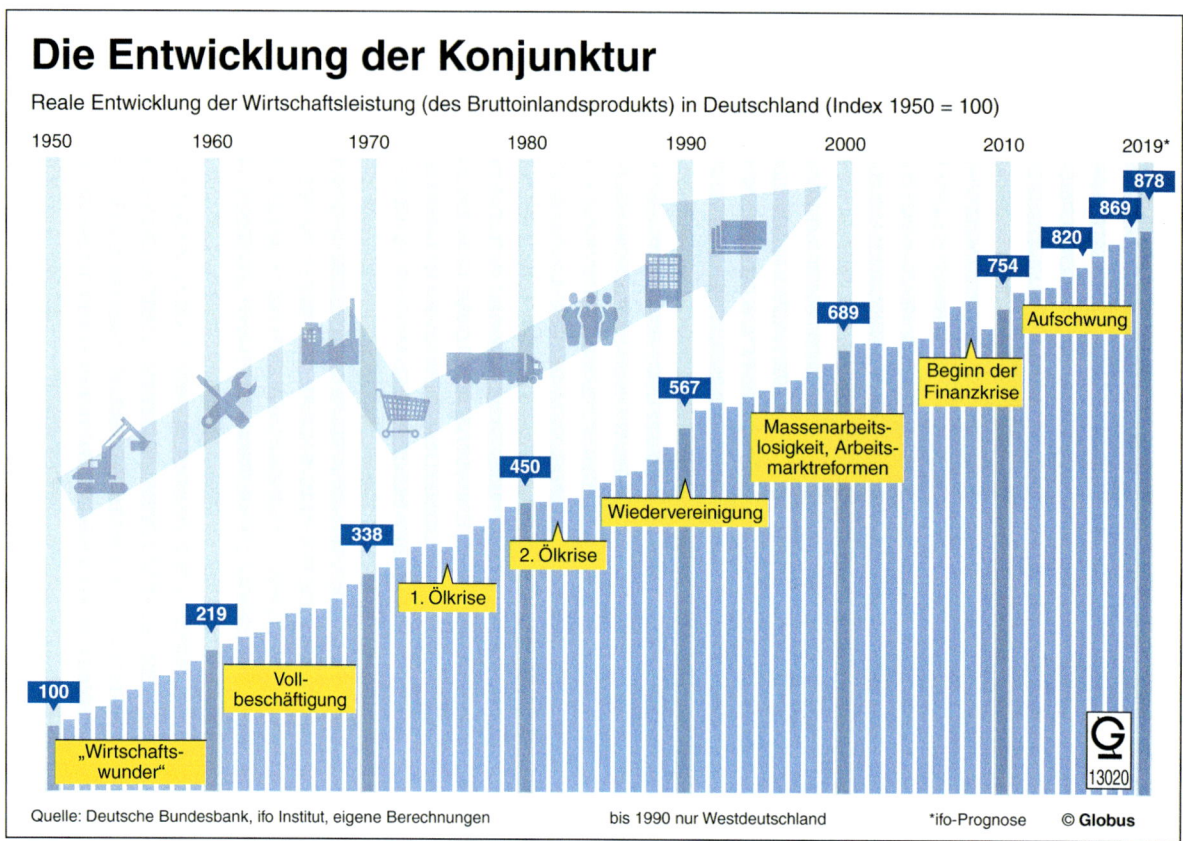

Die Entwicklung der Konjunktur

Reale Entwicklung der Wirtschaftsleistung (des Bruttoinlandsprodukts) in Deutschland (Index 1950 = 100)

Quelle: Deutsche Bundesbank, ifo Institut, eigene Berechnungen   bis 1990 nur Westdeutschland   *ifo-Prognose   © **Globus**

M 2 Das Bruttoinlandsprodukt – was zählt …

Das Bruttoinlandsprodukt wird von den meisten Wirtschaftswissenschaftlern als das beste Maß zur Erfassung der wirtschaftlichen Leistung eines Landes betrachtet. Der amerikanische Ökonom N. Gregory Mankiw erläutert die Definition.

Das Bruttoinlandsprodukt (BIP) ist der Marktwert aller für den Endverbrauch bestimmten Waren und Dienstleistungen, die in einem Land in einem bestimmten Zeitabschnitt hergestellt werden. Diese Definition sieht möglicherweise sehr einfach aus. Aber viele Detailprobleme treten tatsächlich erst dann auf, wenn man das BIP einer Volkswirtschaft messen möchte. Daher sollten wir den genauen Wortlaut dieser Definition sorgfältig untersuchen. *„Das BIP ist der Marktwert …“* […] Im BIP werden viele unterschiedliche Arten an Gütern in ein einziges Maß für die ökonomische Aktivität zusammengerechnet. Um dieses möglich zu machen, werden Marktpreise verwendet. Da Marktpreise diejenige Geldsumme messen, die die Menschen bereit sind für unterschiedliche Güter zu zahlen, spiegeln diese den Wert der entsprechenden Güter wider. Ist der Preis eines Apfels doppelt so hoch wie der Preis einer Birne, dann trägt ein Apfel doppelt so viel zum BIP bei wie eine Birne.

„... aller ...“

30 Das BIP versucht, ein umfassendes Maß zu sein. Es beinhaltet alles, was in einer Volkswirtschaft hergestellt und legal auf den Märkten verkauft wird. Das BIP misst also nicht nur den Wert von Äpfeln und Birnen, sondern

35 ebenso denjenigen von Orangen und Pampelmusen, Büchern und Filmen, Haarschnitten und Gesundheitsvorsorge usw. Das BIP umfasst auch den Marktwert des Wohnraums, der vom Wohnraumangebot einer Volkswirt-

40 schaft abhängt. Bei Mietobjekten ist der Wert einfach zu berechnen [...]. Viele Menschen sind jedoch Eigentümer des Hauses oder der Wohnung und zahlen daher keine Miete. Der Staat bezieht diese von den Eignern bewohn-

45 ten Objekte in das BIP ein, indem deren Mietwert geschätzt wird. [...] Es gibt jedoch einige Produkte, die aufgrund der auftretenden Schwierigkeiten bei der Messung nicht in das BIP einfließen. Das BIP schließt all diejenigen

50 Dinge aus, die illegal hergestellt und verkauft werden, wie z. B. illegale Drogen. Es schließt ebenso die meisten Dinge aus, die zuhause produziert und konsumiert werden und damit nicht über den Markt gehandelt werden. Ge-

55 müse, das Sie beim Gemüsehändler kaufen, ist ein Teil des BIP; Gemüse, das Sie im eigenen Garten anbauen, zählt hingegen nicht zum BIP. Diese Abgrenzung des BIP kann teilweise zu paradoxen Ergebnissen führen. Bezahlt Ka-

60 ren beispielsweise Doug dafür, dass er ihren Rasen mäht, so geht diese Transaktion in das BIP ein. Würde Karen Doug heiraten, so würde sich die Situation ändern. Auch wenn Doug weiterhin Karens Rasen mäht, bleibt der Wert

65 des Rasenmähens nun außerhalb des BIP, denn Dougs Dienstleistung wird nicht mehr über den Markt entlohnt. Wenn also Karen und Doug heiraten, so fällt das BIP.

„... für den Endverbrauch bestimmten ...“

Wenn eine Unternehmung Papier herstellt, 70 welches eine andere Unternehmung dazu benutzt, Grußkarten herzustellen, so wird das Papier Zwischenprodukt genannt und die Karte wird Endprodukt genannt. Das BIP umfasst nur den Wert der Endprodukte. Der Grund da- 75 für liegt darin, dass der Wert der Zwischenprodukte schon im Preis des Endprodukts enthalten ist. Das Hinzurechnen des Marktwerts des Papiers zum Marktwert der Karte würde eine Doppelzählung beinhalten. D. h. man 80 würde das Papier zweimal zählen [...].

„... Waren und Dienstleistungen ...“

Das BIP umfasst sowohl materielle Güter (Lebensmittel, Kleidung, Autos) als auch immaterielle Dienste (Haarschnitte, Hausreinigung, 85 Arztbesuche). [...]

„... die in einem Land ...“

Das BIP misst den Wert der Produktion innerhalb der geografischen Grenzen eines Landes. Arbeitet ein französischer Staatsbürger vorü- 90 bergehend in Deutschland, so zählt seine Produktionsleistung zum deutschen BIP. Besitzt ein deutscher Staatsbürger eine Fabrik in Portugal, so zählt die Produktionsleistung seiner Fabrik nicht zum deutschen BIP. [...]. 95

„... in einem bestimmten Zeitabschnitt ...“

Das BIP misst den Wert der Produktion, die innerhalb eines bestimmten Zeitintervalls stattfindet. In der Regel ist dieses Intervall ein Jahr oder ein Quartal (drei Monate). Das BIP misst 100 die Einkommens- und Ausgabenströme während dieses Zeitraums. [...]

„... hergestellt werden.“

Das BIP umfasst Waren und Dienstleistungen, die derzeit gerade hergestellt werden. Es um- 105 fasst keine Transaktionen, die in der Vergangenheit produzierte Dinge beinhalten. Wenn VW ein neues Auto herstellt und verkauft, so fließt der Wert dieses Autos in das BIP ein.

N. Gregory Mankiw, Grundzüge der Volkswirtschaftslehre, Schäffer-Poeschel: Stuttgart ³2004, S. 542 ff.

M 3   Das Bruttoinlandsprodukt – was nicht zählt ...

Das Bruttoinlandsprodukt ist die am häufigsten zitierte statistische Wirtschaftskennzahl. Es ist ein summarisches Maß für die ökonomische Aktivität eines Landes im Lauf eines Jah-
5 res – und scheint sich direkt auf wichtige Faktoren wie Haushaltseinkommen oder Arbeits-

losigkeit zu beziehen. Doch tatsächlich wirft das BIP erhebliche Probleme auf.
Die Schwierigkeiten und Grenzen des BIP liegen in der Art und Weise seiner Berechnung 10 und in der Frage, was es enthält. Es beruht auf einer Datensammlung über ökonomische

Transaktionen. Im Prinzip gilt: Alles, was innerhalb eines Jahres gekauft oder verkauft wird, sollte im BIP enthalten sein. Statistiker der Regierung führen gründliche Erhebungen durch, um zu dieser Zahl zu gelangen. Aber das, was in einem Land gekauft oder verkauft wird, gibt nicht unbedingt die gesamte wirtschaftliche Aktivität wieder. Und die Zahl, die am Ende steht, beinhaltet auch nicht notwendigerweise das, was die Menschen an einem Land besonders schätzen. Beispielsweise würden Umweltschützer kritisieren, dass das BIP den Abbau der natürlichen Ressourcen nicht widerspiegelt. Die Abholzung von Wäldern steigert das BIP sogar, wenn das Holz verkauft wird, obwohl dabei ein natürlicher Rohstoff unwiederbringlich verbraucht wird. In ähnlicher Weise bleibt die Umweltverschmutzung bei wirtschaftlicher Tätigkeit unberücksichtigt. Das BIP zählt nur die verkauften Produkte und ignoriert unerwünschte Nebeneffekte wie gesundheitliche Schäden.

Und es gibt weitere Schwierigkeiten. In ihrem Buch „If Women Counted" (1988) schreibt Marilyn Waring, eine ehemalige Abgeordnete im neuseeländischen Parlament, das BIP vernachlässige die Arbeit der Frauen systematisch. Weltweit leisten Frauen einen Großteil der Hausarbeit, sie betreuen die Kinder und kümmern sich um die Älteren. Diese [...] [Fürsorge- und Reproduktionsarbeit] ist wirtschaftlich notwendig, aber sie wird nicht bezahlt und daher auch im BIP nicht berücksichtigt. Die buchhalterischen Unterschiede bei der Berechnung der Wirtschaftsleistung können sehr willkürlich sein, weil gleichwertige Arbeit oft unterschiedlich behandelt wird. Kochen ist „ökonomisch aktiv", wenn die Speisen verkauft werden, aber „ökonomisch inaktiv", wenn das nicht der Fall ist. Dabei liegt der einzige Unterschied darin, ob eine Markttransaktion stattfindet oder nicht. Die Aktivität ist schließlich immer die gleiche. Im einen Fall sind die Frauen ausgeschlossen, im anderen nicht.

So beinhaltet die volkswirtschaftliche Gesamtrechnung einen erheblichen geschlechtsbezogenen Verzerrungseffekt und der wahre. ökonomische Wert der Arbeit, die von Frauen geleistet wird, kommt in den konventionellen Berechnungen systematisch zu kurz. Waring ging noch weiter und meinte, das übliche internationale System zur Berechnung des Volkseinkommens, das United Nations System of National Accounts (UNSNA), sei ein Beispiel für „angewandtes Patriarchat" – mit anderen Worten: ein Versuch der männlich bestimmten Wirtschaft, Frauen auszuschließen.

Die Kritik von Waring und anderen Feministinnen liefert in der Diskussion über die künftige volkswirtschaftliche Gesamtrechnung schlagkräftige Argumente. Aktuelle Diskussionen, wie sich das Wohlbefinden und die Entwicklung sozialer Maßnahmen als Teil des wirtschaftlichen Fortschritts rechnerisch darstellen ließe, weisen auf das wachsende Bedürfnis hin, die Beschränktheit des BIP als Wertmaßstab zu überwinden.

Das Wirtschaftsbuch. Wichtige Theorien einfach erklärt, Dorling Kindersley: München 2013, S. 310 f.

1 Beschreiben Sie die langfristige Entwicklung des Bruttoinlandsprodukts der Bundesrepublik Deutschland (M 1 und Grafik auf S. 159). Liegt ein lineares, exponentielles oder zyklisches Wachstum vor?

2 Erklären Sie die Messung des Bruttoinlandprodukts (M 2).

3 Analysieren Sie die Entwicklung des Bruttoinlandsprodukts anhand der unterschiedlichen Messweisen genauer (M 4) und vergleichen Sie die Entwicklung des deutschen Bruttoinlandsprodukts in West und Ost mit dem EU-Durchschnitt.

4 Erläutern Sie, welche Auswirkungen die Verwendung von verschiedenen Definitionen (M 4) praktisch haben kann.

5 Diskutieren Sie, inwiefern die Kritik in M 3 am Bruttoinlandsprodukt nach Ihrer Wahrnehmung begründet ist und welche politischen Auswirkungen damit eventuell verbunden sind.

6 Erläutern Sie anhand von M 5 und unter Rückgriff auf den Wirtschaftskreislauf, was mit Entstehungs-, Verwendungs- und Verteilungsrechnung des Bruttoinlandprodukts gemeint ist und ordnen Sie z. B. die Autoindustrie innerhalb der Entstehungsrechnung zu.

M4 Mehr als nur ein BIP – die Bezugsgröße entscheidet

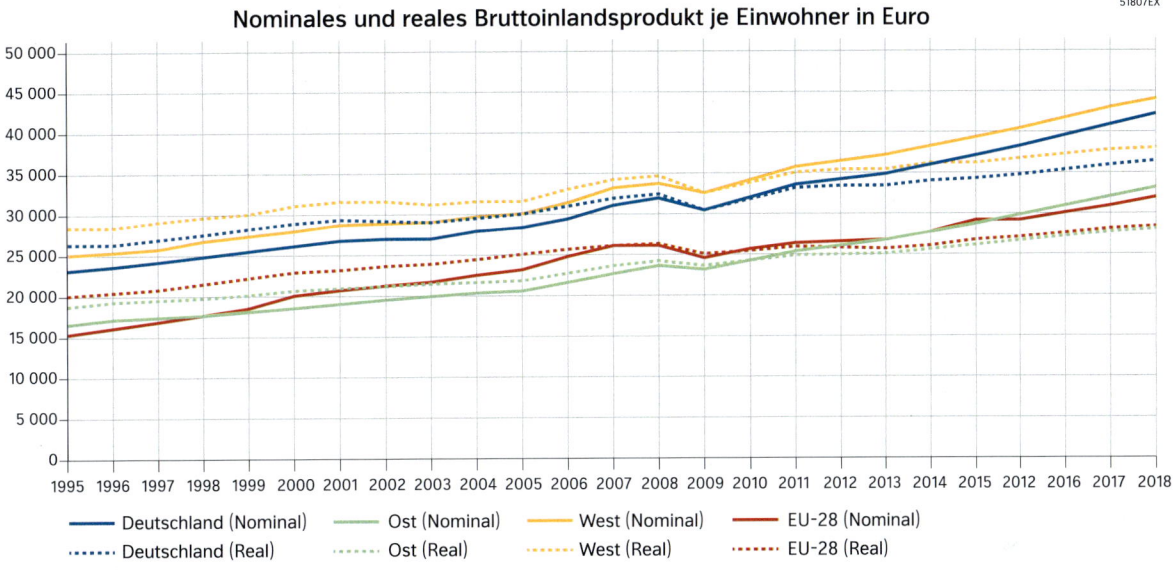

Nominales und reales Bruttoinlandsprodukt je Einwohner in Euro

51807EX

Legende:
- Deutschland (Nominal)
- Ost (Nominal)
- West (Nominal)
- EU-28 (Nominal)
- Deutschland (Real)
- Ost (Real)
- West (Real)
- EU-28 (Real)

Quelle: Statistisches Bundesamt / Eurostat 2019 (Preisbasis = 2010)

M5 Entstehung, Verwendung und Verteilung des BIP

Das Bruttoinlandsprodukt wird nominal und preisbereinigt, insgesamt oder pro Kopf berechnet. Die verschiedenen Werte in M4 ermöglichen eine jeweils eigene Perspektive auf die wirtschaftliche Entwicklung.

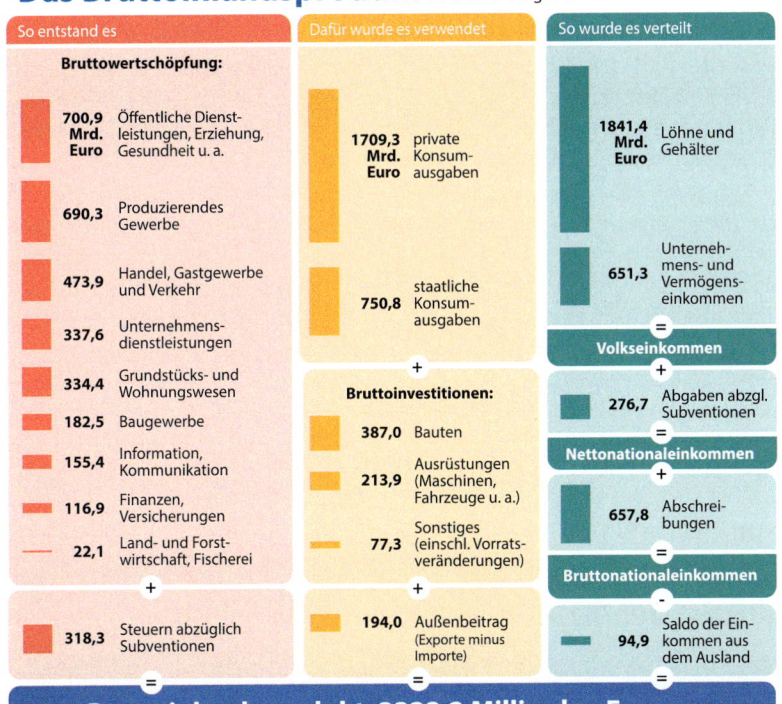

Deutschlands Volkswirtschaft zieht Bilanz

Das Bruttoinlandsprodukt 2020 Angaben in Milliarden Euro

So entstand es

Bruttowertschöpfung:

- 700,9 Mrd. Euro — Öffentliche Dienstleistungen, Erziehung, Gesundheit u. a.
- 690,3 — Produzierendes Gewerbe
- 473,9 — Handel, Gastgewerbe und Verkehr
- 337,6 — Unternehmensdienstleistungen
- 334,4 — Grundstücks- und Wohnungswesen
- 182,5 — Baugewerbe
- 155,4 — Information, Kommunikation
- 116,9 — Finanzen, Versicherungen
- 22,1 — Land- und Forstwirtschaft, Fischerei

+

- 318,3 — Steuern abzüglich Subventionen

=

Dafür wurde es verwendet

- 1709,3 Mrd. Euro — private Konsumausgaben
- 750,8 — staatliche Konsumausgaben

+

Bruttoinvestitionen:

- 387,0 — Bauten
- 213,9 — Ausrüstungen (Maschinen, Fahrzeuge u. a.)
- 77,3 — Sonstiges (einschl. Vorratsveränderungen)

+

- 194,0 — Außenbeitrag (Exporte minus Importe)

=

So wurde es verteilt

- 1841,4 Mrd. Euro — Löhne und Gehälter
- 651,3 — Unternehmens- und Vermögenseinkommen

= **Volkseinkommen** +

- 276,7 — Abgaben abzgl. Subventionen

= **Nettonationaleinkommen** +

- 657,8 — Abschreibungen

= **Bruttonationaleinkommen** -

- 94,9 — Saldo der Einkommen aus dem Ausland

=

Bruttoinlandsprodukt: 3332,2 Milliarden Euro

Quelle: Stat. Bundesamt | rundungsbedingte Differenzen | Stand Februar 2021 | © Globus 14523

Was die Wirtschaftspsychologie über Glück und Wohlstand herausgefunden hat

Was ist Wohlstand?

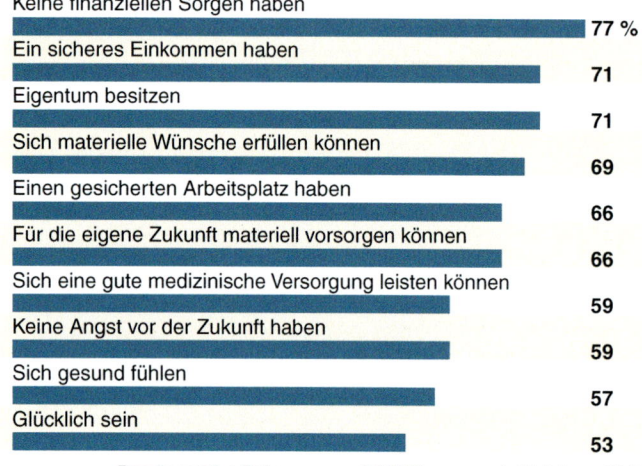

So viel Prozent der Bundesbürger verstehen laut einer Umfrage unter Wohlstand:

Keine finanziellen Sorgen haben	77 %
Ein sicheres Einkommen haben	71
Eigentum besitzen	71
Sich materielle Wünsche erfüllen können	69
Einen gesicherten Arbeitsplatz haben	66
Für die eigene Zukunft materiell vorsorgen können	66
Sich eine gute medizinische Versorgung leisten können	59
Keine Angst vor der Zukunft haben	59
Sich gesund fühlen	57
Glücklich sein	53

Repräsentative Befragung von 2 000 Personen ab 14 Jahren, 2015
dpa•22727   Quelle: Ipsos, Opaschowski

Seit der letzten globalen Wirtschaftskrise wird in der Wirtschaftswissenschaft zunehmend auch interdisziplinär darüber diskutiert, wie das wirtschaftspolitische Ziel Steigerung des Wohlstands – gegenüber einer Fixierung auf das Bruttoinlandsprodukts am besten gemessen und sinnvoll auf das zentrale gesellschaftliche Ziel einer Steigerung des Gemeinwohls bezogen werden kann. Sowohl Wohlstand, Glück als auch Gemeinwohl sind unscharfe Begriffe, die in unterschiedlicher Weise mit Inhalt gefüllt werden können, und das Zusammenwirken von wirtschaftlicher und gesellschaftlicher Wohlfahrt lässt sich aus verschiedenen Perspektiven beurteilen. Dabei zeigt insbesondere das sogenannte Easterlin-Paradoxon, wie wichtig es für eine nachhaltige Wirtschaftspolitik ist, den Zusammenhang von ökonomischem Wohlstand, individuellen Glücksvorstellungen sowie gesellschaftlichem Gemeinwohl und Lebensqualität in einer breiten gesellschaftlichen Diskussion auszuhandeln.

M1   Macht Reichtum Gesellschaften glücklich?

Easterlin analysierte bereits 1974 den Zusammenhang zwischen dem Wachstum des BIP, also einem Maßstab des materiellen Wohlergehens in einem Land, und der subjektiven 5 Zufriedenheit der in dem gleichen Land lebenden Bürger mit ihrer Lebenssituation. Er untersuchte dazu Daten aus 19 Ländern im Zeitraum 1946 bis 1970 und kam im internationalen Vergleich zu dem Ergebnis, dass ein Anstieg des BIP die Lebenszufriedenheit nur bis zu einer 10 bestimmten Schwelle erhöhte, danach jedoch nicht mehr. Innerhalb eines Landes schien nicht die absolute Einkommenshöhe, sondern die Höhe des relativen Einkommens und damit die Stellung innerhalb der gesamten Einkommenspyramide den entscheidenden Einfluss auf die subjektive Zufriedenheit 15 zu haben. Obwohl die verwendeten Daten und Methoden und die damit erzielten Ergebnisse auch auf heftige Kritik stießen, wurde das Easterlin-Paradoxon zu einem Ausgangspunkt 20 der Forschung über die Determinanten der subjektiven Lebenszufriedenheit. Die Höhe des BIP ist dabei nur noch einer unter mehreren Faktoren, von denen das individuelle 25 Glück abhängt, und die Steigerung des BIP alleine macht dann die Menschen auch nicht glücklicher.

Rainer Klump, Wirtschaftspolitik, Pearson: München ⁴2021, S. 288

M2   Perspektiven der ökonomischen Glücksforschung

Wie bereits das Easterlin-Paradoxon zeigt, muss ein Anstieg des BIP nicht automatisch auch die subjektive Lebenszufriedenheit – das individuelle Glück – erhöhen, zumindest nicht über eine bestimmte Schwelle hinaus. Zwar 5 ist auch das reale BIP kein von subjektiven

Bewertungen freier Indikator, denn über die Preise der Güter und Dienstleistungen werden solche Bewertungen erfasst. Es handelt sich

10 dabei allerdings um aggregierte Marktbewertungen und nicht um rein individuelle Einschätzungen. Aufgrund der bekannten Konstruktionsprobleme des BIP, so z.B. der schwierigen Erfassung öffentlicher Güter, ist

15 es eigentlich auch nicht erstaunlich, dass es kein repräsentativer Indikator für das individuelle Lebensglück in einem sehr weiten Sinne sein kann.

Die moderne ökonomische Glücksforschung,

20 die sehr von der Psychologie beeinflusst ist, sieht daher das individuelle Wohlergehen ganz bewusst als ein Ziel an, das von unterschiedlichen ökonomischen und sozialen Faktoren abhängt. Es liegen inzwischen zahlrei-

25 che Befragungen zur Lebenszufriedenheit von Bürgerinnen und Bürgern in Industrie-, Schwellen- und Entwicklungsländern vor, die mit anderen Daten zu den Lebensumständen zusammengeführt und ausgewertet werden

30 können. Es [...] lassen sich dabei die folgenden Determinanten des individuellen Glücks erkennen:

■ ererbte Persönlichkeitsmerkmale, von denen die Fähigkeit abhängt, Glück zu emp-

35 finden; sie werden fast für die Hälfte der individuell unterschiedlichen Zufriedenheitsempfindungen verantwortlich gemacht,

■ wirtschaftliche Faktoren, darunter die Hö-

40 he des Einkommens und die Sicherheit des Arbeitsplatzes,

■ soziodemografische Faktoren, darunter insbesondere die Gesundheit und das Alter; offenbar sind junge und alte Menschen

45 tendenziell glücklicher als Leute im mittleren Alter; Verheiratete sind glücklicher als Alleinstehende,

■ kulturelle und religiöse Faktoren, die sich auf das individuelle Glücksempfinden aus-

50 wirken,

■ politische Rahmenbedingungen; innerhalb eines demokratischen Systems scheint die Lebenszufriedenheit in der Regel höher zu sein als in autoritären Staaten.

55 Interessanterweise werden ganz unterschiedliche wirtschaftspolitische Konsequenzen aus der Glücksforschung gezogen. Richard Layard [...] plädiert in einer deutlich utilitaristischen Grundhaltung dafür, politische Maßnahmen

60 so zu konzipieren, dass sie die empirisch gemessene Lebenszufriedenheit einer möglichst großen Zahl von Bürgerinnen und Bürgern maximieren. Bruno S. Frey [...] dagegen wendet sich ausdrücklich gegen ein quantifizier-

65 bares staatliches Glücksziel. Er fordert stattdessen die Gestaltung einer Wirtschaftsordnung, die es möglichst vielen Individuen ermöglichen soll, ein nach eigener Einschätzung glückliches Leben zu führen. Die moder-

70 ne Glücksforschung hat die Wirtschaftspolitik wieder mit der Tatsache konfrontiert, dass das letzte Ziel wirtschaftlicher Entwicklung in der Überwindung materieller Knappheit und damit in der Verbesserung einer wesentlichen Dimension der Lebensqualität besteht.

75

Rainer Klump, Wirtschaftspolitik, Pearson: München
⁴2021, S. 288 ff.

INFO

Richard Layard
(* 1934)
britischer Ökonom

utilitaristisch
menschliches Handeln (nur) nach dessen Folgen bewerten, bezüglich der Mehrung von Glück

Bruno S. Frey
(* 1941)
Schweizer Wirtschaftswissenschaftlere

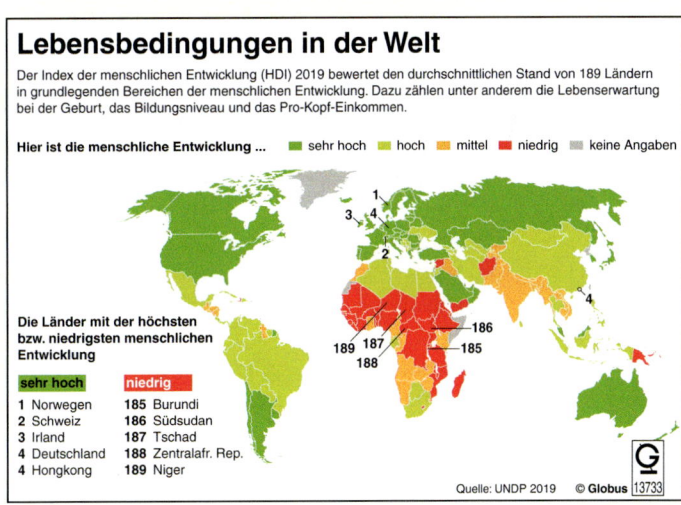

Lebensbedingungen in der Welt

Der Index der menschlichen Entwicklung (HDI) 2019 bewertet den durchschnittlichen Stand von 189 Ländern in grundlegenden Bereichen der menschlichen Entwicklung. Dazu zählen unter anderem die Lebenserwartung bei der Geburt, das Bildungsniveau und das Pro-Kopf-Einkommen.

Hier ist die menschliche Entwicklung ...   ■ sehr hoch   ■ hoch   ■ mittel   ■ niedrig   ■ keine Angaben

Die Länder mit der höchsten bzw. niedrigsten menschlichen Entwicklung

sehr hoch	niedrig
1 Norwegen	185 Burundi
2 Schweiz	186 Südsudan
3 Irland	187 Tschad
4 Deutschland	188 Zentralafr. Rep.
4 Hongkong	189 Niger

Quelle: UNDP 2019   © Globus 13733

---

1 Erläutern Sie das Easterlin-Paradox (M 1) am Beispiel einer von ihnen gewählten Gesellschaft.

2 Entwickeln Sie ausgehend vom Index der menschlichen Entwicklung (HDI) in M 2 einen integrierten Gesamtindikator für das Gemeinwohl einer Gesellschaft, der wirtschaftliche (u. a. BIP pro Kopf), soziale (z. B. Lebenserwartung) und ökologische Aspekte (z. B. CO_2 pro Kopf) zusammenführt. Legen Sie dabei für die verschiedenen Teilindikatoren eine Prozentgewichtung fest.

Jenseits des Wirtschaftswachstums – Postwachstumsökonomie als Alternative?

M1   Thesen zur Postwachstumsgesellschaft

Alterssicherung

Der monetäre Generationenvertrag der Alterssicherung muss in einer Postwachstumsgesellschaft durch einen nicht monetären, sozialen Generationenvertrag ergänzt werden.

5 *Francois Höpflinger, Soziologin*

Arbeitsmarkt

In allen hoch entwickelten Industrieländern sinken die Wachstumsraten des BIP bei
10 schrumpfendem Industrie- und wachsendem Dienstleistungssektor längerfristig. [...] Arbeitszeitverkürzungen und die Schaffung von – vor allem staatsnahen – Dienstleistungen müssen eine entscheidende Rolle spielen.

15 *Norbert Reuter, Gewerkschafter*

Bildung

Bildung ist sowohl Voraussetzung für eine Postwachstumsgesellschaft als auch Selbstzweck. Bildung macht reich jenseits von Ressourcen
20 verschwendung und Statussymbolen. [...] Der Bildungsbegriff muss um Aspekte des Könnens und der Lebenskunst erweitert werden.

Christine Ax, Sozialwissenschaftlerin

Demokratie, Bürgerschaft, Partizipation

25 Der Weg zu einer Postwachstumsgesellschaft muss von umfassender demokratischer Deliberation und Partizipation getragen sein.

Claudia von Braunmühl, Politikwissenschaftlerin

Finanzmärkte, Banken

30 Es bedarf dringend eines durch finanzwirtschaftliche Aufklärung herbeigeführten Bewusstseinswandels und der ordnungspolitischen Neuordnung der Finanzmärkte. Eine solche muss ein Verbot von Finanzdienstleistungen beinhalten, die nicht der Realwirtschaft dienen.   35

Thomas Jorberg, Bankier

Konsum

Ökonomisches Wachstum wird von wachsendem Konsum angetrieben. [...] Eine Postwachstumsgesellschaft muss das Wachstum   40 des Konsums materieller Güter einschränken und soziale Ungleichheiten – global wie national – begrenzen.

Inge Røpke, Wirtschaftswissenschaftlerin

Ressourceneffizienz   45

Wirtschaftswachstum und Nachhaltigkeit sind nur vereinbar, wenn es gelingt, neben dem Klimaziel ein explizites Ressourcenverbrauchsziel zu stellen, und wenn diese ökologischen Ziele die ökonomischen Ziele deter   50 minieren.

Bernd Meyer, Wirtschaftswissenschaftler

Verteilungsgerechtigkeit

Das Ziel einer gerechten Verteilung steht einer auf Postwachstum ausgerichteten Wirt   55 schafts- und Gesellschaftspolitik nicht entgegen. Im Gegenteil: Die Orientierung auf Postwachstum ermöglicht es, für die bestehende Situation von geringem oder ausbleibendem Wachstum die Frage nach einer gerechten   60 Verteilung zu stellen.

Matthias Möhring-Hesse, Sozialethiker

Irmi Seidl/Angelika Zahrnt (Hg.), Postwachstumsgesellschaft. Konzepte für die Zukunft, Metropolis: Marburg 2010, S. 239 f. (Zwischenüberschriften ergänzt)

M2   Wirtschaftswachstum unter die Lupe genommen

Argumente für quantitatives Wachstum

(1) Mit „Wirtschaftswachstum" wird etwas Positives verbunden. Wenn eine Regierung berichten kann, dass die Volkswirtschaft im letzten Jahr um 2 Prozent gewachsen sei und dass   5 das Wachstum nach Meinung der Sachverständigen sogar zunehmen werde, dann klingt das gut, und es verbinden sich damit implizit

Erwartungen bezüglich der Schaffung von Arbeitsplätzen, Einkommen und besserer Güterversorgung.

(2) Grundsätzlich erlaubt Wirtschaftswachstum per se eine bessere Versorgung der Bevölkerung mit Waren und Dienstleistungen. (Ob dies erforderlich oder umweltpolitisch sinnvoll ist, steht hier nicht zur Debatte, ebenso wenig die Frage, wie sich der Zuwachs verteilt.)

(3) Bei wachsender Bevölkerung würde sich der (statistische) Lebensstandard verringern, wenn bei dem Quotienten BIP/Bevölkerung nicht auch der Zähler wächst. Dies trifft auf sehr viele Länder zu. Dabei ist nicht nur die biologische Vermehrung der Bevölkerung gemeint, sondern auch Wachstum durch Zuzug von Ausländern (Migration).

(4) Wenn der Lebensstandard nicht nur gehalten, sondern gehoben werden soll, ist Wachstum nicht nur bei wachsender, sondern auch bei stagnierender und sogar schrumpfender Bevölkerung erforderlich. Andernfalls könnte eine Besserstellung von Bevölkerungsgruppen nur durch Schlechterstellung anderer erfolgen: Wenn ein reales BIP von 10 Einheiten gegenwärtig zwischen zwei Bevölkerungsgruppen im Verhältnis 7:3 aufgeteilt wird, kann ohne Wachstum eine Veränderung nur in Richtung 6:4 oder 8:2 erfolgen, jeweils zum Nachteil einer Gruppe. [...]

(5) Die Verwirklichung arbeitssparenden technischen Fortschritts bedeutet im Sinne des Minimalprinzips, dass dasselbe Produktionsergebnis mit geringerem Arbeitsaufwand erzielt werden kann. Das „Wegrationalisieren" von Personal in vielen Wirtschaftszweigen macht dies deutlich: „Freigesetzte" Arbeitskräfte bleiben arbeitslos, wenn sie nicht an anderer Stelle eine neue Beschäftigung finden, also zusätzliche Produktionsleistung erbringen (und das bedeutet Wachstum). Bekannte historische Beispiele in diesem Zusammenhang waren auch Heizer auf Dieselloks oder Bremser auf hydraulisch gebremsten Zügen, da die englischen Gewerkschaften sich jeder Verwirklichung technischen Fortschritts widersetzten, der Arbeitsplätze vernichtete, und Beschäftigungsgarantien verlangten. Heute sieht es eher so aus, dass Unternehmen – betriebswirtschaftlich völlig rational – Produktionen in ein lohnkostengünstigeres Land verlagern („verlängerte Werkbank") und für die inländische Wertschöpfung benötigte Vorleistungen entsprechend importieren. Die Prognosen hinsichtlich der Entwicklung der Arbeitslosigkeit geben hier wenig Anlass zu Optimismus. Eine Absorption der strukturellen Arbeitslosigkeit durch Wachstum erforderte Wachstumsraten, die aus heutiger Sicht absolut unrealistisch sind. In diesem Zusammenhang erhält das Bemühen um Arbeitszeitverkürzung bestimmter Gewerkschaften eine andere Qualität als aus der betriebswirtschaftlichen Sicht der Kostenbelastung der Unternehmen. [...]

(6) Ein Pro-Wachstums-Argument ist auch, dass es bei wachsender Wirtschaft leichter ist, über verbesserte Arbeitsbedingungen zu verhandeln als bei stagnierender Entwicklung. [...]

Argumente gegen quantitatives Wachstum

(1) Ein oft verwendetes Kontra-Wachstums-Argument ist die Ressourcenverknappung. Bestimmte Bodenschätze, die heute maximal ausgebeutet würden, stünden morgen nicht mehr zur Verfügung. Angemessenes Wachstum wäre unter diesem Gesichtspunkt zu verstehen als Verzicht auf kurzfristige (und kurzsichtige) Wachstumsmaximierung zugunsten einer langfristigen Wachstumsmaximierung [...]. Nach anfänglichen hohen Wachstumsraten bei maximaler Wachstumsstrategie [kann] nach Erschöpfung von Ressourcen eine Abschwächung eintreten, die insgesamt zu geringerem aggregierten Wachstum führen mag als eine kontinuierliche, wenngleich anfangs geringere Wachstumsrate. Der Vergleich mit einem Langstreckenläufer bietet sich an, der

Zeichnung:
Horst Haitzinger

»Hurra, wieder 2,5% höher!«

GLOSSAR

Konjunktur

anfangs hinter einem Kurzstreckenläufer herlaufen wird, jedoch bald den erschöpften
100 Schnellläufer einholen und überholen wird. Angemessenes Wachstum ist daher als nachhaltiges Wachstum zu verstehen, ein Begriff, der aus der Umweltdiskussion hervorgegangen ist.

105 (2) Verschiedene Argumente gegen – maximales – Wachstum richten sich darauf, dass forciertes Wachstum weitere Effekte auslösen kann, die zu einer Verschlechterung der Lebensqualität führen. In Fortführung des Um-
110 weltaspektes ist daran zu denken, dass Wachstum mit Emissionen von Schadstoffen und entsprechenden Immissionen in die Umweltmedien (Luft, Wasser, Boden) einhergehen kann.

115 (3) Ferner kann Wachstum mit weiteren Zielen kollidieren und zu Zielkonflikten führen. Dabei ist vor allem an die erforderliche Finanzierung des Wachstums durch Staatsverschuldung zu denken sowie an die Überforderung
120 der Leistungsfähigkeit einer Volkswirtschaft, die sich als Inflation auswirken kann. Da Wachstum – wie erwähnt – sich auch durch arbeitssparende Investitionen realisieren kann, besteht auch die Gefahr von Beschäfti-
125 gungseinbußen. Zudem können Unternehmen beim Hochfahren der Produktion in Liquiditätsengpässe geraten, wenn ihnen

Banken erforderliche Kredite verweigern. Zudem ist zu beobachten, dass zu Beginn eines Konjunkturaufschwungs die Unternehmen 130 sich mit Neueinstellungen (noch) zurückhalten, sodass ein Wachstum ohne Beschäftigungseffekte auftreten kann („jobless growth").

(4) Folglich kann Wachstum einhergehen mit 135 zunehmender Verschlechterung der Einkommens- und Vermögensverteilung, und zwar in nationaler wie internationaler Hinsicht. Schließlich kann forciertes Wachstum zu Lasten der Umwelt gehen, entweder im Sinne der 140 unter (1) angesprochenen Ressourcenvernichtung oder im Sinne von Emissions- und Immissionsschäden.

(5) Schließlich ergibt sich ein rechnerisches Problem, wenn anhaltendes Wachstum ange- 145 strebt werden soll: Eine Wachstumsrate von 2 Prozent bedeutet auf 100 bezogen einen Zuwachs von 2, im Jahr darauf 2 Prozent von 102, dann 2 Prozent von 104 usw., d.h. für eine konstante Wachstumsrate muss der absolute Zu- 150 wachs steigen. Bei einer Rate von 2 Prozent müsste sich das BIP innerhalb von 35 Jahren – also innerhalb einer Generation – (real!) verdoppeln, d.h. es würden doppelt so viele Güter zur Verfügung stehen wie heute. Dabei 155 werden Zweifel an der Sinnhaftigkeit des Wachstums geäußert.

Jörn Altmann, Wirtschaftspolitik, Lucius & Lucius: Stuttgart ⁸2007, S. 48 ff.

M3   Qualitatives Wirtschaftswachstum – eine Alternative?

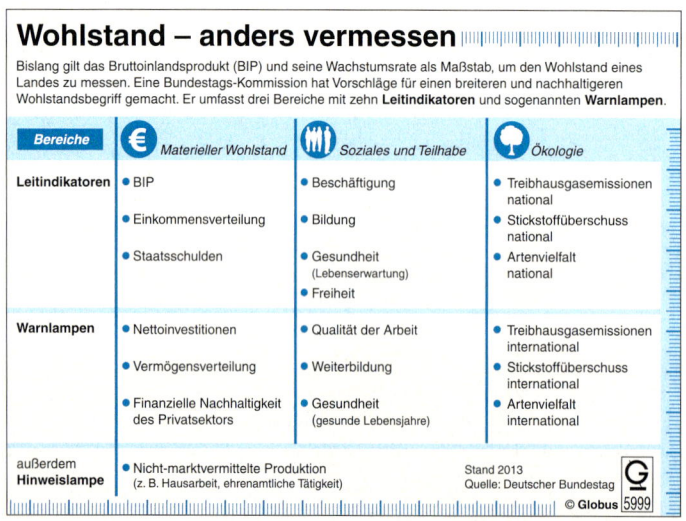

Wohlstand – anders vermessen

Bislang gilt das Bruttoinlandsprodukt (BIP) und seine Wachstumsrate als Maßstab, um den Wohlstand eines Landes zu messen. Eine Bundestags-Kommission hat Vorschläge für einen breiteren und nachhaltigeren Wohlstandsbegriff gemacht. Er umfasst drei Bereiche mit zehn **Leitindikatoren** und sogenannten **Warnlampen**.

Bereiche	€ Materieller Wohlstand	Soziales und Teilhabe	Ökologie
Leitindikatoren	• BIP • Einkommensverteilung • Staatsschulden	• Beschäftigung • Bildung • Gesundheit (Lebenserwartung) • Freiheit	• Treibhausgasemissionen national • Stickstoffüberschuss national • Artenvielfalt national
Warnlampen	• Nettoinvestitionen • Vermögensverteilung • Finanzielle Nachhaltigkeit des Privatsektors	• Qualität der Arbeit • Weiterbildung • Gesundheit (gesunde Lebensjahre)	• Treibhausgasemissionen international • Stickstoffüberschuss international • Artenvielfalt international
außerdem **Hinweislampe**	• Nicht-marktvermittelte Produktion (z. B. Hausarbeit, ehrenamtliche Tätigkeit)	Stand 2013 Quelle: Deutscher Bundestag	© Globus 5999

Die Argumente [für oder wider Wirtschaftswachstum] fließen oft in der Überlegung zusammen, dass eine Abkehr vom quantitativen Wachstum und eine Hinwendung zu qualitativem Wachstum erforderlich sei. Dabei steht 5 die Zusammensetzung des BIP im Vordergrund: Nicht mehr die Vergrößerung der Gütermengen wird proklamiert, sondern beispielsweise gezielte Energieeinsparungen (was per se das BIP senkt), die Erhöhung des 10 Dienstleistungsanteils (Service), verstärktes Recycling, Verbesserung der Arbeitsrahmenbedingungen, Erhöhung der Freizeitqualität, Verringerung der internationalen Entwicklungsdefizite usw. Das ökonomische Wachs- 15 tumskriterium wird damit durch ökologische, soziale, kulturelle, politische und andere Aspekte relativiert.

Offenbar ist das gegenwärtig national und international verwendete Konzept der BIP-Berechnung nicht geeignet, diese vielfältigen, mit dem Begriff Lebensqualität verbundenen Aspekte entsprechend widerzuspiegeln. Viele produktive (positive) Aspekte werden im Inlandsprodukt nicht erfasst (Hausarbeit und Kindererziehung, Gartenpflege), andere (negative) werden entsprechend ihrem Aufwand als wertsteigernd gewertet (Krankheitskosten, Unfallreparatur, Behebung von Ölkatastrophen an den Küsten), obgleich sie bestenfalls werterhaltend sind. Die vorangehenden Wertminderungen bleiben unberücksichtigt: Erfasst wird nicht der Wertebestand, sondern die Werteproduktion innerhalb einer Periode.

Jörn Altmann, Wirtschaftspolitik, Lucius & Lucius: Stuttgart ⁸2007, S. 52

M4   Der Weg in die Postwachstumsökonomie

Der deutsche Ökonom Niko Paech, ein prominenter Vertreter des Konzepts der Postwachstumsökonomie, erläutert die beiden zentralen Strategien dieser wachstumskritischen Richtung in den Wirtschaftswissenschaften.

Das Festhalten am Wachstums- und Fortschrittsparadigma kann weder die multiplen Gegenwartskrisen lösen noch garantiert es gesellschaftlichen Wohlstand für alle. Obendrein verwehrt uns das dauernde Streben nach Wachstum die freie Verfügung über unsere Zeit und damit eine notwendige Voraussetzung für ein glückliches Leben. Die entscheidende Frage lautet daher, wie wir dem Zwang zum Wachstum entkommen und in eine Phase der Postwachstumsökonomie eintreten können.

Die Antithese zu einer auf Wachstum, Geld- und Fremdversorgung basierenden Existenzform entspräche einer tendenziellen Wiedererlangung dessen, was Marianne Gronemeyer als „Daseinsmächtigkeit" bezeichnet. Gemeint ist ein Zusammenspiel zweier Eigenschaften: Die genügsame Anpassung von Ansprüchen (Suffizienz) entsprechend den eigenen Fähigkeiten bzw. verfügbaren Optionen und Ressourcen (Subsistenz).

Der Übergang in die Postwachstumsökonomie setzt somit voraus, das „Zuhandene zum Hinreichenden" (Marianne Gronemeyer) zu machen. An erster Stelle steht dabei die Suffizienz, also das Bestreben, mit weniger Gütern auszukommen. Hilfreich ist dabei folgende Logik: Wer an der Vielfalt materieller Optionen zu ersticken droht, verzichtet nicht auf Konsumgüter, sondern befreit sich von Überflüssigem. Sich klug jenes Ballastes zu entledigen, der viel Zeit, Geld, Raum und ökologische Ressourcen kostet, aber nur minimalen Nutzen stiftet, bedeutet zugleich, sich dem volatilen Marktgeschehen und dem Zwang zum Gelderwerb zu entziehen. Im Gegenzug reduziert ein solcher Schritt den Stress, unter dem mehr und mehr Menschen leiden. Im Zeitalter der Reizüberflutung wird Suffizienz auf diese Weise auch zum Selbstschutz.

Des Weiteren sind neue Formen der Subsistenz erforderlich. Sie dienen der Selbstversorgung und als nicht monetarisierter Beitrag zur Versorgung des nahegelegenen Umfeldes. Infolgedessen wächst die ökonomische Souveränität kleiner Versorgungssysteme; zugleich werden strukturelle Wachstumstreiber gemildert. Auch die Rückbesinnung auf kreative Selbstversorgung bedeutet nicht Verzicht, sondern verfolgt in erster Linie das Ziel, sich von der Notwendigkeit der Fremdversorgung allmählich und so weit wie möglich abzukoppeln.

Kurze Wertschöpfungsketten: Die Regionalisierung der Ökonomie

Möglich wird dies durch eine verringerte Distanz zwischen Verbrauch und Produktion. Dabei gibt es zahlreiche Möglichkeiten, sich der Fremdversorgung zu entziehen – und sie beschränken sich keineswegs darauf, Gemüse im Garten anzubauen. Auch Formen einer urbanen Subsistenz befähigen den Einzelnen, sich der schicksalhaften Abhängigkeit von Geld- und Fremdversorgung zu entledigen: Wer beispielsweise lediglich 20 Stunden in der Woche dem Gelderwerb nachgeht, kann seine Kreativität auch nichtkommerziellen Aktivitäten widmen, etwa einem Handwerk, dem Zeitvertreib mit Kindern, der Nachbarschaftshilfe, der Mitwirkung im Gemeinschaftsgarten, der

INFO

Marianne Gronemeyer
(* 1941)
deutsche Erziehungs-
wissenschaftlerin

Pflege und Reparatur von Konsumgütern, dem Gemeinwesen und so weiter und so fort. Kurze Wertschöpfungsketten, etwa im Sinne einer
80 Lokal- oder Regionalwirtschaft, erzeugen außerdem jene Nähe und damit das Vertrauen, welches eine weniger zinsträchtige Kapitalbeschaffung ermöglicht. [...]

Das Ende der Wegwerfgesellschaft
85 Die nach dem Rückbau verbleibenden Industriestrukturen wären überdies so umzugestalten, dass die Neuproduktion von Gütern eine eher untergeordnete Rolle spielt. Im Vordergrund stünde stattdessen, vorhandene Güter-
90 bestände und Infrastrukturen aufzuwerten – durch Renovierung, Konversion, Optimierung, Verlängerung oder Intensivierung der Nutzungsdauer. Reparaturdienstleistungen würden dazu beitragen, defekte Güter seltener
95 auszurangieren. Vorhandene Güter könnten länger genutzt werden, indem sie funktional und ästhetisch angepasst würden und somit möglichst lange im Kreislauf einer sinnvollen Verwendung verblieben. Märkte für aufgear-
100 beitete und überholte Güter würden ebenfalls zu einer verringerten Neuproduktion beitragen. Wenn es gelänge, die durchschnittliche Nutzungsdauer mancher Konsumgüter auf diese Weise zu verdoppeln, könnte das Aus-
105 maß der industriellen Produktion erheblich verringert werden, ohne bestehende Konsumfunktionen einzuschränken. Vielmehr müsste die „Wegwerfgesellschaft" durch eine Reduktion des Überflusses umgewandelt werden. Da
110 weniger Neuanschaffungen erforderlich wären, würde zudem weniger Einkommen, also auch weniger Arbeitszeit benötigt. Mit der gewonnenen Zeit ließen sich in Eigenarbeit Leistungen erbringen, die vormals bezahlt werden
115 mussten, was zu weiteren finanziellen Entlastungen führen würde. Damit schließt sich der Kreis zur Subsistenz, die damit nicht nur zu mehr Autonomie verhilft, sondern auch den Bedarf an monetärer Versorgung verringert.

Niko Paech, Das Elend der Konsumwirtschaft. Von Rio+20 zur Postwachstumsgesellschaft, in: Blätter für deutsche und internationale Politik, Heft 6/2012, S. 55 ff.

M5 Weniger ist nicht immer mehr: Warum wir qualitatives Wachstum brauchen

Dierk Hirschel ist Chefökonom der Gewerkschaft ver.di und setzt sich kritisch mit dem Konzept der Postwachstumsökonomie auseinander.

Die Freunde einer Postwachstumsgesellschaft
5 wollen die kapitalistische Verwertungsmaschine [...] außer Betrieb nehmen. Denn Wachstum lässt sich angeblich nicht vom Energie- und Ressourcenverbrauch entkoppeln. Tatsächlich tendiert die expansive kapi-
10 talistische Produktionsweise dazu, Effizienzgewinne durch Mehrproduktion – sogenannter Rebound-Effekt – wieder zunichtezumachen.
Zwar gibt es noch gigantische Effizienzreser-
15 ven zu heben. Ob dies unter kapitalistischen Verhältnissen möglich ist und zu einer Entkoppelung vom Verbrauch führt, muss aber erst noch unter Beweis gestellt werden. Richtig ist auch die Kritik, dass rein quantitatives
20 Wachstum viele soziale und ökologische Probleme nicht löst. Falsch ist jedoch eine Verteufelung jeder Form des Wirtschaftswachstums. Unwidersprochen ist das Bruttoinlandsprodukt ein miserabler Indikator für Wohlstand und Lebensqualität. Das BIP ist blind für die
25 sozialen und ökologischen Folgen unserer Wirtschaft. Wenn sich eine Massenkarambolage auf der A3 ereignet, steigert der Rettungseinsatz das Sozialprodukt. Die Zerstörung der Natur und der Ressourcenabbau werden nicht
30 im BIP berücksichtigt. Ein neues Wohlstandsmaß ist somit überfällig, eine neue Logik des Verzichts aber nicht.
Weniger ist nicht immer mehr. Wir erleben gerade wie ein krisenbedingt schrumpfendes
35 Sozialprodukt der Gesellschaft schadet. Die wirtschaftlichen und sozialen Folgen der Corona-Pandemie zerstören Existenzen und stürzen Millionen Menschen in Arbeitslosigkeit und Armut. Umgekehrt ist mehr nicht im-
40 mer weniger.
Mehr Erzieherinnen, mehr Lehrer und mehr Altenpfleger vergrößern durch die steigende

Lohnsumme das Volkseinkommen und erzeugen dadurch Wirtschaftswachstum. Mehr Windräder, mehr Solaranlagen, mehr Busse und Straßenbahnen steigern ebenfalls das Sozialprodukt. Dieses qualitative Wachstum macht aber unsere Gesellschaft lebenswerter. Deswegen darf der notwendige sozial-ökologische Umbau von Wirtschaft und Gesellschaft nicht durch die Pandemie ausgebremst werden. Nach der Krise werden Unternehmen klimafreundliche Investitionen aus Kostengründen zurückstellen. Automobilbauer und Energiekonzerne werden versuchen, Umweltstandards zu lockern. Und ein hoch verschuldeter Staat wird große Schwierigkeiten haben das notwendige Kleingeld für den Ausbau umweltgerechter Infrastrukturen zusammenzukratzen. [...]

Die sozial-ökologische Transformation [muss] konsequent vorangetrieben werden. Die ökologische Frage ist zu einer Existenzfrage geworden. Die zentrale Herausforderung besteht darin, die Verkehrs-, Energie-, und Agrarwende ökonomisch vernünftig und sozial verträglich zu gestalten. Im Mittelpunkt eines sogenannten Green New Deals sollte ein grünes Zukunftsinvestitionsprogramm stehen. Dieses muss jetzt angekündigt und schnell umgesetzt werden. Für eine grüne Verkehrswende muss der Staat kräftig in den öffentlichen Nah- und Fernverkehr investieren. Der Verkehr sollte von Luft und Straße auf die Schiene verlagert werden. Zentral ist zudem der ökologische Umbau der Automobilindustrie. Richtiger Klimaschutz geht nur mit weniger Autos. Ein ökologisches Mobilitätskonzept braucht folglich neue Produkte und Geschäftsmodelle für die Konversion der Autobauer.

Die Energiewende zielt auf eine Vollversorgung durch erneuerbare Energien. Durch mehr Photovoltaik-Freiflächenanlagen, Solaranlagenzwang auf allen geeigneten Dächern, weitere Flächen für Windkraftanlagen, einen Aus- und Umbau der Stromnetze sowie mehr Strom- und Wärmespeichern kann der Ausbau vorangetrieben werden. Darüber hinaus sollte verstärkt in Energieeffizienz und Energieeinsparung investiert werden. Eine Agrarwende muss den ökologischen Landbau stärker fördern. Die Massentierhaltung sollte eingeschränkt werden. Der Einsatz von Pestiziden und mineralischen Düngemitteln muss zurückgefahren werden.

Des Weiteren sollte mit staatlicher Unterstützung eine funktionierende Kreislaufwirtschaft aufgebaut werden. Die Wegwerfwirtschaft muss zugunsten geschlossener Stoffkreisläufe überwunden werden. Ferner müssen die internationalen Wertschöpfungsketten und Handelsströme stärker regionalisiert werden. Ein solcher Green New Deal darf keine soziale Schieflage produzieren. Deswegen müssen zusätzliche Belastungen für untere und mittlere Einkommensbezieher sowie sozial Benachteiligte ausgeglichen werden. Bezahlt werden muss die sozial-ökologische Transformation von Unternehmen und Einkommensgruppen mit großem ökologischen Fußabdruck.

Ein Green New Deal setzt auf qualitatives bzw. selektives Wachstum. Eine pauschale Wachstumskritik ist nicht zielführend. Entscheidend ist vielmehr, was wächst und was schrumpft.

GLOSSAR

Transformation

Dierk Hierschel, Weniger ist nicht immer mehr: Warum wir qualitatives Wachstum brauchen, in: https://causa. tagesspiegel.de/gesellschaft/schlaegt-in-der-krise-die-stunde-der-postwachstums%20oekonomie/weniger-ist-nicht-immer-mehr-warum-wir-qualitatives-wachstum-brauchen.html, 21.04.2020

1 Wählen Sie aus den Thesen zur Postwachstumsgesellschaft (M 1) zwei aus, die Sie besonders ansprechen sowie eine, die Sie ablehnen und stellen Sie diese einer Lernpartnerin bzw. einem Lernpartner vor.

2 Erörtern Sie in Kleingruppenarbeit die Argumente für und gegen quantitatives Wachstum (M 2) und bewerten Sie deren Bedeutung gemeinsam mit ein, zwei oder drei Sternen. Vergleichen Sie anschließend ihre Bewertung mit der einer Partnergruppe.

3 Diskutieren Sie in einem Streitgespräch das Konzept der Postwachstumsökonomie (M 4) und die Kritik an diesem Ansatz (M 5).

4 Verfassen Sie einen wirtschaftspolitischen Kommentar (für eine Radiosendung) zum Thema Relevanz des Konzepts Postwachstumsökonomie in Phasen wirtschaftlicher Stagnation.

Begriffswissen und Fachsprache

Sie können ...

- den Unterschied zwischen Konsum, Investition und Sparen erklären;
- das Modell des Wirtschaftskreislaufs mit seinen fünf Sektoren beschreiben;
- die Funktionen von Märkten sowie Mechanismen der Preisbildung erläutern;
- die Marktformen Polypol, Oligopol, Monopol sowie den Begriff Kartell unterscheiden;
- das Modell des Homo oeconomicus erklären und dessen Prämissen erläutern;
- verschiedene Ziele und Grenzen zwischenbetrieblicher Zusammenarbeit erklären;
- die Bedeutung der Produktionsfaktoren Arbeit, Boden, Kapital und Wissen an konkreten Beispielen erklären;
- den Begriff des Bruttoinlandsprodukts und die damit verbundene Messproblematik erläutern;
- das Konzept der Postwachstumsökonomie erklären;
- begrifflich zwischen ökonomischem Wohlstand, individuellem Glück und gesellschaftlichem Gemeinwohl unterscheiden.

Erworbene Kompetenzen

Analysekompetenz: Sie können ...

- Probleme der Nahrungsmittelproduktion fallbezogen erläutern;
- die Reichweite des eigenen Konsumverhaltens untersuchen;
- die Folgen und Nebenfolgen von verschiedenen ökonomischen Entscheidungen am Modell des Wirtschaftskreislaufs erläutern;
- die Entwicklung von Güterpreisen und damit verbundene Konflikte mithilfe von Kategorien analysieren;
- konkrete Marktsituationen hinsichtlich der Marktform einordnen und ggf. kritisieren;
- Ursachen für die Kooperation und Konzentration von Unternehmen benennen sowie konkrete Märkte hinsichtlich ihrer Konzentration analysieren;
- die Entwicklung des Bruttoinlandsprodukts (mit seinen verschiedenen Varianten) eines Staates auf Basis von Daten analysieren und hinsichtlich seiner Nachhaltigkeit beurteilen.

Urteilskompetenz: Sie können ...

- Priorisierungskonflikte hinsichtlich möglicher Ziele von Unternehmen erläutern und bewerten;
- die Glaubwürdigkeit von Nachhaltigkeitsstrategien von Unternehmen kritisch beurteilen;
- die Bedeutung von Wissen und (digitaler) Kommunikation für die Entwicklung einer Wirtschaft beurteilen;
- die Vor- und Nachteile von qualitativem und quantitativem Wachstum erörtern und begründet abwägen.

Handlungs- und Methodenkompetenz: Sie können ...

- die Reichweite des eigenen Konsums kritisch reflektieren und verantworten;
- Empfehlungen der Verbraucherberatung für ein nachhaltiges Konsumverhalten auf Grundlage eigener Entscheidung beachten;
- eigene Ziele und Interessen in einer simulierten Unternehmenskonferenz artikulieren und argumentativ begründen;
- die Bedeutung von Wissen und (digitaler) Kommunikation für die Entwicklung einer Wirtschaft und einzelner Unternehmen beurteilen;
- den Unterschied von Wohlstand und Glück sowie die politische Bedeutung dieser Differenz diskutieren;
- in einem Streitgespräch über die Priorität und das Maß von Wirtschaftswachstum mit einer eigenen Position aktiv mitwirken.

Kontrollieren Sie Ihr Wissen und Können

Partnerinterview: Wohlfahrt – Wirtschaftswachstum – Gemeinwohl

In diesem Teilkapitel wurden zentrale Grundlagen, Stärken und Probleme des marktwirtschaftlichen Wirtschaftssystems erarbeitet. Dabei stand das Zusammenspiel von Konsum (private Haushalte) sowie Produktion und Distribution (Unternehmen) im Rahmen der Interaktion auf Gütermärkten (Wettbewerb und Konzentration) im Zentrum der Analyse und Diskussion. Sie hatten dabei die Möglichkeit einige ökonomisch, sozial und politisch bedeutsame Grundfragen zu diskutieren. Nun soll abschließend der Gesamtzusammenhang bewertet und reflektiert werden.

> **1** Führen Sie das Partnerinterview zu den zentralen und kontroversen Fragestellungen der Unterrichtseinheit wechselseitig durch. Die Interviewerin bzw. der Interviewer notiert zu jeder Frage drei bis fünf wichtige Stichworte als Merkhilfe für das sich anschließende Auswertungsgespräch.

Vermerken Sie Ihre Namen (z. B. als Partner/in A und Partner/in B).

Folgende Fragen sollten im Partnerinterview beantwortet werden:

1. **Konsum:** Macht es einen Unterscheid, welche Lebensmittel von Privathaushalten wo und zu welchen Preisen gekauft werden?

2. **Konsumieren, Sparen, Investieren:** Welchen Einfluss haben wir alle gemeinsam mit unseren vielen Millionen Einzelentscheidungen auf die wirtschaftliche Entwicklung?

3. **Marktwirtschaftliche Konkurrenz oder Vorherrschaft der Oligopole:** Ist ökonomischer Wettbewerb ein Mythos?

4. **Eigennützige Unternehmen:** Ist ein Unternehmertum jenseits des Gewinnstrebens wünschenswert?

5. **Wachstum des Bruttoinlandsprodukts:** Auch zukünftig ein legitimes Ziel der wirtschaftlichen Entwicklung?

6. **Wohlstand der Vielen, individuelles Glück der Menschen, Gemeinwohl der Gesellschaft:** Was kann und soll der Kompass für die Entwicklung von Gesellschaften sein?

7. **Postwachstumsökonomie:** Ist eine Abkehr von wirtschaftlichem Wachstum für echten Fortschritt angeraten?

Politisierte …

… europäische Jugend? Klimaproteste in Paris und Frankfurt am Main (2021)

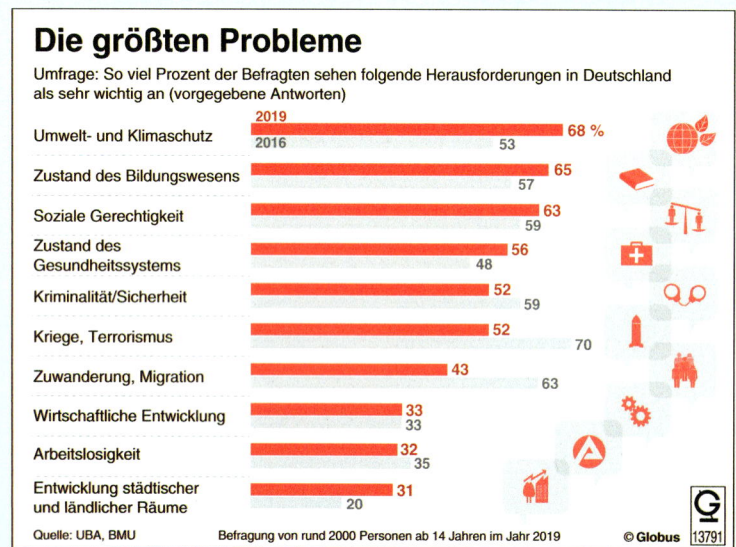

Herausforderungen nachhaltiger Umwelt- und Klimapolitik im Mehrebenensystem der EU

Die Mehrzahl der EU-Bürgerinnen und -Bürger erklären, dass der Schutz der Umwelt für sie persönlich sehr wichtig ist.

Mehr als neun von zehn Antwortenden (94 %) gaben an, dass der Schutz der Umwelt für sie persönlich wichtig ist, davon erklärte mehr als die Hälfte (53 %), dies sei für sie sehr wichtig.

Laut der Umfrage halten die Bürgerinnen und Bürger den Klimawandel (53 %), die Luftverschmutzung (46 %) und die steigenden Abfallmengen (46 %) für die wichtigsten Umweltprobleme. [...]

Bei der Frage nach den wirksamsten Maßnahmen zur Bekämpfung von Umweltproblemen wurden am häufigsten folgende Lösungen genannt: „Änderung unserer Verbrauchsgewohnheiten" (33 %) und „Änderung der Art und Weise, wie wir produzieren und Handel treiben" (31 %).

Schutz der Umwelt - Eurobarometer-Umfrage, in: https://ec.europa.eu/commission/presscorner/detail/de/QANDA_20_330, 03.03.2020

Zeichnung
Paolo Calleri

? Welchen Stellenwert haben Umwelt- und Klimaschutz für das demokratische und soziale Gemeinwesen?
Welche umwelt- und klimapolitischen Ziele setzen sich Deutschland und die EU? Wie können Zielkonflikte verantwortungsvoll abgewogen werden?
Welchen Prinzipien muss eine nachhaltige Umwelt- und Klimapolitik entsprechen?
Welche Möglichkeiten nachhaltiger Verkehrspolitik bietet das Mehrebenensystem der EU, welche Herausforderungen bringt sie mit sich?

3.1 „Zur Wahrung grundrechtlich gesicherter Freiheit" – Umwelt- und Klimapolitik als demokratisches Erfordernis

M1 Notwendigkeit der Transformation

Im Frühjahr 2021 hat das Bundesverfassungsgericht einstimmig ein wohl historisches Urteil gefällt (M 3): Die Klimaklagen vor allem
junger Menschen aus dem In- und Ausland (ge-
5 klagt hatten u. a. deutsche Klimaaktivisten,
aber auch Bauern aus Nepal und Bangladesch)
richteten sich gegen das deutsche Klimagesetz
von 2019. Darin hatte der Gesetzgeber festgelegt, dass der CO_2-Ausstoß bis 2030 um mindes-
10 tens 55 Prozent im Vergleich zu 1990 reduziert
werden soll und Ziele für einzelne Wirtschafts-
sektoren aufgeschlüsselt. Für die Zeit nach
2030 sah das Gesetz hingegen keine konkreten
Vorgaben vor, dabei hat sich die Europäische
15 Union das Ziel gesetzt, bis 2050 klimaneutral
zu sein. Die Richter in Karlsruhe befanden,
dass die Regelungen über die nationalen Klimaschutzziele und die bis 2030 zulässigen Jah-
resemissionsmengen insofern mit den Grund-
20 rechten des Grundgesetzes nicht vereinbar
seien, als hinreichende Vorgaben für die weitere Emissionsreduktion ab 2031 fehlen würden.
Dies widerspreche aber dem verfassungsrechtlichen Gebot „zur Wahrung grundrechtlich ge-
25 sicherter Freiheit" auch nach 2030. Das im
Rahmen europäischer und globaler Abkommen und Gesetze verabschiedete deutsche Klimagesetz und die darin vorgesehenen Maßnahmen, das komplexe Verhältnis zwischen
30 unserer Wirtschafts- und Lebensweise und der
Umwelt nachhaltig zu regulieren, reichen
nicht aus, um vor dem Grundrechtekatalog unseres Grundgesetzes und dem Staatsziel „Umweltschutz" (Art. 20a GG) zu bestehen, urteilte
35 das höchste deutsche Gericht. Mit Blick auf
Menschenwürde, Handlungsfreiheit und Umweltschutz hatten die Beschwerdeführer sich
auf das „Grundrecht auf eine menschenwürdige Zukunft" und auf das „ökologische Exis-
40 tenzminimum" zukünftiger Generationen berufen. Effektive Treibhausgasemissionsmin-
derung, Klimaschutz, als konstitutives Element des Fortbestands unserer demokratischen Grundordnung: Erkämpft auch von ei-
45 ner jungen, transnationalen demokratischen
Öffentlichkeit, die um ihre Zukunft bangt.

Die aus unserer Wirtschafts- und Lebensweise
resultierende (und diese wiederum massiv be-
einflussende) quantitative wie qualitative
Veränderung des Naturvermögens erfordert 50
gesellschaftlichen und wirtschaftlichen Wandel und zwingt den Gesetzgeber dazu, umweltpolitische Maßnahmen zu ergreifen (M 2).
Derlei umweltpolitische Maßnahmen zielen
auf den „Grundbereich der Umwelt", so der 55
Wirtschafts- und Politikwissenschaftler Her-
mann Adam, auf „den Zustand der Atmosphäre, von Wasser, Boden, Pflanzen und Tierwelt".
Die Wechselwirkungen zwischen Wirtschaft und Umwelt implizieren ökonomische 60
Risiken, die z.B. durch den emissionsbeding-
ten globalen Temperaturanstieg, also durch
klimatische Veränderungen, ausgelöst werden. Es besteht dabei, so der Wirtschaftswissenschaftler Rainer Klump mit Blick auf die 65
Klimapolitik, ein „Zwang zur zwischenstaatli-
chen Zusammenarbeit", da „ein globales
Problem zu bekämpfen ist, das aufgrund der
starken Vernetzung von Produktionsketten,
Handel und Finanzmärkten sowie einer 70
gestiegenen Mobilität von Arbeitskräften
zunehmend international wahrnehmbare Effekte auslöst". Das Pariser Klimaabkommen,
2015 als Folgeabkommen früherer Dokumente
von 196 Staaten und der Europäischen Union 75
vereinbart, sieht vor, die Erderwärmung im
Vergleich zum vorindustriellen Zeitalter auf
deutlich unter zwei Grad Celsius, möglichst
auf 1,5 Grad Celsius, zu begrenzen. Durch die
Eindämmung des Klimawandels unterhalb 80
dieses Temperaturniveaus sollen Umweltfol-
gen wie Naturkatastrophen, Dürren und der
Anstieg der Meeresspiegel auch durch nationale Selbstverpflichtungen wirksam begrenzt
werden. Nach eigenem Bekunden übernimmt 85
Deutschland, mit Blick auf das Klimaschutzgesetz, „eine aktive Rolle in der Gestaltung der
europäischen Klimapolitik", nachdem sich die
Staats- und Regierungschefs der EU im Dezember 2019 zur Klimaneutralität bis 2050 be- 90
kannt hatten. Ein Ziel, das auch Hessen im
„Integrierten Klimaschutzplan" formuliert.

Wie die Handlungsebenen, sind auch die Handlungsfelder der Umwelt- und der Klima-
95 politik vielfältig. Beide stellen eine Quer-schnittsaufgabe dar, die Industrie, Energie, Bau, Verkehr, Landwirtschaft aber auch Tou-rismus betrifft. Dabei ist die Reduktion klima-schädlicher Emissionen, wie von CO_2, ange-
100 sichts der Bedeutung dieser Emissionen für unsere ökologischen Probleme ein wesentli-ches, wenn auch bei Weitem nicht einziges Mittel und Ziel.

Herzstück des europäischen Transformations-
105 prozesses ist der sogenannte „Green Deal" der Europäischen Kommission, einschließlich ei-nes europäischen Klimagesetzes: eine Wachs-tumsstrategie für eine klimaneutrale und res-sourcenschonende Wirtschaft. Wesentliche
110 Instrumente sind der Emissionshandel (Ener-giesektor und Industrie) sowie eine Klima-schutzverordnung, die Regulierungsmaßnah-men u. a. im Bereich Landwirtschaft oder des Verkehrs anvisiert. Umweltverbände, die im
115 Frühjahr 2021 vom Bundesverfassungsgericht als „Anwälte der Natur" als nicht beschwerde-befugt angesehen wurden, hatten mit Blick auf die europäischen Vorgaben geltend gemacht, dass der deutsche Gesetzgeber „keine geeigne-
120 ten Maßnahmen zum Schutz der natürlichen Lebensgrundlagen ergriffen" und hierdurch „unionsrechtliche Vorgaben zum Schutz der natürlichen Lebensgrundlagen missachtet" habe. Welche Maßnahmen aber sind zum Schutz natürlicher Lebensgrundlagen geeig- 125 net? Welche Kriterien muss eine nachhaltige Umwelt- und Klimapolitik erfüllen, welche In-strumente stehen für eine nachhaltige Wirt-schafts- und Lebensweise zur Verfügung? Kann ihre Umsetzung im Mehrebenensystem 130 der EU effektiv erfolgen? Können Zielkonflikte des Gesetzgebers etwa hinsichtlich Wirt-schaftswachstums und Beschäftigung wirklich aufgelöst bzw. verantwortlich abgewogen wer-den? Unser wirtschaftlicher Wohlstand ist 135 nach wie vor untrennbar mit „Vernetzung" und „Mobilität" verknüpft. Während CO_2-Emissionen in der EU in anderen Sektoren rückläufig sind, stagniert die Entwicklung im Verkehrssektor allenfalls; dabei wird der An- 140 teil Deutschlands, der größten europäischen Volkswirtschaft, an Treibhausgasemissionen der EU deutlich (M 6, M 7). Angesichts der Ent-scheidung des Bundesverfassungsgerichts hat der deutsche Gesetzgeber im Wahljahr 2021 145 reagiert und strengere bzw. konkretere Emiss-onsmengen für unterschiedliche Wirtschafts-sektoren festgelegt, die in der Fachöffentlich-keit allerdings kritisch beurteilt werden. Was konkret tun? Diese Frage bleibt und soll in 150 diesem Teilkapitel am Beispiel der Verkehrs-politik analysiert und diskutiert werden.

Autorentext

QUERVERWEIS

Ökologische Heraus-forderungen der Gegenwart
S. 126–157

KONTROVERS – IM POLITISCHEN STREIT Natur als Rechtsobjekt oder als Rechtssubjekt?
S. 150–153

M2 2050: Ziel Klimaneutralität

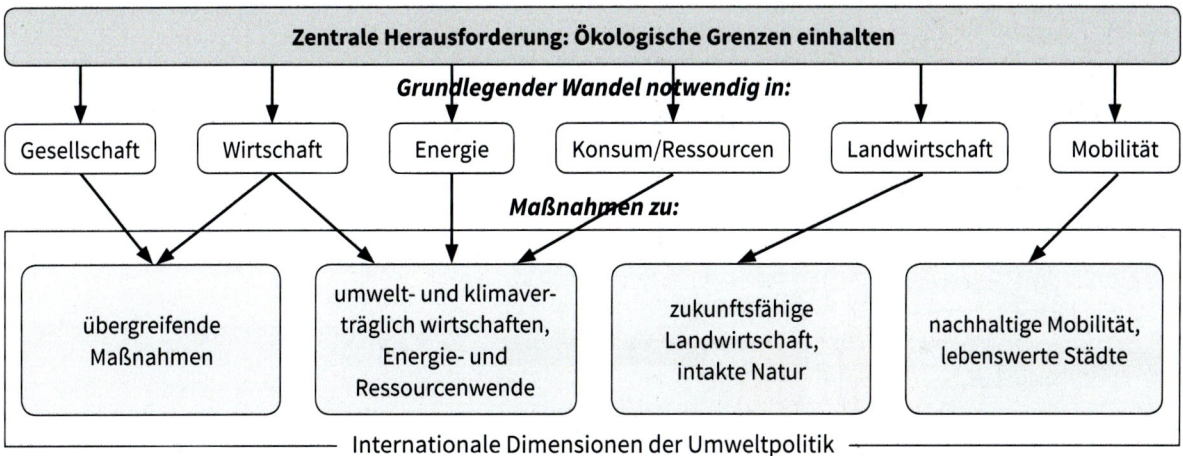

Quelle: Bundesministerium für Umwelt, Naturschutz und nukleare Sicherheit (Integriertes Umweltprogramm 2030) 2016

M 3 Im Namen der Freiheit

Am 24. März 2021 fällte das Bundesverfassungsgericht eine wegweisende Entscheidung zur deutschen Klimaschutzpolitik. Die folgenden „Leitsätze" sind diesem höchstrichterlichen Urteil vorangestellt und fassen wesentliche Inhalte zusammen.

1. Der Schutz des Lebens und der körperlichen Unversehrtheit nach Art. 2 Abs. 2 Satz 1 GG schließt den Schutz vor Beeinträchtigungen grundrechtlicher Schutzgüter durch Umweltbelastungen ein, gleich von wem und durch welche Umstände sie drohen. Die aus Art. 2 Abs. 2 Satz 1 GG folgende Schutzpflicht des Staates umfasst auch die Verpflichtung, Leben und Gesundheit vor den Gefahren des Klimawandels zu schützen. Sie kann eine objektivrechtliche Schutzverpflichtung auch in Bezug auf künftige Generationen begründen.

2. Art. 20a GG verpflichtet den Staat zum Klimaschutz. Dies zielt auch auf die Herstellung von Klimaneutralität.

a) Art. 20a GG genießt keinen unbedingten Vorrang gegenüber anderen Belangen, sondern ist im Konfliktfall in einen Ausgleich mit anderen Verfassungsrechtsgütern und Verfassungsprinzipien zu bringen. Dabei nimmt das relative Gewicht des Klimaschutzgebots in der Abwägung bei fortschreitendem Klimawandel weiter zu.

b) Besteht wissenschaftliche Ungewissheit über umweltrelevante Ursachenzusammenhänge, schließt die durch Art. 20a GG dem Gesetzgeber auch zugunsten künftiger Generationen aufgegebene besondere Sorgfaltspflicht ein, bereits belastbare Hinweise auf die Möglichkeit gravierender oder irreversibler Beeinträchtigungen zu berücksichtigen.

c) Als Klimaschutzgebot hat Art. 20a GG eine internationale Dimension. Der nationalen Klimaschutzverpflichtung steht nicht entgegen, dass der globale Charakter von Klima und Erderwärmung eine Lösung der Probleme des Klimawandels durch einen Staat allein ausschließt. Das Klimaschutzgebot verlangt vom Staat international ausgerichtetes Handeln zum globalen Schutz des Klimas und verpflichtet, im Rahmen internationaler Abstimmung auf Klimaschutz hinzuwirken. Der Staat kann sich seiner Verantwortung nicht durch den Hinweis auf die Treibhausgasemissionen in anderen Staaten entziehen.

d) In Wahrnehmung seines Konkretisierungsauftrags und seiner Konkretisierungsprärogative hat der Gesetzgeber das Klimaschutzziel des Art. 20a GG aktuell verfassungsrechtlich zulässig dahingehend bestimmt, dass der Anstieg der globalen Durchschnittstemperatur auf deutlich unter 2 °C und möglichst auf 1,5 °C gegenüber dem vorindustriellen Niveau zu begrenzen ist.

Art. 20a GG ist eine justiziable Rechtsnorm, die den politischen Prozess zugunsten ökologischer Belange auch mit Blick auf die künftigen Generationen binden soll.

Die Vereinbarkeit mit Art. 20a GG ist Voraussetzung für die verfassungsrechtliche Rechtfertigung staatlicher Eingriffe in Grundrechte. Das Grundgesetz verpflichtet unter bestimmten Voraussetzungen zur Sicherung grundrechtsgeschützter Freiheit über die Zeit und zur verhältnismäßigen Verteilung von Freiheitschancen über die Generationen. Subjektivrechtlich schützen die Grundrechte als intertemporale Freiheitssicherung vor einer einseitigen Verlagerung der durch Art. 20a GG aufgegebenen Treibhausgasminderungslast in die Zukunft. Auch der objektivrechtliche Schutzauftrag des Art. 20a GG schließt die Notwendigkeit ein, mit den natürlichen Lebensgrundlagen so sorgsam umzugehen und sie der Nachwelt in solchem Zustand zu hin-

Zeichnung: Markus Grolik

80 terlassen, dass nachfolgende Generationen diese nicht nur um den Preis radikaler eigener Enthaltsamkeit weiter bewahren könnten.

Die Schonung künftiger Freiheit verlangt auch, den Übergang zu Klimaneutralität rechtzeitig 85 einzuleiten. Konkret erfordert dies, dass frühzeitig transparente Maßgaben für die weitere Ausgestaltung der Treibhausgasreduktion formuliert werden, die für die erforderlichen Entwicklungs- und Umsetzungsprozesse Orientie- 90 rung bieten und diesen ein hinreichendes Maß an Entwicklungsdruck und Planungssicherheit

vermitteln. Der Gesetzgeber muss die erforderlichen Regelungen zur Größe der für bestimmte Zeiträume insgesamt zugelassenen Emissionsmengen selbst treffen. Eine schlichte 95 Parlamentsbeteiligung durch Zustimmung des Bundestags zu Verordnungen der Bundesregierung kann ein Gesetzgebungsverfahren bei der Regelung zulässiger Emissionsmengen nicht ersetzen, weil hier gerade die besondere 100 Öffentlichkeitsfunktion des Gesetzgebungsverfahrens Grund für die Notwendigkeit gesetzlicher Regelung ist. […]

Leitsätze zum Beschluss des Ersten Senats vom 24. März 2021, https://www.bundesverfassungsgericht.de/Shared-Docs/Entscheidungen/DE/2021/03/rs20210324_1bvr265618.html, 24.03.2021

GLOSSAR

Bundesrat
Bundestag

M 4 Ein langer Weg bis zur Klimaneutralität

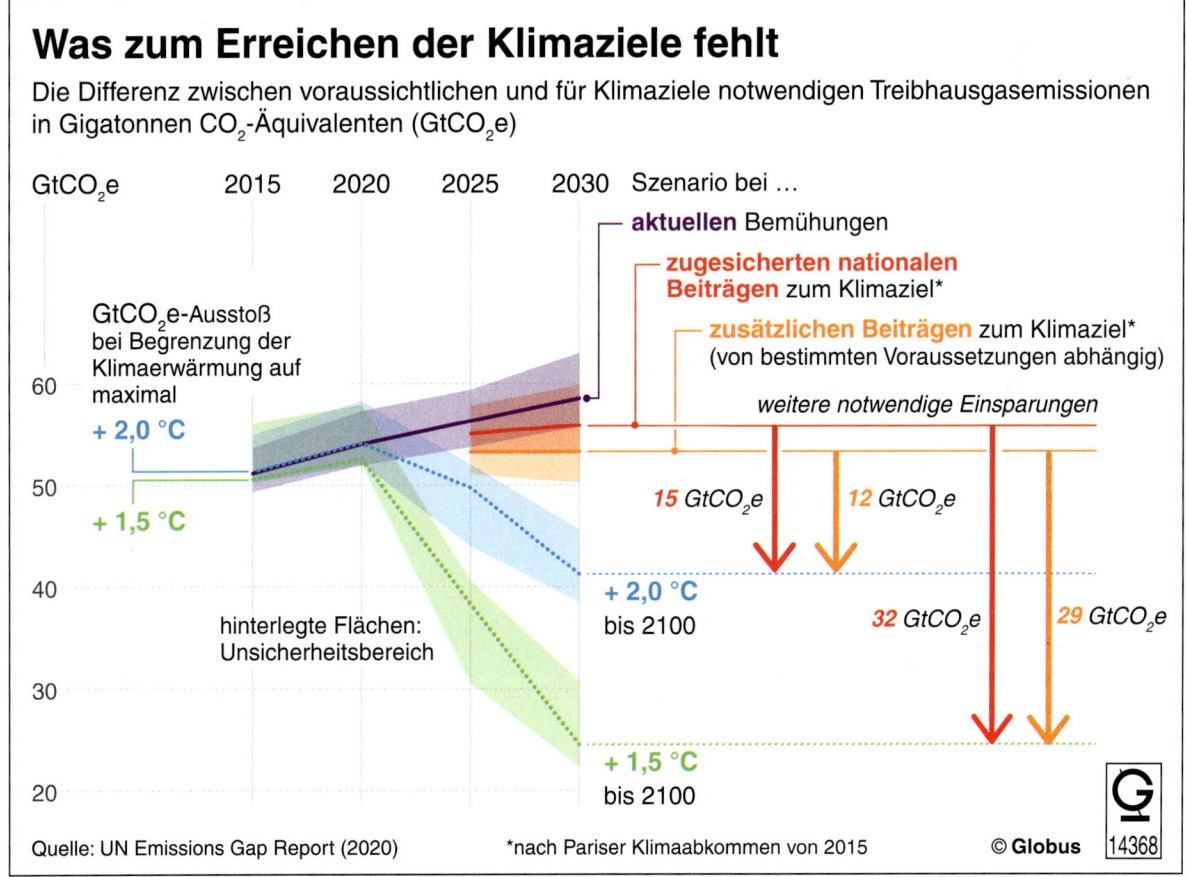

Was zum Erreichen der Klimaziele fehlt

Die Differenz zwischen voraussichtlichen und für Klimaziele notwendigen Treibhausgasemissionen in Gigatonnen CO_2-Äquivalenten ($GtCO_2e$)

$GtCO_2e$ 2015   2020   2025   2030   Szenario bei …

— **aktuellen** Bemühungen

— **zugesicherten nationalen Beiträgen** zum Klimaziel*

— **zusätzlichen Beiträgen** zum Klimaziel* (von bestimmten Voraussetzungen abhängig)

weitere notwendige Einsparungen

$GtCO_2e$-Ausstoß bei Begrenzung der Klimaerwärmung auf maximal

+ 2,0 °C

+ 1,5 °C

hinterlegte Flächen: Unsicherheitsbereich

15 $GtCO_2e$ 12 $GtCO_2e$

+ 2,0 °C bis 2100

32 $GtCO_2e$ 29 $GtCO_2e$

+ 1,5 °C bis 2100

60

50

40

30

20

Quelle: UN Emissions Gap Report (2020)   *nach Pariser Klimaabkommen von 2015   © **Globus** 14368

M5 Die weltweit größten Treibhausgasemittenten 2015

in Mio. Kilotonnen CO_2-Äquivalent

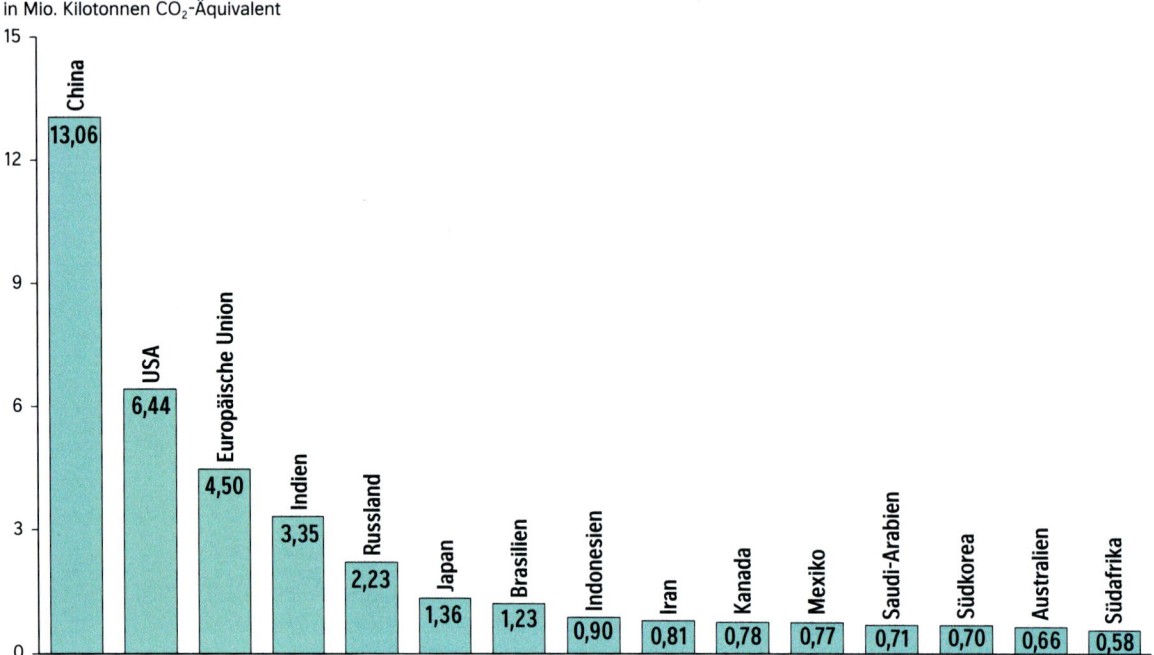

Quelle: Bericht der Gemeinsamen Forschungsstelle (JRC) über die fossilen CO2- und Treibhausgasemissionen aller Länder der Welt (2019)

44348EX

WEBCODE
WES-118390-701
Treibhausgase und
Treibhauseffekt

M6 Treibhausgasemissionen einzelner EU-Staaten

Die Treibhausgasemissionen der EU

Ausstoß der größten Treibhausgasproduzenten der EU und der anderen Mitgliedsstaaten, in Millionen Tonnen CO_2-Äquivalenten*

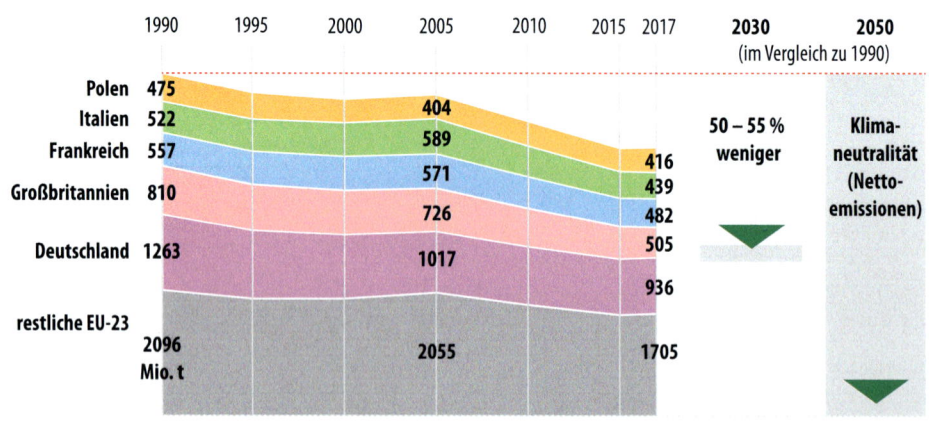

*Erderwärmungspotenzial von Treibhausgasen umgerechnet in die entsprechende Menge Kohlendioxid

dpa•100315

Quelle: Europäische Umweltagentur (EEA)

M 7 Treibhausgasemissionen in der EU nach Sektoren

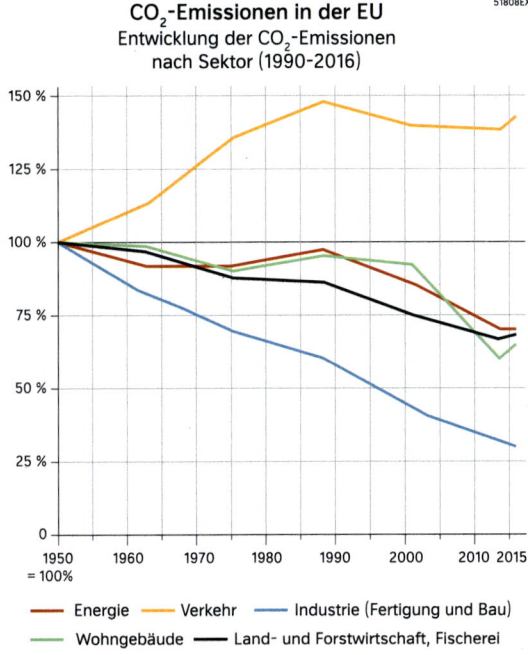

CO_2-Emissionen in der EU
Entwicklung der CO_2-Emissionen nach Sektor (1990-2016)

51808EX

1950 = 100 %

— Energie — Verkehr — Industrie (Fertigung und Bau)
— Wohngebäude — Land- und Forstwirtschaft, Fischerei

Quelle: Europäische Umweltagentur 2018

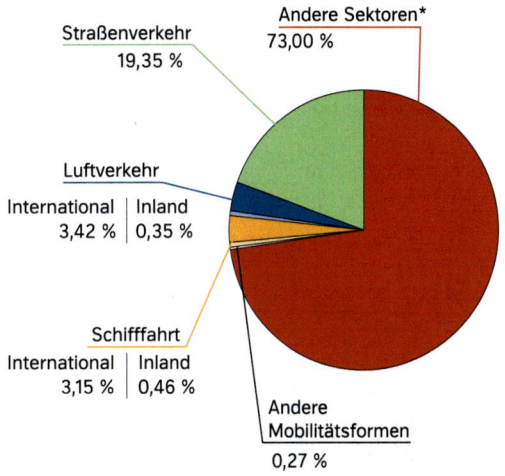

Verkehrsemissionen (2017)
als Anteil an den gesamten EU-Treibhausgasemissionen
(mit Ausnahme von Landnutzung, Landnutzungsänderung und Forstwirtschaft)

51809EX

Straßenverkehr 19,35 %

Andere Sektoren* 73,00 %

Luftverkehr
International 3,42 % | Inland 0,35 %

Schifffahrt
International 3,15 % | Inland 0,46 %

Andere Mobilitätsformen 0,27 %

*Energiewirtschaft, Landwirtschaft, Industrielle Fertigung und Produktnutzung, Abfallwirtschaft

Quelle: Europäische Umweltagentur 2019

Anteil der Verkehrsmittel an der motorisierten Personenbeförderung 2017 in …*			
… der Europäischen Union			
PKW: 82 %	Bus: 9 %	Zug: 8 %	Tram/U-Bahn: 2 %
… Deutschland			
PKW: 84 %	Bus: 6 %	Zug: 9 %	Tram/U-Bahn: 2 %

*Quelle: Statistisches Bundesamt (2020)   * ohne Luft- und Schiffsverkehr; Gesamtsumme rundungsbedingt über 100 %*

1 Stellen Sie den Zusammenhang zwischen Klimaschutz und Demokratie gemäß dem Urteil des Bundesverfassungsgerichts dar (M 1–M 3).

2 Analysieren Sie M 4–M 7 und arbeiten Sie heraus, welche Bereiche besonders zu den Emissionen der EU beitragen.

3 Nennen Sie mögliche Maßnahmen zur Reduktion klimaschädlicher Emissionen durch eine andere Verkehrsmobilität als heute (M 7). Stellen Sie Ihre Überlegungen tabellarisch dar und begründen Sie diese.
Arbeiten Sie hierbei mit den vier politischen Ebenen Gemeinde/Stadt, Bundesland, Bund und EU. Unterscheiden Sie daneben zwischen der jeweiligen Maßnahme (z. B. dem Ausbau der Radwege-Infrastruktur auf der Ebene Gemeinde/Stadt) und der Begründung dafür (z. B. das urbane und ländliche Bedingungen stark voneinander abweichen). Die EU könnte bei diesem Beispiel womöglich Ziele/Mengen für den Verkehrssektor in Relation zur Wirtschaftsleistung vorschreiben.

Integrierte Verkehrspolitik vor Ort?

WEBCODE

WES-118390-702
Luftqualität

WES-118390-703
Luftreinhalte-
planung

WES-118390-704
Pressekodex

Ein wesentlicher Anteil klimaschädlicher Emissionen in Deutschland und der Europäischen Union wird durch den Verkehrssektor verursacht. Übernehmen Sie die Rolle von Journalisten und berichten Sie vor diesem Hintergrund über die kommunale Verkehrspolitik (alternativ: Landkreis, Stadt, Ballungsraum) in Ihrer Heimatgemeinde. Gestalten Sie eine Seite für die lokale Zeitung oder einen Beitrag für die regionalen Fernsehnachrichten.

1. Analysieren Sie zunächst exemplarisch alltägliche Mobilitätsbedürfnisse der Haushalte (z. B. Ihrer Lerngruppe). Sie können z. B. eine Befragung durchführen: Welche Wege müssen täglich zurückgelegt werden (Arbeit, Schule, Freizeit, …)? Welche Verkehrsmittel stehen zur Verfügung und warum (ÖPNV, Auto, Fahrrad, …)? Welche Verkehrsmittel werden (nicht) genutzt und warum?
2. Werten Sie Daten zur Luftqualität aus und stellen Sie etwaige Vorgaben der Luftreinhalteplanung in der Gemeinde dar.
3. Erläutern Sie Instrumente der Umweltpolitik und erklären Sie das Konzept der integrierten Verkehrspolitik. Erläutern Sie insbesondere Instrumente einer integrierten Verkehrspolitik.

4. Werten Sie Materialien zur Verkehrspolitik vor Ort aus (Verkehrswegenetz, Status quo, Projekte, …). Führen Sie nach Möglichkeit Experteninterviews durch, fragen Sie z. B. beim Verkehrsdezernat oder bei im Gemeinderat vertretenen Parteien an. Vielleicht gibt es vor Ort auch Initiativen, die sich für eine lokale Verkehrswende einsetzen. Achten Sie auf methodische Vorgaben bei der Durchführung von Interviews.
5. Analysieren und diskutieren Sie, ob die Verkehrspolitik dem Konzept einer integrierten Verkehrspolitik entspricht. Beziehen Sie dabei auch Ihre eigene Analyse der Mobilitätsbedürfnisse ein (1.).
6. Gestalten Sie die Zeitungsseite bzw. den Nachrichtenbeitrag. Stellen Sie Ihre Ergebnisse dar (z. B. Daten, Analyseergebnisse, Expertenmeinungen, Kommentar (auf Grundlage von (5.), …).
7. Differenzierungsangebot für schnelle Schülerinnen und Schüler: Erarbeiten Sie für Ihr Projekt Richtlinien journalistischer Arbeit (Fokus: Sorgfalt) anhand des Pressekodex des Deutschen Presserates.

QUERVERWEIS

Prinzipien und Instrumente nachhaltiger Wirtschafts- und Lebensweise
S. 208–213

Europäische Verkehrspolitik für mehr nachhaltige Mobilität?
S. 214–220

Wie kommen die Hessinnen und Hessen zur Arbeit?			
mit dem Auto (einschließlich Motorrad)	mit Bus oder Bahn	zu Fuß	mit dem Fahrrad
68,7 %	15,8 %	9,6 %	5,9 %

Quelle: Hessisches Statistisches Landesamt 2018 (Mikrozensus 2016)

M1 Verkehr und Luftqualität in Wiesbaden

INFO

Citybahn
Nach einer jahrelangen politischen Kontroverse lehnten die Wiesbadener Bürger im November 2020 den Neubau der Straßenbahn in einem Bürgerentscheid ab.

Wiesbaden geht davon aus, noch […] [im Jahr 2020] und erst recht in den Folgejahren den Stickoxid-Grenzwert von 40 Mikrogramm je Kubikmeter Luft einhalten zu können. Damit
5 sollen die Zusagen gegenüber dem Verwaltungsgericht wegen einer Klage der Deutschen Umwelthilfe eingehalten und ein Diesel-Fahrverbot vermieden werden. An den zehn Passivsammlern im Stadtgebiet wurde
10 zwischen Oktober 2019 und September 2020 ein „gleitender Jahresmittelwert" erreicht,

der den Grenzwert „an den meisten Stationen" unterschreitet. So zumindest steht es in der Zwischenbilanz zum 2019 beschlossenen Luftreinhalteplan, die von Oberbürgermeister 15 Gert-Uwe Mende (SPD) und Verkehrsdezernent Andreas Kowol (Die Grünen) als Antwort auf die jüngsten Mahnungen der Deutschen Umwelthilfe formuliert wurde. […]
Die Ablehnung der Citybahn werten Mende 20 und Kowol als Rückschlag auf dem Weg zu besserer Luftqualität. […] Leidtragende des zu ak-

zeptierenden Bürgervotums seien die Bewohner der drei vom Verkehr stark belasteten Innenstadtbezirke. [...] Auf längere Sicht könne eine reaktivierte Aartalbahn einen Teil des Durchgangsverkehrs aus dem Untertaunus aufnehmen. Mende und Kowol kündigen an, dass der RMV, der Rheingau-Taunus-Kreis und Wiesbaden in Kürze mit der Prüfung beginnen, wie die Aartalbahn an den Hauptbahnhof und den Bahnhof Wiesbaden-Ost angebunden werden könnte. Große Hoffnungen setzt Wiesbaden zudem in den Bau der Wallauer Spange, mit der 2026 die Fahrzeit mit der Bahn von Wiesbaden nach Frankfurt halbiert werden könnte. Wiesbaden wünscht sich zudem einen S-Bahnhof im „unterversorgten" Kostheim und einen zusätzlichen Haltepunkt der Ländchesbahn am geplanten neuen Standort des Bundeskriminalamtes. [...] Mende und Kowol verweisen [...] darauf, dass noch bis zum Jahresende 20 Batteriebusse und bis Ende 2021 weitere 90 Batteriebusse im Eswe-Fuhrpark erwartet werden. Zudem will Wiesbaden „in den nächsten Tagen" auf eigene Faust zehn Wasserstoffbusse bestellen, nachdem die Kooperation mit Mainz und Frankfurt gescheitert ist. Als weiterer Erfolg bei der Realisierung der mehr als 100 im Luftreinhalteplan formulierten Maßnahmen gilt zudem die Ausweisung von neun der zwölf darin verankerten Umwelt- und Busbeschleunigungsspuren. Deren Erfolg lasse sich konkret mit Fahrzeitverkürzungen im ÖPNV belegen. Das 365-Euro-Ticket für die städtischen Bediensteten verzögere sich aber wegen der ausbleibenden Förderzusage des Bundes. Auf gutem Weg sieht sich die Stadt bei der Förderung des Radverkehrs durch die Erweiterung des Radwegenetzes, durch zusätzliche Radabstellplätze und neue Verleihstationen. [...] Weitere positive Wirkungen auf das Stadtklima erhoffen sich Mende und Kowol von der neuen digitalen Verkehrssteuerung, der schon realisierten Erhöhung der Parkgebühren von zwei auf drei Euro je Stunde sowie der Verkehrsverteilung und Verkehrslenkung an den Knotenpunkten der Einfallstraßen [...]. Von fünf neuen Park-and-ride-Parkplätzen an der Peripherie seien

zwei an der Mainzer Straße schon fertig. [...] Mende und Kowol geben gleichwohl zu, dass „manche Maßnahmen in Verzug sind oder nicht in vollem Umfang realisiert werden können". In diesen Fällen sei die Stadt aber um Kompensation bemüht. Dazu zählt die Stadt verstärkte tangentiale Buslinien zwischen den Stadtteilen ohne „Umweg" über die Innenstadt und die Pläne für ein Fahrradparkhaus am Hauptbahnhof. [...] Für die Autofahrer könnte es dagegen noch mühsamer werden, durch die Stadt zu kommen. Mende und Kowol kündigen ein Tempolimit von 30 oder 40 Stundenkilometern auf Innenstadtstraßen an.

Autonom fahrender Elektrobus und ein Elektroroller in der Hamburger Hafencity (2021)

Fahrradspur in der Innenstadt von Frankfurt am Main (2021)

3.2 Prinzipien und Instrumente nachhaltiger Wirtschafts- und Lebensweise

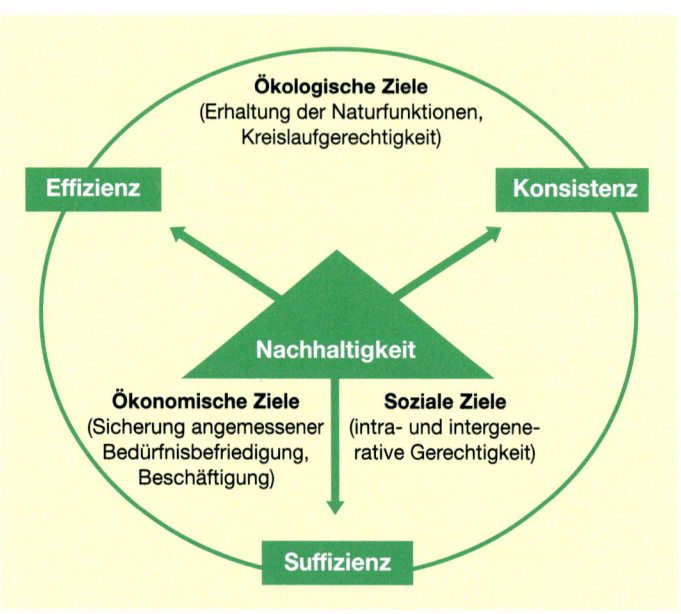

Mit dem Bericht der von den Vereinten Nationen gegründeten „Weltkommission für Umwelt und Entwicklung", der Brundtland-Kommission, wurde im Jahr 1987 der Begriff der nachhaltigen Entwicklung weltweit bekannt. Als Prinzip soll Nachhaltigkeit der Entwicklungs-, der Umwelt- und zunehmend auch der Wirtschaftspolitik zugrunde liegen; ebenso soll wirtschaftliches Handeln grundsätzlich „nachhaltig" sein, um ökologische, ökonomische und soziale Belange zu integrieren. Ohne die Lebenschancen künftiger Generationen zu verschlechtern oder gar zu gefährden, sollen Lebenssituation und Lebensqualität der derzeitigen Generation verbessert werden. Welches aber sind Kernelemente und Strategien nachhaltigen Wirtschaftens? Und gründet eine nachhaltige Wirtschafts- und Lebensweise auf einem Menschenbild jenseits des Homo oeconomicus?

QUERVERWEIS

Verschiedene Ziele unternehmerischen Handelns
S. 176 f., M 2

M 1 Kernelemente und Strategien nachhaltigen Wirtschaftens

Effizienz

Ökonomisch betrachtet bezieht sich der Begriff der Effizienz auf das Minimal- bzw. das Maximalprinzip. Bezogen auf nachhaltiges
5 Wirtschaften geht es um den Einsatz von Rohstoffen und dessen Folgen. Ziel nachhaltigen Wirtschaftens im Sinn der Effizienz ist es erstens, die Ressourcenproduktivität deutlich zu erhöhen. Das heißt, dass das Produkt mit einem möglichst sparsamen Einsatz an Ressourcen produziert werden soll. Zweitens geht es 10 darum, den Stoff- und Energieverbrauch absolut zu senken. Nachhaltiges Wirtschaften im Sinn der Effizienz zielt damit auf den Einsatz möglichst umweltfreundlicher Mittel zur Hervorbringung eines Nutzens, wobei es nachrangig ist, ob der produzierte Nutzen selbst ökologisch ist. 15

Konsistenz

Konsistenz ist dadurch gekennzeichnet, dass 20 geschlossene Stoff- und Energieströme ihre Voraussetzung sind. Ziel nachhaltigen Wirtschaftens im Sinn der Konsistenz ist es daher, wirtschaftliche Aktivitäten und deren Stoff- und Energieströme im Einklang mit jenen in 25 der Natur zu gestalten. Produktionsprozesse sind in diesem Sinn qualitativ und quantitativ an die Fähigkeit der Ökosysteme, sich zu regenerieren, anzupassen.

Zeichnung: Klaus Stuttmann

30 **Suffizienz**

Suffizienz beruht auf der höheren Gewichtung von Lebensqualität gegenüber Wirtschaftswachstum und stellt die Frage nach dem rechten Maß. Nachhaltiges Wirtschaften
35 im Sinn der Suffizienz bedeutet daher, sozial- und umweltverträgliche Obergrenzen für wirtschaftliche Aktivitäten festzulegen, umwelt- und ressourcenbelastende Praktiken also einzuschränken.

Partizipation 40

Das Prinzip der Partizipation meint die Teilhabe an gesellschaftlichen, politischen, sozialen und wirtschaftlichen Entscheidungsprozessen im Sinn der Einbeziehung aller Betroffenen und Verantwortlichen. Nachhaltigkeit im Sinn 45 der Partizipation zielt damit letzten Endes auf individuelle Verantwortungsübernahme in der Klärung von Bedürfnissen, Zielen und von kollektiven Handlungsstrategien.

Autorentext

M2   Ordnungspolitische und marktwirtschaftliche Instrumente der Umweltpolitik

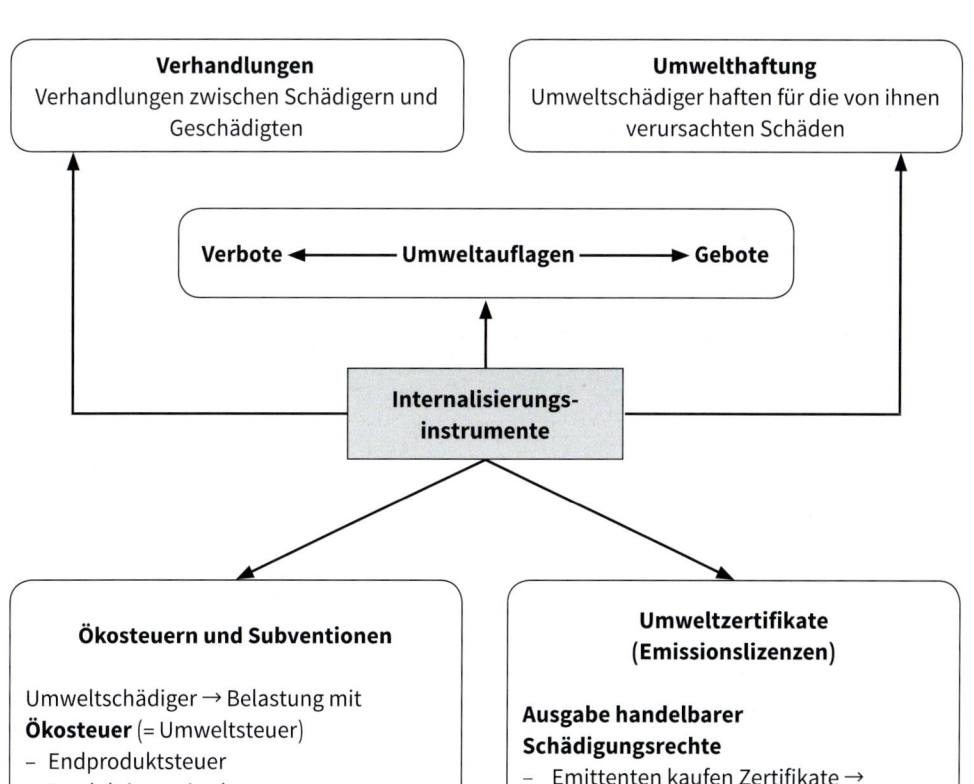

Internalisierung
externe Kosten (= Kosten der Allgemeinheit) sollen
zu internen Kosten (= Kosten des Verursachers) werden (= internalisieren)

Verhandlungen
Verhandlungen zwischen Schädigern und Geschädigten

Umwelthaftung
Umweltschädiger haften für die von ihnen verursachten Schäden

Verbote ◄— **Umweltauflagen** —► Gebote

Internalisierungs-instrumente

Ökosteuern und Subventionen

Umweltschädiger → Belastung mit
Ökosteuer (= Umweltsteuer)
– Endproduktsteuer
– Produktionsmittelsteuer
– Schadstoffemissionsteuer

Subvention (negative Ökosteuer) für
„Umweltverbesserer"

**Umweltzertifikate
(Emissionslizenzen)**

**Ausgabe handelbarer
Schädigungsrechte**
– Emittenten kaufen Zertifikate →
  analoge Umweltbelastung erlaubt
– überschüssige Zertifikate (umwelt-
  freundliche Produktion): Verkauf
  möglich

M3 Von der Pigou-Theorie und dem Coase-Theorem

Der Wirtschaftsjournalist Jürgen Klöckner erklärt zwei Instrumente der Umweltpolitik, die Pigou-Theorie und das Coase-Theorem.

INFO

Arthur Cecil Pigou
(1877–1959)
Der britische Wirtschaftswissenschaftler gilt als Vertreter der Cambridger Schule der Neoklassik.

Ronald Coase
(1910–2013)
Der britische Wirtschaftswissenschaftler erhielt 1991 den Nobelpreis für Wirtschaftswissenschaften.

Ressourcenallokation
Zuteilung knapper Ressourcen

Optimum
das Bestmögliche

Grenznutzen
bezeichnet den Nutzenzuwachs, der durch die jeweils letzte verbrauchte Einheit erzielt wurde

[Das] Coase-Theorem zählt heute nicht nur zu den zentralen Lehrsätzen der Mikroökonomie. Es ist zudem „eines der wenigen ökonomischen Theoreme, die sich in die Realität übersetzen lassen – und auch in die Realität übersetzt wurden", sagt Martin Leschke, Professor für Institutionenökonomik an der Universität Bayreuth. Die Ideen von Coase sind ein wichtiger Baustein der Umweltökonomie und wissenschaftliche Grundlage des Emissionshandels in der Europäischen Union, also des Handels mit CO_2-Verschmutzungsrechten für Unternehmen. Mit dem Coase-Theorem lassen sich moderne Versicherungssysteme erklären, zudem schlägt es eine Brücke von der Ökonomie zu den Rechtswissenschaften. Für den Bielefelder Wirtschaftshistoriker Jan-Otmar Hesse zählt Coase daher zu „den größten Ökonomen des vergangenen Jahrhunderts".

Was besagt das Coase-Theorem genau? Sagen wir es im Ökonomenjargon: Externe Effekte, also Folgen einer Aktivität, die andere tragen müssen, lassen sich unter bestimmten Umständen ohne staatliche Eingriffe „internalisieren". Im Kern steht die Idee, dass Märkte beim Auftreten negativer externer Effekte selbstständig eine optimale Ressourcenallokation finden können. Coase illustrierte dies gern mit einer Geschichte. Ein Unternehmen leitet Abwässer in einen Fluss, den auch eine Fischerei nutzt. Sie leidet unter der Verschmutzung der Fabrik, weil dadurch der Fang zurückgeht. Das zentrale Problem: Beide nutzen den Fluss, obwohl er ihnen nicht gehört. Doch keiner bezahlt dafür.

Ökonomen sprechen in einem solchen Fall von externen Effekten. Der klassische Marktmechanismus versagt, das Wechselspiel von Angebot und Nachfrage führt nicht zu einem „pareto-optimalen" Ergebnis, wie es die Ökonomen nennen. Die entscheidende Frage ist nun: Wie hoch ist der Nutzen und Schaden der Beteiligten und wie könnte man ihn „internalisieren", also verrechnen? „Wir müssen uns entscheiden: Ist der ausbleibende Fang mehr oder weniger wert als die Produkte, die die Fabrik mit der kritischen Menge Schadstoffe produziert", schreibt Coase.

Der Ökonom Arthur Cecil Pigou schlug für einen solchen Fall vor, dass Unternehmen eine Steuer für ihre Verschmutzung zahlen sollten – ähnlich funktioniert in Deutschland die Ökosteuer. Weil aber niemand weiß, wie viel Schäden eine Einheit „Verschmutzung" nun genau verursacht, ist die Höhe der Steuer eine rein politische Entscheidung und erfüllt am Ende allenfalls einen fiskalischen Zweck – nämlich die Staatskasse zu füllen.

Coase schlägt denn auch einen anderen Weg vor. Fischer und Fabrikant sollten selbst und ohne staatlichen Einfluss über den Preis der Abwässer entscheiden und einen Vertrag darüber schließen, wer das Nutzungsrecht für den Fluss erhält. Verhandlungen zwischen Fischer und Fabrikbesitzer würden dazu führen, dass entweder der Fischer vom Unternehmen für den ausbleibenden Fang entschädigt wird – oder aber das Unternehmen vom Fischer eine Prämie erhält, damit es die Verschmutzung des Wassers eindämmt.

Im Optimum entspricht der Preis der Verschmutzung genau deren Grenznutzen beziehungsweise -schaden. Für den Fabrikanten wäre es dann nicht mehr wirtschaftlich, mehr Dreck in den Fluss zu leiten, da eine weitere Einheit Abwasser weniger „wert" wäre als deren Preis. Das Coase-Theorem verbindet die externen Effekte also mit dem Preismechanismus – Angebot und Nachfrage führen zu einem effizienten Ergebnis zu niedrigsten Kosten.

Ähnlich ist es beim EU-Zertifikatehandel: Die Erdatmosphäre steht für den Fluss in der Coase-Geschichte, die Schäden sind die steigende Menge Kohlenstoffdioxid und der Klimawandel. Unternehmen kaufen Verschmutzungsrechte und halten für jede Tonne CO_2, die sie in die Atmosphäre pusten, ein Zertifikat vor. In der Theorie soll der Ausstoß so auf eine klimafreundlichere Menge zurückgehen. Das Problem in der Realität: Weil zu viele Zertifikate zirkulieren, sind sie extrem billig: Emittieren ist günstiger, als CO_2 zu vermeiden.

Umweltschäden sind in der Gedankenwelt des Coase-Theorems nicht per se schlecht, sondern haben durchaus einen wirtschaftlichen Nutzen – den Output der Fabriken und den damit zusammenhängenden Wohlstand. Aus Umweltgründen geschlossene Fabriken kosten Umsatz und Arbeitsplätze – und die Technologie, die nötig ist, um CO_2 zu vermeiden, ist für das Unternehmen mit hohen Kosten verbunden. [...]

Coase hat mit seinem Theorem ein ökonomisches Instrument für die goldene Mitte geliefert. Er macht freilich eine gewichtige Einschränkung für das reibungslose Funktionieren seiner Verhandlungslösung. Ein effizientes Ergebnis ist zum einen nur möglich, wenn alle Fakten auf dem Tisch liegen. Ökonomen nennen das vollständige Information. Erst dann führen Verhandlungen zu einem Ergebnis, das alle zufriedenstellt. Doch vollständige Information ist eine ziemlich ambitionierte Annahme und Kritiker von Coase sagen: Sie ist völlig unrealistisch. Das könnte auch erklären, wieso der Emissionshandel bisher nicht richtig funktioniert: Der Staat hat den CO_2-Ausstoß der Unternehmen überschätzt und deswegen zu viele Zertifikate ausgegeben. Deshalb sind sie jetzt so billig.

Zum anderen können bei den Verhandlungen hohe Transaktionskosten entstehen. Die Beteiligten müssen potenzielle Vertragspartner ausfindig machen, Rechtsanwälte einschalten, sie benötigen womöglich Dolmetscher und Techniker, sie müssen Verträge ausformulieren und später deren Einhaltung kontrollieren. „Das ist extrem teuer", schreibt Coase in seinem Essay. Werden die Reibungsverluste zu hoch, übersteigen mithin die Kosten einer Verhandlungslösung deren Nutzen, funktioniert das Coase-Theorem nicht mehr.

Um die Transaktionskosten zu minimieren, rät Coase, bei Verhandlungen notfalls eine dritte Partei hinzuzuziehen. Beim umstrittenen Bahnhofsprojekt Stuttgart 21 etwa war dies im Coase'schen Sinne der Vermittler Heiner Geißler, der die streitenden Parteien an einen Tisch brachte und am Ende einen Kompromissvorschlag unterbreitete. Die Rolle kann laut Coase aber notfalls auch der Staat erfüllen. Für Coase sind gleichwohl „permanente staatliche Eingriffe zur Regulierung beziehungsweise Internalisierung der externen Kosten der Umweltnutzung nicht notwendig", schreiben die Ökonomen Hans Putnoki und Bodo Hilgers. Vielmehr würden sich „Verursacher und Geschädigter infolge gegenseitiger Gewinn- und Nutzeninteressen auf eine Lösung einigen – sodass letztlich derjenige die Kosten trägt, der damit den geringsten Aufwand hat."

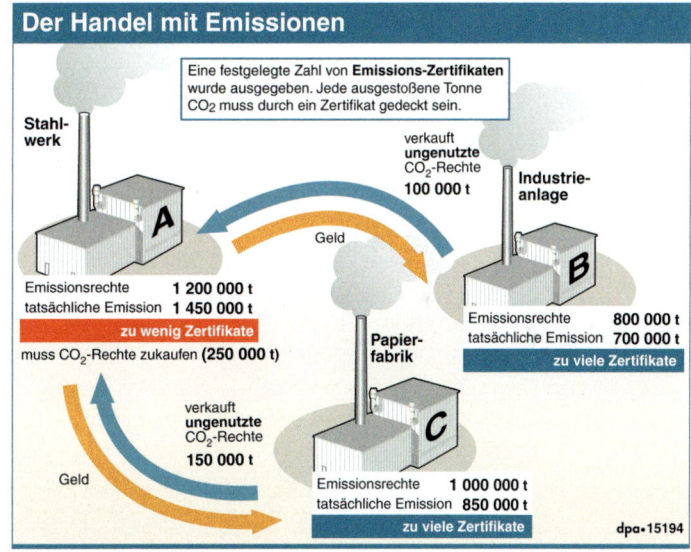

Jürgen Klöckner, Das Coase-Theorem – die guten Seiten der Umweltschäden, in: https://www.wiwo.de/politik/ konjunktur/serie-geistesblitze-ii-das-coase-theorem-die-guten-seiten-der-umweltschaeden/8486852-all.html, 21.07.2013

1 Analysieren Sie die Karikatur in M 1 unter besonderer Berücksichtigung der Kriterien einer nachhaltigen Wirtschafts- und Lebensweise.

2 Erläutern Sie das Prinzip ordnungs- und marktwirtschaftlicher Instrumente der Umweltpolitik und die jeweilige Rolle des Staates und überprüfen Sie exemplarisch, inwiefern die vorgestellten Instrumente Kriterien nachhaltigen Wirtschaftens entsprechen (M 2, M 3).

3 Umweltschäden können aus der Sicht des Coase-Theorems einen wirtschaftlichen Nutzen haben (M 3). Diskutieren Sie dies anhand von durch Verkehrsmobilität verursachten Umweltproblemen.

M4 Reden und Handeln …

Zeichnung:
Schwarwel

M5 … bis zur Erschöpfung?

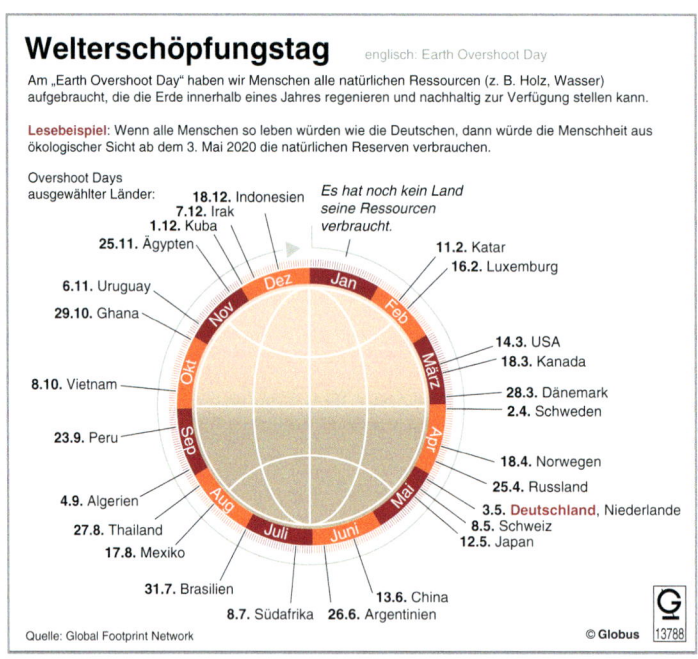

M6 Der Homo oeconomicus und der Homo coopervativus

Das Menschenbild des „Homo oeconomicus" entstammt der sogenannten klassischen liberalen Wirtschaftstheorie (klassischer Wirtschaftsliberalismus) des 19. Jahrhunderts. Der klassische Wirtschaftsliberalismus ist eine der ersten eigenständigen Theorien der modernen Wirtschaftslehre. Seine Vertreter setzten sich für eine Befreiung der Ökonomie von unterschiedlichen Beschränkungen ein und betonten dafür Wettbewerb, Freihandel, Ver-

tragsfreiheit und Privateigentum. Es ist wichtig zu verstehen, dass der „Homo oeconomicus" nicht als tatsächliches Abbild wirklich existierender Menschen entworfen wurde.
15 Dieses Menschenbild existiert also nicht in Reinform. Vielmehr ist der „Homo oeconomicus" ein Modell, das in überspitzter Form Ausschnitte der sozialen Wirklichkeit erklärbar machen soll. Der „Homo oeconomicus"
20 beschreibt einen Menschen, dessen gesamtes Handeln auf die Steigerung des eigenen Nutzens ausrichtet ist. Nutzen beschreibt dabei die Möglichkeit, eigene Bedürfnisse zu befriedigen. Positiv auf den individuellen Nutzen
25 wirkt sich etwa die Erhöhung des Einkommens und der persönlichen Freizeit aus, während zum Beispiel mehr Arbeitsstunden bei gleichbleibendem Einkommen negativ zu Buche schlagen. Das Menschenbild des „Homo
30 oeconomicus" nimmt an, dass unser Verlangen in der Regel niemals befriedigt sind. Daher ist es immer wünschenswert, den eigenen Nutzen weiter zu steigern. Der „Homo oeconomicus" trifft seine Entscheidungen strikt
35 rational. Das bedeutet, dass Vor- und Nachteile, Nutzen und Kosten, sorgfältig gegeneinander abgewogen werden. Dafür versucht der „Homo oeconomicus", sich möglichst umfassend zu informieren. Für den „Homo oeco-
40 micus" haben Empathie und Mitgefühl keinen Wert an sich, sondern stehen letztlich im Dienst der Nutzenmaximierung, da der Einsatz für andere Menschen zum Beispiel das eigene soziale Ansehen erhöhen kann. Der
45 „Homo oeconomicus" dient der modernen Volkswirtschaftslehre bis heute als die wichtigste Grundannahme bei der Erstellung von Theorien und zur Erklärung grundsätzlicher wirtschaftlicher Abläufe. Weil diese Modelle
50 und Theorien Einfluss auf reale wirtschaftliche Prozesse haben, findet sich das Menschen-

bild „Homo oeconomicus" auch zunehmend in der Realität wieder. [...]
Einige Strömungen in der Wirtschaftswissen-
55 schaft [...] fordern, auf das Menschenbild des „Homo oeconomicus" zu verzichten. [...] Weil das Verhalten des „Homo oeconomicus" durch zahlreiche Untersuchungen der Verhaltensökonomie und der Hirnforschung in Frage ge-
60 stellt wird, soll ein Menschenbild verwendet werden, das stärker der Realität entspricht. Der Wirtschaftswissenschafter Holger Rogall schlägt als Alternative daher den sogenannten „Homo cooperativus" vor, der dem vielfältigen
65 Verhalten des Menschen mehr Rechnung trägt. Der „Homo cooperativus" ist von seinem Wesen her ein Geschöpf, das auch aus Eigennutz handelt – aber nicht immer. Der Mensch ist auch fähig zu Hilfsbereitschaft, Kooperati-
70 on, Fairness, Verantwortungsübernahme usw. Die menschlichen Fähigkeiten zu kooperativem und idealistischem Handeln haben unterschiedliche Quellen [...]. Der Mensch kann nur in Gruppen überleben. Als Einzelegoist wäre er
75 ausgestorben. Die Fähigkeit zu kooperativem Handeln beruht auf der Erfahrung der Menschen, dass sie am glücklichsten und sichersten in Gruppen leben. Aufgrund von Studien aus der Verhaltensökonomik wird außerdem
80 davon ausgegangen, dass die Menschen ihre Entscheidungen nicht rein zweckrational (wirtschaftlich) im Sinne einer Kosten-Nutzen-Abwägung treffen. Vielfältige, oft auch widersprüchliche Faktoren bestimmen das Verhal-
85 ten, dazu gehören: rationale Überlegungen und ökonomische Faktoren (Einkommen, Preise), sozialkulturelle Einflüsse (Lebensstile, Werte und gesellschaftliche Normen), psychologische Faktoren und vererbte Anlagen (Hor-
90 mone, Erwartungen, Wünsche, Ängste), idealistische Ziele (z.B. Umweltbewusstsein, ethische Ziele).

Grundlagen. Vom Homo oeconomicus und anderen Menschen, S. 1 ff., in: https://www.endlich-wachstum.de/ wp-content/uploads/2017/05/B_Vom-Homo-oeconomicus-und-anderen-Menschen_Arbeitstexte.pdf, 2017

1 Analysieren Sie die Karikatur (M 4) unter besonderer Berücksichtigung von M 5 und Ihrer Erkenntnisse zu klimaschädlichen Emissionen durch Verkehrsmittel.

2 Vergleichen Sie die Menschenbilder des Homo oeconomicus und des Homo cooperativus (M 6).

3 Berechnen Sie Ihren ökologischen Fußabdruck und untersuchen Sie, wo Sie eher als Homo oeconomicus und wo Sie eher als Homo cooperativus handeln.

4 Diskutieren Sie, welches Menschenbild Grundlage einer nachhaltigen Umweltpolitik ist.

WEBCODE
WES-118390-705
Der ökologische
Fußabdrucktest

3.3 Europäische Verkehrspolitik für mehr nachhaltige Mobilität?

M 1 Das Konzept der integrierten Verkehrspolitik

Der deutsche Verkehrswissenschaftler Oliver Schwedes legt Grundlagen einer nachhaltigen Verkehrspolitik dar.

Die zentrale Frage lautet, wie die Verkehrspolitik zukünftig die ökologischen Ziele mit den ökonomischen und sozialen Anforderungen verbinden kann und welche Instrumente ihr dafür zur Verfügung stehen. [...]
Um die Herausforderung richtig einschätzen zu können, mit der sich die Verkehrspolitik konfrontiert sieht, wenn sie die selbstgesteckten Klimaziele erreichen will, muss man sich vor Augen führen, wie sehr die aktuellen gesellschaftlichen Verhältnisse der Autonutzung dienen. [...] Entstanden ist ein Verkehrssystem, das auf rund 650 000 Straßenkilometern basiert, 14 500 Tankstellen und 430 Raststätten umfasst, und dessen reibungsloser Betrieb durch mehr als 10 000 Fahrschulen und über 36 000 Kraftfahrzeugwerkstätten aufrechterhalten wird. Die genannten Infrastrukturen müssen ihrerseits unterhalten werden [...]. Gespeist wird das Verkehrssystem von den Automobilkonzernen, die Jahr für Jahr 3,4 Millionen Neuwagen für den deutschen Markt produzieren. [...] [Hier geht es] um eine Vielzahl handfester Interessen, die von der Verkehrspolitik zu berücksichtigen sind und die gleichzeitig massiven Einfluss auf die politische Entscheidungsfindung nehmen. Allerdings handelt es sich bei der gesellschaftspolitischen Auseinandersetzung um die zukünftige Bedeutung des Automobils nur um das Symptom für ein tieferliegendes Strukturproblem [...]. Nicht das Auto ist das Problem, sondern das Verkehrswachstum. [...] Zunächst ist festzuhalten, dass der Verkehrssektor in den vergangenen Jahrzehnten große Effizienzgewinne zu verzeichnen hat. So konnten etwa durch technische Innovationen in der Motorenentwicklung der Benzinverbrauch und in der Folge die CO_2-Emissionen kontinuierlich reduziert werden. Dass die CO_2-Emissionen insgesamt dennoch weiter steigen, zeigt, dass technische Innovationen allein offensichtlich nicht zu einer nachhaltigen Verkehrsentwicklung beitragen. Die Ressourcen im Verkehrssektor werden aber nicht nur effizienter eingesetzt, sondern auch effektiver. Das heißt, Materialien werden in wachsendem Maße recycelt. Autos werden mittlerweile zu 20 bis 30 Prozent aus wiederverwendeten Rohstoffen produziert [...]. [Die] erreichten Erfolge wurden durch das stetige Verkehrswachstum aufgezehrt: Wo einerseits pro Auto weniger Benzin verbraucht wird, werden andererseits längere Strecken zurückgelegt. Und diejenigen, die Autos mit recycelten Materialien herstellen, produzieren heute mehr Autos als jemals zuvor, die zudem immer größer und schwerer werden. [...]
Ein Schlüssel für das Verständnis des stetigen Verkehrswachstums liegt in der Bedeutung des Verkehrs für die wirtschaftliche Wohlfahrt im Rahmen der kapitalistischen Wirtschaftsweise. [...] Hierdurch wird eine Wachstumsspirale befeuert, die dazu führt, dass immer mehr Verkehr immer schneller über immer weitere Distanzen organisiert werden muss. [...] Hinzu kommt, dass die [...] Produktionsweise mit ihrer arbeitsteiligen Ausdifferenzierung die Grundlage bildet für eine soziale Ausdifferenzierung, die sich in einem extensiven privaten Lebensstil äußert, der in zunehmendem Maße auf Verkehr angewiesen ist. [...] Aus den beschriebenen Entwicklungen folgt die basale verkehrswissenschaftliche Einsicht, dass es zusätzlich zu den technischen Innovationen und der effektiven Ressourcennutzung im Verkehrssektor notwendig ist, unser gemeinsames Wirtschaften wie auch unser privates Zusammenleben neu zu organisieren [...].
Die integrierte Verkehrspolitik umfasst mit dem Infrastrukturmanagement, dem Verkehrsmanagement und dem Mobilitätsmanagement [...] drei Handlungsfelder [...]. Um die gesamte Fülle der möglichen Instrumente erfassen zu können, die der Verkehrspolitik zur Verfügung stehen, ist in jedem Handlungsfeld zwischen Angeboten und Restriktionen zu unterscheiden – in den Verkehrswissenschaften auch als Pull- und Push-Maßnahmen bezeichnet. In dem einen Fall werden Menschen

durch attraktive Angebote angezogen (pull, etwa durch den Ausbau des öffentlichen Verkehrs), im anderen Fall werden sie durch restriktive Maßnahmen in ihrem Verhalten in eine bestimmte Richtung gedrängt (push, etwa durch Geschwindigkeitsbegrenzungen). Innerhalb der drei genannten Handlungsfelder stehen der Verkehrspolitik grundsätzlich drei Kategorien von Instrumenten zur Verfügung. Erstens kann sie sich der Instrumente der Ordnungspolitik bedienen, die alle Formen rechtlicher Ge- und Verbote umfassen. Diese reichen vom Gebot ständiger Vorsicht und gegenseitiger Rücksichtnahme in Paragraf 1 der Straßenverkehrsordnung über Geschwindigkeitsbegrenzungen bis zum Verbot, bestimmte Emissionsgrenzwerte zu überschreiten. Zweitens verfügt die Verkehrspolitik über Instrumente der Prozesspolitik, womit kurzfristige Maßnahmen im Rahmen der zuvor durch die Ordnungspolitik gesetzten rechtlichen Rahmenbedingungen bezeichnet sind. Für die Verkehrspolitik sind diesbezüglich insbesondere die monetären Maßnahmen (Steuern und Subventionen) sowie der konkrete Unterhalt und Bau von Infrastruktureinrichtungen („reale Maßnahmen") von Bedeutung. Zu den monetären Maßnahmen zählen unter anderem die Kraftfahrzeugsteuer und die Mineralölsteuer sowie die Subventionen im öffentlichen Verkehr. Drittens schließlich kann die Verkehrspolitik [...] eine Strukturpolitik verfolgen. [...] Strukturpolitische Maßnahmen umfassen beispielsweise sektorübergreifende Kooperationen zwischen den politischen Handlungsfeldern Verkehr, Stadt und Umwelt mit dem Ziel, verkehrsarme Raumstrukturen zu schaffen und die negativen Umwelteffekte zu reduzieren. [...]

[In der] Folge des allgemeinen Verkehrswachstums [haben sich] die jeweiligen Anteile am gesamten Verkehrsaufkommen und der Verkehrsleistung nicht verändert. Mehr noch, den Prognosen des Bundesministeriums für Verkehr und digitale Infrastruktur zufolge wird sich an diesem Verhältnis auch bis 2030 nichts ändern: Heute wie in der Zukunft entfallen zwei Drittel der Verkehrsleistung im Personenverkehr auf den motorisierten Individualverkehr [...]. Dies zeigt, dass es nicht ausreicht, durch massive finanzielle Förderungen ein attraktives Angebot zu schaffen und darauf zu hoffen, dies würde die Menschen zu einem Wechsel der Verkehrsmittel bewegen. Vielmehr würde sich eine echte politische Entscheidung für den öffentlichen Verkehr dadurch auszeichnen, dass sie sich gleichzeitig mit entsprechenden Push-Maßnahmen gegen den Autoverkehr wendet, um ihn weniger attraktiv zu gestalten. [...] Vor dem Hintergrund, dass 80 bis 90 Prozent des Verkehrsaufkommens in der Region entstehen, insbesondere durch Pendlerverkehre, [...] muss eine Strukturpolitik auf neue Raumstrukturen gerichtet sein. Diese sollten so beschaffen sein, dass es eben nicht notwendig ist, immer mehr Verkehr immer schneller über immer größere Distanzen zu organisieren. Um einen solchen Strukturwandel zu bewältigen, sollte die Prozesspolitik kurzfristig insbesondere darauf gerichtet sein, die Finanz- und Steuerarchitektur zu reformieren, die durch milliardenschwere Fehlanreize heute noch die alten Strukturen aufrechterhalten. Mit den frei werdenden Finanzmitteln könnten die realen Maßnahmen im Bereich des Unterhalts und Baus von Infrastruktureinrichtungen neu ausgerichtet werden. [...]

Eine verkehrspolitische Entscheidung im Bereich der Verkehrsinfrastruktur, die den selbstgesteckten klimapolitischen Zielen ernsthaft verpflichtet ist, würde sich für die Schiene und die Wasserwege aussprechen und gleichzeitig den Straßenverkehr zum Beispiel durch eine PKW-Maut weniger attraktiv gestalten. Schließlich müssten die vielfältigen hier nur schlaglichtartig angedeuteten prozess- und strukturpolitischen Maßnahmen im Verkehrssektor auch ordnungspolitisch neu gefasst werden. Das heißt, der rechtliche Rahmen müsste im Sinne einer Verkehrsentwicklungspolitik definiert werden.

Oliver Schwedes, Am Steuer? Instrumente und Anwendungsfelder der Verkehrspolitik, in: Aus Politik und Zeitgeschichte, Heft 43/2019, S. 19 ff.

M2   Hessen – Vorreiter der Verkehrswende in Deutschland und Europa?

WEBCODE

WES-118390-706
Hessenstrategie
Mobilität 2035

WES-118390-707
Mobilitätsstrategie
der EU

Der hessische Minister für Wirtschaft, Energie, Verkehr und Wohnen, Tarek Al-Wazir, formuliert im Vorwort zur „Hessenstrategie Mobilität 2035", Hessen sei „wie gemacht" für die Aufgabe des Vorrei-
5 *ters der Verkehrswende, u. a. weil Hessen Verkehrsknotenpunkt in Deutschland und Europa sei. „Lösungen, die hier funktionieren", so der grüne Politiker, „haben ihren Praxistest definitiv bestanden". Die „Hessenstrategie Mobilität 2035" stellt ein*
10 *komplexes, sehr ambitioniertes Konzept nachhaltiger Mobilität im auf dem Prinzip der Subsidiarität beruhenden Mehrebenensystem der EU für ein Transit- und Flächenland wie einen Wirtschafts- und Logistikstandort dar. In der „Hessenstrategie*
15 *Mobilität 2035" werden Szenarien entworfen und Leitlinien der Verkehrspolitik formuliert. Die EU hat ihrerseits im Rahmen ihres „Green Deal" eine „Mobilitätsstrategie" formuliert.*

Stellen wir uns Hessen im Jahr 2035 vor: Wer
20 in 17 Jahren morgens von Wiesbaden oder Gießen, von Frankenberg oder Grasellenbach nach Frankfurt möchte, kann sich zu Hause von einem selbst fahrenden Auto abholen lassen. Geschickt hat es der Verkehrsverbund,
25 bei dem man es bestellt hat. Vielleicht wartet es auch automatisch vor der Tür, weil es sich mit dem persönlichen Terminkalender synchronisiert. Auf der Autobahn fädelt es sich auf eine eigene Spur ein, auf der nur autono-
30 me Fahrzeuge unterwegs sind. Sie kommunizieren untereinander, weichen sich aus, warnen sich und organisieren den Verkehrsfluss mit künstlicher Schwarmintelligenz. Währenddessen liest der Fahrgast Mails oder Un-
35 terlagen; der E-Motor surrt leise und ab und zu denkt sie oder er vielleicht noch daran, wie nervenaufreibend und unfallträchtig der Berufsverkehr noch vor zwei Jahrzehnten war. Das Fahrzeug liefert den Fahrgast an der Ziel-
40 adresse ab oder an einer Mobilitätsstation, wo man auf die U-Bahn oder je nach Wetter und Belieben aufs Leihfahrrad umsteigen kann – schließlich gibt es ein gut ausgebautes Netz an Raddirektwegen. Was am schnellsten und be-
45 quemsten ist, hat die Handy-App ermittelt, die auch die Abrechnung am Monatsende übernimmt. Niemand muss mehr Fahrpläne wäl-

zen und Tarife vergleichen und muss auch nicht überlegen, wie viel früher sie oder er aufstehen muss, um dem Stau zuvorzukom- 50
men. Und am allerwenigsten muss man darüber nachdenken, ob man mit dem eigenen Auto in die Stadt fährt. Das werden im Jahr 2035 nur noch die wenigsten tun – die anderen Verkehrsmittel sind viel attraktiver. [...] 55

1. Vernetzte Mobilität, die allen nützt
Wir schaffen einen verlässlichen Rahmen und ermöglichen die einfache Teilhabe an nachhaltigen multimodalen Mobilitätsangeboten für alle. 60

2. Leistungsstarke Infrastruktur ist die Basis
Wir bauen unsere Infrastruktur weiter aus und verbessern ihre Leistungsfähigkeit für die effiziente, vernetzte und umweltschonende 65 Mobilität. Die weiterentwickelte digitale Infrastruktur (LTE/5G) eröffnet hier neue Möglichkeiten.

3. Nahmobilität steht im Zentrum
Wir stellen Nahmobilität ins Zentrum unseres 70 Engagements – gemeinsam mit den Kommunen. Fuß- und Radverkehr sollen die Basis der Mobilität in Städten und Gemeinden sein.

4. Unternehmen gewinnen mit Neuer Mobilität 75
Wir ermöglichen es Unternehmen, mithilfe einer ebenso zuverlässigen wie innovativen Neuen Mobilität Kosten-, Effizienz- und Umweltvorteile zu erzielen.

5. Güter besser multimodal transportieren 80
Wir sind das Herz eines multimodalen europäischen Güterverkehrs, der den regionalen Verkehr sowie Mensch und Umwelt nur geringfügig belastet.

6. Daseinsvorsorge für morgen sichern 85
Mit unseren Mobilitätsdienstleistungen sichern wir die Daseinsvorsorge. Dort, wo es sinnvoll ist, können privatwirtschaftliche Angebote ergänzend hinzukommen.

90 **7. Mobilitätsdaten in Hessen für Hessen managen**

Wir sorgen mit den kommunalen Partnern für sichere Mobilität und sichere Mobilitätsda-

tenflüsse, da sie eine wesentliche Grundlage des kommunalen sowie regionalen Mobilitäts- 95 und Verkehrsmanagements sind.

Hessisches Ministerium für Wirtschaft, Energie, Verkehr und Landesentwicklung (Hg.), Hessenstrategie Mobilität 2035. Hessen wird Vorreiter der Verkehrswende, Wiesbaden 2018, S. 9 ff., https://www.mobileshessen2030.de/ mm/105_55_Hessenstrategie_Mobilitat_2035_online.pdf

Wohin geht der Weg aus Frankfurt am Main …

… oder aus Essen mitten in Europa?

M 3 Treibhausgasemissionen des Personen- und Güterverkehrs in Deutschland 2019

Personen-Fernverkehr*			
Inlands-Flugverkehr	**PKW**	**Fernlinienbus**	**Eisenbahn**
214	143	29	29

Personen-Nahverkehr*			
PKW	**Linienbus**	**Straßenbahn, Stadtbahn und U-Bahn**	**Eisenbahn**
143	80	55	55

Güterverkehr**		
LKW	**Binnenschiff**	**Güterzug**
111	30	17

*Quelle: Allianz pro Schiene / Umweltbundesamt 2020   * in Gramm pro Personenkilometer   ** in Gramm pro Tonnenkilometer*

1 Stellen Sie den Argumentationsgang von Oliver Schwedes und insbesondere die von ihm vorgeschlagenen Instrumente und Maßnahmen einer integrierten Verkehrspolitik dar (M 1).

2 Untersuchen und beurteilen Sie arbeitsteilig verkehrspolitische Instrumente und Maßnahmen der Hessenstrategie Mobilität 2035 (M 2, M 3).

3 Diskutieren Sie, welche Ebene im Mehrebenensystem der EU bei der Verkehrswende initiativ werden sollte.

M 4 Arbeiten im Homeoffice – ein Mittel zur Reduktion von CO_2-Emissionen?

Der Kolumnist Dirk von Gehlen denkt darüber nach, inwieweit die Virtualisierung der Arbeitswelt den Klimaschutz voranbringen könnte.

Vor einem Jahr war die Welt eine andere. Dieser Tage erinnern sich viele Menschen daran, weil viele im März 2020 ein letztes Mal zu einer Dienstreise aufbrachen, ein Fußballstadion oder Konzert besuchten. Ich musste in dieser Woche daran denken, wie ich vor einem Jahr einen Seufzer in die SZ schrieb: „Immerhin haben wir das Internet", notierte ich damals, um festzuhalten, dass physische Distanz vor allem deshalb erträglich ist, weil wir uns virtuell verbinden können.

Nicht auszumalen, wie viel anstrengender die vergangenen zwölf Monate gelaufen wären, hätten wir auf die Möglichkeiten der digitalen Vernetzung verzichten müssen. Am DE-CIX Internetknoten in Frankfurt, der zu den größten der Welt zählt, wurden im Jahr 2020 insgesamt 32 Trillionen Byte Datenverkehr gemessen. Das ist ein neuer Rekord. Die dpa hat dies in eine greifbare Zahl umgerechnet und schreibt, das entspreche einem acht Millionen Jahre andauernden Video-Anruf. Ich kenne Menschen, die das Gefühl haben, genauso lange schon in „könnt Ihr meinen Bildschirm sehen"-Sitzungen gefangen zu sein. Denn Homeoffice heißt für sehr viele Menschen vor allem: in privaten Räumen in kleine Bildschirme gucken. Neben allen Fragen der familiären Folgen und psychischen Gesundheit, […] wirft der Trend zur Videokonferenz vor allem die Frage nach dem ökologischen Fußabdruck auf: ein acht Millionen Jahre dauernder Video-Call braucht ja nicht nur körperliche Ressourcen. Andererseits spart die Bildschirmguckerei natürlich potenziell viele Auto- und Bahnfahrten oder sogar Flüge.

Im März 2020 veröffentlichte das Potsdam-Institut für Klimafolgenforschung einen Artikel, in dem es um die positiven Effekte des Homeoffice für das Klima geht. Darin heißt es: „Der Gedanke der Virtualisierung der Arbeitswelt ist schon lange mit Hoffnungen auf ökologische Vorteile, wie etwa der Reduktion von Mobilitätsemissionen, verbunden." Ein Jahr später kann man feststellen, dass der Gedanke sich in die Tat umgesetzt und die Hoffnung sich zumindest in Teilen erfüllt hat.

Der Verkehrsclub Deutschland (VCD) hat dieser Tage nämlich eine Studie veröffentlicht, die als Folge des durch die Pandemie-Bekämpfung eingeschränkten dienstlichen Reisens (Arbeitswege und Dienstreisen) einen erheblichen Rückgang der Emissionen in den kommenden Jahren in Aussicht stellt: „Wenn das geänderte Dienstreiseverhalten, wie von den Befragten erwartet, im Anschluss an die Pandemie anteilig beibehalten wird", heißt es in der Studie, könnten die beruflichen Reisen mit der Bahn um 28 Prozent, mit dem Auto um 35 Prozent und per Flugzeug um 22 Prozent zurückgehen – dauerhaft. Hochgerechnet kommt die Studie dadurch auf eine Reduktion der Treibhausgasemissionen von etwa drei Millionen Tonnen CO_2 pro Jahr. Hinzu kämen 1,5 Millionen Tonnen CO_2, die sich mit mehr Homeoffice beim Pendeln sparen ließen. Das ist erheblich, selbst wenn man einrechnet, dass auch die ewigen Videokonferenzen Emissionen erzeugen. US-Forscher haben dazu in einer aktuellen Erhebung einen weltweiten Durchschnittswert ermittelt, der bei wöchentlich 15 virtuellen Meetings von je einer Stunde auf Emissionen von 2,2 Kilogramm CO_2 in der

INFO

SZ
Abkürzung für die Tageszeitung „Süddeutsche Zeitung"

dpa
Die Deutsche Presse-Agentur (dpa) ist die größte deutsche Nachrichtenagentur.

Zeichnung: Klaus Stuttmann

Woche kommt. Zum Vergleich: Wenn ich die 25 Kilometer Hin- und Rückweg zur Arbeit, die ich ohne Homeoffice hätte, mit dem Auto zurücklegen würde, käme ich bei durchschnittlichem Spritverbrauch auf rund vier Kilogramm CO_2 – täglich. Aber ich gestehe auch: Bei aller Sympathie für die digitale Verbindung hätte ich nichts dagegen, all meine Kolleginnen und Kollegen aus dem Klimafreitag-Team mal wieder im Büro zu treffen. Ich würde dann CO_2-sparsam ins Hochhaus der Süddeutschen Zeitung radeln. Das macht auch mehr Spaß.

Dirk von Gehlen, Acht Millionen Jahre Videokonferenz, in: https://www.sueddeutsche.de/wissen/home-office-klimaschutz-klimakolumne-videokonferenz-1.5234226, 12.03.2021

M 5 Arbeitsweg: Ständig im Stau?

Der Weg zur Arbeit

Von je 100 Berufstätigen in Deutschland 2016

…brauchen für den Weg zur Arbeit

- unter 10 Minuten
- 10 bis 29 Min. — 48
- 22
- 3
- 5
- 22 — 30 bis 59 Min.
- 60 Min. und mehr
- wechselnde Arbeitsstelle

…nutzen für den Arbeitsweg

- Pkw — 68
- Fahrrad — 9
- zu Fuß — 8
- U-Bahn, Straßenbahn — 5
- Zug, S-Bahn — 5
- Bus — 4
- Motorrad, Motorroller — 1

Quelle: Statistisches Bundesamt

© **Globus** 11952

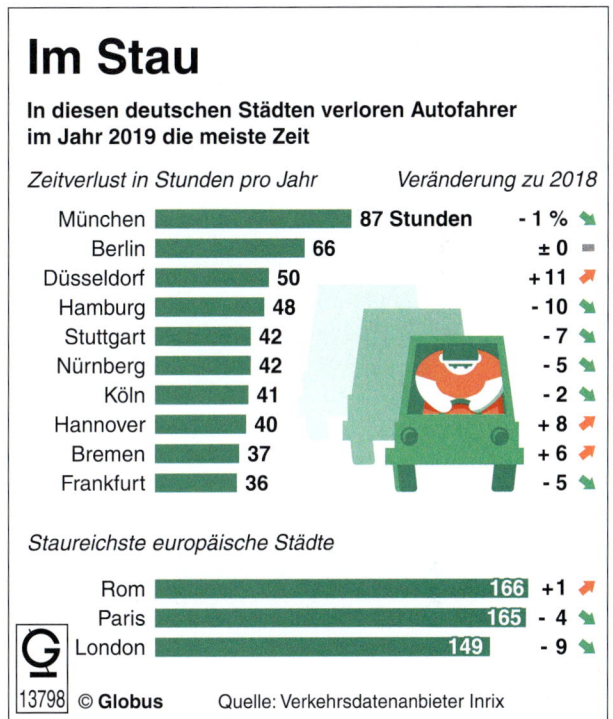

Im Stau

In diesen deutschen Städten verloren Autofahrer im Jahr 2019 die meiste Zeit

Zeitverlust in Stunden pro Jahr — *Veränderung zu 2018*

Stadt	Zeitverlust	Veränderung zu 2018
München	87 Stunden	- 1 %
Berlin	66	± 0
Düsseldorf	50	+ 11
Hamburg	48	- 10
Stuttgart	42	- 7
Nürnberg	42	- 5
Köln	41	- 2
Hannover	40	+ 8
Bremen	37	+ 6
Frankfurt	36	- 5

Staureichste europäische Städte

Stadt	Zeitverlust	Veränderung
Rom	166	+ 1
Paris	165	- 4
London	149	- 9

13798 © **Globus**   Quelle: Verkehrsdatenanbieter Inrix

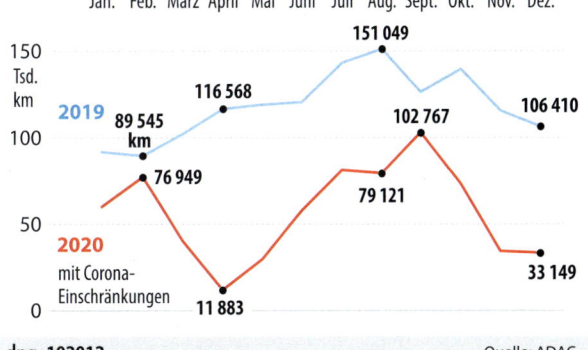

Weniger Stau

Staulänge auf deutschen Autobahnen im Jahresverlauf

Jan. Feb. März April Mai Juni Juli Aug. Sept. Okt. Nov. Dez.

150 Tsd. km

2019

- 89 545 km
- 116 568
- 151 049
- 102 767
- 106 410

100

50

2020 mit Corona-Einschränkungen

- 76 949
- 11 883
- 79 121
- 33 149

0

dpa • 102012   Quelle: ADAC

M 6   Emissionsreduktionspotenzial durch Homeoffice?

Im Auftrag von Greenpeace haben Wissenschaftler anlässlich der Corona-Krise Szenarien zu Homeoffice und Klima durch einen Rückgang des Pendlerverkehrs entwickelt.

Die Corona-Pandemie erlaubt eine realistische Einschätzung darüber, wie viele Arbeitnehmende grundsätzlich [...] von zu Hause arbeiten können. Verschiedene Studien beziffern den zeitweisen Telearbeit-Anteil während COVID-19 in Deutschland zwischen 25 Prozent [...] und 37 Prozent [...]. Bereits vor Corona deuteten Umfragen darauf hin, dass ein Anteil von 40 Prozent sowohl für Arbeitnehmende als auch Arbeitgebende möglich wäre [...]. Wir nehmen [...] an, dass die Menschen in Zukunft ein bis zwei Homeoffice-Tage pro Woche einlegen können. Um die mögliche Spannbreite der Emissionseinsparungen abzubilden, gehen wir in dieser Studie von zwei Szenarien aus: [...] Ein konservatives Szenario mit einem Telearbeit-Anteil von 25 Prozent [und ein] fortschrittliches Szenario mit einem Telearbeit-Anteil von 40 Prozent. Um das Potential an Emissionsreduktion durch Telearbeit abzuschätzen, beziehen wir uns in dieser Studie auf die Gesamtemissionen des Pendelverkehrs in Deutschland, die auf Basis des Datensatzes „Mobilität in Deutschland" 2017 des Bundesministeriums für Verkehr und digitale Infrastruktur ermittelt wurden. [...]

In unserem konservativen Szenario könnte ein zusätzlicher Homeoffice-Tag in Deutschland 1,6 Millionen Tonnen CO_2 pro Jahr einsparen und die Verkehrsleistung des Pendelverkehrs um 10,9 Milliarden Personenkilometer reduzieren. Neue Arbeitsroutinen könnten die Emissionen des Pendelverkehrs somit pro Jahr um 5 Prozent senken. Falls Arbeitnehmende zukünftig zwei Tage pro Woche von zuhause arbeiten, könnten 20,9 Milliarden Personenkilometer im Pendelverkehr und somit 3,2 Millionen Tonnen CO_2 eingespart werden. Das entspricht einer Einsparung von 11 Prozent der Emissionen aller Pendelwege und 2 Prozent der Gesamtemissionen des Personenverkehrs. In unserem fortschrittlichen Szenario liegen die jährlichen Emissionseinsparungen durch einen zusätzlichen Homeoffice-Tag sogar bei 18,4 Milliarden Personenkilometer bzw. 2,8 Millionen Tonnen CO_2 und bei zwei Tagen bei 35,9 Milliarden Personenkilometer und 5,4 Millionen Tonnen CO_2. Dies entspricht 18 Prozent der Emissionen aus dem Pendelverkehr und 4 Prozent der Gesamtemissionen des Personenverkehrs in Deutschland.

Anna Breitkreuz/Lisa Büttner, Arbeiten nach Corona. Warum Homeoffice gut fürs Klima ist, IZT-Institut für Zukunftsstudien und Technologiebewertung: Berlin 2020, S. 3, https://www.greenpeace.de/publikationen/s03091_gp_home_office_studie_08_2020_dt_fly_fin_04.pdf

1 Erläutern Sie den ökologischen Nutzen des Arbeiten im Homeoffice und beurteilen Sie diesen auch mit Blick auf soziale und ökonomische Kriterien (M 4–M 6).

2 Zur Auswahl:
   a) Entwerfen Sie ein nachhaltiges Modell zur Kombination von Präsenzarbeit und Homeoffice zu einem Berufsfeld Ihrer Wahl. Nach dem Leitfaden des Experteninterviews können Sie Interviews mit Betroffenen führen (z. B. Eltern, Verwandte, Bekannte).
   b) Führen Sie im Rahmen des Betriebspraktikums Experteninterviews zur Zukunft von Präsenzarbeit und Homeoffice durch und werten Sie Ihre Ergebnisse im Praktikumsbericht aus.
   c) Führen Sie in der Lerngruppe ein Experteninterview durch (z. B. mit einem Vertreter eines Arbeitgeberverbandes und eines Vertreters von Beleg- oder Gewerkschaft) zur Vereinbarkeit von Homeoffice und Unternehmenstätigkeit.

3 Nehmen Sie Stellung zur Forderung von Greenpeace an die Bundesregierung, die Pendlerpauschale schrittweise zu streichen und die dadurch frei werdenden Mittel in den Ausbau des ÖPNV zu investieren.

Experteninterview

Dem ILMES (Internet-Lexikon der Methoden der empirischen Sozialforschung) zufolge ist ein Experteninterview „ein Interview mit einer Person, die mit Hinblick auf ihren Status als Experte oder Expertin befragt wird, also als Person, die über spezialisiertes Wissen und dadurch im Allgemeinen auch über […] Entscheidungskompetenzen verfügt". In einem Experteninterview geht es also darum, mit einer Person zu sprechen, die sich in einem Sachgebiet sehr gut auskennt, um schnell und direkt wichtige und zuverlässige Informationen zu einem Thema zu erhalten.

1. Vorbereitung

- Denken Sie daran, frühzeitig einen Termin zu vereinbaren! Der Terminkalender eines einer Expertin oder eines Experten ist oft sehr voll.
- Informieren Sie sich über die zu interviewende Person, insbesondere über ihre Funktion und die Institution (Behörde, Unternehmen, soziale Einrichtung, …), die sie vertritt.
- Entwickeln Sie einen Leitfaden, in dem Sie festhalten, welches Ziel das Interview grundsätzlich hat und welche Themen und Schwerpunkte Sie ansprechen möchten.
- Informieren Sie sich gut zu diesen Themen und Schwerpunkten.
- Erarbeiten Sie Fragen. In Ihrem Kurs können sie z. B. Fragen auf Karten festhalten, einsammeln und systematisieren. Überlegen Sie sich die Fragen, die Sie stellen wollen, genau: Gehören sie zum Thema? In welcher Reihenfolge sollen die Fragen gestellt werden? Ist die Anzahl ausreichend? Sind die Fragen eindeutig und verständlich? Stellen Sie möglichst offene Fragen, also Fragen, die nicht nur mit „Ja", „Nein" oder einem Wort beantworten werden können, sondern die interviewte Person auffordern, zu erzählen.

- Überlegen Sie, wie die Ergebnisse gesichert werden sollen: Möchten Sie das Experteninterview protokollieren? Möchten Sie es aufzeichnen?

2. Durchführung

- Halten Sie die Rahmenbedingungen des Interviews fest: Wann haben Sie wo in welcher Form wie lange mit der Expertin bzw. dem Experten gesprochen?
- Stellen Sie sich der Expertin bzw. dem Experten vor (Name, Kurs, Gesprächsanlass), erklären Sie, wofür die Ergebnisse benötigt oder ob und ggf. in welcher Form sie veröffentlicht werden. Wenn Sie das Gespräch aufzeichnen möchten, holen Sie das Einverständnis ein.
- Stellen Sie die Fragen. Fragen Sie ggf. nach, falls Sie eine Antwort nicht verstehen oder Sie den Eindruck haben, dass die interviewte Person ausweicht.
- Falls Sie das Interview veröffentlichen wollen, fragen Sie zum Abschluss des Gesprächs nach, ob sie bzw. er es vorher noch einmal lesen möchte.
- Es ist sicher trivial, dennoch: Denken Sie daran, sich bei der interviewten Person zu bedanken!

3. Nachbereitung

- Sollten Sie das Gespräch aufgenommen haben, müssen Sie nun eine Abschrift erstellen.
- Fassen Sie unter Berücksichtigung Ihres Leitfadens die Ergebnisse des Interviews zusammen. Sie können die Ergebnisse z. B. in Form einer Wandzeitung präsentieren.
- Reflektieren Sie bei der Auswertung des Interviews immer, welche Funktion die interviewte Person innehat und welche Interessen damit verbunden sein könnten. Führen Sie ggf. ein Interview mit einer zweiten Person durch.

WEBCODE

WES-118390-708
ILMES – Internet-Lexikon der Methoden der empirischen Sozialforschung

Aus für den Verbrennungsmotor durch den Staat?

Im Zuge der ökologischen Verkehrswende haben bereits einige Staaten den Ausstieg aus dem Verbrennungsmotor beschlossen. Auch die Europäische Union hat sich im Rahmen ihrer Klimapläne dieses Ziel gesetzt. Kritiker lehnen ein solches staatliches Verbot jedoch ab. Grundsätzlich kann der Staat in einer sozialen Marktwirtschaft durch (marktkonforme) Eingriffe in die Wirtschaft das Marktgeschehen dort ergänzen, wo es versagt oder zu nicht erwünschten wirtschaftlichen oder sozialen Resultaten führt. Dennoch stellt sich die Frage: Soll der Staat (also z. B. die Bundesregierung oder die Europäische Kommission) den Verbrennungsmotor zum Zweck der Emissionsreduktion verbieten?

M 1   Verbrennungsmotor – eine Dinosauriertechnologie?

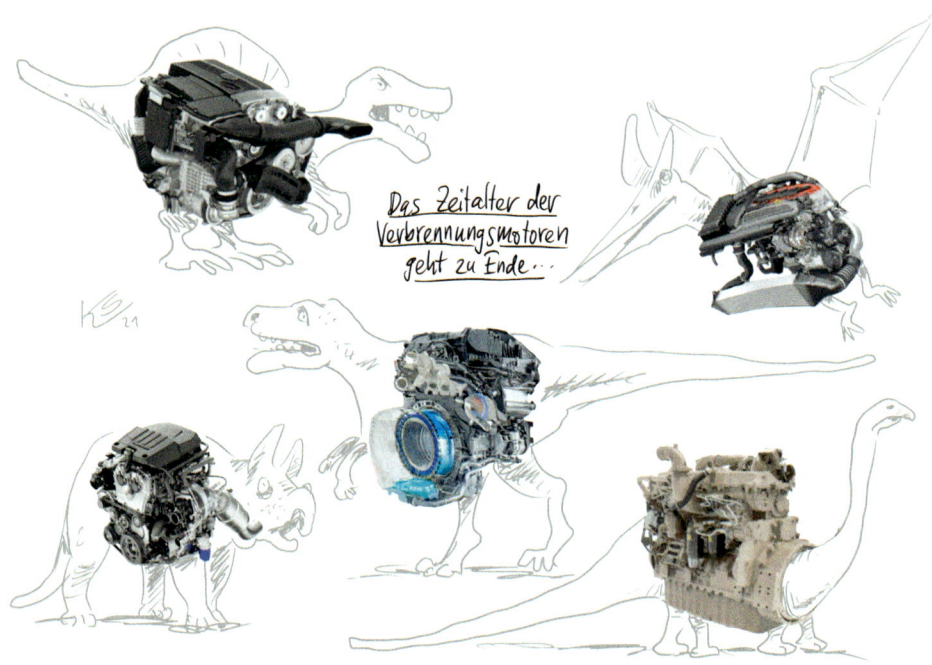

Das Zeitalter der Verbrennungsmotoren geht zu Ende...

Zeichnung: Klaus Stuttmann

M 2   Verbot von Fahrzeugen mit Verbrennungsmotoren in der Europäischen Union

Nach der Verkündung der Klimapläne durch die EU-Kommission im Juli 2021 schreibt die Autozeitschrift „auto motor und sport":

2035 könnte Schluss sein mit dem Auto, wie
5 wir es bislang kennen. In ihrem neuen Klima-Plan „Fit for 55" fordert die EU-Kommission für dieses Jahr, die jährlichen CO2-Emissionen neuer Fahrzeuge auf null zu reduzieren. Bedeutet im Umkehrschluss: Zu diesem Zeitpunkt ist der Verbrenner raus; es können 10 dann nur noch reine Elektroautos oder Fahrzeuge, die mit Wasserstoff, Biokraftstoff oder E-Fuels betankt werden, neu zugelassen werden. [...] Bevor der Plan umgesetzt werden kann, muss er noch den gesamten Gesetzgebungs-Prozess durchlaufen. Dabei müssen 15 auch die einzelnen EU-Mitgliedstaaten zustimmen, wobei aus einigen Ländern starker Widerstand zu erwarten ist. Zum Beispiel je-

nen, in denen die heimische Autoindustrie einen Großteil zur jeweiligen Wirtschaftsleistung beiträgt und die entsprechende Lobby großen Einfluss nimmt. Es gibt aber auch Staaten, welche die EU-Pläne begrüßen dürften.

Etwa die Niederlande: Das Land hatte die EU-Kommission schon im März 2021 in einem Schreiben dazu aufgefordert, ein Ausstiegsdatum für den Verkauf von Benzin- und Dieselautos zu nennen. In dem inoffiziellen Papier [...] werden zudem Österreich, Belgien, Dänemark, Griechenland, Malta, Irland, Litauen und Luxemburg als Absender genannt. Obendrein sprachen sich die Staaten darin für eine bessere Ladeinfrastruktur für emissionsfreien Verkehr und deutlich strengere CO_2-Emissions-Standards aus. Das Beispiel Dänemark zeigte zuvor, wie schwierig es für ein EU-Land ist, ein Verbrenner-Verbot auf eigene Faust durchzusetzen. Bereits 2018 kündigte die Regierung in Kopenhagen an, Diesel und Benziner ab 2030 verbieten zu wollen. Doch sie musste ihre Pläne zurückziehen, da sie gegen EU-Recht verstoßen. Seitdem wagten die Skandinavier mehrere weitere Vorstöße: Die EU müsse ihre Regeln ändern und den Mitgliedsländern erlauben, ein Verbrenner-Verbot erlassen zu können. [...] Einige weitere EU-Staaten [...] verfolgten bisher dasselbe Ziel wie Dänemark. [...] Noch rigoroser plant Nicht-EU-Land Norwegen ein Verbrenner-Verbot (schon ab 2025). Auch das ausgetretene Großbritannien macht sich strenge Vorgaben. [...] Doch nicht nur in Ländern, auch in den europäischen Metropolen werden Fakten geschaffen. Beispielsweise in Paris: Ein komplettes Dieselfahrverbot gilt in Frankreichs Hauptstadt ab 2024, Fahrverbote für Benziner folgen 2030. Oder Amsterdam: Laut dem „Clean Air Action Plan" will die niederländische Hauptstadt nach Möglichkeit ab 2030 jegliche Benzin- und Dieselfahrzeuge aussperren. Das gilt wohlgemerkt auch für Motorräder und Roller. Schon ab 2025 soll die Ringautobahn A10 von einem Fahrverbot für Taxis, Busse, Transporter und Roller mit Verbrenner-Motoren betroffen sein, fünf Jahre später dann auch für private Pkw und Motorräder. [...] Selbst auf der bei den Deutschen so beliebten Ferieninsel Mallorca stehen die Verbrenner-Ampeln auf Rot: Neue Diesel-PKW dürfen dort ab 2025 nicht mehr zugelassen werden, Benziner sind ab 2035 dran. Das gilt natürlich auch für die Mietwagenbranche, der bereits ab dem kommenden Jahr 2020 kontinuierlich steigende Quoten an Elektroautos vorgeschrieben werden.

Thomas Harloff/Torsten Seibt/Uli Baumann/Gregor Hebermehl, Die Ausstiegs-Fahrpläne der EU und der Länder, in: https://www.auto-motor-und-sport.de/verkehr/verbrenner-aus-immer-mehr-verbote-zukunft-elektroauto/, 10.09.2021

M3 Interessen der deutschen Automobilindustrie

Bisher hieß der Werbeslogan bei Audi „Vorsprung durch Technik". Bald könnte er vielleicht in „Vorsprung durch Klimaschutz" umgetauft werden – zumindest in Deutschland. Denn nach dem jetzigen Stand der Dinge dürfte Audi der erste deutsche Autohersteller sein, der sich vom Verbrenner verabschiedet. Von 2026 an wird der Premiumhersteller keine neuen Modelle mit Diesel- oder Benzinmotor mehr auf den Markt bringen. Der letzte Sprit-SUV soll 2026 vorgestellt und bis 2033 verkauft werden. „2033 ist also endgültig Schluss mit Verbrennungsmotoren", sagt Audi-Chef Markus Duesmann. Das gelte auch für Hybrid-modelle.

Andere Hersteller sind deutlich zurückhaltender und wollen sich partout nicht festlegen. So lässt die Audi-Konzernmutter VW die weltweite Zukunft des Verbrenners offen. „In Europa steigen wir zwischen 2033 und 2035 aus dem Geschäft mit Verbrenner-Fahrzeugen aus", kündigte VW-Vertriebsvorstand Klaus Zellmer Ende Juni an. In den USA und China werde der Ausstieg später erfolgen, in Südamerika und Asien noch viel später. Als Ziel gilt: Bis 2030 sollen 70 Prozent aller neuen VW-Modelle rein elektrisch fahren.

VW-Markenchef Ralf Brandstätter hält die Diskussion über das Wann des Verbrenner-Abschieds für zu kurz gegriffen. Für den Weg in die E-Mobilität sei auch wichtig, eine entsprechende Ladeinfrastruktur zu entwickeln und die Energiewende voranzubringen. „Solange wir noch einen hohen Kohlestromanteil

35 haben, ist es nicht sinnvoll, auf einen hohen Anteil von E-Autos zu drängen", sagte er. Zudem sei im Premiumbereich ein Wandel schneller möglich im sogenannten Volumengeschäft, betonen die Wolfsburger. „Volumen-
40 hersteller müssen stärker auf den Export achten", erklärt Autoexperte Stefan Bratzel vom Center of Automotive Management. In Südamerika, Russland oder Asien dürften Verbrenner noch länger als in Europa das Stra-
45 ßenbild prägen.
Aber außer Audi halten sich auch die deutschen Premiumhersteller bedeckt hinsichtlich der Zukunft des Verbrenners. BMW-Chef Oliver Zipse lehnt es ab, ein Enddatum zu nen-
50 nen, und will für alle Antriebsarten offen bleiben – vorerst. Bis 2030 wollen die Münchner die Hälfte ihrer Autos mit Batterieantrieb verkaufen. In einigen Märkten werde der Verbrenner aber noch gebraucht. „Wenn ein Her-
55 steller dann kein Verbrennerangebot mehr hat, geht ihm das halbe Marktvolumen verloren", hadert Zipse. Einen solchen „Schrumpfungskurs" wolle BMW nicht fahren. Die Münchner hatten mit dem Diesel und dem
60 Plug-in-Hybrid zu lange aufs falsche Pferd gesetzt, glaubt Autoexperte Ferdinand Dudenhöffer vom Car Center Automotive Research in Duisburg. Deshalb traue man sich nicht, Klartext zu reden. Länger den Diesel zu stre-
65 cken, sei die Strategie von BMW. „Es fehlt ein bisschen der Mut", meint Dudenhöffer […].
Etwas mutiger und klarer hören sich die Ziele bei Daimler an. Bis 2030 werde die Zahl der Modellvarianten mit Diesel oder Benziner um
70 70 Prozent verringert, haben die Stuttgarter

angekündigt. Und bis 2039 solle dann die ganze Modellpalette CO_2-neutral sein – möglicherweise auch schon früher. Aus Konzernkreisen heißt es, dass Daimler-Boss Ola
75 Källenius die Mitarbeiter auf ein Verkaufsverbot für Verbrennungsmotoren schon von 2030 an vorbereite. Dennoch will Källenius bislang noch kein Ausstiegsdatum verkünden. In mehreren Ländern würden Diesel- und
80 Benziner-Fahrzeuge noch länger gefragt sein als in Europa, erklärt der Schwede gerne.
Andere ausländische Autobauer sind weniger zögerlich. Ford z. B. hat vor wenigen Monaten das Ende der Verbrenner für 2030 angekün-
85 digt. Zumindest in Europa werden dann nur noch E-Fords angeboten. Auch Volvo plant schon jetzt den Umstieg. Von 2030 an wollen die Schweden nur noch Elektroautos verkaufen. Schon 2025 soll der Anteil der verkauften
90 Stromer bei 50 Prozent liegen. […]
Die EU-Kommission wird […] [im Juli 2021 ihre] detaillierten Klimaschutz-Pläne vorstellen und erklären, wie die Ziele erreicht werden sollen. Diskutiert wird angeblich über eine Re-
95 duzierung des CO_2-Ausstoßes um 100 Prozent bis 2035. Das heißt: Von diesem Datum an dürften dann keine Diesel- oder Benziner-Autos mehr in den Verkehr gebracht werden. Ein solches faktisches Verkaufsverbot für Ver-
95 brennerfahrzeuge würde die deutschen Hersteller noch stärker unter Druck bringen. Das will der Verband der Automobilindustrie (VDA) unbedingt verhindern. Ob sich die deutschen Auto-Lobbyisten wieder einmal in Brüs-
100 sel durchsetzen und weniger scharfe Grenzwerte erreichen, wird sich zeigen.

*Notker Blechner, Hängen deutsche Autobauer am Verbrenner?, in: https://www.tagesschau.de/wirtschaft/
bmw-daimler-und-co-halten-noch-am-verbrenner-fest-101.html, 05.07.2021*

M4   Positionen der Parteien zum Verbot von Verbrennungsmotoren

Auszüge aus den Wahlprogrammen für die Bundestagswahl 2021 der im 19. Deutschen Bundestag vertretenen Parteien.

CDU: „Unsere Automobilindustrie ist weltweit
5 führend, auch bei der Erforschung und Entwicklung innovativer Technologien, um ökologisch, ökonomisch und sozial nachhaltige Mobilitätsangebote zu entwickeln. Wir wollen,

dass in Deutschland weiterhin die besten Autos der Welt produziert werden – und zwar
10 mit allen Antriebsformen. Wir stehen vor einem Modernisierungsjahrzehnt für die Automobilindustrie. Immer mehr deutsche Automobilhersteller kündigen an, aus der Herstellung von Verbrennermotoren auszusteigen.
15 Wir werden den Umstieg inemissionsfreie Mobilität für alle attraktiv gestalten und dazu

einen Fahrplan vorlegen. Damit sorgen wir dafür, dass alle Interessen berücksichtigt werden
20 – von Verbraucherinnen und Verbrauchern, Unternehmen inklusive der Zuliefererindustrie, von Beschäftigten und im Sinne eines nachhaltigen Einsatzes von Rohstoffen und Ressourcen."

25 **SPD:** „Die Zukunft gehört den elektrischen Antrieben. Wir wollen diese Entwicklung aktiv gestalten, damit die Automobilindustrie Leitindustrie bleibt und die Zukunft der vielen kleinen und mittelständischen Zulieferer mit
30 ihren Arbeitsplätzen gesichert ist. Wir wollen die Elektrifizierung des Verkehrs massiv voranbringen. 2030 sollen mindestens 15 Millionen PKW in Deutschland voll elektrisch fahren."

35 **AfD:** „Die AfD sieht die strategische Bedeutung der deutschen Automobil- und Zulieferindustrie. [...] Die heutige einseitige Bevorzugung von Elektromobilität ist aufgrund mangelnder Stromkapazitäten und der globalen Umwelt-
40 belastung bei der Batterieproduktion sofort zu stoppen. Ob der Verbrennungsmotor eines Tages durch andere Antriebsformen abgelöst wird oder weiter existiert, muss eine Frage des technischen Fortschritts sowie des Marktes
45 werden und darf nicht auf der Verbotspolitik der EU basieren."

FDP: „Wir Freie Demokraten fordern technologieoffene Gesetze und Verordnungen im Fahrzeugbau. Einseitige Subventionen und Vorgaben müssen beendet werden. [...] Wir 50 wollen alternative Mobilitätskonzepte erkunden, ohne bestimmte Antriebstechnologien zu bevorzugen. Wir setzen auch beim Umwelt- und Klimaschutz auf den Entwicklergeist von Firmen und Ingenieurinnen sowie Ingenieu- 55 ren. Wir wollen ihnen die Freiheit zurückgeben, die bestmöglichen Antriebe und Anwendungen zu entwickeln und zu vertreiben. Nur so lassen sich die Möglichkeiten von Wasserstoff, Batterie oder alternativen Kraftstoffen 60 optimal nutzen."

Die Linke: „Der Ausstieg aus dem fossilen Verbrennungsmotor bis spätestens 2030 ist nicht nur klimapolitisch alternativlos, sondern schafft auch Planungssicherheit für die 65 Beschäftigten und für Investitionen in die Zukunft. Spätestens ab 2030 dürfen keine PKW mit Verbrenner mehr neu zugelassen oder exportiert werden."

Die Grünen: „Ab 2030 dürfen [...] nur noch 70 emissionsfreie Autos neu zugelassen werden; den Weg dorthin bereiten europäische CO_2-Flottengrenzwerte und eine ansteigende nationale Quote, die sich am 1,5-Grad-Pfad orientieren. Bis 2030 müssen aber bereits in 75 relevantem Maße bisherige Verbrennerfahrzeuge durch E-Autos ersetzt werden, deren Anteil soll daher bis 2030 auf mindestens 15 Millionen Fahrzeuge steigen."

CDU: Das Programm für Stabilität und Erneuerung. Gemeinsam für ein modernes Deutschland, S. 48, https://www.ein-guter-plan-fuer-deutschland.de/programm/CDU_Beschluss%20Regierungsprogramm.pdf; SPD: Aus Respekt vor Deiner Zukunft. Das Zukunftsprogramm der SPD, S. 12, https://www.spd.de/fileadmin/Dokumente/Beschluesse/Programm/SPD-Zukunftsprogramm.pdf; AfD: Deutschland. Aber normal. Programm der Alternative für Deutschland für die Wahl zum 20. Deutschen Bundestag, S. 185 f., https://www.afd.de/wp-content/uploads/sites/111/2021/06/20210611_AfD_Programm_2021.pdf; FDP: Nie gab es mehr zu tun. Das Wahlprogramm der Freien Demokraten, S. 24, https://www.fdp.de/sites/default/files/2021-06/FDP_Programm_Bundestagswahl2021_1.pdf; Die Linke: Zeit zu handeln! Für soziale Sicherheit, Frieden und Klimagerechtigkeit. Wahlprogramm zur Bundestagswahl, S. 65, https://www.die-linke.de/fileadmin/download/wahlen2021/Wahlprogramm/DIE_LINKE_Wahlprogramm_zur_Bundestagswahl_2021.pdf; Bündnis 90/Die Grünen: Deutschland 2021. Alles ist drin. Bundestagswahlprogramm 2021, S. 34, https://cms.gruene.de/uploads/documents/Wahlprogramm-DIE-GRUENEN-Bundestagswahl-2021_barrierefrei.pdf

1 Analysieren Sie die Karikatur (M 1).

2 Erläutern Sie unter Rückgriff auf Ihre Kenntnisse die Rolle der Verfassungsorgane im Gesetzgebungsprozess der EU und beurteilen Sie, wie wahrscheinlich die Durchsetzung des Verbots des Verbrennungsmotors durch die EU-Kommission ist (M 2–M 4).

3 a) Analysieren Sie die parteipolitischen Positionen zum Ausstieg aus dem Verbrennungsmotor (M 4) hinsichtlich des Für bzw. Wider eines staatlichen Verbots.

   b) Analysieren Sie die Wahrnehmung der EU durch die Parteien (M 4).

4 Diskutieren Sie, ob die EU den Verbrennungsmotor verbieten sollte (Pro-Kontra-Debatte oder Talkshow).

Wasserstoff als Antrieb der Zukunft?

In der Debatte um den Ausstieg aus dem Verbrennungsmotor gilt neben der batteriebetriebenen Elektromobilität die mit Wasserstoff arbeitende Brennstoffzelle als potenzielles Antriebsmodell einer klimaneutralen Zukunft. Im Rahmen eines interdisziplinären Ansatzes (z. B. mit den Fächern Physik und Chemie) können technische, wirtschaftliche, ökologische wie politische Aspekte des Wasserstoffantriebs analysiert werden.

M 1   Brennstoffzelle: Wachstum der Zukunft?

Streifenwagen der Hamburger Polizei mit Brennstoffzellenantrieb (2019)

In der Welt der Start-ups würde [...] Cellcentric [...] in Baden-Württemberg einem illustren Kreise angehören: dem der Einhörner, also jener Jungunternehmen, die Investoren und Anteilseigner aufgrund der Aussichten auf zukünftiges Geschäft mit mehr als einer Milliarde Euro bewerten. Auf dem Papier ist Cellcentric nämlich rund 1,2 Milliarden Euro wert [...]. Diese Milliardenbewertung spiegelt die Hoffnungen wider, die Daimler und Volvo mit dem Gemeinschaftsunternehmen verbinden. Im Mittelpunkt steht [...] bisher ein einziges Produkt, wie auch der Name Cellcentric andeutet: eine Brennstoffzelle, die Wasserstoff in elektrische Energie umwandeln soll. Sie soll künftig nicht nur schwere Lastwagen von Volvo, Daimler und möglicherweise auch anderen Nutzfahrzeugherstellern mit Elektrizität versorgen, sondern als eine Art stationärer Transformator ebenso Energie für andere Anwendungen liefern, und zwar irgendwann möglichst emissionsfrei, wenn der Wasserstoff in Zukunft mithilfe erneuerbarer Energiequellen wie Wind, Wasser oder Sonne gewonnen wird. Bis Cellcentric dieses Ziel erreicht, liegt noch ein gutes Stück Wegstrecke vor dem Unternehmen [...]. Im Jahr 2025 soll dann schließlich die Serienproduktion anlaufen. „Es ist unser aller Priorität, die Ziele des Pariser Abkommens spätestens bis 2050 zu erreichen und somit CO_2-neutral zu werden", sagte Volvo-Chef Lundstedt am Donnerstag. „Wir sind davon überzeugt, dass die wasserstoffbasierte Brennstoffzellentechnologie eine wichtige Rolle bei der Erreichung dieses Meilensteins spielen wird." Ähnlich sieht es Lundstedts Daimler-Pendant Daum. [...] Als Absage an rein batterieelektrische Antriebe im Nutzfahrzeugsegment wollen das die Kooperationspartner aus Deutschland und Schweden gleichwohl nicht verstanden wissen. Wenn Lastwagen leichte Fracht über eine vergleichsweise kurze Strecke transportieren, seien Batterie-Lastwagen auch eine Option. Nehmen aber Gewicht und Distanz zu, werde der Einsatz von Brennstoffzellen-Lastwagen wahrscheinlicher, auch weil er wirtschaftlicher sei. Trotz aller alternativen Zukunftspläne werde zudem auch der Dieselantrieb im Gütertransport weiter eine Rolle spielen, sagte Daimler-Truck-Chef Daum. „Auch wenn wir in der Zukunft womöglich die Hälfte unserer Lastwagen mit alternativen Antrieben verkaufen, verfügt die andere Hälfte weiter über Dieselmotoren." [...] Ebenso wichtig sei es, die Infrastruktur auszubauen, um Wasserstoff für Schwerlastwagen bereitzustellen. Bis Mitte dieses Jahrzehnts seien 300 „Hochleistungs-Wasserstofftankstellen" in Europa notwendig, im Jahre 2030 sollen es sogar 1000 sein [...]. Zudem müsse die europäische Politik einen Rahmen setzen, um das heute bestehende Manko emissionsarmer Lastwagen auszugleichen: die hohen Kosten. In diesem Zusammenhang sprechen sich Daimler und Volvo dafür aus, Anreize zur Nutzung Kohlendioxid-neutraler Technologien zu setzen und Steuern auf Grundlage von CO_2-Menge und Energiegehalt zu erheben. Auch die Einbeziehung des Transportsektors in ein Emissionshandelssystem halten sie für eine Option.

Martin Gropp, Mit Brennstoffzellen die Klimaziele erreichen, in: https://www.faz.net/aktuell/wirtschaft/auto-verkehr/cellcentrics-gemeinsam-zur-brennstoffzelle-17318801.html, 30.04.2021 © Alle Rechte vorbehalten. Frankfurter Allgemeine Zeitung GmbH, Frankfurt. Zur Verfügung gestellt vom Frankfurter Allgemeine Archiv

M2 Grundlagen der Brennstoffzellentechnologie

Wasserstoff ist im Gegensatz zum Öl kein begrenzter Rohstoff. Es ist das am häufigsten vorkommende chemische Element. Größter Erzeuger ist die chemische Industrie, die Wasserstoff als Neben- oder Koppelprodukt herstellt. Allein damit könnten in Deutschland nach Angaben des Technologiekonzerns Linde 750 000 Fahrzeuge betrieben werden. Das Prinzip ist einfach, die technische Umsetzung aber anspruchsvoll: Bei der energieaufwendigen Elektrolyse wird Wasser mithilfe von Elektrizität in Wasserstoff und Sauerstoff gespalten. Wasserstoff ist ein flüchtiges und reaktionsfreudiges Gas, das nur unter hohem Druck oder extrem gekühlt gelagert werden kann. In einer Brennstoffzelle erzeugen Wasserstoff und Sauerstoff an einer Membran in einer sogenannten kalten Verbrennung Elektrizität. Dabei entsteht auch Wärme. Das Abgas ist Wasserdampf. In einem Auto kann mit einer Brennstoffzelle ein Elektromotor angetrieben werden. Umstritten ist aber die Erzeugung des Wasserstoffs. Bislang wird der Energieträger zu 90 Prozent aus dem fossilen Rohstoff Erdgas hergestellt. Während aus dem Auspuff eines Brennstoffzellenautos nur Wasserdampf entweicht, wird bei der Herstellung des Wasserstoffs das klimaschädliche Treibhausgas Kohlendioxid (CO_2) freigesetzt. Wird Wasserstoff aber mithilfe von Strom aus Windenergie oder Photovoltaik gewonnen, ist die Klimabilanz deutlich besser.

Die Reichweite von Autos mit Brennstoffzelle ist deutlich größer als die der batteriegetriebenen Fahrzeuge. Ein Beispiel: Eine Mercedes-Benz B-Klasse mit Brennstoffzelle hat nach Unternehmensangaben eine Reichweite von 385 Kilometern, der Elektro-Smart mit Batterie kann bis zu 135 Kilometer zurücklegen.

Die Brennstoffzelle im Auto – Zukunftstechnologie oder Notlösung?, dpa-Meldung vom 18.07.2017 © dpa

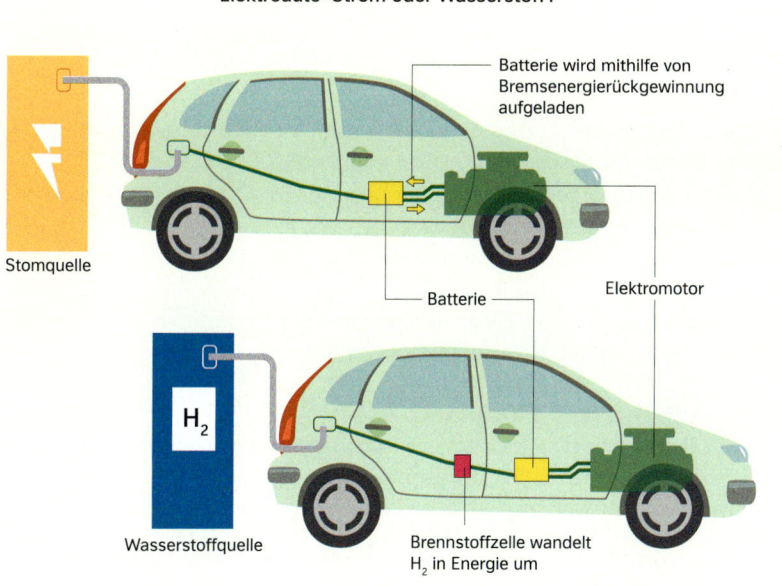

Quelle: ADAC / Auto Motor und Sport

1 Stellen Sie die technischen Grundlagen der Brennstoffzellentechnologie dar (M2). Greifen Sie dabei auf Ihr Wissen aus dem Physik- und Chemieunterricht zurück.

2 Vergleichen Sie den klassischen Brennstoffmotor, den batteriebetriebenen Elektromotor und den wasserstoffbetriebenen Elektromotor (M1, M2).

3 Diskutieren Sie, welche Motortechnik angesichts des Ziels der Klimaneutralität der Antrieb der Zukunft sein kann (M1, M2).

4 Erläutern Sie, wie Wissenschaft und Politik derart komplexe Probleme interdisziplinär nachhaltig lösen können. Beziehen Sie Erkenntnisse aus der Diskussion zur gesellschaftlichen Rolle der Soziologie ein.

Begriffswissen und Fachsprache

Sie können ...
- internationale und nationale Klimaschutzziele angesichts von Treibhausgasemissionen und damit verbundenen Umweltproblemen erläutern;
- aufgrund des Urteils des Bundesverfassungsgerichts von 2021 zum deutschen Klimaschutzgesetz den Zusammenhang zwischen Grundwerten der Demokratie und Schutz vor Beeinträchtigung durch Umweltbelastungen darstellen;
- Prinzipien und Instrumente nachhaltiger Wirtschafts- und Lebensweise erklären und anwenden;
- die Menschenbilder des Homo oeconomicus und des Homo cooperativus darstellen und zu Fragen nachhaltiger Wirtschafts- und Lebensweise in Beziehung setzen;
- das Konzept einer integrierten Verkehrspolitik erklären;
- exemplarisch verkehrspolitische Ziele, Maßnahmen und Konzepte unterschiedlicher politischer Handlungsebenen darstellen.

Erworbene Kompetenzen

Analysekompetenz: Sie können ...
- Daten zu Treibhausgasemissionen differenziert wahrnehmen (geografischer Raum, sektorenbezogen);
- Fragen zu umweltpolitischen Maßnahmen unter Anwendung von Kategorien nachhaltiger Wirtschafts- und Lebensweise formulieren;
- exemplarisch verkehrspolitische Ziele, Maßnahmen und Konzepte untersuchen;
- zur Untersuchung dieser Ziele, Maßnahmen und Konzepte verschiedene Perspektiven im Sinne interdisziplinärer Betrachtung einnehmen, miteinander verschränken und reflektieren.

Urteilskompetenz: Sie können ...
- konkurrierende verkehrspolitische Lösungsansätze und Instrumente erläutern, mögliche Folgen abschätzen und sich für Lösungsperspektiven entscheiden;
- Zielkonflikte angesichts ökologischer, ökonomischer und sozialer Folgen verkehrspolitischer Maßnahmen und Konzepte angemessen erfassen;
- Auswirkungen umweltpolitischer Maßnahmen auf die eigene Person und andere Betroffene reflektieren;
- bei der Beurteilung verkehrspolitischer Ziele, Maßnahmen und Konzepte verschiedene Perspektiven im Sinne interdisziplinärer Betrachtung einbeziehen.

Handlungs- und Methodenkompetenz: Sie können ...
- in der Diskussion verkehrspolitischer Maßnahmen und Konzepte eine eigene Position einnehmen und anderen Positionen tolerant und ggf. begründet kritisch begegnen;
- am Beispiel der Entwicklung und Nutzung möglicherweise nachhaltiger Treibstoffe interdisziplinäre Handlungsperspektiven entwickeln und reflektieren;
- Fachmethoden (z. B. Experteninterview) zur Wahrnehmung, Analyse und Beurteilung des Lerngegenstands Umwelt- und Klimapolitik in der europäischen Demokratie selbständig und zielführend nutzen;
- durch die Gestaltung einer Zeitungsseite oder eines Nachrichtenbeitrags (Lernaufgabe) Mediennutzung und Mediengestaltung als Teilbereiche allgemeiner Medienkompetenz in politischen und sozialen Kontexten verantwortungsvoll realisieren.

Kontrollieren Sie Ihr Wissen und Können

M 1 „Larifari-Gesetz"?

Interview des Deutschlandfunks mit dem deutschen Klimaforscher Mojib Latif zum verschärften Klimaschutzgesetz, das die Bundesregierung nach dem Urteil des Bundesverfassungsgerichts vom 24.
5 *März 2021 noch vor der Bundestagswahl im September 2021 auf den Weg brachte.*

DLF: [...] Herr Latif, kann dieses Gesetz das Klima schützen?

Latif: Na ja, schützen schon. Die Frage ist nur
10 in welchem Ausmaß und da ist doch dieses Gesetz weit hinter dem zurückgeblieben, was man eigentlich hätte vereinbaren müssen, um tatsächlich die 65 Prozent dann auch zu schaffen bis 2030, 65 Prozent Reduktion gegenüber
15 1990. Insbesondere ist man sehr vage geblieben. Wenig Konkretes ist dort zu lesen. Und das Ganze – das verwundert natürlich auch nicht – ist der Bundestagswahl geschuldet. Man möchte jetzt niemanden verschrecken
20 und deswegen hat man so ein Larifari-Gesetz hier verabschiedet.

DLF: Das ist jetzt eine scharfe Kritik, Larifari-Gesetz. Wo hätten Sie sich denn mehr Konkretes gewünscht?
25 **Latif:** Ja! Niemand weiß, wie jetzt der Weg bis 2030 und darüber hinaus aussehen soll. Man hat zwar ein neues Ziel festgelegt, die 65 Prozent, aber wie man da hinkommen soll, das ist völlig unklar. Man hat ein paar kleine Maß-
30 nahmen beschlossen wie z.B., dass es jetzt einfacher ist, Windkraftanlagen etwas zu verstärken. Das heißt, dass man sie z.B. höher bauen kann, dass sie leistungsfähiger werden können. Man hat ein bisschen beim grünen
35 Wasserstoff gemacht, dass der nicht mehr die Erneuerbare-Energien-Umlage zahlen muss. Aber das ist alles viel zu wenig. Wir brauchen systemische Veränderungen und man kann nicht ein bisschen Herumdoktern an dem, was
40 man heute hat. Wir brauchen eine sogenannte

Transformation. Wir müssen die Wirtschaft vom Kopf auf die Füße stellen. All das fehlt einfach, z.B. auch die Frage, wo soll eigentlich der grüne Wasserstoff herkommen.
DLF: Das wäre dann mehr, ich sage mal, staat- 45 liche Lenkung, die Sie sich wünschen?
Latif: Absolut! Staatliche Lenkung. Der Markt wird es nicht regeln. Das haben wir ja immer gesehen. Deswegen muss der Staat hier wirklich eingreifen. Ich hätte mir so gewünscht, 50 dass nach dem Bundesverfassungsgerichtsurteil die Politikerinnen und Politiker das auch verstanden haben. Aber genau das, was dort moniert wurde, dass nicht klar ist, wie agiert wird, genau das ist jetzt wieder in diesem Ge- 55 setz nachzulesen. Es gibt überhaupt keinen konkreten Plan für die Zeit bis 2030 und danach.

DLF: Was schätzen Sie denn? Was wird in den kommenden Jahren bis 2030 in Deutschland 60 passieren?
Latif: Ich fürchte, dass wir auf eine Ökostromlücke hinauslaufen. Ich glaube, viele haben noch nicht begriffen, dass beispielsweise Wasserstoff enorm energieintensiv ist. Das heißt, 65 wir müssen ihn doch erst einmal erzeugen, und das geht natürlich nicht, indem Sie Kohle verbrennen, sondern das geht nur, indem Sie erneuerbare Energien nutzen. Das heißt, wir brauchen einen enormen Zubau an erneuer- 70 barer Energie, und das ist überhaupt nicht absehbar, dass das tatsächlich in den nächsten Jahren passiert. [...] Ein CO_2-Preis oder die CO_2-Bepreisung insgesamt [...] ist das Mittel der Wahl. Aber eins – und das hat die Bundesregie- 75 rung auch jetzt wieder nicht hinbekommen – ist doch klar: Das Ganze muss doch sozial ausgewogen sein. [...] Auch jetzt gibt es wieder keine soziale Komponente. [...] Wir brauchen doch eine breite Bewegung. Wir brauchen ei- 80 ne breite Akzeptanz in der Bevölkerung.

WEBCODE

WES-118390-709
Interview mit dem deutschen Klimawissenschaftler Niklas Höhne zu den deutschen Klimazielen (2021)

Klimaforscher Latif: „Ein Larifari-Gesetz". Mojib Latif im Gespräch mit Tobias Armbrüster, in:
https://www.deutschlandfunk.de/aenderung-des-klimaschutzgesetzes-klimaforscher-latif-ein-100.html, 24.06.2021

1 Erläutern Sie die Kritik am Klimaschutzgesetz der Bundesregierung mithilfe von M 1 oder anhand des Interviews mit Niklas Höhne.

Untersuchungsbereich	Analysekompetenz	Urteilskompetenz
	Die Lernenden können …	
politische, ökonomische, soziale und ökologische Probleme, Konflikte sowie entsprechende Entscheidungs- und Gestaltungssituationen	A1: den Untersuchungsgegenstand differenziert wahrnehmen und fachsprachlich korrekt beschreiben (g), A2: den Untersuchungsgegenstand aufschließende Fragen formulieren (g), A3: Analysefragen unter Verwendung von Fachkategorien strukturiert bearbeiten (g), A4: Interessen und Macht relevanter Akteure einschätzen (g), A5: den grundlegenden Problemgehalt oder die fundamentale Konfliktstruktur differenziert beschreiben (g), A6: die eigene Person im entsprechenden Gesamtzusammenhang verorten (g), A11: den Wandel von Problemen und Konflikten darstellen (e),	U1: konkurrierende politische und ökonomische Lösungsansätze und Instrumente darstellen (g), U2: mögliche Folgen unterschiedlicher Lösungsansätze abschätzen (g), U3: … Zielkonflikte angemessen erfassen (g), U4: sich für eine Lösungsperspektive entscheiden (g), U5: eigene Entscheidungen argumentativ begründen (g), U6: Auswirkungen von Entscheidungen auf die eigene Person und andere Betroffene reflektieren (g), U10: ordnungspolitische Ansätze der Problemlösung zu unterschiedlichen gesellschaftlichen Teilbereichen beurteilen (e), U11: Entscheidungen institutionalisierter Akteure kriteriengeleitet überprüfen und bewerten (e),
politische, ökonomische, gesellschaftliche Manifestationen, Deutungsmuster, Theorien und Ideologien als Sinnvorstellungen des Sozialen	A7: Sinnvorstellungen als solche erkennen und beschreiben (g), A8: Sinnvorstellungen kriteriengeleitet untersuchen (g), A9: die Rationalität von Sinnvorstellungen prüfen (e), A12: deskriptive, analytische und normative Anteile von Sinnvorstellungen unterscheiden und herausarbeiten (e), A10: zur Analyse des jeweiligen Themas verschiedene Perspektiven im Sinne interdisziplinärer Betrachtung einnehmen, miteinander verschränken und reflektieren (g).	U7: als Bedingung rationalen Urteilens eigene Deutungsmuster wahrnehmen und reflektieren (g), U8: Urteile anderer kriteriengeleitet überprüfen (g), U12: den Zusammenhang von Sinnvorstellungen und gesellschaftlichen Strukturen reflektieren (e), U9: bei der Beurteilung des jeweiligen Themas verschiedene Perspektiven im Sinne interdisziplinärer Betrachtung einbeziehen (g).

Legende: g = grundlegendes Niveau (Grund- und Leistungskurs); e = erhöhtes Niveau (Leistungskurs)

Untersuchungsbereich	Handlungskompetenz	Methodenkompetenz
	Die Lernenden können …	
politische, ökonomische, soziale und ökologische Probleme, Konflikte sowie entsprechende Entscheidungs- und Gestaltungssituationen	H1: eine eigene politische und ökonomische Position einnehmen und gegenüber anderen vertreten (g),	M1: Fachmethoden (fachspezifische Arbeitstechniken, Mikromethoden) zur Wahrnehmung, Analyse und Beurteilung der Lerngegenstände des Faches selbstständig und zielführend nutzen (g),
	H2: sich im Rahmen schulischer Partizipationsmöglichkeiten demokratisch einbringen (g),	
	H3: Möglichkeiten gezielter Interessenvertretung simulativ erproben (g),	M2: spezifische Makromethoden der politischen und ökonomischen Bildung zur simulativen Erprobung politischer und ökonomischer Handlungsfähigkeit kooperativ realisieren (g),
	H4: politische und ökonomische Handlungsmöglichkeiten nutzen (g),	
	H5: sich reflektiert an Prozessen politischer Willensbildung beteiligen (g),	M3: Mediennutzung und Mediengestaltung als Teilbereiche allgemeiner Medienkompetenz in politischen und sozialen Kontexten verantwortungsvoll realisieren (g),
	H6: sich in politischen, gesellschaftlichen und ökonomischen Auseinandersetzungen reflektiert mit sozialer, geschlechtsspezifischer und kultureller Differenz auseinandersetzen (g),	M6: Methoden forschenden Lernens im Rahmen überschaubarer Forschungsprojekte zielführend anwenden (e),
politische, ökonomische, gesellschaftliche Manifestationen, Deutungsmuster, Theorien und Ideologien als Sinnvorstellungen des Sozialen	H7: anderen Positionen tolerant und gegebenenfalls begründet kritisch begegnen (g),	M4: Medienkritik in politischen, ökonomischen und sozialen Kontexten wertorientiert formulieren (g),
	H8: undemokratische Einstellungen und Verhaltensweisen erkennen und kritisieren (g),	
	H9: interdisziplinäre Handlungsperspektiven entwickeln und reflektieren (g).	M5: bei der Erschließung der Lerngegenstände Methoden unterschiedlicher Disziplinen berücksichtigen und zielgerichtet anwenden (g).

Legende: g = grundlegendes Niveau (Grund- und Leistungskurs); e = erhöhtes Niveau (Leistungskurs)

Armut

Die mangelnde Befriedigung von Grundbedürfnissen wie Kleidung, Nahrung, Wohnung, Gesundheit. Unterschieden wird zwischen absoluter Armut und relativer Armut. Als absolut arm gelten nach Definition der Weltbank Menschen, die weniger als 1,25 US-Dollar pro Tag für die Befriedigung der existenziellen Lebensbedürfnisse zur Verfügung haben. Demgegenüber basiert der Begriff der relativen Armut auf der Vorstellung → **sozialer Ungleichheit**. So gilt z. B. in der Bundesrepublik Deutschland als relativ arm, wer über maximal 50 Prozent des Medianeinkommens (mittleren Einkommens) einer Bevölkerungsgruppe verfügt. Zusätzlich unterschieden wird zwischen einem Armutsrisiko, das bei weniger als 60 Prozent des Medianeinkommens vorliegt, und einer strengen Armut (weniger als 40 Prozent). Nach den Kriterien der Europäischen Union ist derjenige arm, der 60 Prozent oder weniger des Medianeinkommens zur Verfügung hat.

Bruttoinlandsprodukt (BIP)

Im Bruttosozialprodukt ist die gesamte Wertschöpfung einer → **Volkswirtschaft** in einer Periode zusammengefasst, einschließlich der Investitionen. Wird diese Größe um die Abschreibungen vermindert, so spricht man vom Nettosozialprodukt. Wird der gesamte von Inländern erwirtschaftete Produktionswert berechnet, so spricht man vom Bruttoinlandsprodukt. Das Nettoinlandsprodukt entspricht dabei dem Volkseinkommen.

Bundesrat

Der Deutsche Bundesrat ist die zweite Kammer des Parlaments in der Bundesrepublik Deutschland. Durch ihn wirken die Bundesländer bei der Gesetzgebung und Verwaltung des Bundes und in Angelegenheiten der Europäischen Union mit (Artikel 50 des → **Grundgesetzes**). Dem Bundesrat gehören 69 Mitglieder an, die als Vertreter der Landesregierungen an deren Weisung gebunden sind. Die Anzahl der entsandten Mitglieder des Bundesrates variiert entsprechend dem Bevölkerungsanteil der Bundesländer zwischen drei und sechs Vertretern pro Bundesland. Die Stimmen jedes Bundeslandes können nur geschlossen abgegeben werden.

Bundestag

Der Deutsche Bundestag ist das oberste Parlament in der Bundesrepublik Deutschland. Seine Mitglieder werden in allgemeiner, unmittelbarer, freier, gleicher und geheimer Wahl (Artikel 38 des → **Grundgesetzes**) für vier Jahre von den deutschen → **Bürgern** gewählt. Zu den wichtigsten Aufgaben des Bundestages zählen

a) Wahl (und ggf. Abwahl) des Bundeskanzlers,
b) die Kontrolle der Bundesregierung und der ihr unterstellten Verwaltung (Ministerien),
c) die Gesetzgebung des Bundes und die Feststellung des Bundeshaushalts,
d) die Mitwirkung bei der Wahl des Bundespräsidenten sowie
e) der Richter am → **Bundesverfassungsgericht** und
f) die Feststellung des Spannungs- oder Verteidigungsfalles.

Eine wichtige Funktion bei der parlamentarischen Arbeit der Abgeordneten des Bundestages kommt den Bundestagsausschüssen zu.

Bundesverfassungsgericht

Das Bundesverfassungsgericht (BVerfG) ist oberster Hüter der → **Verfassung** in der Bundesrepublik Deutschland (Artikel 93 des → **Grundgesetzes**). Es ist allen anderen Verfassungsorganen (→ **Bundestag**, Bundesregierung, → **Bundesrat**, Bundespräsident) gegenüber selbstständig, unabhängig und ihnen gleichgeordnet. Die Kompetenzen des Bundesverfassungsgerichts erstrecken sich u.a. auf

a) Verfassungsstreitigkeiten zwischen obersten Bundesorganen,
b) Streitigkeiten zwischen Bund und Bundesländern und zwischen den Bundesländern,
c) Verfassungsbeschwerden von Bürgern und Kommunen,
d) die Überprüfung von Rechtsvorschriften,
e) Feststellung der Verfassungswidrigkeit politischer Parteien.

Bürger

Bürger sind die Inhaber der grundlegenden demokratischen Rechte in einer → **Demokratie**. Dazu zählt u.a. das Wahlrecht. In früheren Zeiten waren die Bürgerrechte an ein hohes Einkommen oder das Geschlecht gekoppelt (es durften z. B. nur Männer wählen). Seit der Französischen Revolution 1789 hat sich nach und nach der Gedanke durchgesetzt, dass alle (erwachsenen) Staatsangehörigen (→ **Rechtsfähigkeit**) die gleichen Rechte und Pflichten haben sollen. Die Gesamtheit der Bürger wird auch Volk

Demografie

Beschreibung und Untersuchung von Zustand und zahlenmäßiger Veränderung der Bevölkerung in einem definierten Gebiet (→ **Staat**, Kontinent usw.).

Demokratie

Der Begriff kommt aus dem Altgriechischen und bedeutet wörtlich „Herrschaft des Volkes". (Gegensatz:

Aristokratie = Herrschaft der Adeligen, Monarchie = Königsherrschaft, Herrschaft eines Einzelnen): Der Demokratie liegt die Erkenntnis zugrunde, dass jeder zurechnungsfähige Mensch in der Lage ist, über die Bedingungen seines Lebens mitzubestimmen. Während in anderen Herrschaftsformen wenige oder sogar nur einzelne Menschen über alle anderen bestimmen, werden in der Demokratie alle an den wichtigen politischen Entscheidungen beteiligt. In der Bundesrepublik Deutschland und den meisten anderen derzeitigen demokratischen → **Gesellschaften** bzw. → **Staaten** geschieht dies über die Wahl von politischen Vertretern (Repräsentanten).

Dienstleistungen

In Abgrenzung zur Warenproduktion (materielle Güter) spricht man bei den Dienstleistungen von immateriellen Gütern. Dienstleistungen zeichnen sich dadurch aus, dass sie unmittelbar verbraucht werden (z. B. Haarschnitt). In der volkswirtschaftlichen Gesamtrechnung werden Dienstleistungen als dritter Sektor erfasst. Der Theorie der drei Sektoren zufolge dehnt sich der Dienstleistungsbereich in entwickelten Industriegesellschaften immer stärker aus.

Differenzierung, soziale

Aufgliederung oder Neuentstehung sozialer Positionen, Lebenslagen und -stilen durch (langfristige) gesellschaftliche Veränderungsprozesse (sozialen Wandel).

Emanzipation

Prozess der Befreiung aus Abhängigkeitsverhältnissen. Häufig bezogen auf das Aufheben → **sozialer Ungleichheiten** der Geschlechter („Frauenemanzipation"); wird allgemein verwendet für die Befreiung von allen Formen sozialer Herrschaft.

Enttraditionalisierung

Verlust von als selbstverständlich erlebten und gesicherten Lebensformen und Überzeugungen. Traditionelle Institutionen wie z. B. berufliche Arbeit, Familie und Geschlechtsrollenidentität, aber auch → **soziale Klassen** und → **Milieus** werden brüchig und verlieren an Orientierungskraft.

Gemeinwohl

Meint das Wohlergehen aller Mitglieder eines Gemeinwesens. Häufig wird der Begriff normativ auf den → **Staat** bzw. auf Politik bezogen, deren Zweck es sein soll, Gemeinwohl herzustellen. Einzel- oder Gruppeninteressen innerhalb einer Gemeinschaft sind Gegenbegriffe zum Gemeinwohl.

Gesellschaft

Unter Gesellschaft wird die Gesamtheit der in einem → **Staat** lebenden Menschen verstanden. Die Gesellschaft umfasst nicht nur die → **Bürger** eines Staates, sondern alle dort Lebenden. Dabei sind die wechselseitigen Beziehungen dieser Menschen von entscheidender Bedeutung. Im Unterschied zu zufälligen Zusammentreffen oder Gemeinschaften sind Menschen einer Gesellschaft dauerhaft aufeinander angewiesen, vor allem aufgrund der Arbeitsteilung in der → **Wirtschaft**. Es ist umstritten, ob wir uns aufgrund der → **Globalisierung** auf dem Weg zu einer Weltgesellschaft befinden.

Gleichberechtigung

Gemäß den → **Menschenrechten** haben alle Menschen gleiche, unverletzliche → **Grundrechte**. In der Geschichte aber waren häufig bestimmte Gruppen von Menschen gegenüber anderen Gruppen benachteiligt. Beispielsweise gab es Sklaven, die gar keine Rechte hatten. Die Forderung nach Gleichberechti-

gung richtet sich gegen solche Benachteiligungen und hat gleiche Rechte für alle zum Ziel. In der Bundesrepublik Deutschland bezieht sie sich zurzeit vor allem auf die Benachteiligung von Frauen gegenüber Männern. Da diese Benachteiligung nicht nur rechtliche Aspekte hat, sondern z. B. auch wirtschaftliche, wird häufig statt von Gleichberechtigung von Gleichstellung gesprochen.

Globalisierung

Der Begriff bezeichnet eine Zunahme der Staatsgrenzen überschreitenden sozialen Beziehungen vor allem ab den 1990er-Jahren. Insbesondere werden zu den Merkmalen der Globalisierung eine starke Zunahme internationaler Wirtschafts- und Finanztransaktionen, die Ausdehnung der Kommunikationstechnologien (Internet usw.) sowie eine weltweite Ausdehnung westlicher Kultur verstanden. Ursachen sind neben der technischen Entwicklung vor allem der Abbau von wirtschaftlichen Schranken durch die wichtigsten Industriestaaten. Eine genaue historische Abgrenzung der Globalisierung von der früheren Entwicklung z. B. des Weltmarktes ist umstritten.

Grundgesetz

In seinen 146 Artikeln ist die politische und rechtliche Ordnung der Bundesrepublik Deutschland festgelegt (→ **Verfassung**). In den ersten Artikeln sind die an den allgemeinen → **Menschenrechten** orientierten → **Grundrechte** genannt, die innerhalb unserer Rechtsordnung im Grundgehalt nicht verändert werden dürfen. Das Grundgesetz legt die deutsche Gesellschaftsordnung auf die Prinzipien der → **Demokratie**, der Rechtsstaatlichkeit, des Privateigentums, der Gliederung in Bundesländer (Föderalismus) und des sozialen

Ausgleichs fest. Es darf (mit Ausnahme der Grundrechte) durch den → **Bundestag** mit Zweidrittelmehrheit geändert werden.

Grundrechte

Grundlegende Rechte, die der Einzelne in und gegenüber dem → **Staat** hat. Die meisten Grundrechte sind → **Menschenrechte**, also Rechte, die jedem Menschen unabhängig von der Staatsbürgerschaft zustehen. Die Grundrechte sind in den Artikeln 1 bis 19 des → **Grundgesetzes** enthalten, besondere Bedeutung kommt dem Artikel 1 des Grundgesetzes (Würde des Menschen) zu. Eine Änderung der Grundrechte (mit Ausnahme der Artikel 1 und 20) ist nur mit Zweidrittelmehrheit der Mitglieder von → **Bundestag** und → **Bundesrat** möglich.

Idealtypus

Gedankliche Konstruktion, die Aspekte der komplexen Wirklichkeit auf zentrale Strukturelemente zuspitzt. Ein Idealtypus beschreibt daher nicht die Wirklichkeit, sondern reduziert diese auf die zentralen Aspekte des jeweiligen Problems.

Identität

(Individuelle) Merkmale, die im Selbstverständnis eines einzelnen oder eine Gruppe (Gruppenidentität) als wesentlich erachtet werden.

Ideologie

Vorstellungen und Meinungen über die soziale und politische Wirklichkeit, die den Anspruch auf Allgemeingültigkeit und Wahrheit erheben (Weltanschauungen), häufig aber unwahre, halbwahre oder unvollständige Gedankengebilde sind.

Industrialisierung

Die Ausbreitung der Industrie, d.h. der Produktion und Weiterverarbeitung von materiellen Gütern und Waren in Fabriken im Verhältnis zu Handwerk, → **Dienstleistung** und Landwirtschaft. In Europa fand dieser Prozess grundlegend während des 19. Jahrhunderts statt.

Industrielle Revolution → **Industrialisierung**

Informations- und Kommunikationstechnologien

Fußen auf der Digitalisierung. Beziehen sich meist auf internetbasierte Technologien im World Wide Web (www). Mittlerweile einer der bedeutendsten Wirtschaftszweige.

Kapital

In der Volkswirtschaftslehre neben Arbeit und Boden der dritte Produktionsfaktor. Als Kapital bezeichnet man alle Geld- und Sachwerte, die für die Produktion eingesetzt werden.

Kapitalismus

Besonders durch Karl Marx und Friedrich Engels im 19. Jahrhundert geprägter Begriff für das System der → **Wirtschaft**, in dem wir leben; es zeichnet sich durch Privateigentum an den Produktionsmitteln und Gewinnstreben aus, wobei Letzteres durch das Wirtschaftssystem selbst erzeugt wird (Marktsteuerung, Konkurrenz). Kapitalismus geht von der Freiheit der einzelnen Wirtschaftssubjekte aus sowie von der Annahme, dass deren Austausch auf dem Markt nicht nur ihrem eigenen Gewinn, sondern letztendlich dem Wohle aller diene. Marx kritisierte am Kapitalismus demgegenüber besonders die „Ausbeutung der Arbeiterklasse", seine Krisenhaftigkeit sowie seine Neigung zur Verschwendung (durch Konkurse, Krisen usw.) und zur Hervorbringung von → **Armut**. Versuche, eine → **Volkswirtschaft** statt über den Markt zentral durch den → **Staat** zu steuern, sind in der jüngeren Geschichte mehrfach gescheitert.

Kartell

Zusammenschluss von Unternehmen, die weitgehend selbstständig bleiben, aber Absprachen treffen, um den Wettbewerb einzuschränken oder gar auszuschalten.

Klasse, soziale

Personen einer → **Gesellschaft** mit vergleichbaren ökonomischen Merkmalen, hauptsächlich den Besitz oder die Verfügung über Produktionsmittel betreffend.

Klimawandel

In den vergangenen Jahrzehnten hat sich die Durchschnittstemperatur der Erdatmosphäre und der Meere erhöht, eine weitere Erwärmung wird erwartet. Die meisten Naturwissenschaftler führen dies auf den vom Menschen verstärkten Treibhauseffekt zurück, besonders seit Beginn der → **Industrialisierung**. Das Verbrennen → **fossiler Rohstoffe** und die großflächige Rodung von Sauerstoff produzierenden Wäldern reichern den Anteil von Kohlendioxid (CO_2) in der Luft an. Hinzu kommt der erhöhte Ausstoß von Methangas durch eine intensive Viehwirtschaft. Der Treibhauseffekt wird auf Wasserdampf, Kohlenstoffdioxid, Methan, Stickstoffoxid und fluorierte Verbindungen, z. B. FCKW, zurückgeführt. Verdoppelt sich der CO_2-Anteil in der Erdatmosphäre, rechnet die Klimaforschung mit einer Erhöhung der Erdmitteltemperatur um einen Wert von 1,5 bis 4,5 Grad Celsius. Folgen der globalen Erderwärmung sind schon heute erkennbar: verringerte Schneebedeckung, Inlandeis- und Gletscherschmelze, ein steigender Meeresspiegel, Überschwemmungen und Wetterveränderungen. Der Klimawandel war 1992 erstmals Gegenstand einer UN-Konferenz. Im Jahr 1997 entstand mit dem Kyoto-Protokoll das erste völkerrechtlich verbindliche Abkommen mit konkreten Gegenmaßnahmen. Danach folgte u.a. das → **Pariser Klimaabkommen**.

Konjunktur
Bezeichnung für die zyklischen Schwankungen der wirtschaftlichen Aktivität. Ein Konjunkturzyklus kann unterteilt werden in Tief (Depression, Stagnation), Aufschwung (Wiederbelebung, Expansion) Hoch (Boom) und Abschwung (Krise, Rezession).

Marktwirtschaft
Wirtschaftsordnung, in dem die ökonomischen Prozesse dezentral (also nicht von einer Behörde) gesteuert werden, sondern durch die Preisbildung auf den Märkten. Für eine Marktwirtschaft gelten in der Regel auch die Gewerbe- und Vertragsfreiheit sowie die freie Wahl des Berufs- und Arbeitsplatzes.

Medien
Gemeint sind in der Regel Massenmedien, die Informationen, Wissen, Unterhaltung und Werbung meist kommunikativ einseitig vermitteln. Zu unterscheiden sind Printmedien (Zeitungen, Zeitschriften), elektronische Medien (Rundfunk und Fernsehen) und auf der Computertechnologie fußende „neue Medien" (Internet).

Menschenrechte
Rechte, die jedem Menschen zustehen, unabhängig von seiner Herkunft, seinem Geschlecht, seiner Religion und seinem Vermögen. Ihr Inhalt liegt darin, jedem Menschen eine gesicherte Existenz und Entfaltung zu ermöglichen. Im Gegensatz zu anderen Rechten sollen die Menschenrechte jedem Menschen von Geburt an zukommen, also nicht erst durch die Garantie eines → **Staates** (→ **Bürger**). Deshalb „gelten" sie nicht wie andere Rechte, sondern bezeichnen den Anspruch auf ein menschenwürdiges Leben.

Metawandel (Gesellschaft)
Grundlegender und radikaler Wandel innerhalb der → **Gesellschaft** auf Grund globaler Risiken (z. B. → **Klimawandel**), die die alltäglichen Lebenswelten durchdringen und umwälzen.

Migration
Mit diesem aus dem Lateinischen stammenden Ausdruck (migratio = Wanderung) werden verschiedene Formen der Ein- und Auswanderung zusammengefasst (Asyl, Arbeitsmigration, Flucht vor Krieg usw.). Das trägt der Tatsache Rechnung, dass alle diese Formen Gemeinsamkeiten aufweisen: Einen Migrationsgrund, der oft irgendeine Art von Zwang beinhaltet – und soziale Probleme, die aus der Situation im Aufnahmeland folgen.

Milieu
Das soziale Umfeld, in dem ein Mensch lebt und von dem er geprägt wird.

Mobilität, soziale
Positionell-soziale Bewegung von Personen, Personengruppen, Schichten oder → **Klassen** einer → **Gesellschaft**. Wechsel der Position, die keine Änderung im Status einschließen, werden als horizontale Mobilität, soziale Auf- und Abstiegsprozesse werden als vertikale Mobilität bezeichnet.

Monopol
Marktform, bei der auf der Seite der Nachfrage oder auf der Seite des Angebots nur ein Käufer oder Verkäufer vorhanden ist.

Nachhaltigkeit
Bezeichnung für das Prinzip, nach dem die wirtschaftliche Entwicklung so zu beeinflussen ist, dass der Umweltverbrauch zunehmend geringer wird und das → **Ökosystem** sich erholen kann.

Ökonomie → **Wirtschaft**

Ökosystem
Zusammenwirken von mehreren Lebewesen und der unbelebten Umwelt in einem bestimmten Raum; Ökosysteme sind offen, so können die darin befindlichen Lebewesen zwischen unterschiedlichen Ökosystemen wechseln; sie sind, da ständigem Wandel unterworfen, dynamisch und komplex.

Oligopol
Marktform, bei der zahlreiche Nachfrager wenigen Anbietern gegenüberstehen.

Ordnungspolitik
Ordnungspolitik meint die Summe aller rechtlichen Regelungen, durch die die Wirtschaftspolitik langfristige Rahmenbedingungen für das Wirtschaften setzt. Diese Bedingungen müssen den Grundprinzipien der herrschenden Wirtschaftspolitik (→ **Marktwirtschaft**) entsprechen.

Pariser Klimaabkommen
Angesichts des → **Klimawandels** vereinbarten die teilnehmenden → **Staaten** auf der UN-Klimakonferenz in Paris 2015 eine Begrenzung der globalen Erwärmung auf maximal zwei Grad Celsius.

Polypol
Marktform, bei der viele Anbieter vielen Nachfragern gegenüberstehen

Pluralisierung
Bezogen auf Lebensformen meint Pluralisierung das Entstehen neuer Formen des Zusammenlebens (gleichgeschlechtliche Lebenspartnerschaften und Fernbeziehungen) sowie den Wandel bestehender Institutionen (Ehe, Familie).

Rechtsfähigkeit

Menschen können ab ihrer Geburt Träger von Rechten sein. Viele Rechte, insbesondere solche, die eine aktive Wahrnehmung erfordern, sind jedoch an ein gewisses Maß an Mündigkeit gebunden. Sie gelten deshalb in der Bundesrepublik Deutschland nicht für Kinder und entmündigte Menschen. In unserer → **Gesellschaft** ist diese Beschränkung zugleich ein Schutz: Kinder dürfen vieles nicht, werden aber auch für ihre Handlungen nur begrenzt verantwortlich gemacht. Die Rechtsfähigkeit wird mit dem Heranwachsen stufenweise erweitert.

Rohstoffe, fossile

Kohlenstoffhaltige Energieträger, die in Prozessen von Jahrmillionen entstanden sind. Bei Ihrer Verbrennung wird CO_2 emittiert.

Rolle

Dieser Begriff bezieht sich auf die Gesamtheit der Erwartungen, die an einen Menschen in einem bestimmten Umfeld gestellt werden. Diese Erwartungen haben Auswirkungen auf die Handlungen und Verhaltensweisen eines Menschen. z. B. sind mit den Rollen „Freund", „Schüler", „Tochter" usw. unterschiedliche Erwartungen der Umgebung verbunden. Rollen verändern sich im Lauf eines Lebens, etwa vom pflegebedürftigen Kind bis zur erwachsenen Tochter. Diese Veränderung geht oft nicht bruchlos vor, es kommt zum Rollenkonflikt.

Schichtung, soziale

Beschreibt → **Gesellschaft** als Gefüge sozialer Schichten mit jeweils besseren oder schlechteren Lebensbedingungen, die u.a. an Merkmale wie Vermögen, Einkommen, Beruf und Bildung festgemacht werden. Die hieraus resultierende soziale Rangordnung macht Strukturen → **sozialer Ungleichheit** erkennbar.

Schichtungsparadigma

Denkweise bzw. Modellvorstellung, wie die → **Gesellschaft** beschrieben werden kann. Unterschieden werden das vertikale Paradigma (Schichten und → **Klassen** aufgrund von Unterschieden bei Besitz, Berufsposition, Qualifikation, ökonomischer Lage) und das horizontale Paradigma (→ **Milieus**, Lebensstile, Individualisierung, Lebenslauf).

Sozialisation

Bezeichnung für alle Vorgänge, in deren Verlauf der Mensch zum Mitglied einer → **Gesellschaft** und Kultur wird. Durch den Sozialisationsprozess werden die in einer Gesellschaft erwünschten Eigenschaften und Verhaltensweisen erworben. Dieser Prozess erfolgt zunächst in der Familie durch Eltern oder Pflegepersonen (frühkindliche oder primäre Sozialisation). Je älter ein Kind ist, umso mehr gewinnen Personen außerhalb der Familie Bedeutung als Träger von Sozialisation: Freunde, Nachbarn, Lehrer oder die peer group – und auch die → **Medien** spielen dabei eine große Rolle (sekundäre Sozialisation).

Sozialpolitik

Gesamtheit der staatlichen und privaten Maßnahmen zur Sicherung eines Minimums an sozialer Sicherheit. Neben einem menschenwürdigen Leben für alle Mitglieder der → **Gesellschaft** zielt die Sozialpolitik u.a. auf gleiche Startchancen für alle. Mit dem Sozialstaatsgebot des → **Grundgesetzes** (Artikel 20 und 28) ist die Sozialpolitik in der Bundesrepublik Deutschland zu einem Verfassungsprinzip erhoben.

Sozialstaat

Gemeinwesen, das bestrebt ist, soziale Unterschiede – vor allem materieller Art – zwischen seinen Mitgliedern bis zu einem gewissen Grad auszugleichen, um alle an den gesellschaftlichen und politischen Entwicklungen teilhaben zu lassen.

Staat

Politische Organisation, unter der die Menschen einer → **Gesellschaft** leben. Nach der gängigen Definition sind drei Aspekte für einen Staat notwendig: er muss ein eindeutiges eigenes Territorium haben (Staatsgebiet), in dem Menschen wohnen, die zu diesem Staat gehören (Staatsvolk) und die einer Regierung gehorchen, die sie anerkennen (Staatsgewalt). Ein Staat hat Außenbeziehungen zu anderen Staaten, die im Allgemeinen durch das Völkerrecht geregelt werden. Nach innen ist der Staat souverän, das heißt, es steht keine Gewalt über ihm. Im Rechtsstaat verpflichtet sich der Staat, seine Gewalt nur gemäß den geltenden Gesetzen auszuüben.

Steuern

Geldbeträge, die die Einwohner und die ansässigen Unternehmen an den → **Staat** bzw. an Land oder Kommune abführen. Steuern sind die Haupteinnahmequelle des Bundes und der Bundesländer, um die anfallenden Ausgaben zu finanzieren. Eingezogen werden die Steuern durch die Finanzämter.

Strukturwandel

Mit jedem wirtschaftlichen Wachstumsprozess einhergehende Änderung in der Zusammensetzung der Produktionsgegebenheiten, z. B. Rückgang oder Wachstum der Beschäftigten in bestimmten Produktions- oder Dienstleistungsbereichen

Transformation

Im sozialwissenschaftlichen Sinne meint Transformation die grundlegende Veränderung eines gesellschaftlichen Systems einschließlich seiner politischen und ökonomischen Strukturen.

Ungleichheit, soziale

Unterschiede in den Lebenschancen, die nicht nur durch Kriterien wie Berufs- und Bildungsstatus beeinflusst werden, sondern auch durch Kriterien wie Geschlecht, Nationalität, Alter, Generation oder Region.

Verfassung

Grundordnung eines → **Staates**. Eine Verfassung beinhaltet grundlegende Rechtssätze über Organisation und Funktionsweise der Staatsgewalt und die Rechtsstellung des Einzelnen. Die Verfassung der Bundesrepublik Deutschland ist das seit dem 24. Mai 1949 gültige → **Grundgesetz**. Es enthält in den Artikeln 1 bis 19 die → **Grundrechte**. Die Einhaltung der Verfassung wird in der Bundesrepublik vom → **Bundesverfassungsgericht** überwacht. Verfassungsänderungen sind nur in einem genau geregelten Verfahren möglich. Einige Artikel des Grundgesetzes dürfen nicht verändert werden.

Volkswirtschaft

Alle privaten Haushalte, Unternehmen und Einrichtungen eines → **Staates** bilden zusammen die Volkswirtschaft. Alle, die Güter erzeugen, verteilen und verbrauchen, gehören dazu. Zwei wichtige Merkmale sind eine gemeinsame Währung und ein gemeinsames Wirtschaftssystem.

Wirtschaft

Unter Wirtschaft versteht man die Gesamtheit aller menschlichen Tätigkeiten, die sich auf die Produktion und den Verbrauch von Waren und → **Dienstleistungen** beziehen. Da unsere → **Gesellschaft** arbeitsteilig arbeitet, können darunter auch Tätigkeiten fallen, die scheinbar mit Arbeit gar nichts zu tun haben, wie z. B. Planungs- oder Kontrolltätigkeiten. Häufig werden unter „Wirtschaft" dabei nur die Teilbereiche verstanden, in denen Menschen gegen Bezahlung tätig sind. Tatsächlich aber sind z. B. Arbeiten im Haushalt ein wichtiger Wirtschaftsfaktor. Wie und zu welchem Zweck wirtschaftliche Tätigkeiten ausgeübt werden, hängt von der Wirtschaftsordnung ab.

Wirtschaftswachstum

Zunahme des Ergebnisses des Wirtschaftens von einer Periode zur nächsten, ausgedrückt als jährliche prozentuale Veränderung des realen → **Bruttoinlandsprodukts**.

Zivilgesellschaft

Unter dem Begriff wird meistens der Teil der → **Gesellschaft** verstanden, der nicht vom → **Staat** und von seinen Organen (Behörden, Verwaltungen) gesteuert und organisiert wird.

Politische Mündigkeit in der digitalen Welt* – Förderung

Kompetenzbereiche Kapitel in Mensch & Politik	Suchen, Verarbeiten und Aufbewahren	Kommunizieren und Kooperieren	Produzieren und Präsentieren	Schützen und sicher Agieren	Analysieren, Problemlösen, Reflektieren
I. Herausforderungen gesellschaftlichen Wandels 1. Jugend heute – Hinweinwachsen in eine sich wandelnde Gesellschaft (S. 8-31)	Suchen und Aufbewahren von QR-Codes (S. 16)	Verfassen eines Leserbriefs (S. 12)		Gestaltung einer (digitalen) Fotoausstellung (S. 11)	Berufswünsche der digitalen Welt reflektieren (S. 28)
2. Leben und arbeiten in einer sich wandelnden Gesellchaft (S. 32-81)	Suchen von Karikaturen zum Thema „Digitalisierung" (S. 43)	Gestaltung eines Video-Podcasts (S. 47)	Entwicklung eines Zukunftsszenarios (S. 46) Gestaltung eines Video-Podcasts (S. 47)		Wirtschaftsstruktur im Wandel (S. 33, 38, 41, 44/45) Überlegungen zur Überwindung der digitalen Spaltung (S. 41)
3. Herausforderungen des sozialen Wandels für die Politik (S. 82-107)	Arbeiten mit einer digitalen Pinnwand: Recherche und Aufbereitung von Materialien (S. 107)	Arbeiten mit einer digitalen Pinnwand: Collaboration Tools (S. 107)	Arbeiten mit einer digitalen Pinnwand: Produktion (S. 107)	Arbeiten mit einer digitalen Pinnwand: Berücksichtigung datenschutzrechtlicher Bestimmungen (S. 107)	Untersuchung komplexer Probleme bei der Gestaltung des sozialen Wandels (S. 84) Digitale Spaltung – Ungleichheiten bei Bildung (S. 97)
4. Nachdenken über Gesellschaft – sozialwissenschaftliche Gegenwartsdeutungen (S. 108-125)		Durchführung einer Debatte in Form einer Fernsehtalkshow (S. 119)			Flexibilisierung und Beschleunigung – Auswirkungen der Digitalisierung auf Gesellschaft (S. 112/113)